Dipl.-Ing. ULRICH MEHL

MITTEILUNGEN
der
Geographischen Gesellschaft in Hamburg
Band 74

Im Auftrag des Vorstandes
herausgegeben von Albert Kolb und Gerhard Oberbeck
Schriftleitung Frank Norbert Nagel

1984
GEOGRAPHISCHE GESELLSCHAFT HAMBURG
FRANZ STEINER VERLAG WIESBADEN GMBH

Werner Budesheim

Die Entwicklung der mittelalterlichen Kulturlandschaft des heutigen Kreises Herzogtum Lauenburg

unter besonderer Berücksichtigung
der slawischen Besiedlung

Die Abhandlung wurde am 20. 4. 1983 vom Fachbereich Geowissenschaften der Universität Hamburg unter dem Sprecher des Fachbereichs Prof. Dr. Klaus Fiedler auf Antrag von Prof. Dr. Gerhard Oberbeck als Dissertation angenommen.

Gedruckt mit Unterstützung der Freien und Hansestadt Hamburg
(Hochschulamt Hamburg)

CIP-Kurztitelaufnahme der Deutschen Bibliothek:

Budesheim, Werner:
Die Entwicklung der mittelalterlichen Kulturlandschaft des heutigen Kreises Herzogtum Lauenburg: unter bes. Berücks. d. slaw. Besiedlung / Werner Budesheim. – Wiesbaden: Steiner, 1984.
 (Mitteilungen der Geographischen Gesellschaft in Hamburg; Bd. 74)
 ISBN 3-515-04221-0

NE: Geographische Gesellschaft ‹Hamburg›: Mitteilungen der Geographischen . . .

Alle Rechte vorbehalten.

Selbstverlag der Geographischen Gesellschaft in Hamburg. Ab Bd. 70 im Vertrieb durch Franz Steiner Verlag Wiesbaden GmbH.
Satz: ASS Arbeitsgemeinschaft Schreib und Satzservice, Hamburg
Druck: Krause-Druck, 2160 Stade.
Printed in Germany.

VORWORT

Die hier vorliegende siedlungsgeographische Untersuchung wurde im Dezember 1982 an der Universität Hamburg im Fachbereich Geowissenschaften als Dissertation eingereicht.

Meinem verehrten Lehrer Herrn Professor Dr. G. Oberbeck, der die Arbeit von den Anfängen her betreute, mir Rat und Hilfen gewährte und mir in der Bearbeitung des Gegenstandes, inhaltlich wie methodisch, stets große Freiheiten ließ, habe ich herzlich zu danken.

Auch Herrn Professor Dr. G. Sendler danke ich für beratende Gespräche.

Herr Professor Dr. F. N. Nagel beriet mich bezüglich der Drucklegung, weshalb ich mich auch bei ihm bedanken möchte.

Dem Vorstand der Geographischen Gesellschaft in Hamburg bin ich zu Dank verpflichtet, daß er diese Arbeit in die MITTEILUNGEN aufnahm.

Für die großzügige finanzielle Unterstützung der Veröffentlichung danke ich auch dem Ministerpräsidenten des Landes Schleswig-Holstein, Herrn Dr. Dr. U. Barschel, der "Stiftung Herzogtum Lauenburg", die zudem die Arbeit in ihre SCHRIFTENREIHE aufnahm, sowie der "Kulturgesellschaft für den Kreis Herzogtum Lauenburg mbH", die aus ihrem Etat Mittel zum Druck zur Verfügung stellte.

Für beratende Unterstützung außerhalb der Universität danke ich Herrn Professor Dr. W. Prange, Direktor des Landesarchivs Schleswig-Holstein, für die Erteilung einer Grabungsgenehmigung Herrn Dr. J. Reichstein, Direktor des Landesamtes für Vor- und Frühgeschichte, beide Schloß Gottorp in Schleswig, und für häufigen offenen Meinungsaustausch Herrn Dr. H.-G. Kaack, Leiter des Kreismuseums in Ratzeburg.

Besonderer Dank gebührt meiner Frau, die es mir möglich machte, daß ich neben meinem Beruf die freien Stunden fand, diese Arbeit niederzuschreiben; ihr möchte ich diese Arbeit widmen.

Hamburg, im November 1983   Werner Budesheim

INHALTSÜBERSICHT

	Seite
Verzeichnis der Abbildungen	VI
Verzeichnis der Tabellen	X
Verzeichnis der Modelle	X

A RAUM, ZIEL, BEGRÜNDUNG UND METHODEN DER UNTERSUCHUNG 1
   1. Der Untersuchungsraum: Kreis Herzogtum Lauenburg 1
   2. Das Untersuchungsziel 8
   3. Begründung der Untersuchung und Arbeitsmethoden 9

B DIE ENTWICKLUNG DER MITTELALTERLICHEN KULTURLANDSCHAFT IM HEUTIGEN KREIS HERZOGTUM LAUENBURG UNTER BESONDERER BERÜCKSICHTIGUNG DER SLAWISCHEN BESIEDLUNG 11

   I DIE NATÜRLICHEN GEGEBENHEITEN DES RAUMES 11

      a) Die morphologischen Grundlagen 11
      b) Das Relief und die Entwässerung 15
      c) Das Klima der Gegenwart 18
      d) Die Böden und das natürliche Waldbild 20

   II KLIMA, VEGETATION, TIERWELT UND DIE ENTWICKLUNG DER BESIEDLUNG VOM SPÄTGLAZIAL BIS ZUR GERMANISCHEN VÖLKERWANDERUNG IM ÜBERBLICK 22

      a) Jäger- und Sammlerkulturen 22
         1. Jungpaläolithikum 22
         2. Mesolithikum 23
      b) Bauernkulturen 26
         1. Neolithikum 26
            α) Megalithkultur (Trichterbecher-Kultur) 26
            β) Einzelgrabkultur (Schnurkeramik-Kultur) 27
            γ) Beginn der Umwandlung der Natur- zur Kulturlandschaft 29
         2. Bronzezeit 30
         3. Eisenzeit 31

  Seite

III. DIE FRAGE DER SIEDLUNGSKONTINUITÄT   32

      a) Die Sage über den Grabhügel 98 von Grünhof-
          Tesperhude   32
      b) Überlieferung germanischer Flußnamen?   33
      c) Überlieferung germanischer Ortsnamen (Hachede,
          Glüsing)?   34
      d) Die Barden-Frage   37
      e) Bodenfunde   38
      f) Pollenanalytische Ergebnisse   39

IV   DIE SLAWEN: ETHNOGENESE UND URHEIMAT,
      EXPANSION UND FRÜHESTE URKUNDEN,
      DER LIMES SAXONIAE   40

      a) Ethnogenese und räumliche Herkunft der Slawen   40
      b) Die frühesten Urkunden über die Slawen im Unter-
          suchungsraum   50
      c) Die Entwicklungen nördlich der Elbe bis zur Festlegung
          des Limes Saxoniae   52
      d) Der Limes Saxoniae   53

V   ANALYSE DER SLAWISCHEN ORTSNAMEN   68

      a) Das Verhältnis der slawischen und deutschen
          Ortsnamen um 1230   68
      b) Typisierung der slawischen Ortsnamen nach
          inhaltlichen Gesichtspunkten   70
          1. allgemeine Typisierung (bis 1230)   70
          2. tabellarische Typisierung (bis 1230)   72
          3. die slawischen Ortsnamen nach 1230   77
          4. Auswertung   78
      c) Die zeitliche Schichtung der slawischen
          Ortsnamen   80
      d) Die Ausweitung des slawischen Siedlungsraumes
          in die Sadelbande   81

VI   DIE FRAGE DER SIEDLUNGSKAMMERN   84

      a) Die Burgen (Datierung, Vergleich mit Wagrien:
          Relation von Anzahl zur Fläche)   84
      b) Die zeitliche Schichtung der Ortsnamen im
          Vergleich zur zeitlichen Schichtung der Tonware   87

Seite

    c) Die frühslawischen Ringwälle 90
    d) Die Siedlungen mit slawischen Ortsnamen der
       älteren Schicht 94
    e) Der Limes Saxoniae in seinen Auswirkungen
       für die Besiedlung 96
       1. Auswirkungen für die slawische Besiedlung 96
       2. Auswirkungen für die sächsisch-deutsche
          Besiedlung 96
    f) Die mittelslawischen Ringwälle 97
    g) Die Siedlungen mit jüngeren slawischen Ortsnamen 97
       1. jenseits des Limes Saxoniae 97
       2. in der Sadelbande 98
       3. nördlich der Hahnheide 99
    h) Die politische Umstrukturierung Polabiens am
       Ende der mittelslawischen Zeit, Ratzeburg als
       spätslawisches Zentrum 100
    i) Zusammenfassung und Ergebnis 100

VII DIE ZEITLICHE EINORDNUNG DER ÜBRIGEN
    SIEDLUNGEN MIT SLAWISCHEN ORTSNAMEN 102

    a) Analogieschlüsse mittels eingeordneter Siedlungen
       und zeitlich bestimmter Tongefäßscherben 102
    b) Zeitgleichheit einiger Siedlungen mit der bei ihnen
       geborgenen Keramik 103
    c) Die zeitlich nicht eingeordneten Siedlungen der
       Sadelbande 104
    d) Die zeitlich nicht eingeordneten Siedlungen im
       Raume südlich Gudow 104
    e) Die zeitlich nicht eingeordneten Siedlungen im
       Raume zwischen dem Ratzeburger See und der
       Stecknitz 105
    f) Die verstreut liegenden zeitlich nicht eingeordneten
       Siedlungen 105

VIII DEUTSCHE UND SLAWISCHE KOLONISATION
    ZWISCHEN 1150 UND 1230 107

    a) Deutsche Kolonisationsräume 107
    b) Slawische Beteiligung an der deutschen Kolonisation 108
    c) Die im Ratzeburger Zehntregister erwähnten
       Siedlungen mit den Zusätzen "slavi sunt",
       "slavica villa" und "Slavicum" 110

Seite

IX AUSWERTUNG DER SLAWISCHEN SIEDLUNGEN
    DER VERSCHIEDENEN ORTSNAMENSSCHICHTEN
    SOWIE DER DURCH BODENFUNDE ERMITTELTEN
    EHEMALIGEN SLAWISCHEN SIEDLUNGSSTELLEN
    NACH LAGEFAKTOREN 113

   a) Siedlungen, nach der Schichtung ihrer Ortsnamen
      betrachtet (vor 1230) 113
      1. Siedlungen mit Ortsnamen der älteren Schicht 113
      2. Siedlungen mit Ortsnamen der jüngeren Schicht 116
      3. Siedlungen mit zeitlich nicht differenzierten
         Ortsnamen 118
   b) Siedlungsstellen 119
      1. Siedlungsstellen und Fundplätze mit slawischer
         Keramik (allgemein) 119
      2. Siedlungsstellen mit slawischer Keramik der
         älteren Gruppe 120
      3. Siedlungsstellen mit slawischer Keramik der
         jüngeren Gruppe 126
      4. Siedlungsstellen mit undatierter slawischer Keramik ... 133
   c) Siedlungen mit slawisch-deutschen Kontaktnamen 135
      1. vor 1230 135
      2. nach 1230 137
   d) "Slavicum"-Dörfer (sog. Doppeldörfer) 139
      1. vor 1230 139
      2. nach 1230 143
   e) Siedlungen mit slawischen Ortsnamen
      nach 1230 144
   f) Die beiden Wentorf 148
   g) Schlüsse über den Gang der Besiedlung 148

X SIEDLUNGSFORMEN 152

   a) Zur Terminologie 152
   b) Problematik der Erschließung 154
   c) Ringwall und Vorfeldsiedlung 155
   d) Streusiedlungen 167
   e) Rundplatzdörfer und ihre Erweiterungstypen 169
   f) Angerdörfer 177
   g) Lineare Siedlungsformen (Straßendörfer,
      Zeilendörfer) 180

Seite

XI	SLAWISCHE FLURNAMEN	185
	a) Unsichere slawische Flurnamen	185
	b) Flurnamen, auf ehemalige slawische Siedlungen verweisend	185
	c) Flurnamen, auf noch bestehende Siedlungen mit slawischen Ortsnamen verweisend	188
	d) Das Dahmker-Problem	189
	e) Die Wendfelder	190
XII	WIRTSCHAFT, STEUERN, PFLUGTECHNIK	200
	a) Wirtschaftsweise und Besteuerung	200
	b) Pflug	203

C SCHLUSSBETRACHTUNG
(Rückblickende Übersicht – Das Ende der Slawen in
Lauenburg – Wertung) 206

ZUSAMMENFASSUNG 214

Verzeichnis der Abkürzungen 216

Verzeichnis der Quellentexte und Urkundensammlungen 218

Verzeichnis der Kartenwerke und kartographischen Quellen 220

Literaturverzeichnis 222

Inhaltsverzeichnis zu Karte I 259
(Karte I in der Kartentasche)

Verzeichnis der Abbildungen

Seite

Abb. 1: Grafschaft Ratzeburg und Sadelbande um 1200 2
(nach Fr. Lammert, 1933)

Abb. 2: Der Austausch von lauenburgischen Grenzgebieten
gegen mecklenburgische im November 1945 5
(nach Ehrich, R. u. H. O. Wulf, 1976)

Abb. 3: Gemeindegrenzenkarte Kreis Herzogtum Lauenburg 7
(nach Karte "Gemeindegrenzen von Schleswig-
Holstein", Stand 1.1.1980, hrsg. vom Landesvermessungsamt)

Abb. 4: Geologie Kreis Herzogtum Lauenburg 12
(nach A. Dücker, Deutscher Planungsatlas,
Schleswig-Holstein, 1958)

Abb. 5: Trave mit Nebenflüssen aus dem Kreis Herzogtum
Lauenburg 16

Abb. 6: Bille und Delvenau mit Nebenflüssen aus dem
Kreis Herzogtum Lauenburg 17

Abb. 7: Erntebeginn des Winterrogens in Schleswig-Holstein 19
(nach W. Christiansen, 1955, bei C. Schott, 1956)

Abb. 8: Böden Kreis Herzogtum Lauenburg 21
(nach H. E. Stremme, Deutscher Planungsatlas,
Schleswig-Holstein, 1955)

Abb. 9: Vergleichende Zeitübersicht der Nacheiszeit in
Schleswig-Holstein 24
(bei C. Schott, 1956)

Abb. 10: Die westliche slawische Ortsnamenlinie 41

Abb. 11: Die slawische Urheimat 47
(nach L. Niederle, bei Z. Váňa, 1970)

Abb. 12: Verbreitungsgrenzen der vorgeschichtlichen
Kulturen im Stromgebiet der Oder und Weichsel 48
(nach J. Kostrzewski, bei Z. Váňa, 1970)

  Seite

Abb. 13: Die Przeworsk- und Zaburincy-Kultur um Chr. Geb. 49
         (nach J. Kostrzewski, J. V. Machno, Ju. V. Kucha-
         renko und I. M. Samojlovski, bei Z. Váňa, 1970)

Abb. 14: Beginn des Limes Saxoniae an der Elbe nach ver-
         schiedenen Interpretationen 64
         (bei W. Chr. Kersting, LH, N.F. 11, 1956, S. 52)

Abb. 15: Der Limes Saxoniae 67
         (nach W. Budesheim, LH, N.F. 96, 1979, S. 11)

Abb. 16: Der Limes Saxoniae mit westlicher slawischer
         Ortsnamenlinie und der Diözesangrenze Hamburg
         bzw. Verden 83

Abb. 17: Schematische Darstellung der im Laufe von 11 Jahr-
         hunderten in der Hamburger Stadtmarsch aufgehöhten
         Kulturschichten und Wiedergabe einiger zeitbestimmen-
         der Bauformen 101
         (bei R. Schindler, 1957, Tafel 33, S. 153)

Abb. 18: Gang der Besiedlung 149

Abb. 19: Index der Wirtschaftsentwicklung in % und des
         Bevölkerungswachstums in Millionen in den west-
         slawischen Gebieten 151
         (bei J. Herrmann, Frühe Kulturen der Westslawen,
         Leipzig 1981, 3. Aufl., S. 58)

Abb. 20: Der "Wall-Berg" von Sirksfelde 156
         (nach der topogr. Karte 1 : 25.000 mit Genehmi-
         gung des LVA SH)

Abb. 21: Der "Runwall" bei Kasseburg 156
         (s. Abb. 20)

Abb. 22: Der "Oldenburger Wall" von Neuhorst 157
         (s. Abb. 20)

Abb. 23: Die "Marienhöhe" von Ratzeburg-Farchau 157
         (s. Abb. 20)

Abb. 24: Der "Duvenseerwall" (ehemalige Lage) 159
         (s. Abb. 20)

  Seite

Abb. 25: Die "Steinburg" von Hammer 159
         (s. Abb. 20)

Abb. 26: Der Klempauer Wall (ehemalige Lage) 161
         (s. Abb. 20)

Abb. 27: Die "Ratzeburg" (ehemalige Lage) 161
         (s. Abb. 20)

Abb. 28: Die Burg von Behren-Lübchin (Mecklenburg)
         im 11. Jahrhundert 162
         (Quelle: J. Herrmann, Die nördlichen Slawen.
         In: Kulturen im Norden, hrsg. von D. M. Wilson,
         München 1980, S. 196)

Abb. 29: Der Burg-Siedlungskomplex von Tornow,
         Krs. Calau, aus dem 8./9. Jh.
         a) Rekonstruktionszeichnung Phase A 163
         b) schematischer Gesamtplant Phase B 164
         (Quelle: J. Herrmann, Die Nordwestslawen.
         In: Sitzungsberichte d. Plenums d. Klassen
         d. Akad. d. Wiss. der DDR 5, Berlin 1972,
         S. 20/21)

Abb. 30: Rekonstruktionszeichnung des slawischen
         Siedlungskomplexes Teterow in Mecklenburg
         mit Burg, Vorburg, Siedlungen und Brücken 165
         (Quelle: J. Herrmann, Frühe Kulturen der
         Westslawen, Berlin 1981, 3. Aufl., S. 162/163)

Abb. 31: a) Rekonstruktionszeichnung von Gnesen
            im 8. Jh. (Phase I) 166
         b) Rekonstruktionszeichnung von Gnesen
            zu Anfang des 11. Jh. (Phase III) 166
         (Quelle: J. Herrmann, Frühe Kulturen der West-
         slawen, Berlin 1981, 3. Aufl., S. 152/153)

Abb. 32: Anker, eine Streusiedlung (?) 168
         (nach FK von 1759, Beussel, LAS)

Abb. 33: Das Rundplatzdorf Holstendorf, vor 1230
         "Wendisch Pogeez" 169
         (nach FK von 1787, Wackerhagen, LAS)

	Seite

Abb. 34: Das Rundplatzdorf Kankelau 170
(nach FK von 1751, Balsleben, LAS)

Abb. 35: Das Rundplatzdorf Talkau 171
(nach FK von 1749, Duplat, LAS)

Abb. 36: Das Rundplatz-/Halbangerdorf Kasseburg 171
(nach FK von 1744, Duplat, LAS)

Abb. 37: Das Rundplatz-/Halbangerdorf Lüchow 173
(nach FK von 1770/71, Schröder, LAS)

Abb. 38: Das Rundplatz-/Halbstraßendorf Lanze 174
(nach Karten-Riß 1723, Michaelsen, LAS)

Abb. 39: Das Rundplatz-/Halbzeilendorf Fitzen 175
(nach FK von 1747, Michaelsen, LAS)

Abb. 40: Das Angerdorf Kuddewörde, vermutlich
im 9. Jh. gegründet 178
(nach FK von 1745, Du Plat, KAR)

Abb. 41: Das Angerdorf Wangelau 179
(nach FK von 1723, Michaelsen, LAS)

Abb. 42: Das Straßendorf Fuhlenhagen 181
(nach FK von 1793, ohne Namen, LAS)

Abb. 43: Das Zeilendorf Langenlehsten 182
(nach FK von 1802, Manecke, GG, KP im LAS)

Abb. 44: Die Siedlungsformen 184

Abb. 45: Die Gemarkung von Sahms mit dem
Wendfeld nördlich der Steinau 192
(nach der Hannoverschen Landesaufnahme
von 1777, Blatt 61)

Abb. 46: Die Gemarkung von Lütau mit dem
Wendfeld nördlich der Linau 193
(nach der "Carte von der Situation des
im Herzogthumb Lauenburg belegenen
Ambte gleiches Nahmens" von 1746,
Michaelsen, LAS)

  Seite

Abb. 47: Das Wendfeld von Hollenbek/Gudow-Sophiental 196
          (nach der Hannoverschen Landesaufnahme von
          1777, Blatt 62)

Abb. 48: Die Wendfelder mit ihren Bezugssiedlungen 199

Abb. 49: Der Hakenpflug von Dabergotz,
          Kreis Neuruppin, 8. Jh. 204
          (Quelle: J. Herrmann, Frühe Kulturen der West-
          slawen, Berlin 1981, 3. Aufl., S. 34)

Verzeichnis der Tabellen

Tab. I: Datierung der slawischen Tonware nach verschiedenen
          Autoren im Vergleich zur Datierung der slawischen
          Ortsnamen in Lauenburg nach W. Kaestner, LH, N.F. 86,
          1976, S. 50 – 60 . . . . Faltblatt (letzte Seite der Arbeit)

Tab. II: Übersicht über die Benennung der sog. Doppeldörfer 145

Verzeichnis der Modelle

Mod. I: Ethnogenese der Slawen 43

Mod. II: Ethnogenese der Slawen 45

A RAUM, ZIEL, BEGRÜNDUNG UND METHODEN DER UNTERSUCHUNG

1. Der Untersuchungsraum: Kreis Herzogtum Lauenburg

Der Untersuchungsraum ist der Kreis Herzogtum Lauenburg in seinen gegenwärtigen Grenzen. Der Ursprung dieses Territoriums ist im frühen Mittelalter in zwei zunächst voneinander unabhängigen Herrschaftsgebieten zu suchen, und zwar

a) in der Sadelbande und

b) in der Grafschaft Ratzeburg.

zu a) Die Sadelbande umfaßte den Süden des heutigen Kreisgebietes. Sie war das "Land jenseits der Delvenau"[1], also von Osten aus slawischer Perspektive so gesehen und so benannt, das im S von der Elbe und im W von der Bille umgrenzt war. Die Vierlande mit Bergedorf wurden, obwohl innerhalb dieser Flußgrenzen liegend, nicht als Teil der Sadelbande verstanden[2], da dieses Gebiet um die Mündung der Bille in die Elbe als zum Siedlungsraum der nordelbischen Sachsen gehörend verstanden wurde. Erst mit den Wäldern der hohen Geest östlich von Bergedorf (dem Sachsenwald in seiner früher größeren Ausdehnung) begann von W her die eigentliche Sadelbande.

Ihre nördliche Grenze lag auf der Wasserscheide der Bäche, die nach N über die Stecknitz bzw. über die Wakenitz mittels der Trave zur Ostsee entwässern, und derjenigen, die ihr Wasser über die Delvenau und Bille zur Elbe und schließlich zur Nordsee führen.

Die nördliche Grenze der Wasserscheide sowie die östliche der Delvenaulinie waren identisch mit der im frühen 9. Jahrhundert festgelegten Limeslinie[3].

Die Sadelbande war zumindest seit dem ersten Drittel des 9. Jahrhunderts am hohen Elbufer um Geesthacht bardisch-sächsisch besiedelt[4]. Im östlichen Sachsenwaldgebiet bis zur Delvenauniederung hin und nach S (zumin-

---

1) SHRU I, 99, Papsturk. 1158: Sadenbandiam; UHL, S. 141, 1171: in Sadelbandia; MUB I, 151, Papsturk., Abschr., 1191: in Sadelbandingen; Laur (1967), S. 178, r. Sp., führt "Sadelbande" zurück auf polab. *Zadelbęde. Das Präfix *za- heißt soviel wie 'hinter' oder 'jenseits'. *Delbęde ist nach Laur, S. 84, 1. Sp., eine slawisierte Form des älteren germ. Flußnamens *Delvenâ (hd.: Delvenau).
vgl. auch hierzu Reichsannalen von 822: ". . . castellum . . . in loco, cui Delbende nomen, . . .";
sowie Adam von Bremen II, 16 (letztes Drittel 11. Jh.): ". . . limes currit per silvam Delvunder usque in fluvium Delvundam."
2) vgl. Prange (1960), S. 21
3) vgl. Kap. IV d
4) vgl. Kap. III c und d

Abb. 1: Grafschaft Ratzeburg und Sadelbande um 1200

dest an einer Stelle erwiesenermaßen) bis an die Elbe heranreichend, waren Slawen seßhaft geworden[1].

Diese durch die drei Flüsse Delvenau, Elbe und Bille sowie durch die Wasserscheide zwischen Ost- und Nordsee so umgrenzte Sadelbande war als Grenz- und Übergangsgebiet der direkten Herrschaft des Sachsenherzogs unterstellt[2].

zu b) Die Grafschaft Ratzeburg, mit der im Jahre 1143 Heinrich von Badewide durch Heinrich den Löwen belehnt wurde, lag jenseits der Limesgrenzen im N und E der Sadelbande und war ausschließlich von Slawen besiedelt. Sie umfaßte die Länder Ratzeburg, Boitin, Gadebusch, Wittenburg und Boizenburg[3]. Als Kaiser Friedrich II Nordalbingien der Herrschaft der Dänen überlassen hatte, kamen 1203 die Länder Gadebusch, Wittenburg und Boizenburg an den Fürsten von Mecklenburg und den Grafen von Schwerin. Das Land Boitin war vorher schon an den Ratzeburger Bischof gekommen, so daß dem dänischen Grafen Albrecht von Orlamünde von der alten umfassenden Grafschaft nur noch das Land Ratzeburg verblieb[4].

Die Grenzen des Landes Ratzeburg, das unter der dänischen Herrschaft mit der Sadelbande und den Vierlanden vereinigt wurde[5], sind nie so stabil wie die der von Bille, Elbe und Delvenau umgrenzten Sadelbande gewesen[6], obwohl sich auch im N solche natürlichen grenzbildenden Leitlinien in Trave, Stecknitz, Ratzeburger See und dem Schaalseesystem angeboten hätten.

Jedoch sind im slawischen Lande anders als bei der von "fränkischen Grenzen" umgebenen Sadelbande[7] gerade die feuchten Niederungen eher Mittelpunkte der Besiedlung und Herrschaftsbildung gewesen, als daß sie zur territorialen Abgrenzung genutzt worden wären. Diese vom Ansatz her andere "Grenz-Idee" führt vom Mittelalter bis zur Neuzeit zu einer stärkeren "Ausfransung" der Grenzen gegen Mecklenburg, Lübeck und Stormarn.

Da die klaren natürlichen Leitlinien wie größere Flüsse und Seen als Grenzen nicht wirksam werden konnten, kam es bei den nur wenig Orientierung bie-

---

1) LH, N.F. 94: laut Grabungsbericht von Joachim Kühl, Mitarbeiter des Landesamtes für Vor- und Frühgeschichte von Schleswig-Holstein, S. 1 – 21, fand Th. Franke (Geesthacht) 1978 in der Gemarkung Schnakenbek östlich der Ertheneburg am hohen Elbufer "... größere Mengen slawischer Keramik, ..." (S. 8).
2) Arnold von Lübeck II, 7
3) Lammert (1933), S. 108
4) Prange (1960), S. 13
5) Prange (1960), S. 13
6) Prange (1960), S. 15 – 21, S. 23 – 27: hier detaillierte Entwicklung der Grenzen vom Mittelalter bis zur Neuzeit
7) vgl. Kap. IV d

tenden "offenen" Grenzen an allenfalls kleineren Wasserläufen leicht zu lokalen Grenzstreitigkeiten[1]. An- und Verkauf von Grenzdörfern bewirkten dauerhafte Veränderungen der territorialen Grenze. So führte z.B. der Ankauf von lauenburgischen Ländereien durch Lübecker Bürger zu einer Grenzverschiebung der Hansestadt Lübeck zuungunsten Lauenburgs[2].

Die häufige Geldknappheit der oft auf zu großem Fuße lebenden Lauenburger Herzöge (seit 1226 bis 1689 aus dem Hause der Askanier) machte durch Verkauf und Verpfändung von Städten und Dörfern das kleine Herzogtum Sachsen-Lauenburg nicht nur zu einem Flickenteppich von holsteinischen, lübschen, mecklenburgischen und hamburgischen Exklaven, sondern brachte auch bedeutende dauerhafte Gebietsverluste.

Seit 1370 besaß die Hansestadt Lübeck die Vierlande mit Bergedorf als Pfand. 1420 konnte Lübeck gemeinsam mit Hamburg die Vierlande sowie die Stadt Geesthacht auf Dauer erwerben[3]. 1867 wurde Hamburg alleiniger Besitzer dieses Gebietes[4]. Die lauenburgisch-hamburgische Grenze ist seitdem (mit Ausnahme die Stadt Geesthacht betreffend) unverändert geblieben.

Nach dem Aussterben der askanischen Herzogsfamilie kam Lauenburg zunächst an Lüneburg-Celle und zusammen mit diesem 1705 an Hannover. Als es nach dem Wiener Kongreß an Preußen fiel, überließen es die Preußen den Dänen im Tausch gegen das ehemalige Schwedisch-Vorpommern. Nach dem deutsch-dänischen Krieg von 1864 kam es wieder an Preußen und wurde 1876 in der preußischen Provinz Schleswig-Holstein der "Kreis Herzogtum Lauenburg".

Die historisch überkommene innere territoriale Zerstückelung konnte erst nach dem 1. Weltkrieg in einer grundlegenden "Flurbereinigung" beseitigt werden. Diese kam mit dem schon in den zwanziger Jahren vorbereiteten "Gesetz über Groß-Hamburg und andere Gebietsbereinigungen" vom 26.1.1937, das wieder ein in sich geschlossenes Gebiet zusammenfügte, im wesentlichen aus dem alten Land Ratzeburg und der ehemaligen Sadelbande bestehend[5].

Die an Holstein verpfändeten Besitzungen, das Gut Lanken mit Sahms, Elmenhorst und Groß Pampau, waren bereits 1736 wieder ausgelöst worden. Das Amt Steinhorst wurde zwei Jahre später ebenfalls zurückgegeben[6].

---

1) Prange (1960), S. 23: "Die Scheiden des Gutes Gudow mit Mecklenburg waren im 16. Jahrhundert vielenorts strittig, . . ."
2) Prange (1960), S. 15 f.
3) Prange (1960), S. 21
4) A. Sperber, S. 31
5) LH, N.F. 91, Baare-Schmidt, H. G.: Das Groß-Hamburg-Gesetz und seine Folgen für Schleswig-Holstein und Hamburg, S. 52 – 56
6) Prange (1960), S. 27

Abb. 2: Der Austausch von lauenburgischen Grenzgebieten gegen mecklenburgische im November 1945

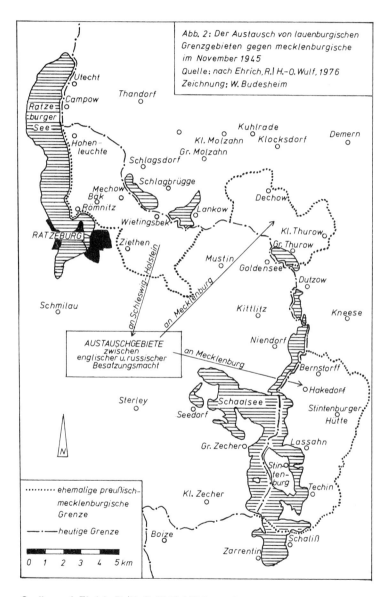

Quelle: nach Ehrich, R./H.-O. Wulf, 1976
Zeichnung: W. Budesheim

Lübeck gab 1683 das ebenfalls verpfändete Mölln zurück und verzichtete 1747 in einem Vergleich auf eine Reihe von lauenburgischen Dörfern, auf die es Ansprüche hatte[1]. Die teils von Lübeck gekauften, teils als Pfand genommenen Dörfer Albsfelde, Behlendorf, Giesensdorf, Harmsdorf, Hollenbek bei Berkenthin, Düchelsdorf, Nusse, Ritzerau, Poggensee, Groß und Klein Schretstaken sowie Tramm kamen jedoch erst mit dem Groß-Hamburg-Gesetz an Lauenburg zurück, wobei allerdings die Gutsbetriebe, die Seen und die Waldungen jener Dörfer nach wie vor im Besitz der Stadt Lübeck sind.

Ebenfalls mit dem Groß-Hamburg-Gesetz wurden die mecklenburgischen Exklaven, die Gemeinden Horst, Hammer, Mannhagen, Panten und Walksfelde sowie der Domhof Ratzeburg, dem Kreisgebiet zugeschlagen.

Von Hamburg wurde die Stadt Geesthacht zurückgegeben.

Die letzte Grenzveränderung des Kreises Herzogtum Lauenburg ergab sich durch den Gebietsaustausch nach dem 2. Weltkrieg an der innerdeutschen Demarkationslinie zwischen der britischen Besatzungszone (Lauenburg) und der sowjetischen (Mecklenburg)[2].

Die "ausgefransten" Grenzen zwischen dem Ratzeburger See und dem Schaalseegebiet waren schlecht zu überwachen und sollten derart begradigt werden, daß die natürliche Leitlinie der Seenkette vom Schaalsee über den Niendorfer See, den Dutzower See, den Goldensee, den Lankower und Mechower See bis zum Ratzeburger See zur politischen Grenzziehung genutzt wurde.

Durch Vertrag der Engländer und Russen vom 13.11.1945 kamen die östlich des Schaalsees gelegenen Gemeinden Bernstorff, Hakendorf, Stintenburger Hütte, Lassahn, Techin und die Schaalseeinsel Kampenwerder mit Stintenburg an die sowjetisch besetzte Zone. Auch die Gemeinden Dechow sowie Groß und Klein Thurow nördlich des Goldensees wurden der sowjetisch besetzten Zone zugeteilt. Im Austausch dagegen kamen die im Winkel zwischen dem Ratzeburger See und dem Mechower und Lankower See gelegenen mecklenburgischen Gemeinden Hohenleuchte, Römnitz, Bäk, Mechow, Wietingsbek und Ziethen zur britischen Besatzungszone, womit sie Bestandteil des Kreises Herzogtum Lauenburg geworden sind, der damit eine Fläche von 1265 km^2 erreichte.

---

1) Prange (1960), S. 27 f.
2) LH, N.F. 87, Ehrich, R.: Der Austausch von lauenburgischen Grenzgebieten gegen mecklenburgische durch die Besatzungsmächte im November 1945

Abb. 3: Gemeindegrenzenkarte Kreis Herzogtum Lauenburg

Quelle: nach Karte "Gemeindegrenzen von Schleswig-Holstein"
Stand: 1.1.1980, hrsg. vom Landesvermessungsamt
Zeichnung: W. Budesheim

2. Das Untersuchungsziel

Der so umgrenzte Raum soll in seiner Kulturlandschaftsentwicklung untersucht werden.

Hierzu bieten sich zwei deutliche Ansatzpunkte bzw. Einschnitte an, wovon der eine naturgeographische, der andere kulturgeographische Ursachen hat.

Der erste und damit überhaupt früheste Ansatzpunkt bei der Untersuchung menschlicher Siedlungstätigkeit in den Räumen nördlich der Elbe ergibt sich aus dem Erscheinen jungpaläolithischer Rentierjäger am Ende der Eiszeit.

Vom Jungpaläolithikum über die Epochen des Mesolithikums bis zum Ende des Neolithikums sind die Räume im Norden Deutschlands aufgrund der sich verbessernden klimatischen Verhältnisse und der entsprechend günstiger werdenden Lebensbedingungen über die Jahrtausende hinweg Siedlungsräume für Menschengruppen unterschiedlicher Herkunft und Kultur gewesen.

Mit den bäuerlichen Kulturen des Neolithikums beginnt der Umbruch von der Natur- zur Kulturlandschaft. Wegen des größeren Nahrungsspielraumes der Bauernkulturen erhöht sich die Zahl der Menschen, bis es am Ende der Bronzezeit nach dem Klimaoptimum des Subboreals zur ersten feststellbaren Abwanderung einer größeren Gruppe von Menschen aus dem südlichen Lauenburg kommt.[1]

Mit dem Nachrücken von Gruppen des Nordischen Kulturkreises deutet sich eine erste Südwärtswanderung nordischer Völker an, die rund 1000 Jahre später, vom 2. bis 5. Jahrhundert n. Chr. den gesamten Untersuchungsraum (fast?) menschenleer werden läßt.

Diese Epochen sollen im Überblick gezeigt und nur so weit vertieft werden, wie sie dem eigentlichen Ziel dieser Arbeit, der slawischen Besiedlung des Untersuchungsraumes, dienlich sind.

Nach der zeitweiligen Siedlungsleere entwickelten sich im Untersuchungsraum wieder naturlandschaftliche Verhältnisse, so daß mit der Ankunft der slawischen Siedler aus dem Osten Europas im 7. Jahrhundert der zweite wesentliche Ansatzpunkt der Kulturlandschaftsentwicklung gegeben ist.

Auf die Untersuchung der slawischen Besiedlung, der Einwanderungswege, der Siedlungsentwicklung, der Siedlungsformen, der Wirtschaftsweise, der Siedlungsausdehnung nach Westen und Süden in der Verzahnung mit der sächsich-deutschen Besiedlung von der Karolingerzeit bis zur deutschen Kolonisationszeit soll der Schwerpunkt dieser Arbeit gelegt werden.

---

1) K. Kersten (1951), S. 81: Abwandern der Träger der Ilmenau-Kultur

Am Ende soll dann erkennbar sein, was von der zeitweiligen slawischen Besiedlung des Untersuchungsraumes in der Kulturlandschaft bis heute erkennbar und wirksam geblieben ist.

3. Begründung der Untersuchung und Arbeitsmethoden

In Schleswig-Holstein erreichten die Slawen mit der Besiedlung Wagriens (Ostholstein mit Lübeck) und Polabiens (Kreis Herzogtum Lauenburg) ihre nordwestlichsten Siedlungsgebiete.

Dank der Aufzeichnungen Helmolds von Bosau[1] und Arnolds von Lübeck[2] stand der wagrische Raum bisher immer stärker im Interesse der Forschung als das polabische Gebiet. Hierzu mag auch in jüngerer Zeit die relative Ferne der Forschungsstätten des Landes zu Polabien bzw. ihre relative Nähe zu Wagrien indirekt beigetragen haben.

Es wäre aber übertrieben zu behaupten, daß die zum Kreis Herzogtum gehörenden ehemaligen polabischen Gebiete wie auch die übrigen Gebiete des Kreises in der Siedlungsforschung zu wenig beachtet worden wären. Wurde doch schon vor dem Kriege mit der systematischen Aufnahme der archäologischen Bestände unter der Leitung von K. Kersten begonnen, was — durch den Krieg unterbrochen — 1951 zum Abschluß gebracht werden konnte. Dieser Arbeit verdanken wir eine Fülle der Spurensicherung slawischer Siedlungstätigkeit. Zum großen Teil durch diese Arbeit angeregt wurden in der Folge vor allem in der Zeitschrift des Heimatbund und Geschichtsvereins Herzogtum Lauenburg "Lauenburgische Heimat" viele Forschungsergebnisse von Heimatfreunden veröffentlicht, die den Kenntnisstand über die Siedlungsentwicklung ständig erweitern halfen.

1960 erschien die viel beachtete siedlungshistorische Arbeit von W. Prange über den Kreis Herzogtum Lauenburg mit dem Schwerpunkt der deutschen Kolonisationszeit. Viele Heimatforscher haben sich in ihren Aufsätzen in den folgenden beiden Jahrzehnten an dieser Arbeit orientiert.

Eine umfassendere Untersuchung unter vorwiegend geographischen Aspekten, d.h. hier unter stärkerem Einbezug der Landschaft in ihrer Wechselbeziehung zum siedelnden und wirtschaftenden Menschen, fehlte bisher.

Es bietet sich also hier die Gelegenheit, ausgehend von den wiederhergestellten naturlandschaftlichen Bedingungen nach dem Anzug der Germanen aus dem Untersuchungsraum, mit der Ankunft der Slawen die Entwicklung einer Kulturlandschaft gleichsam von den Anfängen her annähernd darzustellen, wobei der Schwerpunkt dieser Arbeit naturgemäß zeitlich vor dem von Prange liegen muß.

---

1) Slawenchronik, hrsg. v. H. Stoob, Darmstadt 1973
2) Chronica Slavorum, hrsg. v. M. Lappenberg, Hannover 1868

Hieraus ergibt sich die Schwierigkeit, daß auf historisches Quellenmaterial in geringerem Maße zurückgegriffen werden kann. An die Stelle der historischen Quellen treten dann mit rückschreitender Zeit in zunehmendem Maße die Forschungsergebnisse der Archäologie, die aber im Vergleich mit anderen ehemals slawisch besiedelten Räumen für den Kreis als eher gering anzusehen sind; so hat es bisher noch keine großflächige Grabung auf einer slawischen Burganlage oder einer anderen slawischen Siedlungsstelle gegeben.

Deswegen ist man z.T. auf Analogieschlüsse aus benachbarten Räumen angewiesen. Hierzu bieten sich besonders die Arbeiten von E. Schuldt (1956, 1962, 1963, 1965, 1976) über Mecklenburg an sowie die Arbeiten von J. Herrmann (1960, 1966, 1968, 1970, 1972, 1973, 1980, ^{3}1981), der ein umfassendes Bild über die slawische Besiedlung im Bereich der DDR aus archäologischer Sicht ausbreitet.

Die neuesten Ergebnisse über den Stand der slawischen Burgenforschung in Schleswig-Holstein zeigt die Veröffentlichung von W. Struve von 1981.

Neben der Auswertung der archäologischen Ergebnisse, dem Urkundenstudium sowie der Auswertung aller verfügbaren historischen Karten für die Siedlungsforschung wie auch der pollenanalytischen Ergebnisse von H. Schmitz (1952, 1962) und F. R. Averdiek (1958) sind sprachwissenschaftliche Studien, soweit sie für den Gang der Besiedlung Ergebnisse liefern können, nötig.

Bezüglich der slawischen Orts-, Flur- und Gewässernamen bieten die Arbeiten von R. Trautmann (1939, 1950) eine sichere Quelle, speziell den Kreis angehend liefern die jüngeren Aufsätze von H. Wurms (1975) und W. Kaestner (1976) neuere Ergebnisse. Die deutschen Namen betreffend kann sich der Verfasser als Germanist auf eigene Kenntnisse und Arbeitsmethoden berufen.

Zur Beurteilung der Siedlungsformen soll die differenzierte Terminologie von M. Born (1977) angewendet werden.

Die verschiedenen nicht-geographischen Methoden finden nur soweit ihre Berechtigung, wie sie dem im Thema dieser Arbeit genannten Gesamtziel, der Darstellung der Kulturlandschaftsentwicklung im Kreise Herzogtum Lauenburg im Mittelalter, dienen.

B DIE ENTWICKLUNG DER MITTELALTERLICHEN KULTURLANDSCHAFT IM HEUTIGEN KREIS HERZOGTUM LAUENBURG UNTER BESONDERER BERÜCKSICHTIGUNG DER SLAWISCHEN BESIEDLUNG

I DIE NATÜRLICHEN GEGEBENHEITEN DES RAUMES

a) Die morphologischen Grundlagen

Das Gebiet des Kreises Herzogtum Lauenburg hat seine Oberflächengestaltung im Pleistozän, und zwar im wesentlichen während der letzten großen Vereisung, der Weichsel- oder Würmeiszeit, erfahren. Die weitesten Gletschervorstöße des von N und NE kommenden Eises drangen jedoch nie bis zur Elbe vor, so daß das südliche Drittel des Kreisgebietes dauernd im periglazialen Bereich verblieb, somit nur mittelbar von der nördlichen Vergletscherung beeinflußt wurde und dementsprechend keine völlige Um- und Neugestaltung erfuhr.

Die Linie des weitesten Eisvorstoßes, die das nördliche Lauenburg als das Gebiet der Jungmoränen und das südliche als das Gebiet der Altmoränen trennt, verläuft von E nach W folgendermaßen: Pötrau (Elbe-Lübeck-Kanal) – Müssen – Klein Pampau – Groß Pampau – Kankelau – Sahms – Elmenhorst – Talkau – von da nordwärts fortschreitend, um Niendorf herum nach SW wendend, über Schretstaken bis zu einer schmalen Auszipfelung südöstlich von Möhnsen – von da nach N verlaufend, um Basthorst herumwendend – dann mit einem nach S ausgreifenden Bogen über Ödendorf nach Grande an der Bille (Abb. 4).

So findet man nördlich dieser Grenze eine relativ junge Landschaft "... mit jungen frischen Oberflächenformen, mit Seen, Tunneltälern und steilgeböschten Hügeln ..." und südlich davon bis zum Steilufer der Elbe (und sich südlich – jenseits des Elbeurstromtales – außerhalb Lauenburgs fortsetzend) eine relativ alte Landschaft "... mit flachen, ausgeglichenen Formen, die meist als 'verwaschen' oder 'greisenhaft' bezeichnet werden ..."[1], der die Seen fehlen. Allerdings bedarf dieses sehr einfache schematisierte Bild sowohl im N als auch im S einer etwas differenzierenden Betrachtung.

I Der während der letzten Vereisung im periglazialen Bereich verbliebene südliche Teil Lauenburgs gliedert sich altersmäßig

    a) in saaleeiszeitliche Ablagerungen, die zu unterscheiden sind nach

        1. Endmoränen,

        2. Grundmoränen,

        3. Sandergebieten,

---

1) Woldstedt/Duphorn, S. 46

Abb. 4: Geologie Kreis Herzogtum Lauenburg

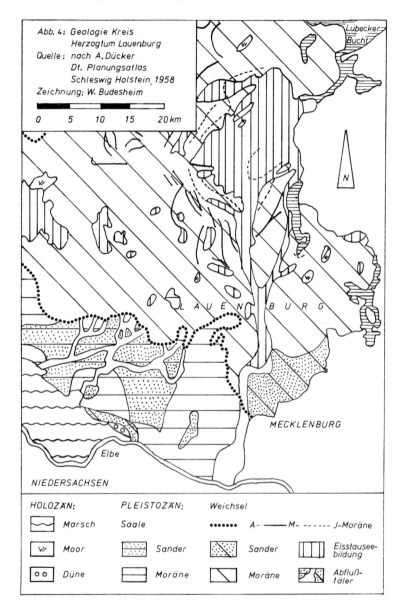

Quelle: nach A. Dücker, Dt. Planungsatlas, Schleswig-Holstein, 1958
Zeichnung: W. Budesheim

b) in weichseleiszeitliche Sandergebiete,

c) in holozäne Ablagerungen.

zu a) 1. 'Verwaschene' saaleeiszeitliche Endmoränen befinden sich im südlichen, nördlichen wie östlichen Sachsenwald, nordöstlich von Geesthacht, nördlich von Lauenburg und westlich von Pötrau.

2. Zwei geschlossene Grundmoränengebiete erstrecken sich ungefähr dreieckförmig zum einen zwischen den Spitzen Geesthacht, Wentorf und Aumühle und zum anderen zwischen den Spitzen Geesthacht, Niendorf und Lauenburg.

3. Die beiden Grundmoränengebiete werden durch ein fünfseitiges saaleeiszeitliches Sandergebiet getrennt, das durch die Punkte Grande — Aumühle — Geesthacht — Wiershop — Möhnsen markiert ist. Dieses Sandergebiet ist durch die weichseleiszeitlichen Rinnensander des Bille-, Aue- und Kammerbektals in mehrere Felder zerteilt. Ein weiteres saaleeiszeitliches Sandergebiet befindet sich, eingelagert in das östliche Grundmoränengebiet, im Raum von Gülzow und Krukow.

zu b) Neben den bereits unter a) 3. erwähnten Rinnensandern[1] von Bille, Aue und Kammerbek begrenzt der weichseleiszeitliche Rinnensander der Delvenau[2] ab Pötrau von N nach S das östliche saaleeiszeitliche Grundmoränengebiet bis zur Elbe. Ferner erstreckt sich eine schmale Sanderzone als Flußterrasse am nördlichen Rande des Elbeurstromtales zwischen Geesthacht und Bergedorf[3].

zu c) Südlich dieses Terrassensanders, im Raume westlich von Geesthacht, liegt, schon im Bereich des Elbeurstromtales, eine Schicht von Flugsanden mit deutlich ausgeprägten Dünen.

Mit einem kleinen Zipfel reicht das Kreisgebiet, südlich an diesen Dünenstreifen grenzend, in das Elbmarschengebiet.

---

1) Gripp, S. 194, erläutert den Begriff wie folgt:
"Die würmzeitlichen Sander unseres Gebietes erreichten nicht überall mit ihren neuaufgespülten Sandmassen den eisrandparallelen Abfluß des Elbtals. Wo, wie in Stormarn und Lauenburg, der Abstand Eisrand — Urstromtal gering und damit das Gefälle stark war, schnitten die Schmelzwasser schmale tiefe Rinnen in rißzeitliche Absätze ein. Aber auch bei breiten ebenen Rinnen war (in 8 — 10 km Abstand vom Eise) die abtragende Wirkung des rinnenden Wassers bisweilen größer als die aufhäufende."

2) Gripp, S. 245 ff.; hier wird insbesondere auf den von Woldstedt, S. 125, so benannten M ö l l n e r   S a n d e r eingegangen, den Gripp lieber "Ratzeburger oder Delvenau= Sander" benennen möchte, da die jüngsten Ablagerungen dieses Sanders von der A8-Moräne stammten, die südlich des Ratzeburger Sees verlaufe.

3) Deutscher Planungsatlas, Band Schleswig-Holstein, Geologie, bearbeitet von A. Dücker (1958)

II Das Jungmoränengebiet gliedert sich von S nach N

a) in das Gebiet der Satzmoränenlandschaft[1] des Altwürm und

b) in das Gebiet der Endmoränenstaffeln mit den dazwischen gelagerten Grundmoränenlandschaften des Jungwürm.

zu a) Zwischen der äußersten südlichen Grenze der Weichselvereisung und der von Gripp so benannten A1-Moräne (Segrahner Berge – Niendorf – Basthorst – Hahnheide) liegt eine Übergangszone, die Satzmoränenlandschaft. Eine morphologische Abgrenzung zur Altmoräne fehlt, da die äußerste Eisrandlage keine Endmoräne hinterlassen hat. Die Formen in diesem Landschaftsstreifen sind eher ausgeglichen wie im Altmoränengebiet, Seen fehlen. Nach einem langen Eisstillstand auf der äußersten Randlage schmolz das Eis und setzte den wenigen auf ihm lagernden Schutt auf dem Untergrund ab. Danach lag dieses Gebiet während der gesamten restlichen Weichselvereisung im periglazialen Bereich und wurde entsprechend ausgeglichen und eingeebnet. Die ehedem wohl schwach ausgebildete Endmoräne sowie die nur dünnschichtig abgesetzte Grundmoräne wurden vom Schmelzwasser ausgewaschen, die feineren Bestandteile waren Ausgangsmaterial für die sich südlich bildenden Sander, so daß von den weichseleiszeitlichen Ablagerungen nur das gröbere Material übrigblieb. In den flachen Hohlformen zwischen der A1-Moräne und dem weitesten Eisvorstoß konnten sich früh Moore entwickeln. Als typisch hierfür kann das heute kultivierte und vorwiegend als Weidung genutzte ehemalige Kasseburger Moor angesehen werden.

Teilweise wurde die so entstandene Satzmoränenlandschaft auch von jüngeren Sandern zugeschüttet wie im gesamten Raum südlich der Segrahner Berge (Büchener Sander).

zu b) W. G. Simon (1937)[2] gliedert die Endmoränen der Weichseleiszeit, die sich nach zeitweiligen Rückzugsphasen bei erneuten kräftigen, aber relativ kurzen Eisvorstößen (geringe Mächtigkeit vorgelagerter Sander) aufschoben, wie folgt:

A1 – A6   (äußere Moränen = Älteres Frankfurter Stadium)[3],

A7/8/9 – M5   (mittlere Moränen = Jüngeres Frankfurter Stadium),

J   (innere Moränen = Pommersches Stadium)[4].

---

1) Gripp, S. 177, versteht unter "Satzmoränen" "Schuttanhäufungen vor dem Eisrand" (also vor der A1-Moräne), die "Ohne Pressung durch das Eis bei starker Ausspülung gebildet" sind.
2) Simon, S. 19 ff.
3) Simon, S. 21, stellt heraus, daß die A5- und die A6-Moräne in Lauenburg nicht nachgewiesen werden konnten; vgl. dazu auch seine Kartenbeilage
4) Gripp (1964), S. 231 ff., Abschnitt: "Die Gliederung der Absätze des Würm=Eises" sowie Kartenbeilage über Eisrandlagen; und Woldstedt/Duphorn, S. 108, Abb. 28 (nach K. Gripp, 1949)

Die Staffeln dieser Endmoränen mit den dazwischen gelagerten kuppigen Grundmoränen und jüngeren Sandern sowie den ausgeglichenen Hohlformen von z.t. vermoorten Grundmoränenseen (Nusser See, Nusser Hofsee, der ehemalige Duvensee), Zungenbeckenseen (Ratzeburger See), Tunneltalsystemen (Seenkette von Gudow bis Mölln), Toteislöchern (vom Schaalseegebiet bis zu wenige Meter durchmessenden Söllen) sowie ausgeprägten Trockentälern (Einhaus-Fredeburger-Trockental, Wehnsöhlengrund) bilden die bewegte und reich gegliederte Landschaft der eigentlichen Jungmoräne, wie sie sich im Untersuchungsraum zwischen der A1-Moräne und den J-Moränen, die das Lübecker Becken umrahmen, ausdehnt.

b) Das Relief und die Entwässerung

Die auffallendste morphologische Erscheinung im Kreis Herzogtum Lauenburg ist wohl die vom Lübecker Becken zur Elbe bei Lauenburg verlaufende Rinne der Stecknitz und der Delvenau, durch die heute der Elbe-Lübeck-Kanal führt.

Während der Weichselvereisung grub sich das Schmelzwasser des nördlich lagernden Gletschers seinen Weg durch die saaleeiszeitlichen Ablagerungen zum südlichen Urstromtal. Mit dem Zurückschmelzen des Gletschers verlängerte sich der Lauf der Ur-Delvenau bei rückschreitender Erosion immer weiter nach N bis zum Lübecker Becken, während im S gleichzeitig der Möllner Sander aufgebaut wurde, den Pieles in den älteren Büchener und jüngeren Grambeker Sander unterteilt[1]. Erst als das Lübecker Becken allmählich eisfrei wurde, kippte der halbe Lauf der Ur-Delvenau entsprechend dem sich herausbildenden Gefälle nach N zur Ostsee hin um, es bildete sich die Wasserscheide bei Mölln zwischen der weiterhin nach S fließenden verkürzten Delvenau und der nun entstandenen Stecknitz, die zu der sich im N entwickelnden Ostsee entwässerte.

Wie diese beiden Flüsse in der ehemaligen Schmelzwasserrinne entwässern auch die übrigen Flüsse des Kreises entweder über die Elbe zur Nordsee oder über die Trave zur Ostsee. Die Wasserscheide zwischen diesen beiden Erosionsbasen wird im wesentlichen durch die Ketten der äußeren Moränen (A-Moränen) bestimmt.

Wenn man einmal absieht von den wenigen unbedeutenden Bächen, die im NE des Kreises mit geringem Einzugsgebiet über das Schaalsee-System wie die Schaale und Sude zur Elbe entwässern sowie vom Quellgebiet der danach ausschließlich durch Mecklenburg ebenfalls zur Elbe laufenden Boize, so verläuft die Wasserscheide in ost-westlicher Richtung vom Segrahner Berg (73 m) über Besenthal, zwischen Mölln und Breitenfelde — die Wasserscheide der Stecknitz und Delvenau mitein-

---

[1] N. Pieles, Diluvialgeolog. Untersuchungen im Gebiet des Möllner Sanders, Meyniana, Bd. 6, 1958, S. 87

beziehend — nach Niendorf, Neuenlande, Walksfelde, Poggensee, Sirksfelde, Wentorf AS, dann über die Endmoränenkette von Höhen zwischen 86 und 60 m über Schiphorst nach Barkhorst.

Zur Ostsee entwässert die Trave mit der Wakenitz, aus dem Ratzeburger See kommend, und der ehemaligen Stecknitz (jetzt Elbe-Lübeck-Kanal) sowie der Beste mit den Nebenflüssen Barnitz und Süderbeste:

Abb. 5: Trave mit Nebenflüssen aus dem Kreis Herzogtum Lauenburg[1)]

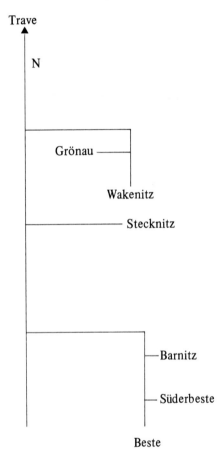

Entwurf und Zeichnung: W. Budesheim

---

1) vgl. Anm. 1 auf der folgenden Seite

Über die Elbe zur Nordsee entwässern die Bille mit Schwarzer Au, Fribek und Schiebenitz sowie die Delvenau (jetzt Elbe-Lübeck-Kanal) mit Linau, Steinau, Gethsbek und Hornbek (jetzt Mühlenbek genannt):

Abb. 6: Bille und Delvenau mit Nebenflüssen aus dem Kreis Herzogtum Lauenburg[1]

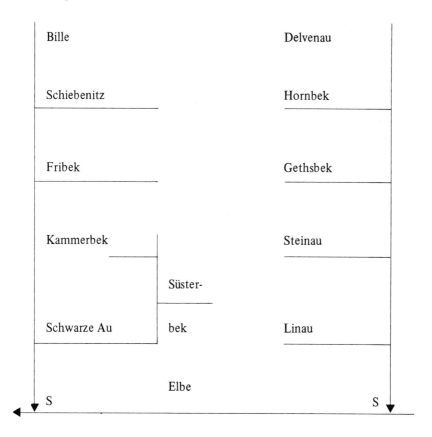

Entwurf und Zeichnung: W. Budesheim

---

1) Bei den Nebenflüssen von Trave, Bille und Delvenau in den Abb. 5 und 6 wurden abweichend von "Die Binnengewässer Schleswig-Holsteins" von Uwe Muuß u.a. nur diejenigen berücksichtigt, die das Untersuchungsgebiet entwässern. Statt der Delvenau ist dort der Elbe-Lübeck-Kanal angeführt, wie es den gegenwärtigen Verhältnissen entspricht, dagegen fanden dort die kleineren Bäche wie Süsterbek, Kammerbek, Schiebenitz, Gethsbek und Hornbek keine Berücksichtigung. Auch die Stecknitz ist dort mit dem Elbe-Lübeck-Kanal gleichgesetzt worden (S. 153 f.).

Da die höchsten Erhebungen des Kreises (Haferberg 94 m, Päpersberg 91 m und Rappenberg 78 m) — Endmoränen der Saaleeiszeit — das Steilufer der Elbe darstellen, ist das direkte Ablaufen der Bäche zur Elbe hin verhindert. Die Entwässerung des Landes hinter dem Steilufer erfolgt also im wesentlichen in westlicher bzw. östlicher Richtung parallel zur Elbe zu den ehemaligen Gletscherwasserrinnen von Bille und Delvenau.

Abgesehen von den bereits erwähnten auffallenden Höhen um 80 m und der tief eingeschnittenen Delvenau-Stecknitz-Rinne bewegt sich das Relief meist zwischen 30 und 50 m über NN.

Das Relief unter den Seenflächen erreicht im Ratzeburger See eine Tiefe von 20 m und im Schaalsee von 37 m unter NN.

Die Gesamtfläche der natürlichen Seen, die im Jungmoränengebiet landschaftsprägend sind, beträgt rund 3500 ha.

c) Das Klima der Gegenwart

Innerhalb des gemäßigten, feucht-temperierten, ozeanischen, nach Landschaften nur gering unterschiedlichen Klimas von Schleswig-Holstein ist das Klima des Kreises Herzogtum Lauenburg am stärksten kontinental getönt. In seiner Lage im SE des Landes ist es einerseits am weitesten von der temperaturausgleichenden Nordsee entfernt und andererseits in seiner Grenzlage gegen Mecklenburg am stärksten den kontinental-osteuropäischen Einflüssen ausgesetzt.

Die mittlere Jahrestemperatur beträgt mit $7°$ C $1°$ C weniger als die von Dithmarschen und Eiderstedt.[1] Die mittlere Maximaltemperatur des Monats März liegt in Lauenburg bei $15°$ C, während Sylt nur eine mittlere Maximaltemperatur im März von $10°$ C erreicht.[2] Dementsprechend zählt der Kreis, konkurrierend mit den Kurgebieten der Lübecker Bucht, den meisten Sonnenschein bzw. die geringste durchschnittliche Bewölkung in Schleswig-Holstein.[3]

Die Niederschlagsmengen liegen, von W nach E abnehmend, zwischen 750 und 650 mm im Jahr.[4] Das Maximum des Niederschlags fällt in den Monaten Juli und August, das Minimum im Februar.[5]

Die relativ niedrigen Wintertemperaturen (Lauenburg mit Stormarn und Ostholstein im Jan. unter $0°$ C / das übrige Schleswig-Holstein über $0°$ C)[6], verbunden

---

1) Klima-Atlas von S-H..., Blatt 8
2) C. Schott (1956), S. 49
3) C. Schott (1956), S. 49; Klima-Atlas von S-H..., Blatt 21
4) H. Prügel (1951), S. 57
5) Klima-Atlas von S-H..., Blatt 42
6) Klima-Atlas von S-H..., Blatt 8

mit den geringen Niederschlägen, lassen zumindest eine dünne Schneedecke zustandekommen, die Frosttage (zwischen 80 und 100)[1] ohne Schnee überwiegen.

Der sonnenreiche warme Sommer ermöglicht den Bauern des Kreises im Vergleich mit denen im übrigen Schleswig-Holstein den frühesten Erntebeginn.[2]

Abb. 7: Erntebeginn des Winterroggens in Schleswig-Holstein

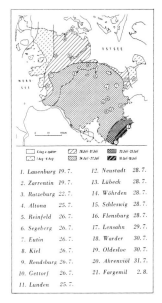

1. Lauenburg	19.7.	12. Neustadt	28.7.
2. Zarrentin	19.7.	13. Lübeck	28.7.
3. Ratzeburg	22.7.	14. Wöhrden	28.7.
4. Altona	25.7.	15. Schleswig	28.7.
5. Reinfeld	26.7.	16. Flensburg	28.7.
6. Segeberg	26.7.	17. Lensahn	29.7.
7. Eutin	26.7.	18. Warder	30.7.
8. Kiel	26.7.	19. Oldesloe	30.7.
9. Rendsburg	26.7.	20. Ahrenviöl	31.7.
10. Gettorf	26.7.	21. Fargemil	2.8.
11. Lunden	25.7.		

Quelle: nach W. Christiansen, 1955, bei C. Schott, 1956

1) Klima-Atlas von S-H..., Blatt 17
2) Abb. 7 nach W. Christiansen (1955)

d) Die Böden und das natürliche Waldbild

Vom Alter und Ursprung des Ausgangsmaterials her gesehen sind in Lauenburg zwei Bodenarten zu unterscheiden, deren Abgrenzung — mit kleineren Abweichungen innerhalb der jeweiligen Gebiete — mit der äußeren Moränenkette der letzten Vereisung zusammenfällt.

a) Im Süden auf der Altmoräne und dem weichseleiszeitlichen Sander an der Delvenau sowie am Südrand des Lübecker Beckens herrscht Sand als Ausgangsmaterial vor. Die Altmoräne unterscheidet sich von den jüngeren Sanderablagerungen dadurch, daß die Skala vom Sand über lehmigen Sand und sandigen Lehm bis zum Lehm reicht, während die Sander, wie der Name schon sagt, nur Sand als Ausgangsmaterial aufzuweisen haben. Da die Altmoräne schon während der Zeit, als sie im periglazialen Bereich lag, stark ausgewaschen wurde, mangelt es ihren Böden an Kalk. Noch ärmer an Kalk sind die durch Ausspülung entstandenen Sander mit ihrer starken Wasserdurchlässigkeit.

b) Das Jungmoränengebiet weist mit Ausnahme der grobkörnigen Endmoränenzüge und einiger Sandlinsen mineralische lehmige Böden auf, die häufig auch als Geschiebemergel bezeichnet werden. Die Kalkbestandteile sind aufgrund der relativ kurzen Auswaschungszeiten (erst seit dem Spätglazial) höher, weshalb diese Böden auch ertragreicher sind als die der Altmoräne und der Sander.

Die Bodentypen sind das Ergebnis aus dem Zusammenspiel von Bodenart (Ausgangsmaterial), Klima und hydrographischen Verhältnissen auf dem Hintergrund der für die Bildung des Bodens verfügbaren Zeit.

Die Verbreitung der unterschiedlichen Bodentypen geht in Lauenburg parallel mit der der Bodenarten:

a) Im Altmoränengebiet und auf den weichseleiszeitlichen Sandern sind die Böden stark podsoliert. Die Altmoränen haben vorwiegend rostfarbene Waldböden und die Sander aschfahle Bleicherden mit starker Ortsteinbildung.

b) Die Jungmoräne besitzt vorwiegend weniger ausgewaschene braune Walderden, die zu Staunässe neigen.

Aufgrund der Entwicklung der klimatischen Verhältnisse und der unterschiedlichen Kalkgehalte der Böden der Altmoräne und der Sander einerseits sowie der Jungmoräne andererseits stellt sich unter Berücksichtigung der Einflußnahme des Ackerbau treibenden Menschen seit dem Neolithikum etwa bis zum Beginn der Völkerwanderungszeit folgendes Waldbild ein:

Da die Rotbuche Kalkmangel nicht vertragen kann zudem mit ihrem dichten Laubwerk, das früher ausschlägt als das der Eiche, ein Schattholz ist und relativ

Abb. 8: Böden Kreis Herzogtum Lauenburg

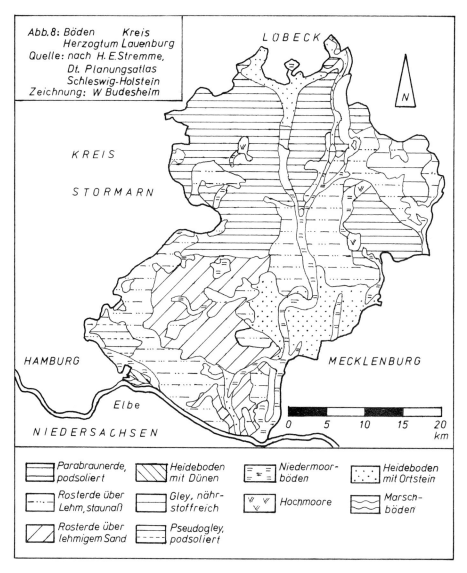

Quelle: nach H. E. Stremme, Dt. Planungsatlas, Schleswig-Holstein, 1955
Zeichnung: W. Budesheim

geringe eigene Lichtansprüche stellt, läßt sie andere Baumarten sowie Unterholz nur selten hochkommen und dominiert so im Jungmoränengebiet.

Im Altmoränengebiet behauptete sich die bezüglich des Bodens genügsamere Eiche. Ein Eichen-Birken-Hainbuchen-Wald ist dort charakteristisch.

Die jüngeren Sander ließen mit zunehmender Auswaschung und entsprechender Ortsteinbildung ursprüngliche Eichen-Birken-Wälder zu Heide-Kratt-Landschaften degenerieren. Inwieweit der Mensch bei diesem Prozeß eine Rolle gespielt hat, war lange umstritten. C. Schott (1956, S. 93 f.) sieht in den Heide-Kratts eine "Halbkulturformation durch die Eingriffe des Menschen" und führt als Beweise eine lange Kette solcher Eingriffe an, die schließlich unter den ergänzenden klimatischen Bedingungen diesen Landschaftstyp entstehen ließen.

II KLIMA, VEGETATION, TIERWELT UND DIE ENTWICKLUNG DER BESIEDLUNG VOM SPÄTGLAZIAL BIS ZUR GERMANISCHEN VÖLKERWANDERUNG IM ÜBERBLICK

a) Jäger- und Sammlerkulturen

1. Jungpaläolithikum

Während des Hochglazials befand sich südlich der A-Moränen im periglazialen Bereich eine Tundrenlandschaft mit Betula nana (Zwergbirke), Dryas octopetala (Silberwurz), Salix polaris (Polarweide) und Salix reticulata (Netzweide).[1]

Der Beweis, daß die periglazialen Tundren von jagdbarem Großwild belebt waren, konnte durch Knochen- und Geweihfunde ebenfalls schon sehr früh erbracht werden.[2] Moschusochsen, Ren, Mammut, wollhaariges Nashorn, Elch und Riesenhirsch sind Weidetiere der Tundren gewesen. Das jagdbare Wild zog den Menschen als Jäger an. So sind die ältesten nördlich der Elbe belegten "Siedlungen" die Lagerplätze jungpaläolithischer Jäger gewesen. Nachgewiesene Lagerplätze der sogenannten "Hamburger Stufe"[3] stammen vom Ende der älteren Dryaszeit[4] — in Lauenburg bei Kuddewörde nachgewiesen[5] —, also aus der Zeit zwischen 12 000 und 10 000 v. Chr.

---

1) K. Gripp (1964), S. 269, erwähnt die Reise des schwedischen Paläontologen A. G. Nathorst von Estland bis Holstein (1891), dem es schon damals gelang, eine pleistozäne periglaziale Flora nachzuweisen; außerdem dazu: P. Range (1903); P. Friedrich (1905); C. Gagel (1915); R. Schütrumpf (1937 und 1943).
2) K. Gripp (1964), S. 169 f.; außerdem dazu: J. Andree (1933); E. W. Guenther (1953, 1954 und 1955); P. Range (1937); A. Rust (1978, 4. Aufl.); K. Kersten (1951), S. 8 – 10
3) A. Rust (1978, 4. Aufl.), S. 101 – 165
4) R. Grahmann (1952), S. 53, Tab.: "Gliederung des Spät-Quartärs in Mitteleuropa"
5) K. Kersten (1951), S. 8

Die Stufe von Bromme ist nachgewiesen am Schaalsee, und zwar auf einer zum See hin abfallenden Koppel bei Bresahn, Gemarkung Dargow, die pollenanalytisch der wärmeren Allerödzeit zuzuordnen ist[1].

Nach dem Rückzug des Eises aus Norddeutschland und der Entwicklung des Baltischen Eissees als Vorläufer der Ostsee hatte sich im Spätglazial ein Birken-Kiefern-Wald in Lauenburg entwickeln können. Eine Temperatursenkung läßt den Wald verkümmern, der weitere Eisrückzug wird für rund 1000 Jahre gestoppt, und die Tundra breitet sich erneut über Lauenburg aus, ohne jedoch daß der Mensch seine Jagdreviere aufgegeben hätte (Jüngere Dryaszeit). Aus dieser Zeit stammen paläolithische Funde bei Dargow, die der Ahrensburger Stufe zugeordnet werden[2].

Mit dem beginnenden Postglazial, dem endgültigen fortschreitenden Rückzug des Eises bis auf wenige Restgletscher in Norwegen, kehrt zunächst der Birken-Kiefern-Wald zurück (Präboreal). Mit fortschreitender Klimaverbesserung nehmen auch die Belege für die Anwesenheit des Menschen zu.

2. Mesolithikum

"Im Jahre 1923 entdeckte K. G r i p p bei einer Geländebegehung nahe dem westlichen Rande des Duvenseer Moores an einer Stelle, an der man für Entwässerungszwecke einen Graben ausgeworfen hatte, auf der Oberfläche zahlreiche weiße Feuersteinsplitter und Schalen aufgebrochener Haselnüsse. Da Steine nur durch Menschenhand in das Moor gelangt sein konnten, war es offensichtlich, daß hier eine menschliche Ansiedlung aus der Vorzeit vorlag."

"Das von G r i p p festgestellte Bodenprofil an der Stelle dieser Untiefe war folgendes:

7. Oberfläche;

6. umgelagerter sog. Krümeltorf;

5. Nußmull mit Lagen von Lehm und Sand, geschlagenem Flint sowie Rindenböden;

4. Schilftorf;

3. Faulschlamm mit Blättern, Holzkohle, Artefakten und zerschlagenen Knochen und Haselnüssen;

2. Faulschlamm mit Schilf und zerdrückten Conchylien;

1. Diluvium.

---

1) Kersten, S. 9; A. Rust (1978, 4. Aufl.), Tab. S. 203
2) Kersten, S. 10

Abb. 9: Vergleichende Zeitübersicht der Nacheiszeit in Schleswig-Holstein

Ungefähres Alter	Nordsee	Ostsee	Klima nach Blytt-Sernander	Klima heutige Auffassung	Klimacharakter	Waldentwicklung in Schleswig-Holstein – Westen Altmoräne	Waldentwicklung – Mitte Sander	Waldentwicklung – Osten Jungmoräne	Entwicklung der Moore	Vorgeschichtliche Kulturperioden	
+1000	Dünkirchen-Transgression	Limnaea-Meer / Mya-Meer	Subatlantikum	Nachwärmezeit	feucht – kühl 1550–1850 Temperaturrückg. ab 1850 neue Erwärm.	Kulturwälder – Forsten			jüngerer Hochmoortorf	historische Zeit	Haithabu Beginn der Marschbesiedlung
0		Abnahme des Salzgehaltes geringe Meeresspiegelschwankungen?				Eichenmischwald u. Buchen	Eichenwald → Heide	Buchenwälder u. Eichen		Eisenzeit	
−1000	geringe Meeresregression							Buchenwälder u. Buchen	Grenzhorizont	Bronzezeit	Bauern
−2000		Erreichen des heutigen Wasserspiegels		(späte)	etwas trockener warm		Beginn der Verheidung	Eichenwälder u. Hasel			
−3000	Flandrische Transgression	Litorina-Meer	Postglazial – Nacheiszeit	Postglaziale Wärmezeit		Eichenmischwald (Ulmen, Linden, Eichen)	Eichenmischwald (Ulmen, Linden, Eichen)	Eichenmischwald (Ulmen, Linden, Eichen)	älterer Hochmoortorf		
−4000		Salzwasser		Atlantikum	feucht – warm Klimaoptimum der Nacheiszeit					jüngere Steinzeit	
−5000				(mittlere)						Mittlere Steinzeit	Ellerbek Boberg
−6000		Überflutung der westlichen Ostsee		Boreal		Eichenmischwald Erlenzeit Einwanderung der Erle, Ulme, Eiche und Linde			Fladmoore	Jäger, Fischer und Sammler	Oldesloe
−7000	Beginn der Überflutung der Doggerbank	Ancylus-See Süßwasser		(frühe)	trocken warm	Kiefern – Haselzeit Maximum der Haselausbreitung					Duvensee Pinnberg
−8000		Yoldia-Meer Salzwasser		Präboreal	Vorwärmezeit	Kiefernwälder					
−9000	Baltischer Eissee	Süßwasser	Spätglazial – Ausklingen der Eiszeit		Erwärmung	Birken- Kiefernwälder			minerogen verlandende Seen (Dryastone)		Stellmoor
−10000	Südliche Nordsee landfest		subarktische Zeit	jüngere Dryaszeit	Kälterückschlag subarktisch maritim	Parktundra mit Baumbirken und einzelnen Kiefern				Späte Altsteinzeit	Usselo-Borneck Bromme
−11000		Inlandeis eisbedeckt		Alleröd-zeit	kalt-kontinental gemäßigt subarktisch	Birken- Kiefernwälder				Rentierjäger	
−12000						subarktische Birkenwälder					
−13000				Bölling Interstadial	kalt-kontinental subarktisch	Baumlose Tundra			Schmelzwasserseen		
−14000			ältere Dryaszeit		vorübergehende Erwärmung	Parktundra mit Baumbirken					
−15000			Hochglazial, Ende arktische Zeit	älteste Dryaszeit	kalt-kontinental arktisch	Baumlose Tundra (Dryas, Polarweiden, Zwergbirken)			Inlandeis Letzter Eisvorstoß i.O.-Holst Gömnitzer Moräne		Poggenwisch Meiendorf
−16000											

Quelle: C. Schott, 1956

In den Schichten 3 und 5 wurden Überreste der menschlichen Siedlungen gefunden, während Schicht 4 nur vereinzelt Haselnußschalen enthielt."[1]

Die Funde der dem Mesolithikum zugeordneten Duvenseer Stufe gehören in das sog. Haselmaximum des Boreals, in dem — wie durch Pollenanalysen belegt — Haselhaine weit verbreitet waren[2]. Die schnelle und starke Ausbreitung des Haselstrauches scheint mit dem Sammeln, Transport und Lagern der Nüsse durch den Menschen in Zusammenhang zu stehen.

Mit der Verdrängung der Tundra durch den Wald hat sich auch die Fauna verändert. Die dem kälteren Tundrenklima angepaßten Tiere wie Mammut, wollhaariges Nashorn und Ren sind abgewandert, statt derer jagten die Menschen von Duvensee Hirsch, Reh, Wildschwein und Hase; Wirbel von Fischen auf den Fundplätzen belegen, daß sie sich aufs Fischen verstanden. Auch konnte ein Holzpaddel geborgen werden, was darauf schließen läßt, daß der See mit Einbäumen befahren wurde[3].

Als Indikator für das Mesolithikum gilt das Beil, das im Paläolithikum noch nicht bekannt war.[4]

Beim Bau des Elbe-Lübeck-Kanals um 1900 fand man bei Baggerarbeiten in der Nähe von Klempau ein Kernbeil, das der Duvensee-Stufe zugeordnet wird.[5] Ein Beil, aus Hirschhorn gearbeitet, wurde ebenfalls beim Kanalbau in der Nähe von Behlendorf gefunden, es läßt sich allerdings nicht genau datieren.[6] Weitere Kernbeile fand man, der Stufe von Oldesloe zugehörend, bei Dargow, Behlendorf, Lehmrade und Mölln.[7]

Am Ende der Mittleren Steinzeit, im Atlantikum, dominiert in Lauenburg bereits der Eichenmischwald. Mit der beginnenden Kulturstufe, die nach dem dänischen Fundort als "Ertebölle" bezeichnet wird, laufen die Kernbeile aus und werden durch Scheibenbeile ersetzt. Die ersten Tongefäße des Nordens, die der Ertebölle-Stufe, konnten jedoch in Lauenburg bisher nicht nachgewiesen werden, was entweder bedeutet, daß dieser Raum in älteren Techniken verharrte oder daß er — was aber eher unwahrscheinlich ist — siedlungs- bzw. menschenleer war.[8]

---

1) Kersten, S. 11
2) Averdieck (1958), S. 171
3) Kersten, S. 13 und G. Schwantes (1925 sowie 1927)
4) Kersten, S. 11; Rust (1938); Schwantes (1923)
5) Kersten, S. 16
6) Kersten, S. 17
7) Kersten, S. 18
8) Kersten, S. 18 f.

b) Bauernkulturen

1. Neolithikum

α) Megalithkultur (Trichterbecher-Kultur)

Das Neolithikum, etwa von 3500 — 1800 v. Chr. dauernd, in der Übergangsphase vom Atlantikum zum Subboreal, in der die Rotbuche in die Gebiete nördlich der Elbe vordringt, bringt eine Fülle von kulturellen und technischen Neuerungen, so daß sogar von der "Neolithischen Revolution"[1] gesprochen wird. Ackerbau und Viehzucht breiten sich allmählich von S her aus, entweder durch Übermittlung von Volk zu Volk oder durch die Zuwanderung eines bereits den Ackerbau beherrschenden Volkes. Emmer und Einkorn sowie Gerste werden angebaut, Schwein, Schaf und Rind als Fleisch, Wolle bzw. Milch liefernde Tiere gehalten.[2] Die neue Ernährungsgrundlage erlaubt gegenüber derjenigen der Jäger und Sammler des Mesolithikums eine Bevölkerungszunahme um das Vierzigfache.[3] Diese Bevölkerungszunahme aufgrund der anderen und besseren Wirtschaftsmethoden sowie größeren technischen Fertigkeiten findet für diese Zeit in den bis heute erhaltenen Megalithgräbern ihren deutlichsten Widerschein. Kersten gibt ihre Zahl für das Untersuchungsgebiet mit 90 an, wovon 18 im Gebiet der Jungmoränen und 72 im Gebiet der Altmoränen liegen.[4]

Die ungleich größere Zahl von Großsteingräbern im Süden des Kreises konzentriert sich auf den Raum nördlich von Geesthacht (Hasenthaler Berge) und den Sachsenwald, womit lediglich zum Ausdruck kommt, daß dort, wo kein oder nur wenig Ackerbau betrieben wurde, die Gräber meist unzerstört blieben, während sie andernorts, wo sie in späteren Zeiten dem Pflügen hinderlich waren, eher beseitigt worden sind. Dies muß in besonderem Maße für den Norden des Kreises gelten, wo sie aufgrund der besseren Böden der Jungmoräne den intensiveren Ackerbau noch weit mehr störten, so daß eben dort, wie mit großer Wahrscheinlichkeit vermutet werden darf, nur noch ein geringer Rest einer ehemals großen Anzahl erhalten geblieben ist. Die Flächen des Möllner und des Grander Sanders sind dagegen frei von Megalithgräbern, was wohl mit dem Mangel an Baumaterial (sog. erratischen Blöcken) in diesem Gebiet am sinnvollsten zu erklären ist.

---

1) V. G. Childe (1952): G. Smolla (1960)
2) Kersten, S. 19 f.
3) Nach Vortrag von M. Gebühr, Schleswig, am 15.2.1979 in der Grenzakademie Sankelmark.
4) Kersten, S. 31.
   Die Zahl dürfte ursprünglich wesentlich größer gewesen sein. Es gilt als sicher, daß die großen Steine sehr häufig zum Zwecke der Grundstückseinfriedung sowie für Gebäudegrundmauern zerschlagen wurden. An einem Deckstein eines Riesenbettes bei Dassendorf lassen sich deutlich Meißelspuren nachweisen. — Es ist auch überliefert, daß beim Bau der Berliner Eisenbahn im vorigen Jahrhundert Megalithgräber zerschlagen wurden, um Schotter für die Einbettung der Geleise zu gewinnen. Auch das Bismarck-Mausoleum in Friedrichsruh ist z.T. aus solchen Steinen erbaut (nach freundlicher mündlicher Auskunft von Herrn Dr. G. Klippel, Aumühle).

Zieht man noch die übrigen Funde der Trichterbecherkultur wie nachgewiesene Siedlungsplätze und Keramikfunde sowie Waffen- und Werkzeugfunde in ihrer räumlichen Verteilung in diese Betrachtung ein, so ergibt sich ein jeweiliger Schwerpunkt an Siedlungsrelikten im N und im S, also einerseits im Bereich der Jungmoränen und andererseits in dem der Altmoränen. Die gesamte Mitte Lauenburgs, unabhängig davon, ob Altmoräne, Jungmoräne oder Sander, weist nur wenige Funde auf. Es ergibt sich also, insgesamt gesehen, keine eindeutig an der Bodengüte schwerpunktmäßig orientierte Besiedlung durch Trichterbecher-Bauern.

Hinter den Konzentrationen von Siedlungsresten im N und im S verbergen sich möglicherweise ganz andere Strukturen als die der Auswahl des Siedlungsplatzes bzw. -raumes nach Böden. Vielleicht sind diese räumlichen Siedlungsschwerpunkte der Ausdruck sozialer Organisationen wie der von Sippen oder Kleinstämmen, die in relativ geschlossenen Verbänden räumlich zusammen siedelten.

Obwohl schon dies mehr spekulativ als beweisbar ist, soll dennoch im Vorgriff die vorsichtige Frage aufgeworfen werden, ob sich nicht schon mit den ersten Anfängen der bäuerlichen Landnahme in dem nördlichen und südlichen Siedlungsschwerpunkt das ausdrückt, was in der Bronzezeit in der kulturellen Unterschiedlichkeit des Nordens und des Südens — hier nordischer Kulturkreis, da Ilmenaukultur — mit einem siedlungsmäßig ausgedünnten Mittelbereich als Grenzraum deutlich wird.

Für die einzelnen anhand der Gräber zu vermutenden und anhand der Keramikfunde nachgewiesenen Siedlungsplätze scheint jedoch in ganz Lauenburg der an sich normale Auswahlgrundsatz gegolten zu haben, nämlich die Bevorzugung einer erhöhten, trockenen Lage in der Nähe von Trink- und Tränkwasser.

β) Einzelgrabkultur (Schnurkeramik-Kultur)

Mit dem Vordringen der Einzelgrabkultur in Lauenburg ändert sich das Bild der Besiedlung insgesamt kaum, weshalb auch neuerdings die Meinung vertreten wird, daß diese neue Art der Bestattung, der Keramik und der Geräte- und Waffentechnologie nicht, wie bisher angenommen, mit der Zuwanderung einer neuen Bevölkerungsgruppe begründet werden muß.[1] Der Norden und der Süden Lauenburgs sind weiterhin die Siedlungsschwerpunkte. Nur das Jungmoränengebiet zwischen der Hahnheide und Mölln und der Raum nördlich von Schwarzenbek scheinen aufgrund des Bildes der Bodenfunde neu besiedelt worden zu sein. Die ganze

---

1) Kersten, S. 32 f., vertritt die Ansicht, daß das Auftreten der Einzelgrabkultur mit einer nach N vordringenden Eroberungswelle zu erklären sei; ähnlich meint Schwabedissen (1976), S. 40 ff., daß die Einzelgrabkultur auf Zuwanderung zurückzuführen sei; in jüngeren polnischen Arbeiten wird dagegen die Meinung vertreten, daß es sich um eine autochtone Entwicklung handle (nach Prof. Dr. W. Struve in einem Vortrag am 2.4.1979 im Völkerkundemuseum, Hamburg).

übrige mittlere Zone bleibt weiterhin von einer stärkeren Siedlungstätigkeit frei, so daß also der Grenzraum zwischen dem nördlichen und dem südlichen Siedlungsschwerpunkt im wesentlichen erhalten bleibt.

Die Aussage Kerstens "Auch die öden Sanderflächen in der Mitte des Kreises wurden stark besiedelt, . . ." läßt sich anhand seiner eigenen Karte "Verbreitung der Einzelgrabfunde"[1)] in dieser Weise nicht belegen. Somit wird auch die Aussage fragwürdig, daß sich in der von Kersten angenommenen starken Besiedlung der "Sanderflächen" (womit er auch Teile der Mitte Lauenburgs einschließt, die nicht als solche anzusehen sind) ". . . ein wesentlicher Unterschied in der Wirtschaftsform der beiden Völker . . ." (Trichterbecherleute / Einzelgrableute) ausdrücke, wobei letztere ". . . von der Viehzucht, besonders von der Züchtung von Schafen, lebten, für deren Erhaltung, die dürren, damals wohl überwiegend von Heide bewachsenen Sanderebenen genügten."[2)]

Es muß in diesem mittleren Raum, der bisher von der bäuerlichen Besiedlung noch weitgehend unberührt blieb, noch eher mit einer vorwiegend geschlossenen Waldbedeckung gerechnet werden als in den schon früher dicht besiedelten Gebieten des Südens und des Nordens, wo die zumindest periodische Auflassung von Ackerflächen aufgrund der Bodenerschöpfung das Vordringen der Heideformation begünstigten. Also wären hier auf den unbestellten Flächen die besseren Weideplätze für Schafzüchter gewesen. So stellt letztlich auch Kersten fest, was in die Logik dieses Denksystems paßt: "Man hat den Eindruck, daß die . . . vordringenden Eroberer sich vorzugsweise auf den Siedlungen der einheimischen Bewohner niederließen."[3)] Die bisher vorwiegend unbesiedelten Gebiete (zwischen der Hahnheide und Mölln und der Raum nördlich von Schwarzenbek) lassen sich somit eher als Ausweitungsräume des nördlichen bzw. südlichen Siedlungsschwerpunktes deuten, als daß sie von Eroberern oder Einwanderern neu besetzt worden wären.

Grundsätzlich neue Aussagen bezüglich der Siedlungsräume lassen sich also im Vergleich zu dem, was über die Trichterbecherkultur gesagt wurde, nicht machen. Nur kann aufgrund der Ausweitung der beiden Siedlungsschwerpunkte angenommen werden, daß die Anzahl der siedelnden Menschen zugenommen hat, da der ursprünglich kolonisierte Raum offenbar für die Ernährung aller nicht mehr ausreichte.[4)]

---

1) Kersten, Abb. 25 (Karte)
2) Kersten, S. 39
3) Kersten, S. 39
4) Die am Ende des Neolithikums im N auftretenden Kulturen – die Glockenbecher-Kultur (Schwabedissen 1976) und Kugelamphoren-Kultur (Struve 1953) – sind, da bezüglich des Kreises keine Forschungsergebnisse vorliegen, nicht berücksichtigt.

γ) Beginn der Umwandlung der Natur- zur Kulturlandschaft

Die neuen bäuerlichen Wirtschaftsmethoden des Neolithikums in Verbindung mit der Bevölkerungsvermehrung und relativ starken Siedlungstätigkeit bleiben nicht ohne Konsequenzen auf das ökologische Gefüge. Durch seine Rodungstätigkeit, um Anbauflächen zu gewinnen, und durch die Beweidung aufgelassener Flächen greift der Mensch zum ersten Male stärker in den Naturhaushalt ein.[1]

Feldflächen sind besonders im Frühjahr und im Herbst, also vor Vegetationsbeginn und nach der Ernte, der Erosion und der Deflation ausgesetzt. Ausgespülter Boden wird in den Flußniederungen wieder abgelagert (Beginn der Auelehmbildung)[2], das Ausblasen der Böden kann zur Bodenzerstörung und zur Bildung von Binnendünen führen[3]. Wegen Erschöpfung des Bodens aufgelassene Flächen vergrasen, verstrauchen und bewalden sich schließlich wieder[4], oder bei Beweidung durch Schafe können sich die ersten geschlossenen Heideflächen entwickeln[5]. Laubhölzer kommen aufgrund des Verbisses durch die Schafe nicht mehr auf, dagegen ist der Verbiß dem Gedeihen des Heidekrautes förderlich[6].

Auch die Bevorzugung bestimmter Holzarten für Haus-, Zaun- und Gerätebau sowie die Waldweide von Rind und Schwein haben selektive Auswirkungen auf den numerischen Bestand bestimmter Baumarten gehabt. So dürften z.B. Buchen durch Rinder geschädigt worden sein. Der Rückgang der Ulme in den Eichenmischwäldern seit dem Neolithikum ist auf ihre Nutzung als Viehfutter zurückgeführt worden.[7] Auch die Vermehrung der Eichen dürfte durch die Eichelmast der Schweine gebremst worden sein. Außerdem durchwühlen Schweine bei gedrängter Haltung den Boden derart, daß nichts nachwachsen kann.

---

1) Beim Feldbau des Neolithikums handelt es sich ausschließlich um Hackbau. Kersten, S. 20 f. und Abb. 12, beschreibt bzw. zeigt Hackenklingen des Neolithikums. Der älteste Pflug des norddeutschen Raumes wird in die Bronzezeit datiert (Fund von Walle, Ostfriesland, aufbewahrt im Landesmuseum, Hannover).
2) H. Mensching (1949 und 1951); F. Machatschek (1964, 8. Aufl.), S. 177
3) Averdieck (1958), S. 173, belegt, daß am NE-Rand des Sachsenwaldes Moore zeitweilig versandeten, was er auf Deflationserscheinungen bei ausgedehntem Ackerbau zurückführt.
4) Averdieck, S. 173: "Der den Unkrautgipfeln nachhinkende Calluna-Gipfel könnte auf eine stärkere Ausbreitung des Heidekrauts nach Verlassen der Äcker deuten." (Interpret. d. Pollendiagramme im NE von Hamburg)
5) C. Schott (1956), S. 92 f.
6) C. Schott (1956), S. 92 f.
7) Averdieck (1958), S. 172; Troels-Smith (1953)

2. Bronzezeit

Der Übergang zur Bronzezeit vollzieht sich ab 2000 v. Chr. allmählich, Stein bleibt zunächst das wesentliche Werkmaterial neben Kupfer und erst etwas später der Bronze.[1]

Die klimatischen Bedingungen des andauernden Subboreals sind für Bauern und Hirten günstig: es ist im Durchschnitt etwas wärmer als heute[2], vielleicht auch etwas niederschlagsärmer[3].

Die Fülle der bronzezeitlichen Hügelgräber in Lauenburg, insbesondere da, wo sie dank vorwiegender Waldbedeckung — wie z.B. im Gebiet des Sachsenwaldes — unberührt erhalten geblieben sind, können als Beweis für eine zahlenmäßig starke Bevölkerung auf der Grundlage einer wirtschaftlichen Blüte in Verbindung mit dem technologischen Fortschritt der Bronzeverarbeitung sowie einer alle Lebensbereiche erfassenden kulturellen Aufwärtsentwicklung, angesehen werden.[4]

Die Mitte Lauenburgs als die Zone mit den schlechtesten Böden zwischen der Hahnheide (und Teilen des Grander Sanders) im Westen und dem Segrahner Berg (mit dem gesamten Delvenau-Sander ab Mölln südwärts) im Osten stellt sich als deutlicher Grenzraum zwischen dem Nordischen Kulturkreis im N und der Ilmenau-Kultur im S, deren Zentrum südlich der Elbe liegt, heraus, was sich, wie bereits angeführt, seit den Anfängen der ersten bäuerlichen Besiedlung im Neolithikum entwickelt hatte[5]. Morphologische Grenzen, wie es bei Kersten anklingt[6], spielen als Begründung für diesen dünn besiedelten Grenzsaum primär sicher keine Rolle. Auch die schlechten Böden dieses Raumes können allein als Begründung für so eine deutliche Kulturgrenze nicht gelten, denn dafür ist dieser Saum zu schmal, und schlechte Böden gibt es auch innerhalb des südlichen wie des nördlichen Siedlungsschwerpunktes, die dennoch von Siedlungen besetzt waren[7]. Entscheidend für diese Kulturgrenze kann nur ein ursprünglicher Unterschied zwischen einer nördlichen und einer südlichen Siedlergruppe gewesen sein, die sich beide, da ausreichend Raum für Binnenkolonisation sowohl im N als auch im S vorhanden war, über Jahrtausende ohne Expansion entwickeln konnten. Zu dieser getrennten Entwicklung mögen die schlechten Böden der Mitte beigetragen haben, sie sind aber nicht als die Ursache anzusehen.

---

1) Kersten, S. 47
2) Woldstedt/Duphorn, S. 20
3) R. Grahmann (1952), S. 61 f.
4) Kersten, S. 51, legt dar, daß es sich "... um eine zahlreiche, aber durchweg arme Bevölkerung" gehandelt hätte, da die "... Menge von Grabanlagen ... in einem auffälligen Gegensatz zu der Armut ihrer Ausstattung steht." Dies muß aber nicht so sein: die ausschließlich aus importiertem Metall hergestellten Gegenstände waren naturgemäß kostbarer als die in früheren Zeiten in beliebiger Zahl reproduzierbaren Steingeräte, so daß sie den Lebenden dienlicher waren als den Toten.
5) vgl. Kap. II b 1.
6) Kersten, S. 63
7) Kersten, zwischen S. 82 und 83: Abb. 55 A (Karte)

Die auch während der Bronzezeit nur dünne Besiedlung des Mittelstreifens (durch die Ilmenau-Kultur) mag aufgrund der ungünstigen natürlichen Verhältnisse (Sandböden, starke Kalkarmut der Böden, schnelle Aussauerung) schon ausgereicht haben, daß sich nach Rodung durch Feldbau und Beweidung das ökologische Gleichgewicht stellenweise in Richtung der Halbkulturformation Heide-Kratt veränderte.[1]

Die südliche Ilmenau-Kultur war in Lauenburg bis zum Ende der Bronzezeit (etwa um 800 v. Chr.) gegenwärtig, danach wird sie durch den Nordischen Kulturkreis abgelöst. "Der plötzliche Abbruch sämtlicher jungbronzezeitlicher Gräberfelder in Südlauenburg scheint einen Abzug der . . . Bevölkerung des Ilmenaukreises widerzuspiegeln."[2]

3. Eisenzeit

Aus dem Nordischen Kulturkreis haben sich während der Bronzezeit die Germanen entwickelt, die also ab der älteren Eisenzeit ganz Lauenburg besiedeln.[3]

Die subatlantische Klimaverschlechterung (Absinken der Durchschnittstemperaturen, mehr Niederschläge)[4] scheint eine lange andauernde Völkerbewegung von N nach S ausgelöst zu haben, wie es sich schon im Abzug des nordelbischen Teils der Ilmenau-Kultur widerspiegelte, deren Träger offenbar ohne nördlichen Druck ihren traditionellen Siedlungsraum aufgaben[5].

Wie aber sah nun in dem ganz von Germanen besetzten Lauenburg die Verteilung der Siedlungen in bezug auf die Böden aus?

Aufgrund der Menge der Bodenfunde darf man schließen[6], daß die mittelguten Böden des Südens wie schon in den vorausgegangenen Epochen am dichtesten besiedelt waren. Die Sandböden der Mitte sowie die Jungmoränenböden des Nordens waren gleichmäßig dünn besetzt. So kann man jetzt nur noch von e i n e m Siedlungsschwerpunkt, dem im Süden, sprechen.

Die siedlungsmäßige Ausdünnung des Nordens findet ihre Entsprechung in der starken Neubesiedlung des Südens. Diese Erscheinung kann aber nicht nur auf den

---

1) Schott (1956), S. 86 – 94
2) Kersten, S. 81
3) Kersten, S. 92: "Man kann . . . feststellen, daß die zahlreichen Friedhöfe der jüngeren Bronzezeit plötzlich abbrechen und an ihre Stelle die Gräberfelder der Jastorfgruppe treten, . . ."
4) R. Grahmann (1952), S. 50 f.
5) Kersten, S. 92: "Es konnte mit ziemlicher Gewißheit ermittelt werden, daß eine Berührung zwischen den Vorfahren der Topfgruppenleute und den Angehörigen des Ilmenaukreises nicht stattfand."
6) Kersten, zw. S. 92 u. 93 sowie zw. S. 102 u. 103: Abb. 63 bzw. 71 (Karten)

relativ kleinen Raum Lauenburgs bezogen werden; sie fügt sich vielmehr in das Gesamtbild der germanischen Südwärtsbewegung.

Erst die sog. germanische Völkerwanderungszeit bringt dann wieder grundlegende Veränderungen.

Schon seit dem 2. Jahrhundert n. Chr. läßt sich in ganz Lauenburg eine Bevölkerungsabnahme feststellen, wobei der Süden offensichtlich früher von der Abwanderungsbewegung ergriffen wird als der Norden. Schon im 3. Jahrhundert ist der Süden anscheinend nicht mehr besiedelt[1], während der Norden letzte germanische Siedlungsreste bis etwa um das Jahr 500 aufweist[2].

Dann setzen die Bodenfunde und mit ihnen offenbar die Besiedlung bis zur Ankunft einer anderen Bevölkerung, nämlich der von Osten vordringenden Slawen, aus.

III DIE FRAGE DER SIEDLUNGSKONTINUITÄT

a) Die Sage über den Grabhügel 98 von Grünhof-Tesperhude

Trotz dieser archäologischen Lücke ist gelegentlich darüber spekuliert worden, ob nicht doch eine – zwar stark ausgedünnte – germanische Restbevölkerung die Epoche zwischen dem Abwandern der Germanen und der Einwanderung der Slawen bodenständig in ihrer angestammten Heimat überdauert hätte.

Es sind von verschiedenen Seiten Argumente vorgebracht worden, die für eine solche Annahme sprechen könnten. So berichtet Kersten darüber, daß bis zu der Zeit seiner archäologischen Aufnahme des Kreises Herzogtum Lauenburg in Grünhof-Tesperhude eine Sage, den von ihm ausgegrabenen, der Ilmenau-Kultur zugehörenden Grabhügel 98 betreffend, überliefert war ("In dissen Barg hebbt in olen Tiden grote Füer brennt." und "In dissen Barg liggt een Scheiterhupen.")[3], die er als Beleg für den Verbleib einer (Rest-)Bevölkerung und damit einer Siedlungskontinuität von der Bronzezeit bis zur Gegenwart für das nördliche, hohe Elbufer ansieht.

Das Grab barg eine in ein gepflastertes Steinbett gelegte Frau mit einem Kind. Über diesem Steingrab war ein Haus gebaut (Pfostenlöcher im Steinpflaster um

---

1) Gebühr, M., in: Die Heimat (1976), Nr. 11, S. 196 – 303: Das Gräberfeld Hamfelde
2) Kersten, S. 106, berichtet über den Fund einer Bronzefibel, die auf etwa 500 n. Chr. datiert wird.
3) Kersten, S. 106 und S. 228.
   Auf einer Veranstaltung des Heimat- und Geschichtsverbandes des Kreises Herzogtum Lauenburg in Lauenburg am 29.10.1979 berichtete ein Mitglied, daß noch heute außerdem in Grünhof erzählt werde: "Dor is een Kunnig begraben."

das Grab), das nach der Bestattung niedergebrannt worden war. Danach hatte man das Ganze so mit Erde abgedeckt, daß ein ungewöhnlich großer und somit auffallender Grabhügel entstand.

Die vorwiegende Übereinstimmung von Sage und Grabungsbefund verblüffen. Aber selbst wenn man von den archäologisch festgestellten Siedlungslücken zwischen dem Abwandern der Träger der Ilmenau-Kultur und der Ankunft der Germanen sowie dem Abwandern der Germanen und der Ankunft der Slawen bzw. der mittelalterlich-deutschen Kolonisten in diesem Raum absieht, stellte eine so lange mündliche Tradierung eines prähistorischen Ereignisses über einen Zeitraum von 3500 Jahren (das Grab wird auf etwa 1500 v. Chr. datiert) etwas Einmaliges dar, weshalb Skepsis im Glauben geboten erscheint.

Das Auffallend-Unerklärte, der große Hügel in einer Heidelandschaft, mußte die Phantasie der Menschen schon immer anregen, sie eine Erklärung suchen lassen. Man darf annehmen, daß man wohl immer wußte, daß es sich um einen Grabhügel handelte. Wer anders als ein "Kunnig" konnte in dem größten Tumulus Lauenburgs wohl begraben sein! Welcher Ort eignete sich im ebenen Land über die Jahrhunderte besser, ein weithin sichtbares Feuer zu machen, möge es ein "Scheiterhupen", ein Osterfeuer oder schlicht ein Lagerfeuer gewesen sein, als der erhabene Platz! Außerdem ist es möglich, daß in nicht allzuweit zurückliegenden Zeiten Bauern aus Grünhof oder einem der Nachbardörfer einen ähnlich großen Tumulus einebneten, weil er einerseits in einem Feld störte, andererseits sein Erdreich zur Verfüllung von Feuchtstellen verwendet werden konnte, so daß man über das "Innenleben" eines solchen Grabhügels (verbranntes Holz = "Scheiterhupen") durchaus begründet, aber auf dem Hintergrund einer relativ kurzen Erzähltradition, Bescheid wußte. Eine Mischung von "Dichtung und Wahrheit", was normalerweise die Grundlage einer Sage ausmacht, hat den Grünhofern den Hügel verständlich gemacht. Ihr Beitrag zur Erklärung des Unerklärten sollte jedoch nicht schon als Beleg einer 3500-jährigen Bevölkerungs- und Siedlungskontinuität bemüht werden.

b) Überlieferung germanischer Flußnamen?

Auch der nach sprachwissenschaftlichen Erkenntnissen auf das Germanische zurückgeführte Flußname "Delvenau"[1] wird gelegentlich als Indiz dafür benutzt, daß eine germanische Restbevölkerung in Lauenburg zurückgeblieben wäre, die diesen Namen über die Völkerwanderungszeit hinaus bewahrt und an die zuwandernden Slawen weitergegeben hätte.

Eine von dem Flußnamen abgeleitete und wahrscheinlich schon slawisierte Form, in einer mittelalterlich-lateinischen Rechtschreibung, erscheint erstmals 822 in den

---

1) vgl. dazu S. 1 Anm. 1; Laur, Hist. ON-Lexikon, S. 178, r. Sp.; Laur, ON in S-H, S. 344

Reichsannalen als "Delbende", einen Ort bezeichnend, an dem die Franken nördlich der Elbe eine Befestigungsanlage errichten ("... in loco, cui Delbende nomen, ..."). Bei Adam von Bremen II, 18 ist der Fluß Delvunda ("... in fluvium Delvundam") neben der ebenfalls dort angeführten Hornbek ("... in Horchenbici ...") Grenzgewässer im Limes Saxoniae (seit 810)[1].

Wie bei den ebenfalls germanisch benannten Flüssen Weichsel, Oder und Havel[2] könnte ein germanisch-slawischer Kontakt über die Völkerwanderungszeit hinaus wirksam gewesen sein, so daß die germanischen Flußnamen direkt an die Slawen weitergegeben worden wären. Goten gaben der Weichsel den Namen, der von den im gleichen Raume zeitgleich anwesenden Slawen übernommen wurde; der wandalische Teilstamm der Silinger überläßt den ebenfalls mit ihnen im gleichen Raume siedelnden Slawen nicht nur den Flußnamen Oder, sondern sogar den Stammesnamen: germ. Silingi / slaw. Slęzi / dt. Schlesier[3]; für die Mark Brandenburg scheint es erwiesen, daß zurückgebliebene Germanen in den zugewanderten Slawen aufgehen[4] und ihnen nicht nur den Flußnamen Havel überliefern, sondern damit zugleich auch den Stammesnamen Heveller = Bewohner des Havellandes[5].

Dagegen könnte man aber auch argumentieren, daß die beiden Gewässer Delvenau und Hornbek von W und S her, da sie Grenzflüsse des fränkischen Reiches darstellen, benannt worden seien, so daß eine germanische Restbevölkerung in dem Raum an der Delvenau für die Namengebung der beiden Flüsse nicht nötig gewesen wäre. Außerdem muß bedacht werden, daß vor dem Angriff der im Bündnis mit den Franken stehenden Obodriten auf die nordelbischen Sachsen[6] dieser Raum auch schon Grenze zwischen den Slawen und germanischen Sachsen gewesen ist, vielleicht auch schon diese Flüsse als Grenze eine Rolle gespielt haben und somit von W her, also von sächsischer Seite, ihre Namen bekommen hätten.

Es läßt sich also mit den Namen dieser beiden Flüsse wiederum kein sicherer Beweis dafür bringen, daß der Raum an der Delvenau bei Ankunft der Slawen von einer germanischen Restbevölkerung besiedelt war.

c) Überlieferung germanischer Ortsnamen (Hachede, Glüsing)?

Als Beleg einer germanischen Besiedlung des nördlichen Elbufers über die Völkerwanderungszeit hinaus wurde verschiedentlich auch der ältere ON von Geesthacht,

---

1) vgl. Kap. IV d
2) A. Bach II, 2. S. 218 f.
3) Z. Váňa, S. 54
4) J. Herrmann, Zwischen Hradschin und Vineta, S. 17
5) Z. Váňa, S. 54
6) vgl. Reichsannalen 798

Hachede[1], herangezogen.[2] Es wurde dabei vorausgesetzt, daß ein altsächsisches *hag (gesprochen: hach) mit dem Nominalsuffix -idi/-ida zusammengesetzt sei, was dann soviel wie "Hecke, Einfriedung, eingefriedeter Platz"[3] bedeutet. Die mit dem idi-Suffix gebildeten ON gehören zu den ältesten germanischen Siedlungsnamen.[4] Jedoch sind auch mittelalterlich-kolonisationszeitliche ON mit diesem Suffix gebildet worden[5], so daß nicht jeder idi-Name wie selbstverständlich der ältesten faßbaren germanischen ON-Schicht zugerechnet werden darf. Somit entfällt der ON Geesthacht als sicherer Beleg für eine germanische Siedlungskontinuität im Untersuchungsraum.

Darüber hinaus ist es fraglich, ob das urkundlich belegte "Hachede" sprachlich überhaupt auf *hag-idi zurückgeführt werden kann. Drei alternative Deutungsmöglichkeiten dieses ON seien deshalb hier angeführt und erläutert:

1. Hagheide,

2. Hohenheide,

3. Hochede (= Höhe).

zu 1. Das bei Hag- auslautende niederdeutsche g wird als Spirans gesprochen, also wie hochdeutsch ch; es berührt sich damit lautlich mit dem anlautenden h von -heide (niederdeutsch: -hede), so daß beide Silben zusammen "Hachede" ergeben.

Auswertung: Der Sinn dieses Wortes wäre dann soviel wie Buschheide, Wald und Heide. Es bezeichnet somit ein unbewohntes und unbebautes, also ödes Land. Es würde sich also ursprünglich um eine Landschaftsbezeichnung handeln, die wohl — im Kontrast zum besiedelten Land verstanden — vom Süden der Elbe ausgegangen wäre. Dies würde dennoch bedeuten, daß der Siedlungsname "Hachede" zu den frühesten kolonisatorischen Namen Lauenburgs gehört und daß die Siedlung Hachede aufgrund ihrer besonderen geographischen Lage, direkt am Elbufer, zu den ersten Siedlungen zu zählen ist, die im 9. Jahrhundert am nördlichen Geestrand der Elbe vom Bardengau aus angelegt wurden.[6]

---

1) SHRU I, 329, Abschr. v. 1267, ursprüngl. 1216: in Hachede; Hamb. UB II, 556, 1322: Hachede; UBSL V, 18, 1473: Gesthachede (vgl. W. Laur., Hist. ON-Lexikon, S. 100, 1. Sp.)
2) W. Laur, Die ON in S-H . . ., S. 190; ders., Die ON im südl. Lauenburg, LH 15, 1939, S. 46 – 51 und LH 16, 1940, S. 25 – 33; W. Prange (1960), S. 141; H. Fiege (1979), S. 127
3) W. Laur, Hist. ON-Lexikon, S. 100, 1. Sp.
4) A. Bach II, 2, S. 272 f. und 282; H. Kuhn, Vor- u. frühgerm. ON in Norddeutschland und den Niederlanden, Westfäl. Forschungen 12, 1959, S. 5 – 44; W. Laur, Die ON in S-H . . ., S. 190
5) z.B. Eichede, Krs. Stormarn, an der Grenze zum Untersuchungsraum gelegen: SHRU II, 189 (Abschr. 14. Jh.), 1259 "ville Slamersekede". Das niederdeutsche Ekede hat sogar ursprünglich (?) noch einen slaw. PN ("Slavomer" nach Laur) vorgestellt, womit es sich als eine kolonisationszeitliche Gründung erweist (wohl erst nach 1200). Vgl. hierzu auch W. Laur (1967), Die ON in S-H . . ., S. 89, r. Sp.
6) vgl. hierzu W. Prange (1960), S. 141, und H. Fiege (1979), S. 127

zu 2. Das aus dem Germanischen stammende altsächsische ô tritt im Altsächsischen und Mittelniederdeutschen gelegentlich als a auf.[1] Hierfür liefert das Untersuchungsgebiet mehrere Belege:

a) Hamwarde ist 1230 erstmals belegt als Honwarde[2], was Hohenwarde meint,

b) Hamfelde ist 1230 erstmals als Honuuelde belegt[3], was entsprechend als Hohenfelde zu verstehen ist,

c) analog zu Honuuelde, dem kultivierten Gebiet, trägt das benachbarte öde Land den Namen Hahnheide, was als Hohenheide zu verstehen ist.[4]

Dazu kommt, daß im Althochdeutschen wie im Altsächsischen intervokalisches h wie ch gesprochen wurde, das dann in Urkunden gelegentlich als spirantisches -g- auftritt (also: hogen statt hohen).[5]

Aus diesem Zusammenhang ergibt sich, daß Hachede und Hahnheide auf eine gleichlautende altsächsische bzw. mittelniederdeutsche Ausgangsform zurückzuführen wären, nämlich: Hogenhede. Hachede begegnet uns dann in einer älteren verschliffeneren Form, während sich Hahnheide "moderner" darstellt mit einem verballhornten Hogen- zu Hahn- und dem hochdeutschen -heide.

Auswertung: Diese Deutung von Hachede stellt ebenfalls keinen Beleg dafür dar, daß es sich um einen alten, vorvölkerwanderungszeitlichen Namen handelt. Mit "Hogenhede" wären dann ursprünglich die unbesiedelten Gebiete in der Geest nördlich der Elbe bezeichnet worden.

zu 3. Wenn man dagegen am idi-/ida-Suffix (anstatt -hede/-heide) festhalten will, so besteht noch die Möglichkeit, es direkt mit dem Adjektiv hoch- zu hohida[6] (-h- = -ch-) zu verbinden, das über Hochede (o > a wie bei zu 2.) zu Hachede abgeschliffen worden wäre.

Auswertung: Hachede bedeutet dann nichts anderes als Höhe und wäre somit eine Bezeichnung für das höher gelegene Nordufer der Elbe.

Auch diese Deutung gibt keinen Anhalt für einen vor das 9. Jahrhundert zurückreichenden Ortsnamen.

---

1) Laur, Hist. ON-Lexikon, S. 23, hier weitere Beispiele angeführt
2) ZR
3) ZR
4) SHRU VI, S. 303, 1382: super Honheyde
5) vgl. hierzu W. Laur (1967), ON in S.-H., S. 118, l. Sp.:
   a) SHRU III, 568, 1325: villam Hoghewolt = 'hoher Wald' = Hogewold+ (bei Stendorf),
   b) ca. 1264 – 1289: de Hogenvelde = Hochfeld+ (Krs. Plön am Hochfelder See bei Bothkamp)
   c) LAS, Urk.-Abt. 1, 204: in dem Hogenhorne = Hohenhorn bei Bendorf
6) Braune/Ebbinghaus: Althochdeutsches Lesebuch, S. 206, 1. Sp.: "hohida f. (o)", "got. hauhiþa" = Höhe; niederhessisch: Hechede = Höhe (der Verf.)

Auch Glüsing, der Name eines Bachtals, das sich 2 km stromaufwärts von Schnakenbek zur Elbe hin in den Geestrand eingeschnitten hat, wird oft als Beleg für einen Verbleib einer germanischen Restbevölkerung am Nordufer der Elbe angeführt. Das Suffix -ing an Ortsnamen wird wie -idi/-ida als ein Zeichen dafür gehalten, daß es sich um einen sehr alten Ortsnamen handele, der bis in die Vorvölkerwanderungszeit zurückreichen könne.[1]

Der Sinn der Stammsilbe Glus- (+ Umlaut durch i in der Folgesilbe) ist bisher nicht überzeugend geklärt.

Da es sich hier jedoch um einen Flurnamen und nicht um einen Siedlungsnamen handelt und Bodenfunde, herrührend von einer älteren Siedlung in diesem Tälchen, nicht vorliegen, kann "Glüsing" für den Nachweis einer älteren Besiedlung dieses Raumes nicht verwendet werden.

Was von der Auffassung des Überdauerns germanischer Siedlungen im Untersuchungsraum bis ins 9. Jahrhundert aufgrund des ON-Befundes bleibt, hat also vornehmlich spekulativen Charakter.

d) Die Barden-Frage

Aus Helmolds Slawenchronik geht hervor, daß Barden in die Kämpfe gegen die Slawen im nordelbischen Raum verwickelt sind.[2] Das Zentrum der Barden liegt südlich der Elbe um Bardowiek im sog. Bardengau.[3]

Wie ist das "Interesse" der Barden zu erklären, an den Kämpfen gegen die Slawen teilzunehmen? Sollte eine restliche langobardische Bevölkerung auch nördlich der Elbe ihre alten Stammessitze nicht verlassen haben, die es gegen die expandierenden Slawen zu verteidigen galt? – Die Frage muß vorerst offen bleiben.

Wahrscheinlicher ist es jedoch, daß der Raum um Geesthacht im ersten Drittel des 9. Jahrhunderts vom Bardengau aus, also aus dem Raume südlich der Elbe, koloni-

---

1) H. Jankuhn (1957), S. 41 f., in Verbindung mit der Beilagenkarte "Die älteren ON" (basierend auf älteren Arbeiten W. Laurs); W. Prange, S. 141
2) Helmold I, 25, 26: Herzog Magnus bietet dem vertriebenen Slawenfürsten Budivoj Abteilungen von Barden, Holsten und Diethmarschen zur Rückeroberung seines Landes an. Budivoj besetzt mit 600 Barden den Plöner Ring. Er wird eingeschlossen und belagert; als er schließlich aufgeben muß, wird er samt seinen 600 Barden durch die Belagerer, Krutos Leute, erschlagen (wohl um 1075).
Helmold I, 34: Der christliche Slawenfürst Heinrich von Ratzeburg verbündet sich mit Holsten, Stormarn und den ". . . übrigen den Slawen benachbarten Sachsen, . . .". Es kommt 1093 (vgl. Ann. Hild.) zur Schlacht bei Schmilau. Auf Heinrichs Seite kämpfen ". . . die Tapfersten der Barden, Holsten, Stormarn und Diethmarschen . . .".
3) Erwähnung des Bardengaus in den Reichsannalen: 780, 785, 799

siert worden ist und sich somit die Beteiligung der Barden an den kriegerischen Auseinandersetzungen nördlich der Elbe erklärt.[1]

e) Bodenfunde

Das am nördlichen Elbufer bei Krümmel gefundene sächsische Eisenschwert[2] ist wohl während der ersten kriegerischen Auseinandersetzungen der Sachsen bzw. der Franken mit den Obodriten[3] in die Erde gekommen, oder es gehört in den Zusammenhang der ersten Welle bardisch-sächsischer Kolonisation im 9. Jahrhundert, ausgehend vom Raume südlich der Elbe, den Geestsaum nördlich der Elbe erfassend.[4]

Entgegen dieser "Beweisnot" führt Kersten noch einen Bodenfund aus dem äußersten N des Untersuchungsgebietes an, aus dem die germanische Abwanderung später und die slawische Einwanderung früher als im S erfolgte: "So fand man unter einer slawischen Siedlung auf dem Schanzenberg bei Groß Sarau zusammen mit nichtslawischen Scherben eine Dreiknopffibel aus Bronze, die der Zeit um 500 angehört."[5]

Dieses Produkt germanischer Handwerkskunst sowie die beiliegenden germanischen Tongefäßscherben unter einer slawischen Siedlungsschicht deuten vielleicht auf den ersten Blick Vergleichbares an, was jüngst K. W. Struve für die Oldenburg in Wagrien nachweisen konnte, daß nämlich dort die Slawen keineswegs auf unbesiedeltes Land stießen, sondern sogar die Oldenburg (slaw. Starigard, die Burg war also schon da, als sie kamen) erst erobern mußten. Germanische Handwerkskunst findet dort sogar eine Fortsetzung, eine germanische Restbevölkerung ist in der zugewanderten slawischen Majorität aufgegangen.[6]

Dem kann noch hinzugefügt werden, daß man neuerdings zunehmend mehr geneigt ist, die Ankunft der Slawen im W früher als bisher anzusetzen, so daß eine, wie bisher angenommen, z.T. mindestens 300 Jahre dauernde Siedlungslücke (bei Ankunft der Slawen im 8. Jahrhundert) zusammenschmilzt auf vielleicht nur 100 Jahre (bei Ankunft der Slawen im 6. Jahrhundert).[7]

---

1) vgl. hierzu die Ausführungen von Kap. VI e 2. und VI g 2.
2) Kersten, S. 114 und Abb. 80
3) vgl. hierzu die Reichsannalen 822: Errichtung des fränk.-sächs. Delbende-Kastells
4) vgl. Kap. III d, Kap. VI e 2. und Kap. VI g 2.
5) Kersten, S. 106
6) Struve, Burgen, S. 37 – 50, bes. S. 47, 1. Sp., u. S. 49; ferner nach Vortrag von Struve in Ratzeburg am 3.6.1981
7) J. Herrmann, Die Nordwestslawen, S. 7: "Die Einwanderung erfolgte vor allem in der zweiten Hälfte des 6. Jahrhunderts und in den ersten Jahrzehnten des 7. Jahrhunderts."

Jedoch muß für Groß Sarau ergänzend hinzugefügt werden, daß es sich bei dem geborgenen slawischen Keramikmaterial um mittelslawische Ware handelt[1], die also erst ab 800 anzusetzen ist. Es scheint also doch wohl eher so gewesen zu sein, daß dieser Platz für mindestens 300 Jahre nach dem Abwandern der Germanen und der Neubesiedlung durch die Slawen siedlungsfrei war.

Ergänzend hierzu darf angemerkt werden, daß "Sarau" von W. Kaestner unter den jüngeren slawischen ON geführt wird[2], wie auch der gesamte Raum westlich des Ratzeburger Sees bis nahe an das Stecknitztal keine älteren slawischen ON aufweist[3], was darauf hindeutet, daß dieses Gebiet nicht zu den am frühesten von Slawen besiedelten Landschaften Lauenburgs gehört.

f) Pollenanalytische Ergebnisse

Bei der pollenanalytischen Probebergung sämtlicher noch vorhandener Moore des Hamburger Raumes durch das Geologische Landesamt Hamburg in Zusammenarbeit mit dem Museum für Hamburgische Geschichte (1951) wurden auch von den leider nur noch vorhandenen kleinen Mooren im nordöstlichen Gebiet des Sachsenwaldes Pollenanalysen angefertigt (Stemmenkamp, Rothenbek, Tiefensohl), und zwar mit folgendem Ergebnis, wie Averdieck (1958) mitteilt: "Unser Untersuchungsgebiet ist im ganzen wenigstens seit der jüngeren Steinzeit stets besiedelt gewesen. Die Pollenkurven des Getreides und der Unkräuter verhalten sich ganz ähnlich wie im Nordhamburger Raum. Eine Kulturlücke . . . scheint hier kaum ausgeprägt zu sein, obgleich man sie hier, im Grenzgebiet zum slawischen Siedlungsraum . . . erwarten sollte."[4]

Es muß allerdings bedacht werden, daß in trockenen Sommern Getreidepollen bei den vorherrschenden Westwinden aus größeren Entfernungen — aus den von Sachsen besiedelten Gebieten westlich der Bille — herangetragen worden sein können. Außerdem können diese Ergebnisse, die ihre Gültigkeit nur für einen Teil des westlichen Saumes des Untersuchungsgebietes haben, nicht einfach auf den gesamten Raum in ihrer Aussage ausgeweitet werden.

Jedoch könnten die von Averdieck veröffentlichten Ergebnisse — wenngleich auch nur für den begrenzten Raum im NE des Sachsenwaldes gültig — Unterstützung finden durch die Grabungen, die im Sommer 1981 auf dem Siedlungsplatz der mittelalterlichen Wüstung Ödendorf in der Gemarkung Kasseburg — also im gleichen Raum wie dem der oben erwähnten pollenanalytischen Untersuchungen — durchgeführt wurden, wo man neben vor allem mittelalterlichen Tongefäßscherben

---

1) Kersten, S. 442 f. sowie Abb. 80 A
2) Kaestner (1976), S. 56 sowie Karte 1
3) vgl. hierzu Kap. VI g 1.
4) Averdieck, S. 172 f.

auch solche aus der Zeit vor der germanischen Völkerwanderung fand.[1] Die Kontinuität von der vorvölkerwanderungszeitlichen Siedlung bis zur mittelalterlichen kann jedoch noch nicht als gesichert angesehen werden. Weitere Ergebnisse müssen abgewartet werden.

Dagegen zeigt das Wakenitz-Profil von H. Schmitz[2] für nach 500 n. Chr. einen zeitweiligen völligen Rückgang der Getreidepollen, so daß hier von einer Siedlungslücke für den fraglichen Zeitraum ausgegangen werden muß.

IV DIE SLAWEN: ETHNOGENESE UND URHEIMAT, EXPANSION UND FRÜHESTE URKUNDEN, DER LIMES SAXONIAE

a) Ethnogenese und räumliche Herkunft der Slawen

Nicht nur die Frage, wann die Slawen an den Stammesgrenzen der Sachsen bzw. des fränkischen Reiches angekommen sind sowie ob und in welchem Maße sie eine germanische Restbevölkerung in den von ihnen neu besiedelten Räumen vorfanden, ist viel diskutiert worden, sondern auch die Frage nach ihrer ethnischen und räumlichen Herkunft.

Die Ethnogenese der Slawen, die sich wohl wie die der anderen indoeuropäischen Stämme seit dem Neolithikum vollzieht, ist aufgrund der Weite und Offenheit des osteuropäischen Raumes, in dem Kontakte mit anderen Völkern und Kulturen von allen Seiten her möglich sind, ein wesentlich komplizierterer Vorgang als beispielsweise die der Germanen, deren Entwicklungsraum nur nach Süden eine offene Grenze aufwies.

So können im Rahmen dieser kurzen Betrachtung nur die wichtigsten Strukturen und Methoden, die zu einer annähernden Offenlegung geführt haben, dargelegt werden.

---

1) Für den Bau der Hamburg-Berliner Autobahn sollte auf einem der Gemeinde Kasseburg gehörenden Gelände, auf dem schon Prange (1960, S. 302) aufgrund älterer Flurkarten das wüste Ödendorf vermutet hatte, Kies gewonnen werden. J. Schneider, Hamburg, stellte beim Abschieben des Mutterbodens durch die Kiesabbaufirma Wunder, Schwarzenbek, Bodenverfärbungen fest, die anzeigten, daß die alte Dorfstelle von Ödendorf auf dem vermuteten Platz lag. Dadurch, daß die Firma Wunder weitgehend auf den Kiesabbau an dieser Stelle verzichtete, konnte im Sommer 1981 unter örtlicher Leitung von Herrn Dr. G. Klippel, Aumühle, Vertrauensmann des Landesamtes für Vor- und Frühgeschichte in Schleswig, unter steter Mithilfe der Familien Schneider, Hamburg, und Buchholz, Kasseburg, sowie weiterer Helfer die alte Dorfstelle systematisch begraben werden. Neben den erwähnten unterschiedlich alten Tongefäßscherben konnte eine Fülle von Eisenschlacken, die auf eine Verhüttung von Raseneisen hinweisen, geborgen werden; außerdem wurde ein aus Feldsteinen gelegter mittelalterlicher Keller mit steinerner Treppe freigelegt. – Slawische Scherben kamen nicht vor. Die wüste Dorfstelle von Ödendorf liegt bereits westlich der slawischen ON-Linie (nach W. Lammers, 1955; vgl. S. 41, Abb. 10).
2) H. Schmitz, Klima, Vegetation u. Besiedlung, S. 19 f.

Abb. 10: Die westliche slawische Ortsnamenlinie

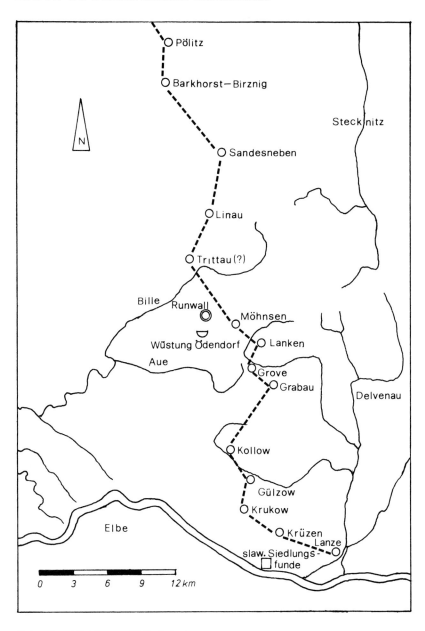

Entwurf und Zeichnung: W. Budesheim

Methoden, die angewandt wurden, sind die vergleichende Sprachwissenschaft, die Archäologie und schließlich die Geschichte.

Die Sprachwissenschaft untersucht:

a) die lexikalischen und grammatischen Beziehungen zu anderen Sprachen, um Kontakte zu den Trägern jener Sprachen zu ermitteln.

Auf diese Weise konnten Beziehungen der Slawen zu den Germanen, Balten, Kelten, Illyrern, Trakern, Iranern, Finno-Ugriern und Kaukasiern aufgezeigt werden.

Hieraus kann man folgern, daß an der kulturellen und – unterschiedlichen Grades – auch ethnischen Entwicklung der Slawen schon früh andere indoeuropäische und nicht-indoeuropäische Völker beteiligt gewesen sind;

b) die Namen für Pflanzen, die klimatisch auf ein bestimmtes Verbreitungsgebiet festgelegt sind, sowie topographische Begriffe, die bis in die Zeit der Ethnogenese der Slawen zurückreichen, um so das Ausgangsgebiet der Slawen zu ermitteln.

1. Die Abgrenzung des Ursprungsgebietes auf den Raum östlich der Buchengrenze – das Wort für Buche im Slawischen ist dem Germanischen entlehnt – läßt sich nicht mit Sicherheit vertreten, da sich die Nord- und Ostausdehnung bestimmter Pflanzen den sich mehrfach ändernden klimatischen Bedingungen seit dem Neolithikum jeweils anpassen mußte. Hier könnten erst gesicherte pollenanalytische Untersuchungen im umstrittenen Raum genauere Auskünfte liefern.

2. Aus der Untersuchung der topographischen Begriffe läßt sich lediglich folgern, daß es außerhalb der Gebiete, die die Slawen bis etwa 800 n. Chr. besetzt hatten, keine slawischen Sprachreste gibt, d.h., daß das Ursprungsgebiet der Slawen noch heute slawisch ist.

Aufgrund der archäologischen Funde werden im wesentlichen zwei Standpunkte der Ethnogenese der Slawen und ihres Ursprungsraumes vertreten, die sich aber nur bezüglich der Ostslawen unterscheiden.

Nach Modell I – vorwiegend von polnischen Forschern so vertreten[1] – wären die Ursprünge des Slawentums schon in Gruppen der schnurkeramischen Kultur am Ende des Neolithikums zu suchen. Eine Differenzierung müßte dann während der Bronzezeit zur Trzciniec-Kultur im Westen und zur Komarov-Kultur im Osten geführt haben.[2]

---

1) zusammengestellt nach Z. Váňa (1970), S. 27 – 48, Modell I auf S. 43 dieser Arbeit
2) Z. Váňa, S. 34 f.

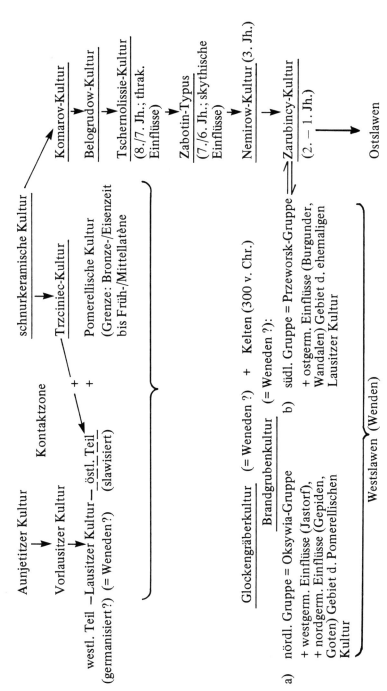

Der westliche Zweig führt danach unter Einschmelzung anderer Völker und Kulturen zu den Westslawen, der östliche Zweig zu den Ostslawen.

Eine so frühe Differenzierung ist aber aufgrund der relativ engen sprachlichen Verwandtschaftsverhältnisse eher unwahrscheinlich, selbst wenn man eine wechselseitige Beeinflussung der Zwischenstufen, der Oksywia-/Przeworsk-Kultur im Westen und der Zarubincy-Kultur im Osten, unterstellt, die zum Ausgleich inzwischen vollzogener stärkerer Differenzierung geführt haben könnte.

Die russische Forschung – Modell II – kommt zu einem Ergebnis, das wegen der engen Verwandtschaft der west- und ostslawischen Sprachen einleuchtender ist.[1] Der gemeinsame Vorfahr der West- und Ostslawen wird erst in der westlichen Brandgrubenkultur angenommen. Durch deren Ausweitung nach Mittelrußland entsteht die Zarubincy-Kultur (Vorläufer der Ostslawen), im Westen entwickelt sich die Brandgrubenkultur weiter zur nördlichen Oksywia-Gruppe und zur südlichen Przeworsk-Gruppe (Vorläufer der Westslawen).

Die Komarov-Gruppe und ihre Entwicklungsstufen zur Nemirow-Kultur im südrussischen Raum als Vorläufer der Zarubincy-Kultur werden von russischer Seite als Äußerungen thrakischer Kulturen interpretiert.[2]

In dieser Version der Ethnogenese der Slawen könnte im Unterschied zu der von den Polen vertretenen Version auch die Vorlausitzer-/Lausitzer-Kultur Ausgangspunkt des Slawentums gewesen sein oder auch möglicherweise die die Lausitzer-Kultur überlagernde und dann mit ihr verschmelzende Pommerellische Kultur.

Mit dem Blick auf der Lausitzer Kultur und die sie überlagernde und mit ihr verschmelzende Pommerellische Kultur zur Glockengräber-Kultur eröffnen sich erste Fragestellungen aufgrund historischer Quellen.

Da sich die von Herodot erwähnten Völker im Raume nördlich des Karpatenbogens und des Schwarzen Meeres je einer bestimmten archäologischen Fundgruppe nicht mit Sicherheit zuordnen lassen, bietet erst die Frage nach den Weneden einen weiterführenden Ansatzpunkt.

Sowohl Plinius d. Ä. als auch Tacitus und Ptolemaios erwähnen dieses Volk zwischen Weichsel, Ostsee und Karpaten. Es ist der Raum der Oksywia-/Przeworsk-Kultur, aus der sich die Westslawen ableiten. Die südöstlichen Nachbarn des bronzezeitlichen Nordischen Kulturkreises, aus dem die Germanen hervorgehen, waren die Träger der Lausitzer Kultur. Ihre Identifizierung mit venetisch-illyrischen Völkern[3] wird heute weitgehend abgelehnt, da eine Ausweitung oder Verlagerung

---

1) zusammengestellt nach Z. Váňa (1970), S. 27 – 48, Modell II auf S. 45 dieser Arbeit
2) nach Z. Váňa, S. 40 – 43
3) nach Z. Váňa, S. 35 f.

MODELL II
ETHNOGENESE DER SLAWEN

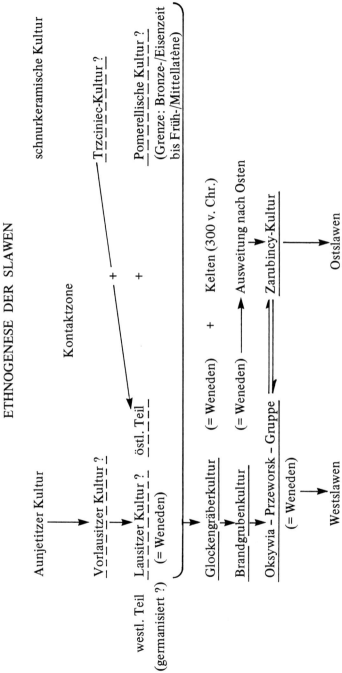

(zusammengestellt nach Váňa und dort angeführter weiterer Autoren)

ihres Gebietes nach Süden hin, wo sowohl Veneter als auch Illyrer unabhängig vom Raum der Lausitzer Kultur archäologisch nachgewiesen wurden, nicht feststellbar ist. So muß angenommen werden, daß die von den Germanen und später von den Deutschen für ihre östlichen Nachbarn verwendete Bezeichnung "Wenden" von den Anfängen her, d.h. seit der Bronzezeit, den Trägern der Lausitzer Kultur und ihren Nachfahren gegolten hat, wobei offen bleibt, ob diese Wenden ursprünglich eine eigenständige indoeuropäische Völkergruppe waren, die dann im Westen germanisiert und im Osten slawisiert wurde und somit ihre Identität verlor, oder ob sie bereits selbst, vielleicht sogar der Ausgang nachfolgender Slawisierungen anderer Völkergruppen waren. Sicher ist damit nur, daß "Wenden" die "richtige" Bezeichnung seitens der germanischen Stämme und später der Deutschen für ihre direkten östlichen Nachbarn war, und zwar seit der Bronzezeit.

Die These von der Abwanderung venetischer Stämme südöstlich der Germanen und der anschließenden, nun irrtümlichen Weiterbenennung der neuen östlichen Nachbarn, nämlich der Slawen, mit dem Namen ihrer Vorgänger als Nachbarn der Germanen, wäre damit nicht mehr haltbar.

Germanische und slawische Stämme haben bis zur Germanischen Völkerwanderungszeit in einer breiten Kontaktzone miteinander gelebt. Hierzu lassen sich Belege verschiedener Art anführen:

a) ". . . , nämlich daß die von den antiken Autoren (Tacitus, Ptolemaios) in Ostgermanien angeführten Stammesnamen in den Namen mancher frühmittelalterlicher slawischer Stämme anklingen, und zwar in denselben geographischen Gebieten. So haben z.B. die germanischen Warinen ihr Gegenstück in den slawischen Warnawi, die ebenfalls östlich der Elbemündung siedelten, die Rugii in den Rujanen, die Helveones oder Helvetones in den Hevellern, die Silingi in den Ślęzi usw."[1]

b) Germanische topographische Namen, z.B. Flußnamen, werden von den Slawen übernommen und sprachlich weitergeführt (Weichsel, Oder, Havel, Spree, Saale, Elbe und Delvenau).[2]

c) Die Siedlungsgebiete der Sweben, Burgunder, Rugier, Gepiden, Goten von der Lübecker Bucht längs der südlichen Ostseeküste bis zur Mündung der Weichsel verlagern sich allmählich in Richtung Süden, durchdringen dabei die slawischen Siedlungsgebiete und lehnen sich schließlich an die Küsten des Schwarzen Meeres (Goten) und die Grenzen des Römischen Reiches (Goten, Gepiden) an. Wandalen, Markomannen und Quaden besiedeln Schlesien, Böhmen und Mähren und umgrenzen so im Südwesten das slawische Gebiet. Im Westen an der mittleren Elbe und der Saale leben Langobarden und Thüringer in der Kontaktzone.

---

1) Z. Váňa, S. 54
2) ders., a.a.O.; A. Bach, S. 218; vgl. Kap. III b

Abb. 11: Die slawische Urheimat

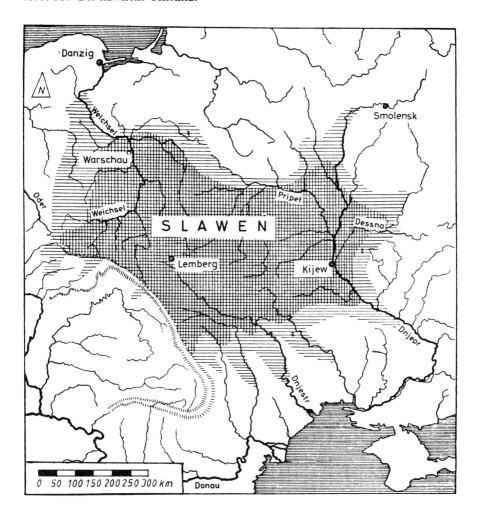

Quelle: nach L. Niederle bei Z. Váňa, 1970

Abb. 12: Verbreitungsgrenzen der vorgeschichtlichen Kulturen im Stromgebiet der Oder und Weichsel

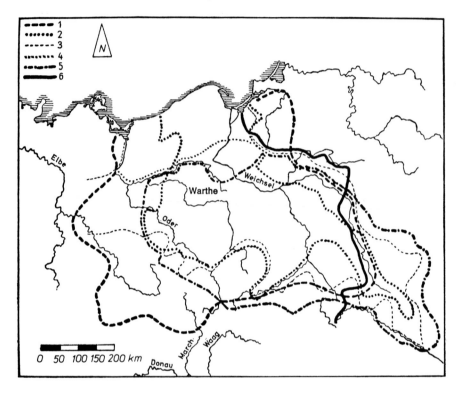

1 Grenzen der Lausitzer Kultur um 800 v. Chr.
2 Grenzen der Pommerellischen Kultur um 400 v. Chr.
3 Grenzen der wenedischen Kultur in der Spätlatènezeit
4 Grenze zwischen der Przeworsk- und der Oksywiagruppe in der Spätlatènezeit
5 Grenzen der Przeworsk-Kultur um 400 n. Chr.
6 Ostgrenze der Westslawen um 800 n. Chr.

Quelle: nach J. Kostrzewski bei Z. Váňa, 1970

Abb. 13: Die Przeworsk- (1) und Zarubincy-Kultur (2) um Chr. Geb.

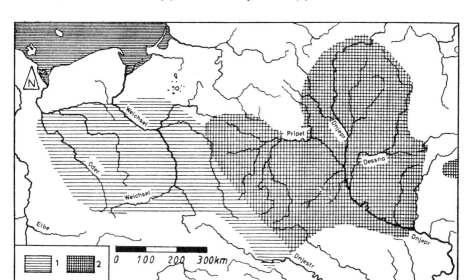

Quelle: nach J. Kostrzewski, J. V. Machno, Ju. V. Kucharenko und I. M. Samojlovski bei Z. Váňa, 1970

Aus diesem Zusammenleben erklärt sich das Problem der Archäologie, daß sie germanische und slawische Keramik in dem Kontaktraum für das Ende der römischen Kaiserzeit kaum zu unterscheiden weiß.[1] Es bestehen offenbar polyethnische Kulturkreise, wobei – wie im Falle der Goten belegbar[2] – gelegentlich außer Germanen und Slawen noch weitere Völker (Thraker, Illyrer, Skythen, Sarmaten, Alanen und Hunnen) beteiligt waren.

Die germanisch-slawische Verzahnung endet schließlich mit der Herauslösung der germanischen Stämme aus diesem Kontaktraum während der germanischen Völkerwanderungszeit.

In den von den Germanen ganz oder zum überwiegenden Teil aufgegebenen Räumen kommt es zu Entwicklungen verschiedener Abstufungen:

1. Slawen rücken in die von den Germanen siedlungsleer zurückgelassenen Räume ein und besiedeln sie neu;
2. eine germanische Restbevölkerung wird von zuwandernden Slawen assimiliert;

---

1) nach Z. Váňa, S. 31 ff.
2) nach Z. Váňa, S. 46

3. eine mit den Germanen im gleichen Raume siedelnde slawische Bevölkerung sorgt nach Abzug der Germanen für eine – wenn auch ausgedünnte – slawische Siedlungskontinuität;

4. eine germanische Restbevölkerung wird durch die vorher schon im gleichen Raum mit anwesende slawische Bevölkerung assimiliert.

Eine Ausnahme in diesem "Entzahnungsprozeß" ist wahrscheinlich das Gebiet der Thüringer, die ihre Sitze in der Völkerwanderungszeit nicht verließen. Hier hat es keinen Abriß des slawisch-germanischen Kontaktes gegeben.

Für Lauenburg, am äußersten westlichen Rand der slawischen Expansion, kommen nur die beiden ersten Möglichkeiten in Betracht. Wo nun hier flächenhaft absolute Siedlungsleere nach Abzug der Germanen und bei Ankunft der Slawen bestand, läßt sich mit Sicherheit nicht sagen. Man kann nur aufgrund einiger weniger Anzeichen vermuten, daß Lauenburg über die germanische Völkerwanderungszeit hinaus nicht ganz menschenleer war.[1]

b) Die frühesten Urkunden über die Slawen im Untersuchungsraum

Nach dem Tode des Frankenkönigs Pippin im Jahre 768 teilen sich zunächst die beiden Söhne Karlmann und Karl die Herrschaft über das Frankenreich. Karlmann verstirbt nach zwei Jahren, so daß Karl alleiniger König wird. Wie Einhard berichtet, knüpft Karl konsequent an die Politik seines Vaters an, indem er den von Pippin begonnenen aquitanischen Krieg erfolgreich zu Ende führt[2] und sich im Süden den Rücken freimacht für größere und langwierigere Operationen im Osten und Norden, die ebenfalls von seinem Vater bereits in Angriff genommen worden waren: Im Bündnis mit dem Papst gelingt Karl die endgültige Unterwerfung der Langobarden in Norditalien, und im Jahre 772 unternimmt er den ersten Großangriff gegen die Sachsen. "Karl . . . begab sich . . . erstmals nach Sachsen, eroberte die Eresburg, gelangte bis zur Ermensul, zerstörte dieses Heiligtum . . . Dann kam der genannte große König an die Weser; hier hatte er eine Verhandlung mit den Sachsen, erhielt 12 Geiseln und kehrte nach Francien zurück."[3]

Im Zusammenhang dieses Krieges, der 33 Jahre von Karls 46 Regierungsjahren dauern sollte, treten die den Sachsen im Osten benachbarten Slawen ins Licht der fränkischen Geschichtsschreibung.

In den Reichsannalen werden die Slawen erstmals für das Jahr 780 erwähnt. Karl ". . . erreichte die Elbe an der Ohremündung, dort traf er alle Anordnungen sowohl für die Sachsen wie auch für die Slawen, . . ." Diese "Einmischung in die

---

1) vgl. Kap. III
2) Einhardi vita Karoli, S. 171, 5
3) Reichsannalen

inneren Angelegenheiten" der Slawen ist nicht so zu bewerten, daß sie als Verbündete der Sachsen aufgetreten wären.[1] Es ist vielmehr zu berücksichtigen, daß das Kerngebiet der Thüringer bereits unter den Merowingern zum fränkischen Staatsverband kam und die den Thüringern im Osten benachbarten Soraben wohl seit jener Zeit zunehmend in die Abhängigkeit der Franken gerieten. Es spiegeln sich also mit der Erwähnung der Slawen ältere Machtstrukturen wider. Ferner kann als sicher angenommen werden, daß Karl zu allen für den fränkischen Staat wichtigen Machtzentren "diplomatische Beziehungen" verschiedener Abstufung unterhielt. Die Skala des Ausdrucks solcher Beziehungen äußerte sich in Unterwürfigkeitsgesten, wie hier wohl von den Soraben bei Anwesenheit eines fränkischen Heeres entboten, in der Anwesenheitspflicht abhängiger Stammesfürsten bei Reichstagen[2], in der Stellung von Geiseln[3] und in der Leistung von Tributen[4], oder sie äußerte sich im Austausch von freundschaftlichen Botschaften[5], wenn es sich um respektable Partner handelte.

Um die Grenzen des expandierenden fränkischen Staates abzusichern, bediente sich Karl, wenn möglich, des gewiß auch schon damals bewährten Grundsatzes: der Feind meines Feindes ist mein Freund.

So gesehen, lassen sich bereits 789 in den Reichsannalen Strukturen erkennen, die für die Entwicklung im niederelbischen Raum während der nächsten Jahrzehnte von Bedeutung sind: Karl zieht im Bündnis mit ". . . Abodriten, deren Häuptling Witzan war" gegen deren östliche Nachbarn, die Wilzen.[6] Als Karl im Jahre 795 bei einer Strafexpedition gegen die aufständischen Sachsen ". . . die Elbe bei dem Orte Lüne" erreicht, wird berichtet: "hier wurde damals der Obodritenfürst Witzin von den Sachsen erschlagen."[7] Diese scheinbar nebensächliche Erwähnung eines Ereignisses von "damals" deutet an, daß Karl mit den Obodriten mehr im Sinn hat, als nur gemeinsam mit ihnen die Wilzen zu unterwerfen; sie zeigt einen weiteren gemeinsamen Gegner auf, die Sachsen, deren Niederwerfung beiderseits der unteren Elbe immer noch nicht abgeschlossen ist. So darf es dann eigentlich nicht mehr verwundern, daß Karl beim Aufstand der Nordalbingier im Jahre 798 in deren Rücken über einen ortsnahen festen Verbündeten verfügt, der wesentlich dazu beiträgt, den Sachsenkrieg im letzten Unruhegebiet zu beenden. Die Anwe-

---

1) Reichsannalen 782, Handschrift E, S. 43: "Unterdessen wurde dem König gemeldet, daß die slavischen Soraben, welche das Land zwischen Elbe und Saale bewohnen, ins Gebiet der ihnen benachbarten Thüringer und Sachsen eingebrochen seien und mehrere Orte mit Raub und Brand verwüstet hätten."
2) Reichsannalen 777, S. 37; 782, S. 43; 796, S. 65
3) Reichsannalen 785, S. 49: Karl schickt Widuchind Geiseln; 789, S. 55: Tassilo, der Baiernherzog, stellt Karl Geiseln;
4) Reichsannalen 799, S. 73: "Hassan, der Befehlshaber der Stadt Huesca, überschickte durch seinen Gesandten die Schlüssel der Stadt mit Geschenken."
5) Reichsannalen 798, S. 69, und 802, S. 77: Karl tauscht Gesandtschaften mit Konstantinopel aus.
6) Reichsannalen 789, S. 59
7) Reichsannalen 795, S. 65

senheit eines fränkischen Königsboten namens Eburis während der Schlacht der Nordalbingier gegen die Obodriten an der Seite des Obodritenfürsten Thrasuco – vielleicht in der Funktion eines militärischen Beraters und Beobachters – belegt letztlich dieses Bündnis.[1] Mit diesem Aufstand der "Nordleute jenseits der Elbe"[2], der Sachsen, werden die bereits zweimal erwähnten Obodriten als deren Gegner, nun erstmals eindeutig nördlich der Elbe lokalisiert. Als nordwestlichster slawischer Volksstamm haben sie für rund 500 Jahre die Geschicke des Untersuchungsraumes bestimmt bzw. mitbestimmt.

c) Die Entwicklungen nördlich der Elbe bis zur Festlegung des Limes Saxoniae

Nach weiteren Unruhen nördlich der Elbe[3] deportiert Karl die Nordalbingier ". . . und gab die überelbischen Gaue den Abodriten."[4] Hierbei geht es sicher nicht in erster Linie darum, daß ein Bündnispartner für seinen im Krieg gegen die Sachsen erwiesenen Beistand mit erobertem Land belohnt wird, sondern es geht Karl wohl vielmehr um die dauerhafte Sicherung der Nordgrenze des fränkischen Staates, die nun offenbar die Elblinie sein soll. Ein nördlich der Elbe etablierter obodritischer "Satellitenstaat" hätte nun nach der endgültigen Vernichtung der sächsischen Macht die neue Aufgabe, zwischen Elbe und Eider als Puffer gegen die wachsende Macht Dänemarks zu wirken. So wird es auch verständlich, daß der Dänenkönig Godofrid die Übergabe des sächsischen Nordalbingiens an die Obodriten vom Grenzort Schleswig aus mit Mißtrauen und Drohgebärden beobachtet.[5]

Karls Politik, die Obodriten als Puffer gegen die Dänen zu verwenden, schlägt jedoch fehl. Die Obodriten sind zu schwach, um die Dänen dauerhaft von der Elbgrenze fernhalten zu können.[6] Karl sieht sich genötigt, fränkische Macht nördlich der Elbe auf Dauer einzurichten: 809 wird der feste Platz Esesfelth an der Stör gegründet und mit einer fränkischen Besatzung belegt.[7]

Aufgrund der realen Machtverhältnisse – die Obodriten können Nordalbingien gegen Dänemark nicht halten, die Franken übernehmen Nordalbingien unter eigene Kontrolle – muß jetzt mit den Obodriten eine neue Grenzregelung vereinbart werden, da sie die ihnen von den Franken überlassenen nordelbischen Sachsengaue nun offenbar an die Franken zurückgeben müssen. Karl selbst weilt im Jahre 810

---

1) Reichsannalen 789, S. 69
2) Reichsannalen 789, S. 69
3) Reichsannalen 802, S. 79
4) Reichsannalen 804, S. 79
5) Reichsannalen 804, S. 79: "Zu derselben Zeit kam der Dänenkönig Godofrid mit seiner Flotte und der ganzen Ritterschaft seines Reiches nach Sliesthorp auf die Grenze seines Gebietes und Sachsens."
6) Reichsannalen 808, S. 87
7) Reichsannalen 809, S. 95

zum letzten Male in Norddeutschland, und zwar in Erwartung eines Angriffs der Dänen unter Godofrid über die Elbe nach Süden.[1] Es darf deshalb angenommen werden, daß die neue fränkisch-obodritische Grenze, die bei Adam von Bremen als Limes Saxoniae bezeichnet wird[2], um 810 vereinbart worden ist. Die in den Reichsannalen nun sich abzeichnenden Aktivitäten der Franken und Obodriten gegen die Smeldinger, Linonen und Wilzen[3] — also vom Gebiet der Obodriten aus gesehen in Richtung Osten — sind, abgesehen von den zeitweiligen Bündnissen der Obodriten mit den Dänen[4], möglicherweise so zu erklären, daß die Obodriten für verlorene Gebiete im Westen, also die Sachsengaue, mit fränkischer Unterstützung Kompensationsgebiete im Osten bei den mit ihnen verfeindeten Stämmen suchten, wie sie ihnen von den Franken vielleicht zugesichert worden waren.

Wie weit die obodritische Siedlungslinie vor der Deportation der Sachsen aus Nordalbingien nach Westen reichte, wird kaum rekonstruierbar sein.

Eine größere Siedlungsaktivität der Obodriten in Richtung Westen zwischen 804 und 810, also während der Zeit als ihnen Nordalbingien gehörte, ist wohl in dieser kurzen Phase und wegen der zeitgleichen kriegerischen Auseinandersetzungen mit den Dänen und den östlichen slawischen Nachbarn kaum anzunehmen.[5]

Wahrscheinlich orientierte sich die Festlegung des Limes Saxoniae im Osten Nordalbingiens an den alten sächsischen Gaugrenzen. Diese Gaugrenzen, bei den verfeindeten Sachsen und Slawen als ausgedehnte siedlungsfreie Räume zu verstehen, waren so auch gleichzeitig die alten Volkstumsgrenzen.

d) Der Limes Saxoniae

Trotz der Fülle der Arbeiten, die über den Limes Saxoniae verfaßt worden sind, ist es doch bis heute nicht gelungen, seinen Verlauf lückenlos zu klären.

Drei Quellen, in der Reihenfolge ihrer zunehmenden Wichtigkeit angeführt, werden gewöhnlich bei dieser Diskussion bemüht:

1. Reichsannalen 822: "Saxones interea iussu imperatoris castellum, quoddam trans Albiam in loco, cui Delbende nomen, aedificant, depulsis ex eo Sclavis, qui illum prius occupaverant, praesidiumque Saxonum in eo positum contra incursiones illorum."

---

1) Reichsannalen 810, S. 95
2) Adam von Bremen II, 18, S. 246
3) Reichsannalen 808 – 812, S. 88 – 101
4) Reichsannalen 808, S. 89
5) R. Schindler (1956), S. 76, wies für die Hammaburg eine kurzfristige slaw. Besiedlung nach, die er zw. 804 u. 810 ansetzt.

Die vielen Versuche, dieses "castellum" mit dem Limes in Verbindung zu bringen, können sich nur indirekt auf die Quelle stützen, da der Limes in ihr selbst nicht genannt ist. So vertreten beispielsweise Schuchardt[1] und Hofmeister[2] die Meinung, daß es sich bei diesem "castellum" um die Ertheneburg gehandelt habe, die der Sicherung des Limes gedient hätte. Die 1979/80 auf der Ertheneburg durchgeführten Grabungen konnten jedoch diese Vermutung nicht bestätigen.[3]

Kersting will in der Boizenburg jenes "Castellum" erkennen. Er räumt jedoch ein: "Allerdings benötigen wir für eine Bestätigung dieser Vermutung noch sicheres (archäologisches) Quellenmaterial."[4] Es gibt also derzeit noch keinen konkreten Anhaltspunkt, wo diese Burg zu finden ist. Es scheint noch nicht einmal sicher, ob diese Burg nun jenseits oder diesseits des von Karl festgelegten Limes zu suchen ist. Denn die Obodriten sind inzwischen nicht mehr Bundesgenossen der Franken, sondern Feinde, und eine ehemals vereinbarte Grenze verliert im Kriege ihre Rechtsfunktion. Es scheint also sinnlos, das Delbende-Kastell mit dem Limes überhaupt in Verbindung bringen zu wollen.

2. Reichsannalen 817: "Nuntiataque defectione Abodritorum et Sclaomiri comitibus tantum, qui iuxta Albim in praesidio residere solebant, ut terminos sibi commissos tuerentur, per legatum mandavit."[5]

Diese Anmerkung, daß nach dem Abfall der Obodriten die "Grenzen zu sichern" seien, kann schon eher als Hinweis auf eine früher mit ihnen vereinbarte Grenze, also den Limes, verstanden werden, wenngleich auch hierüber letzte Sicherheit fehlt, da Grenzen, wie auch immer sie zu verstehen seien, bei Anbruch eines Krieges nun mal zu verteidigen sind.

Wirklich konkret wird erst der Bericht Adams von Bremen[6], weshalb nur er breiter diskutiert werden soll. Er ist zwar erst in der zweiten Hälfte des 11. Jahrhunderts verfaßt, beruft sich aber auf ältere Vorlagen aus der Zeit Karls des Großen.

Einigkeit bezüglich des Limesverlaufes nach dem Adam-Bericht besteht weitgehend da, wo sich die bei ihm angeführten topographischen Begriffe etymologisch

---

1) Schuchardt, C.: Ausgrabungen am Limes Saxoniae, Zeitschr. d. Vereins f. Lübeckische Geschichte . . . , 15, 1913
2) Hofmeister, H.: Limes Saxoniae, Zs. d. Ges. f. S.-H. Gesch., Bd. 56, Kiel 1927, S. 67 – 169
3) Kühl, Joachim: Ertheneburg, Bad Segeberg, den 20.7.79, Exkursionspapier, unveröffentlicht, S. 5: "Eine Identität mit dem Kastell Delbende z.Zt. Karls des Großen ist heute noch auszuschließen, da Keramikscherben des 9. Jahrhunderts fehlen."
4) LH, N.F. H. 11, 1956, S. 49 – 55, hier: S. 55
5) Reichsannalen 817, S. 113, Übersetzung von Reinhold Rau: "Als die Nachricht von dem Abfall der Abodriten und des Sclaomir kam, ließ er [Ludwig der Fromme] nur durch einen Gesandten den Grafen, die zum Schutze des Landes an der Elbe ihren Sitz hatten, den Befehl zugehen, die ihnen anvertrauten Grenzen zu sichern."
6) Adam von Bremen, Bischofsgeschichte der Hamburger Kirche, II, 18, neu übertragen von Werner Trillmich, Darmstadt 1978

mit einem heute noch vorhandenen Namen gleichsetzen lassen wie im Untersuchungsgebiet bei "fluvius Delvunda" = Delvenau, "Horchenbici" = Hornbek und "Bilenispring" = Billequelle. Da, wo dies aber nicht möglich ist, konkurrieren nach wie vor verschiedene Interpretationen miteinander.[1] Es gibt für beinahe jede von ihnen mehr oder weniger gute Gründe, und so muß man sich von Fall zu Fall entscheiden, welcher man an welcher Stelle den Vorzug gibt.

Woran liegt es nun, daß bisher noch keine Einigkeit erzielt werden konnte? Liegt es am unzureichenden Quellenmaterial, liegt es an einem eventuell nur auf dem Papier fixierten Limes, der historisch nicht wirksam wurde und archäologisch deswegen nicht nachweisbar ist, weil er de facto nicht oder zu kurz nur existierte, oder liegt es an unzulänglicher Methodik der Quelleninterpretation in Verbindung mit der Umsetzung der Schlüsse in die Landschaft?[2]

Diese komplexe Fragestellung wird nicht allseits befriedigend beantwortet werden können. Um wenigstens annähernd zu einem Ergebnis zu kommen, sollen einige Methoden, die bei der bisherigen Limesdiskussion angewendet wurden, kritisch reflektiert werden, um auf diese Weise auf mögliche Fehlerquellen zu stoßen, die Ursache für die verbliebene Unsicherheit gegenüber dem Limesverlauf sind, wobei dann während dieses Prozesses ergänzende Gedanken geäußert werden sollen, die eventuell in der Bestrebung nach einem allgemein anerkannten Limes weiterführen. Da bei dieser Diskussion ständig Bezug auf die Adam-Quelle genommen werden muß, sei sie – auch soweit sie in ihrer Bedeutung über den Untersuchungsraum hinausgeht – voll im folgenden zitiert:

3. Invenimus quoque limitem Saxoniae, quae trans Albiam est, prescriptum a Karolo et imperatoribus ceteris, ita se continentem, hoc est:

I   Ab Albiae ripa orientali usque ad rivulum, quem Sclavi Mescenreiza vocant.

II   A quo sursum limes currit per silvam Delvunder usque in fluvium Delvundam.

III   Sicque pervenit in Horchenbici et Bilenispring.

IV   Inde ad Liudwinestein et Wispircon et Birznig progreditur.

---

[1] Auf eine detaillierte Diskussion des Limesverlaufs nach verschiedenen Autoren wird verzichtet, da die unterschiedlichen Auffassungen leicht in der angeführten Literatur nachgelesen werden können.

[2] "Landschaft" soll hier nicht als rein topographisches Phänomen verstanden werden, auf die man die philologisch klargestellten Orts- und Flußnamen zu übertragen habe, sondern als komplexes morphologisches, hydrographisches und vegetationsgeographisches Gebilde, so wie es sich im 9. – 11. Jahrhundert quasi naturlandschaftlich darbot und als solches die Leitlinien für die Limesdefinition lieferte. Die so verstandene Landschaft ist bei der Quelleninterpretation stets bewertend im Auge zu behalten und bleibt damit nicht ohne Einfluß auf die Interpretation der Adam-Quelle selbst.

V   Tunc in Horbistenon vadit usque in Travena silvam, sursumque per ipsam in Bulilunkin.

VI Mox in Agrimeshou, et recto ad vadum, qui dicitur Agrimeswidil, ascendit.

VII Ubi et Burwido fecit duellum contra campionem Sclavorum, interfecitque eum; et lapis in eodem loco positus est in memoriam.

VIII Ab eadem igitur aqua sursum procurrens terminus in stagnum Colse vadit; sicque ad orientalem campum venit Zuentifeld, usque in ipsum flumen Zuentinam.

IX Per quem limes Saxoniae usque in pelagus Scythicum et mare, quod vocant orientale, delabitur.[1]

Es muß nun gleich die Frage nach der Verläßlichkeit der Quelle gestellt werden. Diese Frage scheint insofern berechtigt, als die Quelle kein Original ist. Fehler könnten sich bereits eingeschlichen haben bei der Bearbeitung der Originale (sofern es welche waren) durch Adam selbst, dann bei der handschriftlichen Multiplikation des Adam-Textes, wie sie ja beim Vergleich der verschiedenen Handschriften aufgefallen sind.[2]

In diesem Zusammenhang ist auch zu fragen: hat es bei der rund 400-jährigen Überlieferung, die deutschen Wörter betreffend, gemäß der sprachlichen Entwicklungen vom Althochdeutschen zum Mittelhochdeutschen ebenfalls eine sprachliche Weiterentwicklung gegeben, oder sind die althochdeutschen Wörter — vielleicht auch nur teilweise — gemäß des ursprünglichen Textes quellentreu überliefert?[3] Diese Frage läßt sich noch etwas enger fassen: trugen die Limesmarkierungen im späten 11. Jahrhundert noch die gleichen Namen wie im frühen 9. Jahrhundert? — Um hier mit Beispielen zu arbeiten: "Wispircon" ist eindeutig althochdeutsch, wenngleich Edward Schröder in einem Brief an Hofmeister die Meinung vertritt, das Wort sei "gewiß slavisch", da es Komposita dieser Art im ersten Quartal des 9. Jahrhunderts (dieser Zeitbezug läßt sich aus dem Zusammenhang erschließen) noch nicht gegeben hätte.[4]

Diese Anmerkung Schröders bezüglich der Zeit sollte man nicht so unbeachtet lassen, wie es in der Limes-Diskussion in den Arbeiten, die auf Hofmeister folgen,

---

1) Numerierung der Sätze vom Verf. hinzugefügt
2) vgl. hierzu: 1. Adam von Bremen, hrsg. von B. Schmeidler, S. VII — XXXIV Einleitung § 1 und § 2; 2. Matthiesen, S. 39
3) Matthiesen (1940) führt dazu aus: "Bei der Namensdeutung der Limesstationen müssen wir den sprachlichen Horizont richtig abstecken:
   Kaiserurkunde   Adams Urschrift   Handschrift A
   ca. 800   1075   um 1200
   Das ergibt einen Sprachhorizont von 400 Jahren!"
4) nach Hofmeister, S. 100: Hofmeister hatte einen Brief von Schröder über Ortsnamenprobleme des Adam-Textes erhalten.

geschehen ist, vorausgesetzt allerdings, daß Bangerts Übersetzung von Wispircon mit "Weisbirken" im Sinne von Birken, die den Limesverlauf weisen = zeigen[1], worauf sich Schröder bezieht, richtig ist, denn wenn hier Schröder recht hat, würde das bedeuten, daß dieses Wort einer späteren Quelle, wenngleich im Rahmen des Althochdeutschen, entnommen ist. Die Wendung "et imperatoribus ceteris" wäre dann keine bloße Beteuerungsformel, die dazu diente, Adams Quellen glaubhafter zu machen, sondern Wahrheit: die folgenden Kaiser hätten den Limes mit veränderten, der Zeit entsprechenden Namen erneut definiert.[2]

"Liudwinestein" ist althochdeutsch wie auch mittelhochdeutsch. Es besteht also auch bei diesem Wort die Möglichkeit einer erneuten späteren Limesdefinition.

Das dritte Beispiel, "Birznig", ist, sprachlich gesehen, problematischer. Wegen der Wortbildungssilbe -ig scheint es so, als wäre Birznig deutsch. Es ergibt im Deutschen aber keinerlei Sinn. Ungewöhnlich ist auch, daß Adam, aus Bamberg kommend[3], also in oberdeutscher Schreibtradition stehend, nicht wie in Wispircon statt b ein p schreibt, sondern "B" beläßt. Birznig ist von Trautmann als slawisch gedeutet worden. Adam muß also den weichen slawischen Anlaut belassen haben. Ist -ig nun eine deutsche Beeinflussung? Sollte man das annehmen dürfen für die Zeit Karls des Großen? —

Eine Lösung ist auf anderem Weg zu suchen: -ig (geschrieben) wird im Oberdeutschen heute wie auch schon in althochdeutscher Zeit als -ik gesprochen. Birznig kann nach Trautmann mit Birkenwäldchen übersetzt werden.[4] Das entsprechende Wort im heutigen Polnischen ist b r z e n i a k . Vorausgesetzt, daß auslautendes k im Westslawischen schon im 9. bis 11. Jahrhundert in diesem so oder in seinen übrigen Lauten ähnlich klingenden Wort vorhanden war, so würde das bedeuten, daß "-ig" nur Adams oberdeutsche (und in seinem Sinne damit richtige) Schreibweise für slawisch "-ik" war. Eine deutsche Beeinflussung wäre diesem Wort also abzusprechen. "Birznig" bliebe rein slawisch. Aus diesem Zusammenhang kann man nun eine Folgerung ziehen, daß nämlich Adam wegen der vom Oberdeutschen abweichenden Schreibung von "B" statt "P" und der oberdeutschen Schreibung von -ig für -ik "Birznig" nicht aus älteren Quellen übernommen, sondern hat sprechen hören und entsprechend der Lautung und oberdeutschen Orthographie ("ig" betreffend) aufschrieb.

Wenn man nicht so weit gehen will, einen älteren oberdeutschen Schreiber zu erfinden, dessen Limesniederschrift Adam verwendet hätte, so darf man sagen, daß somit auch "Birznig" dem 9. Jahrhundert entrückt und frühestens erst in der zweiten Hälfte des 11. Jahrhunderts anzusetzen ist.

---

1) Bangert, S. 21
2) Matthiesen, S. 43, weist darauf hin, daß schon von Schmeidler Urkunden von Karls Nachfolgern vermutet wurden, die Adam verwendet habe.
3) Adam von Bremen, hrsg. von B. Schmeidler, Einleitung § 4, S. LII – LVII
4) Trautmann, Die wendischen Ortsnamen . . . , S. 40

Nachdem Birznig im Zusammenhang seiner zeitlichen Einordnung bereits übersetzt wurde, soll nun auch der Versuch gemacht werden, die übrigen topographischen Begriffe der Adam-Quelle ins Deutsche zu übertragen, soweit sie slawischen Ursprungs sind, bzw. den neuhochdeutschen Sinn dieser Wörter zu erörtern, soweit sie althochdeutsche bis mittelhochdeutsche Sprachformen zeigen.

Das slawische Wort "Mescenreiza" übersetzt Trautmann mit "zwischen den Bächen"[1]. Prange versteht unter "zwischen den Bächen" einen Flurnamen, also die Benennung einer Flur zwischen zwei Bächen liegend, wobei wiederum diese besondere Lage der Flur einem Bach diesen Namen gegeben hätte.[2] G. P. Schmidts ältere Auffassung von Mescenreiza weicht insofern von der Pranges, die auf Trautmann zurückzuführen ist, ab, als er den Umweg über einen Flurnamen nicht geht. Er schreibt: "Das gedachte wendische Wort [er meint Mescenreiza] heißt wirklich G r e n z b a c h." Und als Beweis führt er an: "Der Grenzort und Grenzbach Polens gegen Deutschland, vier Meilen hinter Frankfurt an der Oder heißen beide M e s e r i t z." Diese Erklärung habe er aus dem Munde eines Polen erhalten.[3]

Um sicher zu gehen, bat der Verf. in einem Schreiben an das Slavische Seminar der Universität Hamburg um die Bestätigung einer dieser beiden Auffassungen. Die Antwort fiel anders aus als erwartet:

"Das Wort Mescenreiza besteht aus zwei Teilen, von denen der erste mesto = Ort, Platz, Stadt, bzw. von dessen Adjektiv mesten (mit palataler Aussprache des t, das von Deutschen oft als c wie in Cäsar gehört wird), der zweite von dem Verb rezati = schneiden, trennen abzuleiten ist. Es handelt sich also um etwas, das einen Ort, eine Stadt oder sonst irgendeinen markanten Platz durchschneidet bzw. abtrennt, was durchaus ein Fluß sein kann."[4]

Damit wird eine Übersetzungs- und Zitiertradition von mehr als 150 Jahren durchbrochen. Aber ist man mit dieser neuen Version dem Bächlein "Mescenreiza" nähergekommen?

Unter Hintanstellung des Lokalisationsproblems sei zunächst die Übersetzung und die sprachliche Interpretation der deutschen Limesbegriffe angeführt.

Vorerst einmal abgesehen von der Fehlinterpretation von Wispircon durch Edward Schröder, scheint es nicht unbedingt sicher, ob Bangerts Übersetzung mit "Weisbirken" richtig ist. Für das Mittelhochdeutsche ist das Wort "wisboum"[5] nachgewiesen, was Heubaum bedeutet, wobei wis- etymologisch mit Wiese in Verbindung

---

1) Trautmann, Die elb- und ostseeslavischen Ortsnamen, Teil I, S. 7
2) Prange, S. 157 f.
3) Schmidt, S. 142 – 145
4) Aus einem Brief an den Verf. von Herrn Rudolf Kattein (wiss. Assistent), Slavisches Seminar der Universität Hamburg, vom 21.8.1978
5) Lexer, Bd. 3, Sp. 403 und 937

zu sehen ist. Übersetzt man auch oben "Wis-" mit Wies-, so ergibt sich bezüglich der Wortbildung eine absolut parallele Konstruktion. Der Einwand Schröders gegen die Bangertsche Version, daß nämlich für das frühe 9. Jahrhundert eine Wortzusammensetzung aus einem Verb und einem Substantiv nicht angenommen werden dürfe, da Parallelen fehlen (weshalb er ja auch Wispircon konsequenterweise für slawisch hielt), verlöre deshalb gänzlich seine Bedeutung, weil Wortzusammensetzungen zweier Substantive für das Althochdeutsche nichts Ungewöhnliches sind.[1] Wispircon wäre somit nicht nur in seiner sprachlichen Gestalt, sondern auch von seiner inhaltlichen Auffassung her für das frühe 9. Jahrhundert denkbar.

"Liudwinestein" scheint übersetzungsfreundlicher zu sein. Der Personenname Liudwin und Stein sind genitivisch verbunden. Die Übersetzung Matthiesens mit Leutweinstein[2] ist nicht ganz korrekt, da die neuhochdeutsche Schreibung das Genitiv-s fordert, während es für das 11. Jahrhundert wegen des mit s anlautenden Stein fehlen kann; die beiden s sind also zusammengefallen, was für die Aussprache belanglos ist. Wenn man also korrekt die neuhochdeutsche Schreibform wiedergeben will, dann muß man Leutweinsstein schreiben.[3] Diese kleine Korrektur dient der Sache, nämlich der Frage, was steckt hinter Liudwinestein, allerdings auch noch nicht. Es wäre noch eine zweite Übersetzung von Liudwinestein möglich, die jedoch wenig wahrscheinlich ist, aber dennoch angeführt werden soll. Versteht man nämlich Liudwin nicht als Personennamen, so kann man das Kompositum "Liudwinestein" wörtlich mit "Volkfreundestein" übersetzen, wobei der Bestandteil "-stein" in seiner Interpretation noch offengelassen werden soll. "Liudwine-" wäre dann ein Genitiv Pluralis, und zwar frühestens spätalthochdeutscher bis frühmittelhochdeutscher Prägung, da der Gen. Pl. von wini = Freund für das frühe 9. Jahrhundert auf -io oder -o enden müßte.

Die blanke Übersetzung hilft also auch nicht weiter. Die Begriffe müssen im Kontext gesehen werden, obwohl dabei die Gefahr droht, daß man den Rahmen des Interpretationsspielraums zu weit setzt.

Matthiesen liefert dafür ein Beispiel, indem er in Liudwin neben Burwido einen sächsischen Recken an den Limes treten läßt, um einen weiteren slawischen Kämpen erschlagen zu lassen. Die Steinsetzung für die Heldentat ist dann nur noch eine Sache der Form.[4] Ein "lapis" für Burwido ist auch vom philologischen Standpunkt her gesehen doch etwas Grundverschiedenes im Vergleich zu "Liudwinestein", was wohl nicht näher erläutert zu werden braucht. Auf diesem Wege wie dem von Matthiesen ist also auch kein Weiterkommen zu finden. Darum muß die

---

1) Braune/Ebbinghaus, z.B. im althochdeutschen Hildebrandlied (Anfang 9. Jh.): "gudhanum"; davon Nom. Sg.: "gudhamo m Kampfgewand" (Wörterverz., S. 201, Sp. 1)
2) Matthiesen, S. 44
3) Schröder, S. 8, zeigt Wortbeispiele aus dem 11. Jahrhundert gleicher Zusammensetzung, z.B.: Wigantestein
4) Matthiesen, S. 50

Interpretation der slawischen und deutschen Begriffe auf dem Hintergrund des textlichen Zusammenhanges engmaschiger betrieben werden.

Darum sei noch einmal mit "Liudwinestein" begonnen. Es folgt auf die Präposition "ad", und sinngemäß ist diese Präp. auch auf die folgenden Limesbegriffe "Wispircon" und "Birznig" zu beziehen. Die grammatisch-funktionale Gleichordnung dieser Wörter wird wohl von niemandem bestritten. Darf man daraus folgern, daß diese Wörter in ihren Inhalten auch gleicher Funktion sind, d.h., daß sie Grenzmarkierungen der gleichen Kategorie sind? Zieht man die übrigen Sätze des Limes-Textes zum Vergleich heran, so fällt auf, daß bei Grenzmarkierungsbegriffen unterschiedlicher Kategorien in einem Satz (etwa Fluß und Wald) die Präp. jeweils erneut aufgenommen wird (Sätze V, VI). In den Sätzen III und IV dagegen hängen zwei bzw. drei Ortsangaben von nur jeweils einer Präp. ab. In Satz III handelt es sich um die Hornbek und um die Billequelle – zwei Flüsse also –, die beide von "in" abhängen. Aber worum handelt es sich in Satz IV bei Liudwinestein, Wispircon und Birznig, die alle von "ad" abhängen, wenn wir sie nur einer topographischen Kategorie zuordnen wollen? Es stellt sich dann die Frage: welcher Kategorie? – Unmöglich erscheint es von diesem grammatischen Denkansatz her, in Liudwinestein einen Gedenkstein für einen Krieger Liudwin, in Wispircon Weisbirken und in Birznig den Fluß Barnitz suchen zu wollen.[1]

Gelegentlich ist hinter dem einen oder dem anderen dieser drei Wörter ein echter Ortsname vermutet worden.[2] Für diesen Zusammenhang noch einmal Edward Schröder:

"Seit dem 11. Jahrhundert aber scheint - s t e i n bei Neugründungen ausschließlich für Burganlagen verwendet: so schon unter Kaiser Heinrich IV., der neben 3 - b u r g und 2 - b e r g den S a s s e n s t e i n und den W i g a n t e s t e i n erbaute. Die Bezeichnung ist natürlich von Haus aus nur im Bergland oder Hügelland mit Felsgestein zu erwarten, aber sie greift darüber hinaus weit ins Tiefland über, wie etwa O t t e n s t e i n im Münsterland oder A l l e n s t e i n in Ostpreußen bezeugen."[3]

Zu beachten ist allerdings ". . . , daß die älteste Zeit verhältnismäßig arm sei an Benennungen, die den Namen des Erbauers an der Stirn tragen."[4] Letzteres ist mit "Hiltifridesburg" in der "Hamelburger Markbeschreibung"[5] z.B. belegt; die Bildung mit -stein und vorangestelltem genitivischen Personennamen wäre dem-

---

1) Matthiesen (1940): Zs. d. Ges. f. S.-H. Gesch., Bd. 68, 1 – 77
2) Kuß, Heft 3, S. 48: "Bekanntlich führen die Herren Schmidt und Wedekind den limes ferner auf Wesenberg (Wisbircon)." Er selbst (S. 49) ist für "Wis-" = West wie Visigothen = Westgoten, was heute nicht mehr haltbar ist.
Trautmann, Die elb- und ostseeslavischen Ortsnamen, Teil I, S. 7 (Birznig = Barkhorst)
3) Schröder, S. 8 f.
4) Schröder, S. 13
5) Braune/Ebbinghaus, S. 6

nach für das 11. Jahrhundert als Ortsname, im engeren Sinne als Burgname, möglich.

Es sei erinnert, daß schon bezüglich Birznig vermutet wurde, daß Adam dieses Wort nicht einer schriftlichen Quelle entnommen hat, sondern sprechen gehört haben muß und es dann urkundlich niedergelegt hat; so wäre aus der vorausgegangenen Argumentation um Liudwinestein der zweite Hinweis darüber zu entnehmen, daß nicht alte Quellen aus dem frühen 9. Jahrhundert, deren Verwendung Adam nicht grundsätzlich abgesprochen werden soll, das Namensgut geliefert hätten, sondern eben seine Zeit selbst, das 11. Jahrhundert.

"Liudwinestein" und "Birznig", in die zweite Hälfte des 11. Jahrhunderts gerückt, lassen wohl nach wie vor verschiedene Interpretationen zu, jedoch wäre damit der Einwand Pranges gegen die Gleichung Birznig = Barkhorst zumindest teilweise entkräftet, denn er meint, ein so früher Beleg für Barkhorst − also frühes 9. Jahrhundert − wäre nicht möglich, da "Dieses Gebiet . . . erst spät um die Mitte des 13. Jahrhunderts besiedelt worden . . ." sei. Die Erhaltung eines slawischen Ortsnamens über einen kürzeren Zeitraum, als von Prange angenommen, gewinnt an Wahrscheinlichkeit. Die Übersetzung eines slawischen Ortsnamens ins Deutsche, gegen die sich Prange ebenfalls wendet, sollte an einer Grenze nichts Ungewöhnliches sein.[1]

Die Gleichung Birznig = Barnitz scheint nicht nur wegen Trautmann wenig wahrscheinlich, der Birznig mit Barkhorst gleichsetzt[2], sondern − außer dem bereits angeführten Grund, daß von einer Präp. in einem Satz des Adam-Textes nicht verschiedene topographische Kategorien abhängen können, denn Liudwinestein und Wispircon sind mit Sicherheit keine Flüsse − auch wegen bestimmter prinzipieller geographischer Gesichtspunkte, auf die noch zurückzukommen ist.

Sind nun Liudwinestein und Birznig Ortsnamen im echten Sinne, also Siedlungsnamen, so müßte sich nach dem bisher Gesagten hinter Wispircon ebenfalls eine Siedlung verbergen, ganz gleich, wie man es übersetzt. Die Bangertsche Übersetzung mit Weisbirken und die bei Matthiesen diesbezüglich angeführten weitergehenden Erläuterungen, wie die Franken ihre Grenzen markiert hätten[3], scheinen hier nicht weiterzuführen, denn "Weisbirken" hätten sich überall auf der "Landgrenze" zwischen Hornbek und Süderbeste befinden müssen und nicht quasi punktförmig zwischen Liudwinestein und Birznig. Nur, einen derzeit existierenden Ort im fraglichen Raume damit in Verbindung bringen zu wollen, ist vom Etymologischen her nicht möglich. Umbenennung oder Untergang eines so benannten Ortes wären mögliche Erklärungen, die aber nicht befriedigen können.

---

1) Prange, S. 160
2) Trautmann, Die elb- und ostseeslawischen Ortsnamen, Teil I, S. 7
3) Matthiesen, S. 41 ff.

Es sei erinnert, daß Wispircon als eindeutig althochdeutsche Sprachform angesehen wurde, die im Unterschied zu Liudwinestein, das nach Edward Schröder ins 11. Jahrhundert gerückt wurde, und Birznig, das Adam wahrscheinlich nach dem Gehör aufgeschrieben hat, also auch dem 11. Jahrhundert zuzuordnen wäre, auch für den Anfang des 9. Jahrhunderts angesetzt werden kann. So kann man es bei Wispircon mit einem Limesbegriff zu tun haben, der einer alten, dem 9. Jahrhundert entstammenden Urkunde entnommen wäre. Vielleicht war Wispircon schon zu Adams Zeiten ein in der Landschaft nicht mehr gegenwärtiger Ort, und es fehlt auch daher — nach den bisher angesprochenen Methoden — jeglicher Anknüpfungspunkt.

Zum Schluß sei der letzte rätselhafte Limesbegriff des Untersuchungsraumes, nämlich "Mescenreiza", auf dem Hintergrund des Kontextes untersucht, um damit zu einer zusammenfassenden Schau überzuleiten.

Die Beschreibung des Limes beginnt mit "hoc est:". Beginnt nun aber der Limes im ersten Satz von der Elbe loszulaufen (das Verb dafür fehlt), oder tut er es erst im zweiten Satz (". . . limes currit . . .")? Matthiesen versucht das Problem zu lösen, indem er auch dem ersten Satz ein "limes currit" unterschieben will. Dadurch wird der erste Satz den übrigen funktional gleichgesetzt, indem auch er bereits das "Laufen" des Limes beinhaltet.[1] Dieses Vorgehen erscheint fragwürdig. Tatsache ist, daß der erste Satz ein Laufen des Limes grammatisch nicht anzeigt. Die Unsicherheit in der Beurteilung des ersten Satzes hat dann zu so vielen Versionen des Limesverlaufs geführt wie an sonst keiner anderen Stelle. Es muß dabei merkwürdig anmuten, daß der Text, gerade diese Stelle betreffend, die 1. wegen der allseits bekannten Grundlinie der Elbe leichter zu definieren sein müßte als andere und 2. für den Sich-Orientierenden als Ausgangspunkt eben von besonderer Wichtigkeit ist, so ungenau, wie es scheint, in seiner Aussage und damit Grund zu so großer Vieldeutigkeit ist. Hatte Adam so wenig geographisches Einfühlungsvermögen, oder hat er sich nur ungeschickt ausgedrückt, oder täuscht man sich bisher schlichtweg in der Interpretation der Textstelle?

Nimmt man an — wie es der Text ausweist —, der Limes läuft im I. Satz noch nicht, so scheint die Funktion dieses Satzes darin zu bestehen, daß er in die räumlichen Gegebenheiten einführt und den Ansatzpunkt des Limes bekundet. Dazu folgender Übersetzungsvorschlag, in dem bewußt — gemäß der Quelle — auf ein finites Verb sowie auf ein geglättetes Deutsch verzichtet wird (ein finites Verb der Bewegung wie in den übrigen Sätzen wäre bei dem wie oben angeführten Verständnis ohnehin nicht möglich): [Ausgehend] Vom östlichen (= rechten) Ufer der Elbe [dies dient der allgemeinen Orientierung] bis an das Bächlein, das die Slawen Mescenreiza nennen [dies dient der besonderen Definition des Limesausgangspunktes]. — Somit müßte die Mescenreiza direkt in die Elbe gemündet sein. Der nächste Satz zeigt dann an, daß der Limes von da — vom im I. Satz benannten Ausgangs-

---

1) Matthiesen, S. 39

punkt, der Mündung der Mescenreiza in die Elbe — nun wirklich "läuft" ("A quo ... limes currit ..."), und zwar via Mescenreiza aufwärts ("... sursum ..."), was man durchaus mit "wasseraufwärts"[1] (sprachlich besser wäre: flußaufwärts) übersetzen könnte, durch den Delvunderwald in den Delvundafluß.

Als Delvunderwald dürfte analog dem Travewald[2] der Auwald an der unteren Delvenau (nur diese Gegend kommt ja in Frage) angesehen werden. Aus der direkten Verbindung der Mescenreiza mit der Delvenau und aus dem Aufwärts-Laufen des Limes via Mescenreiza ergibt sich, daß die Mescenreiza ein Mündungsbach der Delvenau selbst war im heute noch deutlich auszumachenden, aber durch menschliche Eingriffe (Bau des Stecknitz- und des Elbe-Lübeck-Kanals; Regulierung des Elbelaufs) stark umgestalteten und zu großen Teilen trockengelegten Schwemmfächer, der den Lauf der Elbe in einem Bogen nach Süden abdrängt. Daß dieser Schwemmfächer, das Mündungsdelta der Delvenau, von vielen kleinen Bächen durchzogen war, ist, wenn man die Genese des unteren Delvenaugebietes und des Elbeurstromtales seit dem Ende der Eiszeit in die Überlegungen einbezieht, eine Selbstverständlichkeit, wobei die ungestörte Entwicklung des Deltas bis in die historische Zeit andauerte. Was ältere Karten nur noch zum Teil belegen können[3], kann geologisch und morphologisch im Delta selbst bewiesen werden. So gehörte der Mündungsbereich des Mühlenbach-Brückengraben-Systems früher ebenfalls noch zum alten Delvenau-Delta. Zwischen dem am weitesten elbabwärts versetzten Mündungsarm, der etwa der Mündung des Elbe-Lübeck-Kanals entspricht, und dem östlichsten Mündungsarm im Delta, dem heute von der Delvenau abgetrennten Brückengraben-Mühlenbachlauf, muß etwa in der Mitte der Mündungsbach Mescenreiza gelegen haben, vielleicht da, wo heute die Mecklenburg-Lauenburgische Grenze das Delta durchschneidet.

Welcher sprachlichen Interpretation man, so gesehen, den Vorzug geben soll, ob der von Schmidt, der von Prange oder der von Kattein, ist eine Frage danach, wie man die jeweilige Interpretation den letztlich aus der Adam-Quelle abgeleiteten Verhältnissen anpaßt.

Schmidts Gleichung von Mescenreiza = Meseritz = Grenzbach ist überall anwendbar, wo ein Bachlauf eine Grenze bildet. Pranges "Flur", die einem Bach den Namen gegeben hätte, wäre das Delta selbst, und Katteins Übersetzung nach den beiden Wortbestandteilen könnte man vielleicht zusammenfügend sinngemäß zu Deltateiler verdeutschen.

Grundsätzlich bleibt: der Limes hätte als nasse Grenze begonnen, rational angesetzt und konsequent im Wasser fortlaufend bis zur Hornbek. Diese Rationalität

---

1) Hofmeister, S. 98;
   Matthiesen, S. 40, bezieht Stellung gegen Hofmeister, indem er "aufwärts" erhalten wissen möchte, da er es auf einen Verlauf des Limes über Land bezieht.
2) Ostertun, S. 18
3) Karte von Homann (1729); Kurhannoversche Landesaufnahme, Blatt 65 und 68 (1776)

besticht gegenüber den vielen Ansätzen, die unter allen Umständen vermeiden wollten, den Limes an der Delvenau-Mündung beginnen zu lassen.[1] Mit der Festlegung des Limes von der Delvenau-Mündung bis zur Hornbek ist gleichzeitig ein klares Prinzip der Limesführung gewonnen worden, nämlich die Benutzung der Bach- und Flußläufe, also der nassen Grenze, wobei es kurze querverbindende Sprünge von Bach zu Bach bzw. zu Fluß übers Land nicht gibt.

Abb. 14: Beginn des Limes Saxoniae an der Elbe nach verschiedenen Interpretationen

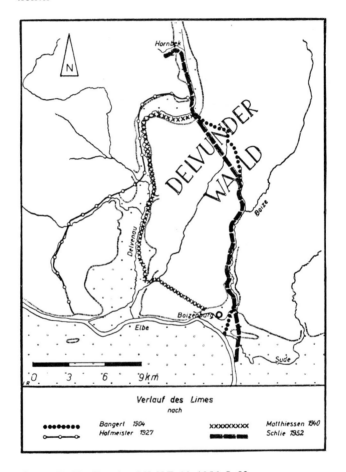

Quelle: W. Chr. Kersting, LH, N.F. 11, 1956, S. 52

---

1) vgl. Abb. 14

Wie soll man sich nun die Überwindung des großen Landstücks zwischen der Hornbek und der Billequelle vorstellen? Galt auch hier ein für jeden leicht einsehbares und nachvollziehbares rationales Prinzip?

Seit Rübel ist im Grunde nicht mehr angezweifelt worden, daß Wasserscheiden bei fränkischen Grenzziehungen eine wichtige Rolle spielten.[1] Ehe nach diesem Prinzip eine weitere Limesführung angegeben werden kann, muß erst einmal festgelegt werden, was unter Billequelle früher verstanden worden sein muß. Da ein Billelauf innerhalb des ausgedehnten Koberg-Linauer Moores nicht nachweisbar war und das Moor mehrere kleine Zuflüsse hatte, die ihrerseits bei der früher stärkeren Versumpfung und Vermoorung des Gebietes auch oberhalb des eigentlichen, d.h. heutigen Moores nur schwer als deutliche Bachläufe auszumachen gewesen sein dürften, ganz abgesehen von der Frage, welcher Zulauf als Billequelle allgemeine Anerkennung gehabt haben könnte, so kommt als Billequelle eigentlich nur der Austritt der Bille aus dem Moor bei Billbaum in Frage. Der Landweg des Limes müßte also auf der Wasserscheide der kleinen nach NE bzw. nach SE bis SW entwässernden Bäche zwischen der Quelle der Hornbek und der wie oben verstandenen Billequelle zu suchen sein. Nach Abb. 15 die diesen Limeslauf verdeutlichen soll, befinden sich also die heutigen Orte Woltersdorf, Niendorf, Borstorf und Koberg – aus fränkischer Sicht – jenseits und Tramm, Talkau, Schretstaken und Köthel diesseits der Limeslinie. Das Koberg-Linauer Moor wäre dann als nasse Grenze zu bewerten bis zu dem Punkt, der als Liudwinestein bezeichnet ist. Unter Einbezug der oben gemachten sprachlichen Anmerkungen nach Edward Schröder kann als Liudwinestein nur die sich im nordwestlichen Eck des Moores befindende Burgwallanlage, heute als Sirksfelder Wall bekannt, verstanden werden. Der Sirksfelder Wall wird nach jüngsten Interpretationen zu den frühslawischen Ringwällen Polabiens gezählt.[2] Er mußte wohl mit der Festlegung des Limes im Jahre 810 von den Slawen aufgegeben werden und war seitdem verödet.[3] Vielleicht erklärt sich so seine deutsche Benennung aus dem 11. Jahrhundert in Adams Limes-Bericht.

Von dem nach dem kurzen Stück nasser Grenze sich wieder auf dem Trockenen befindenden Eckpunkt Liudwinestein führt der Limes nach Birznig. Es wurde bereits oben ausgeführt, daß hierunter mit hoher Wahrscheinlichkeit Barkhorst zu verstehen sei. Die Verbindung von Barkhorst zur allgemein als Limeslinie anerkannten Süderbeste kann man sich auf kürzestem Wege über den als "Bek" benannten Bach, der heutzutage in den Mühlenteich bei Gut Lasbek mündet, vorstellen.

Es bleibt dann der Landweg zwischen Liudwinestein und Birznig zu klären. Wendet man auch hier das von Rübel vorgeführte Prinzip des Auffindens der Wasser-

---

1) Rübel, S. 54 und S. 53 (Karte), führt mehrere Beispiele an; Hofmeister, S. 96 f., nimmt Rübel entsprechend auf; Lammert, S. 66, ebenso; Matthiesen, S. 41 f., ebenso
2) W. Struve (1981), Burgen, S. 107 – 109
3) vgl. dazu Kap. VI a, b, c

scheide für die Limesführung an, so kommt man zu folgendem Ergebnis: Jenseits, also im polabischen Gebiet, liegen die heutigen Orte Sirksfelde, Sandesneben, Steinhorst, Stubben und wahrscheinlich noch Barkhorst (slaw. Birznig), diesseits dagegen Linau, Wentorf, Eichede und Lasbek. Schiphorst allein – ungefähr auf halbem Wege zwischen Liudwinestein und Birznig – liegt zwischen den "Fronten", also genau auf der Wasserscheide.

Rätselhaft bleibt nach wie vor Wispircon. Eine Siedlung dieses Namens müßte sich auf der Limes-Linie zwischen Liudwinestein und Birznig befunden haben.

Als Prinzipien der Limesführung im Kreis Herzogtum Lauenburg stellten sich heraus:

a) die nasse Grenze der Bach- und Flußläufe sowie des Koberg-Linauer Moors,

b) die trockene Grenze auf der Wasserscheide der Bäche zwischen zwei benannten Fixpunkten.

Der Limes nach Adam von Bremen war damit weder Grenzraum noch Grenzsaum[1], sondern als Linie definiert wie eine heutige Grenze.

Wie lange diese Grenze als solche funktionierte und damit die wechselseitige volksmäßige und siedlungsmäßige Durchdringung verhinderte, d.h. letztlich, danach zu fragen, welchen Einfluß sie auf die Siedlungsentwicklung vom 9. bis zum 12. Jahrhundert ausübte, kann nur über den Umweg anderer Methoden, also indirekt, erschlossen werden.

---

1) Hofmeister, S. 153, sieht im Limes den Ansatz für "die Entstehung einer deutschen Mark", Matthiesen, S. 57, unterscheidet zwischen "Limeslinie" nach Adam von Bremen und der Vorstellung einer "Limesmark";
Prange, S. 163, gebraucht den Begriff "Limesgebiet";
Ostertun, S. 10, spricht – bezogen auf den Limes außerhalb Lauenburgs – von "Grenzzone" und von "Grenzstreifen"

Abb. 15: Der Limes Saxoniae

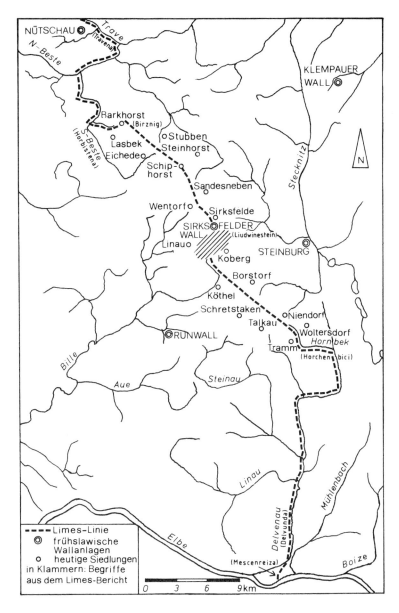

Quelle: nach W. Budesheim, LH, N.F. 96, 1979, S. 11
Zeichnung: W. Budesheim

V ANALYSE DER SLAWISCHEN ORTSNAMEN

a) Das Verhältnis der slawischen und deutschen Ortsnamen um 1230

Von den im Untersuchungsgebiet bis zum Jahre 1230[1] urkundlich erwähnten 144 Ortsnamen[2] sind 54 deutsch, 82 slawisch[3], 7 aus einem slawischen Bestimmungswort und einem deutschen Grundwort zusammengesetzt, und einem liegt eine deutsche Standesbezeichnung (Ritter) zugrunde, ist aber in Lautform der Stammsilbe (Ricszer-) und der Endung (-owe) slawisch geprägt[4]. Zieht man von den 54 deutschen Ortsnamen die 8 ab, die zeitlich vor den Beginn der Kolonisationsepoche im 12. Jahrhundert zurückgehen und entsprechend außerhalb des durch slawische Ortsnamen eingrenzbaren Gebietes liegen[5], und läßt die slawisch-deutschen Mischformen unberücksichtigt, so ergibt sich für die rein deutsch und die rein slawisch benannten Siedlungen eine Relation von 46 : 82, also fast 1 : 2.

Dieses Zahlenmaterial vermittelt einmal einen Eindruck darüber, mit welch großer Aktivität sich die deutsche Kolonisation in so kurzer Zeit — etwa seit der Belehnung Heinrichs von Badewide mit der Grafschaft Ratzeburg im Jahre 1143 und der Einsetzung Evermods als Ratzeburger Bischof im Jahre 1154 durch Heinrich den Löwen — vollzog, anderseits läßt die große Zahl und die räumliche Verteilung der slawisch benannten Siedlungen eine beachtliche Erschließung des Landes vor Beginn der deutschen Kolonisation vermuten.[6]

Es wäre allerdings falsch, die rund 80 slawischen Ortsnamen sowie die räumliche Verteilung dieser slawisch benannten Siedlungen mit dem vorkolonisatorischen Siedlungsbild gleichsetzen zu wollen. Zeigen doch die Urkunden bis 1230 schon gelegentlich, daß die Dinge im Fluß sind: slawische Ortsnamen werden durch deutsche ersetzt[7], slawisch oder deutsch benannte Siedlungen treten als Doppelorte

---

1) Vgl. den Abschnitt V b 2. "tabellarische Typisierung", dort die ON mit den frühesten urkundlichen Erwähnungen; der Einschnitt mit dem Jahre 1230 ergibt sich aus der Datierung des Ratzeburger Zehntregisters (ZR), das den damaligen Siedlungsstand des Untersuchungsraumes widerspiegelt.
2) Doppeldörfer — benachbarte Dörfer gleichen Namens, die durch Attribute (Wendisch, Klein, Neu) unterschieden werden — sind nur einfach gezählt.
3) Prange, S. 130, geht von 94 slaw. ON im Kreis Herzogtum Lauenburg aus. Davon gehören heute 5 zur DDR (vgl. Abschnitt A). Weitere 11, die erst nach 1230 gegründet wurden, rechnet Prange dazu. Von dieser Summe sind 3 Dörfer abzuziehen, die erst 1945 von Mecklenburg an Lauenburg kamen, außerdem ist in dieser Arbeit (nach Laur, S. 76, r. Sp.) — anders als bei Prange — Brodesende nicht als rein slaw. ON verstanden, sondern als eine slaw.-dt. Mischform (82 + 5 + 11 − 3 − 1 = 94).
4) Ricszerowe (MUB 1, 280 − 1222) = Ritzerau
5) Geesthacht, Börnsen, Albrechtshop+, Hamwarde, Hohenhorn, Worth, Wiershop, Kuddewörde (vgl. dazu Prange, S. 140 − 142)
6) vgl. hierzu die Listen 2, 5, 9
7) Lovenze (1167 − UHL 76 = MUB 1, 88) = Schiphorst; vgl. hierzu Prange, S. 132 f. und S. 145

auf, wovon je einer das Attribut "Wendisch" trägt[1], und an rein slawische Ortsnamen werden deutsche Grundwörter angehängt[2].

Auch darf begründet angenommen werden, daß Slawen am kolonisatorischen Landesausbau beteiligt wurden[3] und so rein slawische Ortsnamen erst während der Kolonisationszeit entstanden[4]. Dazu kommt noch, daß die Interpretation der Ortsnamen — ob sie deutsch oder slawisch wären — in mehreren Fällen nicht gesichert ist.[5] Sprachliche Ausgleichserscheinungen sowie Angleichungen slawischer Ortsnamen an deutsche Sprachformen mögen dazu geführt haben, daß eine Reihe ursprünglich slawischer Ortsnamen heute als solche nicht mehr erkannt werden können.[6]

Es muß auch angeführt werden, daß eine Reihe deutsch benannter Dörfer in ihren Gemarkungen Bodenfunde aufwiesen, die auf slawische Siedlungsvorgänger schließen lassen: so Duvensee[7], Giesensdorf[8], Hornstorf[9], Lehmrade[10], Müssen[11], Niendorf Amt Sandesneben[12], Rothenhusen[13], Schulendorf[14] und Seedorf[15].

---

1) Das ZR zählt 8 Doppeldörfer auf, die durch den Zusatz "Slavicum" = Wendisch bei je einem der gleichnamigen Dörfer unterschieden werden: 6 davon tragen slawische Namen (Berkenthin, Pampau, Pogeez, Sarau, Segrahn, Zecher), eines trägt einen deutschen Namen (Seedorf), und bei einem besteht der Name aus einem slawischen Bestimmungswort und einem deutschen Grundwort (Sirksfelde).
2) Kolatza (1158 – UHL 41 = MUB 1, 65) = Clotesuelde (1194) = Klotesfelde (heute wüst); Walegotsa (1158 – UHL 41 = MUB 1, 65) = Walegotesuelde (1194) = Walksfelde
3) Dies belegen die mit "Wendisch" gekennzeichneten Doppeldörfer (hierzu Prange, S. 124 f.) und die gemischt benannten Orte (slawisches Bestimmungswort / deutsches Grundwort).
4) Dies gilt wahrscheinlich für Labenz (1390 Labbentzeke – UBSL 4, 518; vgl. hierzu Prange, S. 132 f.); ebenso für Lanken (1278 – Sudendorf 7, 60, 2); ebenso für Wangelau (1230 ZR): als Angerdorf zeigt es sich als planmäßige kolonisationszeitliche Gründung, ein slaw. Siedlungsvorläufer konnte mittels der Phosphatmethode nicht nachgewiesen werden (U. Sporrong, Gemarkungsanalyse in Wangelau, Offa, Bd. 32, 1975, S. 57 – 78).
5) Kasseburg, hierzu Laur, S. 128, r. Sp.; Müssen wird von Laur, S. 153, l. Sp., als deutscher Ortsname interpretiert; K. Kroll, S. 11, vermutet hinter diesem ON einen slaw. Ursprung; slaw. Tongefäßscherben auf der Flur "Borgstäde" (Kersten, S. 347) lassen auf einen slaw. Siedlungsvorgänger schließen; Köthel hält Laur, S. 133, l. Sp., für slaw.; ebenso Wurms, LH, N.F., Nr. 84, S. 33 f.; Kaestner dagegen, LH, N.F., Nr. 86, S. 50 – 60, führt es unter seinen slaw. ON nicht auf.
6) Roseburg, vgl. hierzu Laur, S. 176, r. Sp.: es wird entweder als deutsch interpretiert oder auf eine slaw. *Rozbor zurückgeführt; vgl. hierzu auch Wurms, a.a.O., S. 53; Goldensee hält Wurms, LH, N.F. 84, S. 27, für slawisch (= kahle, baumlose Stelle).
7) Kersten, S. 195
8) Kersten, S. 218; im Aushub einer Baugrube auf dem Grundstück der Familie Blassew am westlichen Ortsausgang von Giesensdorf fand Herr Chwala im Jahre 1979 4 slaw. Tongefäßscherben, darunter ein Fuß- und Randstück.
9) Kersten, S. 267   10) Kersten, S. 333
11) vgl. Anm. 5
12) Kersten, S. 351   13) Kersten, S. 385
14) Kersten, S. 453   15) Kersten, S. 459
zu 7) – 15) vgl. Kerstens Karte der slawischen Bodenfunde zwischen S. 114 und 115

Unter Abwägung all dieser Gesichtspunkte darf so gefolgert werden, daß die Zahl der ursprünglich rein slawisch benannten Siedlungen vor 1230 eher größer denn kleiner als 82 gewesen ist.

b) Typisierung der slawischen Ortsnamen nach inhaltlichen Gesichtspunkten

1. allgemeine Typisierung (bis 1230)

Wenn man bedenkt, daß bis zum Einsetzen der deutschen Kolonisation um 1150 die Slawen Lauenburg für mehr als 400 Jahre besiedelt haben, so ist die Zahl der gut 80 belegten rein slawisch benannten Siedlungen nur ein unvollkommener Widerschein slawischer Siedlungsaktivitäten. Diese 400-jährige Siedlungstätigkeit ist nicht ungestört verlaufen. Kriege, von denen wir nur zum Teil etwas wissen, werden Zerstörung, Stagnation und nachfolgende Neuansätze gebracht haben.[1] Slawischer Expansionsdrang nach Westen mag vielleicht zeitweise zur Bevölkerungsausdünnung und gelegentlich auch zur Siedlungsausdünnung beigetragen haben, rückflutende Flüchtlinge[2] könnten dann die Gründer neuer Siedlungen im alten Land geworden sein. Auch ist der Gesichtspunkt der Siedlungsverlagerung zu bedenken[3], wobei die neue Siedlung einen neuen Namen erhalten haben kann. So werden nur wenige Ortsnamen bis in die Zeit der ersten slawischen Landnahme zurückreichen. Die meisten werden späteren Ausweitungs- und Neugründungsphasen angehören. Versuche, eine zeitliche Schichtung in den Ortsnamen festzustellen, um Phasen des Siedlungsausbaus, neuer Landnahme bei Ausweitung des vor-

---

1) Hier kann man anführen:
   – Sieg der Obodriten über die nordelbischen Sachsen (Reichsannalen 798),
   – Überlassung der "... überelbischen Gaue den Abodriten." (Reichsannalen 804, zitiert nach der Übersetzung von R. Rau, S. 79),
   – um 810 Festlegung des Limes Saxoniae (vgl. hierzu das entsprechende Kap. dieser Arbeit), damit verbunden, Rückzug der Slawen hinter den Limes, Abbruch der slaw. Siedlungsschicht auf der Hammaburg (vgl. hierzu R. Schindler, Ausgrabungen in Alt Hamburg, S. 76),
   – Vertreibung der Slawen aus dem "... loco, cui Delbende nomen, ..." (Reichsannalen 822),
   – der große Slawenaufstand von 1066 (Adam von Bremen III, 50),
   – Schlacht bei Schmilau von 1093 (Helmold von Bosau, hrsg. von H. Stoob, I, 34; vgl. hierzu auch Fr. Lammert, Die älteste Geschichte des Landes Lauenburg, S. 90 f.).

2) Neben der slaw. Siedlungsschicht in Alt Hamburg, die wohl zwischen den Jahren 804 und 810 einzuordnen ist, also mit der Festlegung des Limes Saxoniae ihr Ende findet (vgl. Anm. 1), ist hier auf den archäologischen Befund der slaw. Burganlagen, die westlich des Limes lagen, hinzuweisen. Es verstärkt sich die Auffassung, daß sowohl der Sirksfelder Wall als auch der Runwall bei Kasseburg ebenfalls um 810 aufgelassen wurden. Die entsprechend dazugehörige slaw. Bevölkerung hätte sich hinter den Limes zurückziehen müssen (vgl. hierzu K. W. Struve, Die Burgen in Schleswig-Holstein, S. 97 f. und S. 107 – 109).

3) Prange, S. 175 – 188, führt alle ihm bekannten Siedlungsverlagerungen auf, unter denen sich auch solche befinden, die sich aufgrund archäolog. Befundes in der vorkolonisatorischen Zeit abspielten.

herigen Siedlungsraumes oder neuer Zuwanderung aus dem Osten nachzuweisen, stecken noch in den Ansätzen.[1]

Die Ortsnamen lassen sich jedoch nach inhaltlichen Gesichtspunkten, soweit sie deutbar sind, zu Gruppen zusammenfassen:

I die größte Gruppe bilden die ON, die einen PN als Kern haben und
    a) entweder an sich ein PN sind
    b) oder die Mehrzahl eines PN darstellen
    c) oder mit "Ort des ...".
    d) bzw. mit "Ort der Leute des ..."
    gedeutet werden können; = 36

II dann folgen die ON, die
    a) eine Geländeform oder Geländebeschaffenheit
    b) bzw. Bewohner eines bestimmten Geländepunktes
    bezeichnen; = 17

III hieran schließen sich die ON an, die den hervorragenden Bewuchs eines Geländes zum Ausdruck bringen; = 13

IV auch Tiernamen dienten zur Siedlungsbenennung; = 4

V in einigen Orten wurde
    a) die Siedlungstätigkeit selbst für die Namensgebung benutzt
    b) bzw. die Form einer Siedlung wird angedeutet; = 5

VI und schließlich kommen noch die ON, die auf eine Spezialtätigkeit der Einwohner hinweisen; sie bilden die kleinste Gruppe; = 2

VII die Etymologie von fünf slawischen ON liegt im dunkeln. = 5

                                                                                                   82

---

[1] Als erste Arbeit, den Untersuchungsraum betreffend, ist die von W. Kaestner, Weitere sprachliche Anmerkungen ..., LH, N.F., Nr. 96. 1976, S. 50 – 60, zu nennen, in der er zwei Altersschichten von ON feststellen will.

– 72 –

2. tabellarische Typisierung (bis 1230)

I ON, die einen PN als Kern haben

    a) PN im Singular

	1. Krummesse	1194 Crummesce (SHRU I, 188), "*Kromeše zum PN *Kromeša"
	2. Möhnsen	1230 Manse; "*Manše zum PN *Man"; Wurms: "Etymologie unsicher."
	3. Römnitz	1158 Rvdemoyzle (UHL, S. 60); "*Radomysl' zu einem PN"; Wurms: "Grundbedeutung des PN: 'mit munterem Sinn'."
	4. Walksfelde	1158 Walegotsa (UHL 41 = MUB 1, 65); "zum altpolab. PN *Volegost"

    b) PN in der Mehrzahl

	5. Grambek	1184 Grambeke (SHRU I, 188); "Mehrzahlform zum PN ... Grąbek"
	6. Güster	1230 Guztrade; "Mehrzahlform zum PN *Gostirad"
	7. Thömen+	1230 Tomene; "Mehrzahlform zum PN *Tomin"
	8. Zecher	1194 Scachere (SHRU I, 188); "Mehrzahlform zum PN Czachora"

    c) "Ort des..."

	9. Anker	1230 Mancre; "... *Mąkar"[1]
	10. Bannau+	1194 Bandowe (MUB I, 154); "... *Bąd"
	11. Berkenthin	1230 Parketin; 1240 Parkentin (UBSL 1, 89); "... *Parchota"
	12. Dargenow+	1230 Dargenowe; "... *Dargan"
	13. Dargow	1230 Dargowe; "... *Darg"

---

[1] Die Etymologie dieses ON ist nicht restlos geklärt. Trautmann, Die wendischen ON..., S. 147, leitet ihn vom altpolab. PN Mankar ab, was "Peiniger" bedeute. G. Hey, Die slawischen Ortsnamen von Lauenburg, S. 5, deutet ihn als Berufsbezeichnung: "die Mehlhändler oder Griesler". Wurms, S. 10 f., stellt heraus, daß beide Interpretationen zurückführbar seien auf die idg. Wurzel *menk = "kneten, weich machen" oder mengen.

14. Dermin+	1230 Dormin;
	"... Durma"
15. Fitzen	1230 Vitsin;
	"... *Vitša"
16. Göttin	1194 Guthin (SHRU I, 188);
	"... *Chota"
17. Gudow	1194 Godowe (SHRU I, 188);
	"... God"
18. Gülzow	1230 Gultsowe;
	"... Golecz oder ... *Gološov"
19. Kankelau	1230 Cankelowe;
	"... *Kąkol"
20. Lalkau	1230 Lelecowe;
(heute Franzhagen)	"... Lelek"
21. Lüchow	1230 Lvchowe;
	"... L'uch"
22. Lütau	1230 Lvtowe;
	"... L'ut"
23. Lütau+ bei Mölln	1230 Lvtowe; s. Lütau
24. Manau+	1230 Manowe;
	"... *Man"
25. Nüssau	1230 Nvssowe;
	"... Nos"
26. Pampau	1230 Pampowe
	"... Pąp"
27. Panten	1158 Pantin (UHL 41 = MUB 1, 65);
	1211 Panthen (MUB 1, 203);
	"... Panten"
28. Salem	1197 Salem (MUB 1, 160);
	"... *Zalim"
29. Sandesneben	1230 Zanzegnewe;
	"... *Sądzegněv"
30. Sarnekow	1194 Scarnekowe (SHRU I, 188);
	"... *Čarnek"
31. Schmilau	1093 Zmilowe (Helmold I, 34);
	1219 Smilowe (MUB 1, 249);
	"... *Smil"
32. Talkau	1230 Telekowe;
	"... Telek"
33. Wangelau	1230 Wankelowe;
	"... Węgiel"

d) "Ort der Leute des..."

34. Göldenitz	1217 Goldenez (MUB 1, 233);
	"... Goldon"

— 74 —

  35. Kittlitz   1230 Kitlist;
             "... Kitel"
  36. Matzlewitz+   1230 Mazleviz;
             "... Maslo"

II ON, die eine Geländeform oder Geländebeschaffenheit bzw. Bewohner eines bestimmten Geländepunktes bezeichnen

 a) Geländeform oder Geländebeschaffenheit

37.	Bälau	1194 Belowe (SHRU I, 188); "'Moosbruch' oder zum PN alttschech. Bel, poln. Biel"
38.	Bröthen	1230 Brotne; Wurms: "wend. *brod, 'Furt'"
39.	Disnack	1229 Dosinc (SHRU I, 474); 1230 Dvsnik; Trautmann (1950), S. 77: "verfault, stinkend"; Wurms: "Es mag wohl ein übelriechendes Gewässer zu dem ON geführt haben."
40.	Farchau+	1158 Verchowe (UHL 41 = MUB 1, 65); Wurms: "Gipfel, oberer Teil, Spitze, Scheitel"
41.	Grönau	1230 Gronowe; Wurms: "Berg, Hügel"
42.	Grove	1230 Grove; "*Groby — Mehrzahlform zu *grob = 'Graben'" oder deutsch "grove = 'Grube'"
43.	Köthel	1230 Cotle; "Mehrzahlform zu *Kotel = 'Kessel'"; Prange, S. 133: "Köthel liegt in einem Kessel"
44.	Krüzen	1230 Crutsem; "Krušima = 'Kiesort'"
45.	Mechow	1194 Mechowe (MUB I, 154); "*Mechov = 'Ort am' oder 'im Moos'"
46.	Mölln	1188 Mulne (UBSL 1, 7); "vielleicht zu *mul = 'Schlamm, trübes Wasser'"
47.	Nusse	1158 Nvsce (UHL, S. 60); 1194 Nutse (SHRU I, 188); "Mehrzahlform zu nos = 'Nase' als Terrainbezeichnung"

48.	Pezeke (heute Marienwohlde)	1230 Pezeke; "Mehrzahlform zu piasek = 'Sand' – 'Sandort'"
49.	Tramm	1230 Tramme; Wurms: "... von slav. tr̥ba ... 'Röhre, Trompete ...' vielleicht einen sich verengenden Wasserlauf bezeichnend"
50.	Wizok+	1230 Wizoc; "hoch gelegener Ort"

b) Bewohner eines bestimmten Geländepunktes

51.	Bresahn	1194 Brisan (SHRU I, 188); Siedlung der Leute vom Ufer
52.	Mustin	1194 Mustin (SHRU I, 188); "Ort an der Brücke"
53.	Segrahn	1194 Zageran (MUB I, 288); "Ort der Leute hinter dem Berg"

III Bewuchs des Geländes

54.	Basedow	1230 Basdowe; "Ort beim Hollunder"
55.	Börse+	1171 Borist (UHL 89 = MUB 1, 100 A); "Kieferngelände"
56.	Grabau	1230 Grabowe; "Hainbuchenort"
57.	Gülze+	1230 Gvletse; "Heide, kahler Platz"
58.	Kehrsen	1194 Kerseme (SHRU I, 188); "Zwergbaum"; Wurms: "niedriger, verkrüppelter Baum"; ker = 'Busch' (Laur, 1977) poln. kierz = Busch
59.	Klempau	1194 Climpowe (SHRU I, 188); "schiefer Baum"
60.	Langenlehsten	1194 Lesten (SHRU I, 188); "Haselrute"
61.	Lankau	1208 Lanchua (Hamb. UB 1, 371); 1211 Lankowe (MUB I, 203); "Wiese, Bucht"
62.	Lanze	1230 Lantsaze; "Ort an der Bucht, an der Wiese"
63.	Logen+	1230 Logen; "'Hain' oder 'sumpfige Niederung'"

	64. Pinnau+	1194 Pinnowe (SHRU I, 188); "Baumstamm, Baumstumpf"
	65. Pogeez	1228 Pogots (SHRU I, 463); "Ort am Strauchwerk, Faschinenweg"
	66. Ziethen	1158 Ziethene (UHL, S. 60); 1174 Cithene (UHL, S. 156); "Binse"

IV ON, die einen Tiernamen enthalten

	67. Krukow	1230 Crukowe "Ort, wo Raben sind"
	68. Kulpin	1228 Culpin (SHRU I, 463); "Schwan"
	69. Linau	1230 Linowe; "Schlei"
	70. Sahms	1230 Sabenize; " 'Froschort' bzw. 'Froschfluß' "

V ON, die auf bestimmte Siedlungstätigkeit oder Siedlungsform schließen lassen

a) Siedlungstätigkeit

	71. Kühsen	1230 Kucen; "Handelsbude, Zelt"
	72. Sarau	1230 Sarowe; "Brandrodungsort"
	73. Witzeeze	1230 Wutsetse; "das Umgehauene, der Verhau"

b) Siedlungsform

| | 74. Klostesfelde+ | 1158 Kolatza (UHL 41 = MUB 1, 65); " 'runder Kuchen' wohl als Terrainbezeichnung" |
| | 75. Kollow | 1230 Coledowe; "Rad" |

VI Spezialtätigkeiten in ON

| | 76. Kogel | 1228 Kowal (SHRU I, 463); "Schmied" |
| | 77. Sterley | 1194 Stralige (SHRU I, 188); "Mehrzahl von 'Pfeil' " |

VII ON, die etymologisch ungeklärt sind

| | 78. Drüsen | 1230 Drvsen; (Seename auf Ort übertragen?) |
| | 79. Grinau | 1167 Grinawe (UHL 76 = MUB 1, 88); (Bachname auf Ort übertragen?) |

80. Lovenze	1167 Lovenze (UHL 76 = MUB 1, 88);
(heute Schiphorst)	(Bachname auf Ort übertragen?)[1]
81. Pötrau	1158 Pvtrowe (UHL 41 = MUB 1, 65); ?
82. Wotersen	1230 Wotartze; ?[2]

3. die slawischen Ortsnamen nach 1230

Als Nachtrag sei noch auf jene slawischen ON hingewiesen, die erst nach 1230 belegt sind und somit mit großer Wahrscheinlichkeit erst während der deutschen Kolonisationszeit entstanden sein dürften. Sie können also dem vorkolonisatorischen, dem von den Slawen noch ausschließlich bestimmten Siedlungsbild nicht zugerechnet werden. Dennoch drückt sich in ihnen, also auch nach dem Verlust der politischen Eigenständigkeit der Slawen, eine fortlaufende slawische Siedlungsaktivität aus, die sich, was Ortslagewahl betrifft und dementsprechend bis zu einem gewissen Grade auch die slawische Wirtschaftsweise, in das vorherige slawische Siedlungsbild weitgehend einfügt.

Rülau+	(1415 Rulow LAS Urk.-Abt. 210, 230; "Ort des *Rul")
	und
Tangmer+	(1307 Tankmer SHLUS II, 119, Abschr.; "Ort des Tangomir") sind
	der Gruppe I zuzuordnen.
Dahmker[3]	(1728 Damcker LAS Abt. 210, 3466, Belehnungsbrief)
	und
Lanken	(1278 Lanken Sudendorf 7, 60, 2 und 1430 Lancken UBSL VII, 415; "Bucht, Wiese") gehören zur Gruppe III.
Kulpin bei	
Mustin+	(1434 Calpien VAL 2, 1860, S. 403; "Schwan") zählt zu Gruppe IV.
Labenz	(1390 Labbentzeke UBSL 4, 518; "Ort der Leute von *Lovęca" ist ein Sonderfall, indem es über die Herkunft seiner Bewohner Auskunft gibt.

---

1) vgl. hierzu Prange, S. 145 und S. 132 f.
2) Die Jahreszahl 1230 in diesem Abschnitt bezieht sich immer auf das Ratzeburger Zehntregister.
3) Die Deutung dieses ON hat deswegen Kopfzerbrechen verursacht (vgl. Laur, S. 82 r. Sp.), weil die Gründung dieses Dorfes erst neuzeitlich erfolgt zu sein scheint, also in eine Epoche gehört, als der slaw. Bevölkerungsanteil Lauenburgs längst von der deutschen Mehrheit assimiliert war. Es müßte für die Benennung der Siedlung ein älterer slaw. Flurname benutzt worden sein, der in seinem ersten Bestandteil auf polab. *dąb = Eiche und in seinem zweiten möglicherweise in einem Bezug zu sehen ist mit dem benachbarten Kasseburg (1230 Kerseborch = Burg im Buschwald [vgl. V b 2., Nr. 58, Kehrsen], womit der Bruchwald des Kasseburger Moores gemeint gewesen sein könnte). Der ursprüngliche FN Dahmker hätte dann die Bedeutung von Eichenbusch oder Eichenbuschwald = Kratt (?).
Zur Silbe *ker vgl. W. Laur, Slawen und Wenden – eine wortgeschichtliche Studie (Teil I), Die Heimat 84, 1977, S. 35 – 45, bes. S. 40, l. Sp.

Bölkau+ = Vorläufer von Schwarzenbek? (1744 Bölko, Bölkow; LAS Abt. 420, A 5 67, Karte; "altpolab. Bolkov = 'Ort des Bolek'"). Der FN Bölkau haftet einem kleinen Waldstück westlich von Schwarzenbek zwischen der B 207 und der Berliner Eisenbahn an. Eine ehemalige slawische Siedlung in dem moorigen Quellgebiet wäre von der Lage her denkbar. Das dem Wäldchen "Bölkau" benachbarte Flurstück trägt den Namen "Alt Schwarzenbek", so daß man annehmen darf, daß sich hinter Bölkau und Alt Schwarzenbek Vorläufer des heutigen Schwarzenbek verbergen.[1] Bölkau als Siedlungsname würde der Gruppe I zuzuordnen sein.[2]

4. Auswertung

zu I Die Benennung der Siedlungen nach einer Person bzw. einer Gruppe von Personen, die einer bestimmten Person zugehörten, hebt hervor, daß primär die gemeinschaftlich siedelnde soziale Gruppe als das zu Bezeichnende von Wichtigkeit war.

Man könnte versucht sein, diesen Typ der slawischen Ortsnamen mit demjenigen der deutschen Kolonisationszeit zu vergleichen, bei dem das Bestimmungswort ein Personenname ist. — Das eigentlich Benennende in jenen deutschen ON ist aber das sich relativ neutral gebende Grundwort (-feld[e], -dorf, -hagen, -horst usw.). Das aus einem Personennamen bestehende jeweils vorgestellte Bestimmungswort dient sekundär der Unterscheidung. Die funktional-inhaltliche Bedeutung des Personennamens in den deutschen ON ist also geringer als in den slawischen ON.

zu II Diese ON beziehen sich sowohl auf niedere, feuchte Lagen als auch auf höhere, trockene. Bei einem Vergleich der Aussagen dieser ON mit der Lage der Siedlungen ergibt sich jedoch, daß mit der Angabe der feuchten Lage mehr die an den (trockenen!) Siedlungsplatz unmittelbar heranreichende feuchte Niederung gemeint ist, mit der trockenen Lage dagegen der Siedlungsplatz selbst (am Rande einer feuchten Niederung!). Die Ortslagen sind also im Prinzip gleich. Zur Benennung diente jeweils das Auffallendere (eine ausgeprägte angrenzende feuchte Niederung oder der sich gegen sie deutlich absetzende trockene Siedlungsplatz).

"Kies" und "Sand" in zwei ON dient wohl eher der Kenntlichmachung des gegen die feuchte Niederung abgesetzten trockenen Siedlungsplatzes, als daß es als ein

---

1) vgl. hierzu auch Prange, S. 145; eine zweimalige Siedlungsverlagerung wird z.B. auch bei Sterley vermutet (vgl. hierzu Kap. X d).
2) Die Interpretation der slaw. ON in den Abschnitten V b 2. und 3. orientiert sich, soweit es nicht gesondert vermerkt ist, an W. Laur, Historisches Ortsnamenlexikon von Schleswig-Holstein, Schleswig 1967.

Hinweis auf die Bevorzugung einer bestimmten Bodenart zu verstehen wäre, in dem Sinne, daß die Slawen lieber leichte Böden bestellt hätten.[1]

zu III Neben der Nennung von Baumarten, die dem natürlichen Waldbild Lauenburgs zugehören (Kiefer, Hainbuche) oder von dominierenden Pflanzen sumpfiger Niederungen (Binse) wird in einem ON die Heide als Halbkulturformation für das 12. Jahrhundert belegt. Es bleibt offen, inwieweit in dem ON Kehrsen ein Hinweis auf Kratt zu sehen ist. Denkbar wäre auch, daß damit ein niederer Bruchwald auf dem angrenzenden Bannauer-Kehrsener Moor bezeichnet wurde, der dann gleichfalls als ON Verwendung fand.[2] Als Buschformationen begegnen Hollunder und Hasel, deren Beeren bzw. Nüsse als Nahrungsmittel von Interesse gewesen sein dürften. "Wiese" bzw. "Bucht" weisen auf Flächen hin, die der Weidewirtschaft dienten und die den dazugehörigen Siedlungen den Namen lieferten.

zu IV Die Siedlungen, benannt nach Rabe, Schwan, Schlei und Frosch, lassen, vordergründig betrachtet, keinen weitreichenderen Schluß zu, als daß das auffällige Vorkommen jener Tiere an bestimmten Siedlungsplätzen zur Namensgebung benutzt wurde. Vielleicht aber verbergen sich hinter diesen Tiernamen Personen oder Sippen[3], so daß der Name des Tieres in seiner metaphorischen Verwendung als Personen- oder Sippenname auf einen Siedlungsplatz übertragen wurde. Dann wäre dieser Typ von ON der Gruppe I zuzurechnen.

Zu V Kühsen (Handelsplatz, Zelt) liegt an der mittelalterlichen Straße von Hamburg nach Lübeck[4] auf der westlichen Seite der Stecknitzniederung, die hier nach Osten (wie auch heute noch der Elbe-Lübeck-Kanal) passierbar war[5]. Der Standort für einen Klein-Handelsplatz wäre günstig gewesen.

Der Beleg von Brandrodung (Sarau) und der Rodung durch die Axt (Witzeeze) bezeugen in unmittelbarer Weise die siedlungsmäßige Erschließung des Landes durch die Slawen.

Kolatza-Klotesfelde = "runder Kuchen" deutet Laur vorsichtig als "Terrainbezeichnung". So könnte man auch Kollow = "Rad" verstehen. Es handelt sich hier wohl zweifellos um Metaphern, die Frage ist nur: ist das "Terrain" gemeint oder vielleicht die Siedlung selbst, in der die Häuser wie die Stücke eines runden Kuchens bzw. die Speichen eines Rades kreisförmig um einen runden Platz angeordnet sind. Man ist verführt, an einen wendländischen Rundling zu denken. Wäre es demnach

---

1) H. Vitt (1972), Das Ostholstein-Buch (hrsg. v. E.-G. Prühs), S. 22, r. Sp. und S. 30, l. Sp.
2) In dem ON Kasseburg (1230 Kerseborch) ist möglicherweise der Bestandteil Kerse- ebenfalls ein Hinweis auf den den Runwall umgebenden Bruchwald auf dem Kasseburger Moor. Laur, S. 128, r. Sp., bietet 3 Interpretationsmöglichkeiten an, eine davon: "Zwergwald, Zwergkiefernwald, Buschwald".
3) Vgl. z.B. die römische Familie der Gracchen = Raben, den westgotischen Bischof Wulfila = Wölflein oder heutige deutsche Namen wie Wolf, Rabe etc.
4) Prange, S. 47
5) Kanalbrücke von Kühsen nach Anker

möglich, daß die im deutsch-slawischen Grenzbereich auftretenden Rundlinge doch nicht erst eine Entwicklung der Kolonisationszeit darstellten, also frühe slawische Vorläufer gehabt hätten, oder sind diese beiden ON Belege für eben gerade erst – also in der Kolonisationszeit – entstandene Runddörfer?[1]

zu VI   Die ON der Siedlungen in der Nähe des Oldenburger Walls, in denen das Vorhandensein von Spezialfertigkeiten wie das Schmiedehandwerk und die Pfeilherstellung zum Ausdruck kommen, hat man verschiedentlich dahingehend interpretiert, daß es sich hier um Handwerkersiedlungen gehandelt habe, die für die Deckung des Rüstungsbedarfs der Burg produziert hätten.[2] Ob man eine so starke organisatorische Differenzierung, die dazu führt, daß Spezialhandwerkersiedlungen entstehen, für jene Zeit annehmen darf, ist zweifelhaft. Schmiede und Pfeilhersteller hat es sicher an anderen Stellen auch gegeben, und so sind die Benennungen dieser beiden Orte nach diesen Handwerken wohl eher als Zufälligkeiten im Rahmen einer Vielfalt von ON, die auf Unterscheidung angelegt sein mußten, anzusehen.

zu VII   Da die Etymologie dieser ON unklar ist, erübrigt sich eine Interpretation.

c) Die zeitliche Schichtung der slawischen Ortsnamen

Eine zeitliche Schichtung der Ortsnamen wurde bisher sowohl für Wagrien[3] als auch – im Anschluß daran – für Polabien[4] negiert.

Nach der Arbeit von M. Jezowa[5] über Mecklenburg, die eine zeitliche Schichtung glaubt feststellen zu können, und der Arbeit von E. Eichler und H. Walter[6] über das Elbetal bei Dresden, also den sorbischen Raum, die vier zeitliche Namensschichten feststellen wollen, hat W. Kaestner[7] für Lauenburg eine ähnliche Untersuchung gemacht und stellt dabei erstmals zwei zeitlich und z.T. räumlich trennbare Ortsnamen-Schichten fest: einen älteren slawischen Namenstyp, der nur nördlich bzw. östlich des Limes vorkommt, und einen jüngeren slawischen Namenstyp, der sowohl nördlich bzw. östlich als auch südlich bzw. westlich des Limes, also in der Sadelbande, auftritt.[8]

---

1) vgl. hierzu Kap. X e
2) So zuletzt Dr. G. Kaack, Kreisarchivar und Leiter des Kreismuseums in Ratzeburg, in seiner Eröffnungsrede zur Ausstellung "Slawen und Deutsche" am 31.5.1980 in Ratzeburg.
3) L. Müller, Die slaw. ON in Holstein, in: Gesch. Schleswig-Holsteins, 3. Bd.: Die Frühgesch., Neumünster 1957, S. 100 – 107
4) Prange, S. 134
5) M. Jezowa, Dawne slowianskie . . . (s. Lit.-Verz.)
6) E. Eichler und H. Walter, Ortsnamen . . . (s. Lit.-Verz.)
7) W. Kaestner, LH, N.F., Nr. 86, 1976, S. 50 – 60
8) Der ON Güster scheint eine Ausnahme darzustellen: Güster, unmittelbar "diesseits" des Limes, der ON wird von Kaestner zur Gruppe der älteren gezählt (S. 56).

Auf diesem indirekten Wege wäre damit ein Beleg dafür gewonnen, daß die Sadelbande später besiedelt wurde als das Gebiet der Grafschaft Ratzeburg.

Außerdem wird durch dieses Ergebnis die Annahme unterstützt, daß sich der Limes bei seiner Definition um 810 an der damaligen westlichen slawischen Siedlungs- und Volkstumsgrenze orientierte, wenn man einmal von dem kurzfristigen slawischen Westvorstoß zwischen 804 und 810 – als große Teile der nordelbischen Sachsen zwangsweise außer Landes waren und den Slawen ganz Nordalbingien überlassen blieb – absieht.

Der Limes konnte offenbar seine Aufgabe, die Stabilisierung der slawischen Siedlungsgrenze, für nur rund ein Jahrzehnt wahrnehmen. Für das Ende dieser Aufgabe steht einmal das Jahr 817 (Bruch des Bündnisses zwischen Obodriten und Franken)[1] und zum anderen das Jahr 822 (Errichtung des fränkisch-sächsischen Kastells im Gebiet Delbende)[2], als bereits ein fränkisch-sächsischer Abwehrversuch gegen die vordringenden Slawen unternommen wurde, dem aber nur räumlich eng begrenzte Bedeutung zugemessen werden kann, denn die Sadelbande wurde mit Ausnahme des nördlichen Elbufers und des westlichen Sachsenwaldbereichs schließlich doch slawisch besiedelt.

"Als ungefähre Grenze zwischen den älteren und jüngeren ON..."[3] setzt Kaestner folgerichtig die Zeit um 830 an, Überschneidungen der beiden zeitlichen Schichten hält er für möglich.

d) Die Ausweitung des slawischen Siedlungsraumes in die Sadelbande

Selbst wenn man berücksichtigt, daß Kaestner von den 82 vor 1230 erwähnten slawischen Ortsnamen 28 in bezug auf eine altersmäßige Schichtung nicht einordnen konnte[4], so zeigt sich doch deutlich, daß sich die Anzahl der Siedlungen, ausgehend von denen, die mit dem alten Namenstyp benannt sind, durch das Hinzu-

---

1) Reichsannalen 817
2) Reichsannalen 822; Die Frage, um welche Burg es sich dabei handelt, ist bis heute nicht geklärt. Flächengrabungen auf der Ertheneburg (1979/80) brachten als älteste Siedlungskeramik nur Tongefäßscherben des 12. Jahrhunderts zutage (unveröffentlichter Grabungsbericht von J. Kühl, Bad Segeberg). Th. Franke, Geesthacht, fand jedoch unmittelbar östlich der Ertheneburg 1978 "größere Mengen slaw. Keramik" (J. Kühl, LH, N.F., Nr. 94, 1979, S. 8).
3) Kaestner, S. 59
4) Folgende slaw. ON sind bei Kaestner, S. 56, nicht erwähnt: Börse+, Bröthen, Drüsen+, Grinau, Grönau, Grove, Klotesfelde+, Kehrsen, Köthel, Krüzen, Krummesse, Kühsen, Lanze, Logen+, Lovenze (heute Schiphorst), Möhnsen, Mölln, Mustin, Nusse, Pezeke (heute Marienwohlde), Pogeez, Sterley, Thömen+, Tramm, Witzeeze, Wizok+, Wotersen, Ziethen. Dagegen werden einige erst nach 1230 belegte ON bei Kaestner einbezogen (Tangmer+, Bölkau, das wahrscheinlich in Schwarzenbek seine Fortsetzung gefunden hat, und Rülau+); außerdem hat er noch berücksichtigt: Ratzeburg, Ritzerau (und als "Fraglich" Roseburg), dazu Moltzahn und Lassahn (heute zur DDR gehörend).

kommen derer mit dem Namenstyp neuerer Art nördlich und östlich des Limes, also im Gebiet der späteren Grafschaft Ratzeburg, mehr als verdoppelt hat[1]. Es muß sich also hinter dem Limes ein verstärkter Landesausbau seit dem ersten Drittel des 9. Jahrhunderts vollzogen haben, der entweder auf eine natürliche Bevölkerungsvermehrung der Alteingesessenen oder auf ein Zuwandern neuer slawischer Bevölkerungsgruppen zurückzuführen ist, die sich zunächst hinter dem Limes stauten und nun sowohl binnenkolonisatorisch tätig wurden als auch schließlich über den Limes nach Westen und Süden drängten.

Nördlich der Hahnheide bis zur Kieler Bucht wird die Limes-Linie von der westlichen slawischen ON-Linie nur an wenigen Stellen relativ geringfügig überschritten. Anders im Raume zwischen der Delvenau, der Elbe und der Bille, also in der Sadelbande[2]: die über 20 slawischen Ortsnamen – alle jüngeren Typs – bezeugen, daß hier seit dem 1. Drittel des 9. Jahrhunderts eine geschlossene slawische Landnahme erfolgte, die sich für rund 300 Jahre – bis zum Beginn der deutschen Kolonisationszeit um die Mitte des 12. Jahrhunderts – fortentwickeln konnte.[3]

Warum war eine den Limes überschreitende geschlossene Landnahme dieses Umfanges nur hier möglich?

Der Grund dafür ist wohl in der Tatsache zu suchen, daß sich nördlich der Elbe zwischen Bille und Delvenau die ausgedehnte, seit der germanischen Völkerwanderungszeit siedlungsfreie Wildnis des Sachsenwaldes befand, die zwar ursprünglich durch die Limesfestlegung an der Delvenau für das Frankenreich beansprucht wurde, nun aber im 9. Jahrhundert, als sich das fränkische Reich spaltete, ständige Streitigkeiten und Kämpfe um die Macht den Staat erschütterten, die Wikinger von See her über die großen Flüsse ihre Raubzüge bis weit ins Binnenland führten, aus dem Blickwinkel des Interesses geriet. Dies drückt sich insbesondere darin aus, daß die Bistumsgrenzen des Verdener und des Hamburger Sprengels an Elbe bzw. Bille verliefen und somit Limes-Linie und Bistumsgrenze wie an keiner anderen Stelle räumlich auseinanderklafften.[4]

---

1) Alte ON nach Kaestner in der Grafschaft Ratzeburg: Bresahn, Segrahn, Panten, Römnitz, Salem, Sandesneben, Walksfelde, Anker, Göldenitz, Kittlitz, Mazleviz+, Zecher, Grambek, Kogel (Tangmer, da erst nach 1230 erwähnt, nicht mitgezählt) = 14. Dagegen neue ON in der Grafschaft Ratzeburg: Berkenthin, Dermin (in Ratzeburg aufgegangen), Bälau, Dargenow+, Dargow, Gudow, Lüchow, Manau+, Sarnekow, Klempau, Kulpin, Mechow, Pinnow+, Sarau, Lankau, Disnack, Farchau+, Gülze+ = 19.
2) Abb. 16
3) Folgende slaw. ON, alle jüngeren Typs, erwähnt vor 1230, sind bei Kaestner, S. 56, angeführt: Basedow, Grabau, Gülzow, Kankelau, Kollow, Krukow, Lalkau (heute Franzhagen), Lütau, Nüssau, Pampau, Sahms, Talkau, Wangelau = 13. Die weiterhin angeführten ON Bölkau (vermutlich fortgesetzt in Schwarzenbek) und Rülau+ sind erst nach 1230 urkundlich erwähnt. Grove, Köthel, Krüzen, Möhnsen, Pötrau, Tramm, Witzeeze und Wotersen waren zwar 1230 vorhanden, werden aber von Kaestner nicht berücksichtigt. Ebenso findet das erst 1728 erwähnte Dahmker (vgl. Kap. V b 3.) keine Berücksichtigung.
4) Abb. 16

Abb. 16: Limes Saxoniae mit westl. slaw. ON-Linie und der Diözesangrenze Hamburg bzw. Verden

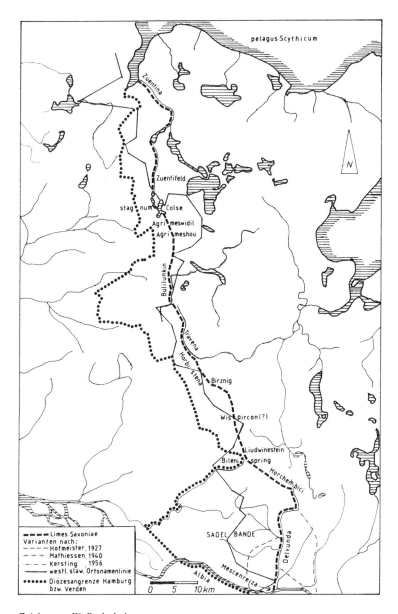

Zeichnung: W. Budesheim

So lag praktisch die gesamte Sadelbande in diesem Niemandsland zwischen Limes und Bistumgrenze, so daß sich die slawische Landnahme — wie in dem bisherigen von Salwen in ihrem Westwärtsstreben besiedelten Raum — auch hier quasi lautlos, von der Geschichtsschreibung unbeobachtet, vollziehen konnte.

VI DIE FRAGE DER SIEDLUNGSKAMMERN

a) Die Burgen (Datierung, Vergleich mit Wagrien: Relation von Anzahl zur Fläche)

Die Verhältnisse Wagriens zur slawischen Zeit, die wegen der Quelle Helmolds von Bosau, der sog. Slawenchronik aus dem 7. und 8. Jahrzehnt des 12. Jahrhunderts[1], mehr Anreiz zur Erforschung boten und dementsprechend auch häufiger bearbeitet worden sind als diejenigen Polabiens, müßten sich, da es sich um benachbarte Gebiete des gleichen Volksstammes handelt, analog, soweit sie als relativ sicher erforscht gelten können, auf das ehemals polabische Gebiet Lauenburgs übertragen lassen.

So drängt sich ein Analogieschluß in der Frage der sog. "Siedlungskammern"[2] auf. Beispielhaft für Wagrien steht in bezug auf diese Problematik etwa folgende Auffassung: "Die eingewanderten Wagrier legten ihre Siedlungen in den Regionen leichterer Waldbestände und bevorzugt an Seen und Flußläufen ... an; ... Diese Siedlungskammern inmitten dichter, schwer passierbarer Waldgebiete waren zugleich militärisch-politische Untergliederungen des gesamten wagrischen Stammesgebietes. Im Mittelpunkt einer jeden solchen Siedlungseinheit befand sich eine Burganlage, der Sitz des jeweiligen Häuptlings."[3]

Darüber hinaus folgt dann die präzisierende Angabe: "Im 9. Jahrhundert mag es im wagrischen Gebiet etwa zwanzig kleinere oder mittlere Häuptlingsburgen und entsprechend viele Burggaue (civitates) gegeben haben." Als Beleg wird dann eine entsprechende Zahl wagrischer Burganlagen namentlich angeführt.[4]

---

1) Ausgabe von R. Buchner in der Neuübersetzung von H. Stoob (2. verb. Aufl. Darmstadt 1972), Einleitung, S. 7;
2) Der Begriff "Siedlungskammer", der sich bei verschiedenen Autoren (u.a. Jankuhn, 1957, S. 116 und 127 f.; Prange, 1960, S. 349; Struve, 1981, S. 12, r. Sp., schreibt entsprechend von "Burggauen") findet, geht auf den sog. Bayrischen Geographen zurück, eine Quellensammlung des 9. Jahrhunderts, nach der es im obodritischen Gebiet 53 "civitates" gegeben haben soll. Bei Helmold wird der Begriff ebenfalls verwendet und in der Ausgabe von R. Buchner von H. Stoob meist als "Burgbezirk" übersetzt (z.B. in Kap. 23).
3) H. Vitt, in: E.-G. Prühs, Das Ostholstein-Buch, 1972, S. 22
4) H. Vitt, a.a.O., S. 26 f.

Im Untersuchungsraum konnten bisher acht slawische Burganlagen nachgewiesen werden, und zwar sechs davon nordöstlich (jenseits) und die übrigen beiden südwestlich (diesseits) des Limes Saxoniae. Von den sechs nordöstlichen werden der Ringwall von Farchau (südlich des Ratzeburger Küchensees)[1], der "Oldenburger Wall" (bei Lehmrade)[2], die "Steinburg" bei Hammer (an der Mündung der Steinau in die Stecknitz)[3] und der jüngst erst entdeckte Wall im Klempauer Moor[4] als früh- bis mittelslawisch gedeutet; die ursprüngliche Ratzeburg dagegen (auf einer der Stadtinsel im W vorgelagerten kleinen Insel gelegen, die heute mit der Stadtinsel durch die von W kommende Straße verbunden ist) wird als spätslawisch interpretiert[5].

---

1) Die Erkenntnis, daß sich unter der bischöflichen Burganlage des hohen und späten Mittelalters auf der als Marienhöhe bezeichneten Endmoränenkuppe am südlichen Ufer des Ratzeburger Küchensees die Reste einer ehemaligen slaw. Ringwallanlage befinden, hatte zuerst K. Langenheim 1953/54/55 (vgl. Lit.-Verz.);
W. Struve (1981), S. 107, l. Sp., spricht nur von Funden "frühslawischer Keramik" und datiert ". . . die Anlage in die Zeit um 800."
Ein Ende dieser Burganlage schon mit der frühslawischen Epoche würde einen früheren als bisher angenommenen Anfang der Ratzeburg wahrscheinlich machen, da beide benachbarte Burgen in einer zeitlichen Abfolge zu stehen scheinen. Scherbenfunde im Bereich der alten Ratzeburg (1980, Museum Ratzeburg, datiert durch T. Kempke) stützen diese Annahme, daß also die Ratzeburg schon mit der mittelslawischen Zeit beginnt.
2) Nach K. Kersten (1951), S. 125, gehört die Oldenburg der früh- bis mittelslaw. Epoche an (". . . die bisher frühesten slawischen Funde aus dem polabischen Raum geliefert . . ." und ". . . nach den Scherben zu urteilen, der Zeit vor 1000 . . .").
3) Kersten, S. 123, datiert Scherben aus der Siedlung südl. der Burg ". . . überwiegend in die Zeit vor 1000 . . ."
4) Auf das ehemalige Vorhandensein einer Burganlage machte erstmals 1977 der Lübecker Fluglehrer Hammesfahr aufgrund von Luftbeobachtungen aufmerksam. Die Varendorfsche Karte vom Herzogtum Lauenburg, aufgenommen zwischen 1789 und 1796 durch Justi, Blatt 60, Geodätisches Institut Kopenhagen, zeigt im Klempauer Moor einen mit Hochwald bestandenen in seiner Längsachse in ost-westlicher Richtung liegenden allseits geböschten Hügel. Obwohl die Aufnahmen Justis in Lauenburg als sehr ungenau gelten (vgl. hierzu H.-J. Kahlfuß, 1969, S. 121), darf aus der Karte mit Vorsicht geschlossen werden, daß zu jener Zeit der ringartige Wall noch erkennbar gewesen sein muß. Die Zerstörung durch Abholzung, Gewinnung von Weide- und Ackerland und damit die Einebnung der Wallreste müßte nach 1796 erfolgt sein. Der Sandabbau ist wohl erst eine jüngste Erscheinung. Die Hannoversche Landesaufnahme, Blatt 56, aufgenommen 1777, die kartographisch genauer ist, zeigt ein allseits geböschtes unregelmäßiges Oval, das bewaldet ist und von W her zugänglich war. Der westl. Zugang war an einen nord-südverlaufenden Querweg, vom Lübecker Gebiet zum Klempauer Vorwerk verlaufend, der das Moor querte, angeschlossen. Der fragliche Hügel trägt den FN "die Havekost".
Die Klempauer Gemarkung wurde zwischen 1782 (FK Wackerhagen, LAS) und 1789 (FK Benoit, LAS) verkoppelt. Nach der Varendorfschen Karte müßten also die Reste des Walls noch nicht mit der Verkoppelung zerstört worden sein. Struve (1981) datiert die Anlage aufgrund von Scherbenfunden ". . . von der frühslawischen Zeit bis in die ältere mittelslawische Zeit, schätzungsweise bis um 900 . . ." (S. 97, r. Sp.).
5) Kersten, S. 125 f., rechnet mit der Ratzeburg seit dem 10. Jahrhundert.
Struve (1981), S. 103, r. Sp., hält es für ". . . denkbar, daß die Ratzeburg schon früher, als bisher angenommen, erbaut wurde (vgl. Anm. 1).

Der Duvenseer Wall (südlich des Duvenseer Moores auf halbem Wege zwischen Duvensee und Lüchow)[1] scheint erst in Folge des Sirksfelder Walles zu stehen, der nach der Festlegung des Limes Saxoniae, da nun auf fränkischem Territorium liegend, aufgelassen wurde, somit also mit der frühslawischen Epoche endet. Der nun als mittelslawisch zu datierende Duvenseer Wall ist — nur 3 km weiter nördlich[2] — als die Ersatzburg für den aufgelassenen Sirksfelder Wall anzusehen.[3] Ob es für den ebenfalls diesseits des Limes gelegenen Runwall bei Kasseburg, der wie der Sirksfelder Wall mit der Limesfestlegung aufgelassen wird, also auch mit der frühslawischen Epoche endet[4], ebenfalls eine mittelslawische Fortsetzung jenseits des Limes gibt, konnte bisher nicht festgestellt werden.

Berücksichtigt man nun bei einem Vergleich der Verhältnisse in Wagrien mit denen in Polabien, daß die Fläche Wagriens ungefähr dreimal so groß ist wie die durch

---

1) Der slaw. Charakter dieser zwischen 1777 und 1780 eingeebneten Anlage ist lange nicht erkannt worden. Noch Kersten, S. 195, hält sie nach Schröder und Biernatzki (1855), S. 342, für den "... Sitz des adeligen Geschlechts von Duvensee." Grabungen hat es auf dem fraglichen Gelände bisher nicht gegeben, jedoch sind nach K. Langenheim (1977) und K. Bokelmann (1978) mittelslaw. bzw. frühslaw. Tongefäßscherben gefunden worden (vgl. K. W. Struve, 1981, S. 92, r. Sp.). Die Namen des Walls bzw. der ihn umgebenden Fluren hätten allerdings schon früher Hinweise auf den slaw. Ursprung der Burg liefern können:
I Daniel Frese (nach Klose-Martius, 1962, und Struve, 1981) hat in seiner Karte von 1577 den Wall unter dem Namen "de Gatelline Wall" verzeichnet;
II Flurkarte Duvensee von 1750 (LAS): der Wall ist kartiert, das ihn umgebende Gelände im N mit "Wallbruch" beschriftet;
III Hannoversche Landesaufnahme, Blatt 57, 1777: der Wall ist eingezeichnet und mit "der Wall" beschriftet. Der nördl. von ihm gelegene Flurbereich (Richtung Duvensee) heißt "Im Goddelihn";
IV Brouillon und Karte von Duvensee von 1777 (Quentin, LAS): der Wall ist verzeichnet, das ihn umgebende Moor heißt "Im Wall Bruch", die Flurgebiete im NE heißen "Godelins Bruch";
V Flurkarte von Duvensee von 1780 (Kaltenbach, LAS): der Wall ist eingeebnet, die Gemarkung insgesamt verkoppelt, für den fraglichen Raum ist der FN "im Godelin" verzeichnet;
VI In dem Forstort "Gördelin", unweit südöstl. des ehemaligen Walles, lebt der slaw. Name, offenbar mit einer fälschlichen Hinzufügung eines "r", bis heute fort (MTBl. Nusse, Serie M 841, 2329).
2) Die Abstände von zeitgleichen slaw. Burgwallanlagen liegen bei jeweils rund 9 km Luftlinie (vgl. hierzu Kap. VI c).
3) V. Vogel (1972), S. 48, verweist auf das enge räumliche Nebeneinander der Nütschauer Schanze westl. der Trave, die hier nach Adam von Bremen (II, 18) mit der Limes-Linie identisch ist, mit Alt-Fresenburg am Ostufer der Trave (knapp 2 km Luftlinie). Nütschau weise keine Siedlungsschicht auf, die von Alt-Fresenburg dagegen betrage über 2 m. Die Keramik beider Burgen stimme für das 8. Jahrhundert überein, Nütschau ende jedoch mit dem 8. Jahrhundert. Nütschau wird von Vogel als "... kurzlebiger Vorgänger von Alt-Fresenburg ...", der mit der Limesfestlegung um 810 aufgegeben werden mußte, interpretiert. Die Verhältnisse von Nütschau/Alt-Fresenburg wären also vergleichbar mit denen von Sirksfelde/Duvenseer Wall.
4) K. W. Struve (1981), S. 98, r. Sp.: "Ihre exponierte Lage macht eine Datierung der Burganlage in die Zeit vor der Anlegung und Fixierung der slawisch-sächsischen Völkergrenze ... wahrscheinlich ..."

das Untersuchungsgebiet erfaßte Fläche Polabiens, so lautet für den Anfang des 9. Jahrhunderts die Relation von Burganlagen zur Fläche für Wagrien, relativ gesichert, 16 : 3, möglicherweise auch noch 18 : 3[1], dagegen für das Untersuchungsgebiet 6 : 1[2]. Läßt man mit dem Jahre 810 — der Festlegung des Limes — den Runwall bei Kasseburg als Befestigungsanlage enden, ohne daß eine denkbare Ersatzanlage hinter dem Limes entstanden wäre, bei gleichzeitiger siedlungsmäßiger Räumung des Gebietes an der mittleren und oberen Bille — Siedlungskammer des Runwalls (?), Siedlungskammer des Sirksfelder Walls (?) — und berücksichtigt dagegen schon die Neubesiedlung der östlichen Sadelbande in Richtung Elbe in der 2. und 3. Dekade des 9. Jahrhunderts, so verschiebt sich die Relation von Burganlagen zur von Slawen besetzten Fläche auf 5 : 1.

Die Relationen von der Anzahl der Burgen zur Fläche sind in Wagrien und in Polabien also in etwa gleich.

b) Die zeitliche Schichtung der Ortsnamen im Vergleich zur zeitlichen Schichtung der Tonware

Die analogen Verhältnisse Wagriens und Polabiens in bezug auf die Relation der Anzahl der Burgen zur Fläche können jedoch noch nicht in dieser pauschalen Weise als Beleg für Siedlungskammern gewertet werden, zumal das Vorhandensein eines Burgwalles noch keine Siedlungskammer ausmacht. Erst das Erfassen der Siedlungen und ihre zeitliche und räumliche Zuordnung verspricht weiterführende Erkenntnisse.

Hierzu scheint es zunächst nötig, die von W. Kaestner (1976) festgestellte zeitliche Ortsnamenschichtung mit den durch die unterschiedlichen Macharten der slawischen Keramik bestimmten Epochen von "früh-", "mittel-" und "spätslawisch" zu vergleichen. In der Tabelle I, in der die unterschiedlichen Terminologien in bezug auf die Beurteilung von slawischen Tongefäßscherben des obodritischen Siedlungsraumes synoptisch-vergleichend dargelegt sind, gibt die Arbeit von V. Vogel[3] das

---

1) Die Angabe von "etwa zwanzig" Burgen in Wagrien im 9. Jh. bei Vitt, S. 26, r. Sp., dürfte etwas zu hoch gegriffen sein. Nach K. W. Struve (1981) ist die Existenz folgender Burgen zu Anfang des 9. Jahrhunderts in Wagrien wahrscheinlich: 1. Alt Lübeck, 2. Bucu (im Bereich des Lübecker Burgtores), 3. Pöppendorf, 4. Bosau "Bischofswarder" (evtl. wegen der zu großen Nähe in zeitl. Folge: "Katzenburg", der Verf.), 5. Eutin "Uklei Wall", 6. Oldenburg, 7. Ratekau "Blocksberg", 8. Sierksdorf "Süseler Schanze", 9. Wangels "Farver Burg", 10. Giekau "Wallberg", 11. Schellhorn, 12. Stöfs I, 13. Bad Segeberg "Schwedenschanze", 14. Pronstorf, 15. Rohlstorf, 16. Nütschau (Ersatzburg: Alt-Fresenburg nach 810, der Verf.); altersmäßig ungeklärt sind noch: 17. Burg auf Fehmarn, 18. Grube.
2) 1. Kasseburg "Runwall", 2. Sirksfelder Wall (Ersatzburg nach 810: Duvenseer Wall), 3. Hammer "Steinburg", 4. Horst "Oldenburg", 5. Klempau, 6. Farchau; die Ratzeburg scheint nach den derzeitigen Erkenntnissen erst später entstanden zu sein.
3) V. Vogel, Slawische Funde in Wagrien, Wachholz 1972, Offa-Bücher, Bd. 29 (1967 als Diss. eingereicht)

Orientierungsleitmaß, da in ihr alle früheren wesentlichen Arbeiten diesbezüglicher Art über Wagrien bis über Mecklenburg aufgearbeitet sind.

Vogels Keramik-Gruppen A und B, die, wie er selbst erklärt, nur schwer zu unterscheiden und entweder zeitlich parallel oder in Folge zu sehen seien, werden in dieser Arbeit mit dem Begriff "frühslawisch" zusammengefaßt. Kerstens "ältere Fundgruppe"[1] lehnt sich an Hübeners AL1-Gruppe an (endend gegen 1050)[2], wäre damit als "mittelslawisch" anzusehen; jedoch ist bei Kersten wie bei Hübener eine rückwärtige Abgrenzung nicht gegeben, so daß Kerstens "ältere" Fundplätze in Lauenburg auch Keramikreste der A- und B-Gruppe nach Vogel enthalten können. Vogels D-Gruppe, die im wesentlichen durch die dünnwandigere, feiner gemagerte und gut gebrannte Gurtfurchenware charakterisiert ist, wird allgemein als "spätslawisch"[3] bezeichnet.

Kaestners zwei Ortsnamensschichten lassen sich den Zeiteinteilungen durch die Keramikfunde in etwa folgendermaßen zuordnen:

Die ältere Ortsnamensschicht entspricht der frühslawischen Epoche, d.h., sie läuft mit dem 8. Jahrhundert aus. Dementsprechend weist das am Ende des 1. Drittels des 9. Jahrhunderts neu besiedelte Gebiet im SE der Sadelbande keine älteren, also nur jüngere Ortsnamen auf.

Jüngere Ortsnamen kommen aber auch in relativ großer Zahl jenseits des Limes vor. Die Entstehung der jüngeren Ortsnamen kann also früher als ihr frühestes Auftauchen in der Sadelbande gedacht werden.

E. Schuldt hat für Mecklenburg den Stilumbruch von der frühslawischen zur mittelslawischen Keramik mit einem Bevölkerungswechsel interpretieren wollen.[4] Vielleicht sollte man diesem Gedanken – auch in seiner räumlichen Ausweitung auf Wagrien und Polabien – nicht sogleich grundsätzlich verwerfen[5], insofern

---

1) Kersten, S. 111
2) Hübener, W.: Die stratigraphischen Grundlagen der Keramik von Alt-Lübeck auf Grund der Ausgrabung 1949, Offa 12, 1953, 87 ff.
3) Die zeitdifferenzierenden Begriffe "früh-", "mittel-" und "spätslawisch" haben sich bis zum derzeitigen Stand als am meisten praktikabel erwiesen, wie die jüngste größere archäologische Arbeit über die Slawen, die von K. W. Struve (1981), beweist. Die Grenzen von der einen Epoche zur anderen sind sicher fließend. Die Unsicherheit der Grenzziehung hat in jüngster Zeit eher zugenommen. Auch wird der Beginn der jeweiligen Epochen immer weiter in die Vergangenheit gerückt. Die frühslawische Epoche dürfte um 800 auslaufen. Das Auftreten der frühesten Gurtfurchenware, die den Beginn der spätslawischen Epoche anzeigt, muß wahrscheinlich schon für das 10. Jahrhundert angesetzt werden. Für die mittelslawische Epoche bleibt dann die Zeit von um 800 bis – bei Überlappung mit der spätslaw. Epoche – etwa 1050.
4) E. Schuldt, Die slawische Keramik in Mecklenburg, 1956; ders., Die slawische Töpferei in Mecklenburg, 1964
5) V. Vogel (1972), S. 29 f.

nämlich, als anstatt an einen Bevölkerungswechsel sehr wohl an eine zweite starke Einwanderungswelle, die den frühslawisch-mittelslawischen Stilumbruch in der Fertigung der Tonwarengefäße begründete, gedacht werden könnte. Dann wäre das aggressive Auftauchen der im Bündnis mit den Franken stehenden Obodriten am Ende des 8. Jahrhunderts in Nordalbingien, der — somit auch urkundlich belegte[1] — Beginn der mittelslawischen Epoche.[2]

Die Problematik der Siedlungskammern ist also differenzierter zu sehen, als der eingangs angeführte vordergründige Vergleich deutlich machen kann. Die Frage nach slawischen Ringwällen als Zentren von Siedlungskammern kann also letztlich für Polabien nicht einfach durch Analogie beantwortet werden, zumal die Ergebnisse für Wagrien auch noch nicht als endgültig geklärt angesehen werden können. Die Antwort muß über eine Analyse nach dem gegenwärtigen Stand verschiedener Disziplinen auf der Grundlage des Untersuchungsraumes selbst gesucht werden. Dabei soll von der Hypothese — Ringwall = Zentrum einer Siedlungskammer zu einer bestimmten Zeit — ausgegangen werden, um dann zu prüfen, ob und welche Siedlungen dem jeweiligen Ringwall peripher zuzuordnen wären. Die frühslawische Keramik, die nach ihr datierten Ringwälle sowie die ältere Ortsnamensschicht W. Kaestners wären dann auf eine erste Landnahme und Besiedlung des Untersuchungsraumes durch slawische "Früh-" Obodriten zurückzuführen, während der Umbruch zur mittelslawischen Epoche mit einer zweiten slawischen Einwanderungswelle um 800 begründet werden könnte[3], die einerseits zu einer Verdichtung des bisherigen Siedlungsgefüges geführt hätte, andererseits die Ursache für die Westexpansion der Obodriten am Ende des 8. und Anfang des 9. Jahrhunderts darstellte. So werden die Obodriten "im rechten Augenblick" zu "natürlichen" Verbündeten der Franken gegen die widerspenstigen nordelbischen Sachsen.

Es muß ferner die Datierung der Bodenfunde auf den Ringwällen und ihrer unmittelbaren Umgebung im Vergleich zu der des umliegenden weiteren Raumes

---

1) Reichsannalen 798
2) V. Vogel (1972), S. 33, hält die Keramikware aus der slaw. Siedlungsschicht von Alt-Hamburg zwischen 804 und 810 aufgrund der Abbildungen bei R. Schindler (1959) bereits für mittelslawisch (C-Gruppe). Dieser Auffassung kann der Verf. aufgrund einer Inaugenscheinnahme eines Teils jener Tongefäßscherben im Museum für Hamburgische Geschichte beipflichten.
3) J. Herrmann (1971), S. 21 f., vertritt die Auffassung, daß die östl. Nachbarn der Obodriten, die Wilzen, im Zusammenhang mit dem Einbruch der Avaren nach Pannonien ihre vormaligen südosteuropäischen Siedlungsgebiete aufgegeben hätten, um ihre Unabhängigkeit zu wahren. Die Besetzung neuer Siedlungsräume, in Anlehnung an die Südküste der Ostsee, bringt sie in Konflikte mit den Obodriten, deren Siedlungsweg kontinuierlich von Osten her nach Westen gegangen wäre. Das östliche obodritische Hinterland geht durch das Eindringen der Wilzen verloren. — So ist es vielleicht zu erklären, daß sich von Osten her eine zweite obodritische Einwanderungswelle — als ein Sich-Absetzen von den feindlichen Wilzen — in die westlichen Gebiete ergießt. Das fränk.-obodrit. Bündnis gegen die Wilzen einerseits (zum Nutzen der an ihren östlichen Grenzen in Bedrängnis geratenen Obodriten) und gegen die nordelbischen Sachsen andererseits (zum Nutzen der auf Grenzsicherung bedachten Franken und der auf Westexpansion orientierten Obodriten) stärkt diese These.

eine Rolle spielen unter gleichzeitiger Berücksichtigung der von W. Kaestner ermittelten Ortsnamensschichten; es muß auch die Anzahl der zu einem Ringwall als "militärisch-politischem" Zentrum gehörigen Siedlungen überdacht werden, um vielleicht eine Vorstellung von der Siedlungsdichte und der Menge der Bevölkerung — epochal unterschiedlich — zu gewinnen; und schließlich wäre die Frage zu prüfen: was war bei den kolonisierenden Slawen früher, der Ringwall oder die Siedlungen? — Hieraus könnten dann möglicherweise Schlüsse über den Vorgang der slawischen Landnahme gezogen werden.

c) Die frühslawischen Ringwälle

Die deutlichsten Anzeichen slawischer Siedlungstätigkeit seit ihrer Landnahme sind die Ringwälle. Gemäß der Arbeitshypothese — Ringwall = Zentrum einer Siedlungskammer — soll mit ihrer näheren Betrachtung begonnen werden.

Von den bisher nachgewiesenen acht Burgwallanlagen wurden sechs, nämlich der Runwall bei Kasseburg, der Sirksfelder Wall, die Steinburg bei Hammer, der Oldenburger Wall bei Neu Horst, der Farchauer Wall und der Klempauer Wall, in die frühslawische Zeit datiert, d.h., daß sie schon vor 800 bestanden. Ihre genaue Entstehungszeit liegt im dunkeln. Auch ist ungeklärt, ob sie gleichzeitig oder in einer zeitlichen Folge entstanden sind. Nur Kersten meint, daß die Keramik der Oldenburg einen älteren Eindruck mache als die der Steinburg bei Hammer[1], was — selbst in dem begrenzten Raum — vielleicht für ein allmähliches Vordringen der Slawen spräche.

Auffallend bei diesen sechs Ringwällen ist ihr geringer und ihr erstaunlich gleichmäßiger Abstand zueinander.[2] Die Oldenburg und der Farchauer Wall liegen 8,5 km voneinander entfernt. Vom Farchauer Wall zur Steinburg bei Hammer sind es 8 km, zurück zur Oldenburg 9 km. Der Abstand von der Steinburg zum Sirksfelder Wall beträgt ebenfalls 9 km und der vom Sirksfelder Wall zum am weitesten nach Westen exponierten Runwall 10 km. Nur die Entfernung zum Klempauer Wall von dem ihm am nächsten gelegenen, dem von Farchau, weicht mit 12 km von dem vorherigen Mittelwert von 9 km plus/minus 1 km um 3 km ab. Allerdings stimmt der Abstand von 9 km wieder vom Klempauer Wall zum nächsten Wall Wagriens, "Bucu", der — nach jüngsten Grabungungsergebnissen[3] — im Bereich des Lübecker Burgtores vermutet wird.

Berücksichtigt man nun einerseits — negativ wertend — die Unwegsamkeit des Geländes in der überwiegend mit Wald bedeckten Landschaft Lauenburgs in der früh-

---

1) Kersten, S. 109
2) alle Abstände sind in Luftlinie angegeben (der Verf.)
3) G. P. Fehring (1978), Alt Lübeck und Lübeck (Lübecker Schriften zur Archäologie und Kulturgeschichte, Bd. 1, S. 29 — 38)

slawischen Zeit und andererseits – positiv wertend – die Geländekundigkeit ihrer slawischen Einwohner, so dürfte der Fußmarsch von einem Ringwall zum nächstgelegenen kaum länger als drei Stunden gedauert haben.

Diese Tatsache kann man einmal in einem militärisch-strategischen Sinne interpretieren. Zeigt sich in ihr doch, daß nicht der einzelne Ringwall für sich gesehen die Konzeption von Behauptung und Verteidigung darstellt, sondern daß erst das System aufeinander zugeordneter Verteidigungsanlagen, die sich gegenseitig abdecken und schnell entsetzen können, die erforderliche Sicherheit gegen Bedrohung und Angriffe von außen im Sinne einer auf Dauer angelegten Landnahme und Kolonisierung liefern konnte.

Kerstens Karte der "Lage der frühgeschichtlichen Funde und Heerwege im Kreise Herzogtum Lauenburg"[1] zeigt u.a. den vom Raume Ratzeburg nach SW über Lankau, Panten, Nusse, Koberg, die Hahnheide in Richtung Hamburg verlaufenden alten Heerweg. Beiderseits dieses Heerweges liegen der Farchauer Wall, die Steinburg bei Hammer, der Sirksfelder Wall und der Runwall.

Zwischen der Existenz dieser Straße und der Anlage dieser Burgen muß kein kausaler Zusammenhang gesehen werden. Sollte dies dennoch der Fall sein, so wären die Kausalitätsverhältnisse sicher wechselseitiger Natur. Hat doch eine Straße als solche nur ihren Sinn, wenn sie besiedelte Räume verbindet, und zwar diesbezüglich einmal innerhalb des slawischen Siedlungsraumes und zum anderen, diesen verlassend, die Verbindung nach SW zum Gau der Stormaren suchend.

Der andere bei Kersten verzeichnete, süd-nord-verlaufende Heerweg (später Frachtweg oder "Alte Salzstraße" genannt) scheint, so gesehen, in frühslawischer Zeit "außer Betrieb" gewesen zu sein. Die slawische Landnahme im Untersuchungsraum erfolgte aus nördlicher bis nordöstlicher Richtung, die Sadelbande ist in jener Zeit (mit Ausnahme des Runwallgebietes im NW) unbesiedelt. Die Obodriten, am Ende des 8. Jahrhunderts im Bündnis mit den Franken, lenkten ihre auf Landgewinn bedachten Kriegszüge und – bei Erfolg – ihre nachfolgenden Siedlungsvorstöße nach W gegen die nordelbischen Sachsen. Die südliche Flanke war durch die fränkische Präsenz jenseits der Elbe gesichert. Die ausgedehnten Waldungen zwischen Bille und Delvenau gaben den verbündeten Obodriten und Franken den ausreichenden "vertrauensbildenden" Sicherheitsabstand.

Der Oldenburg ist möglicherweise innerhalb des strategischen Konzepts der aufeinander zugeordneten Ringwälle eine besondere Aufgabe zugemessen gewesen. Ihre Lage zwischen dem Segrahner Berg und der Seenkette von Gudow bis Mölln im S und W sowie dem Schaalseesystem im E läßt sie als eine südliche Sicherung des Farchauer Walles erscheinen, der als nordöstlichster Punkt der nach SW gerichteten Siedlungsbewegung eine Art Kopfstation des strategischen Systems darzustel-

---

1) Kersten, Abb. 80 A, zwischen S. 114 und 115

len scheint, wofür auch spricht, daß der Farchauer Wall als einziger der angeführten Ringwälle am Ende oder noch in der mittelslawischen Zeit eine räumlich nur unwesentlich verlagerte Nachfolgebefestigung findet, nämlich die Ratzeburg, während — aufgrund einer politischen Neuorganisation — die übrigen kleinen Machtzentren der Ringwälle aufgegeben werden. Die Wichtigkeit des Raumes zwischen dem Farchauer Wall und der Oldenburg kommt vielleicht auch dadurch zum Ausdruck, daß hier die einzigen beiden Siedlungen des Untersuchungsgebietes liegen, deren der älteren Schicht zugeordnete Ortsnamen auf die Ansässigkeit von Handwerkern verweisen, die mit der Herstellung von Waffen zu tun haben, nämlich Kogel (Ort der Schmiede) und Sterley (Ort der Pfeilmacher).[1] Auch die Schlacht bei Schmilau (1093) zeigt diesen Raum noch einmal als Stätte des militärischen Aufmarsches und historischer Entscheidung.[2]

Den durchschnittlichen Abstand der Ringwälle von 9 km muß man andererseits auch in siedlungsgeographischer Hinsicht beurteilen. Wenn man sich zu jedem Ringwall im Umfeld eine gewisse Anzahl von Siedlungen vorstellt, wird es schwierig, unter Berücksichtigung der Orientierung der Siedlungen an bestimmte natürliche Gegebenheiten der Landschaft, an eine Kammerung zu denken, in dem Sinne, daß sich zwischen solchen Kammern siedlungsfreie Zonen hätten befinden müssen. Beim Fehlen solcher ausmachbarer Zonen wäre eine geographische Abgrenzung von Siedlungskammern praktisch nicht möglich, es sei denn, die Anzahl der zu einem Ringwall gehörenden Siedlungen wäre in den Anfängen sehr gering, wenn nicht gleich Null gewesen, wie auch K. W. Struve jüngst vermutend äußerte[3], so daß die Burgwallanlagen mit vielleicht nur je einer ihnen unmittelbar vorgelagerten offenen oder auch leicht befestigten Siedlung den Kolonisationstyp der slawischen Landnahme darstellten.[4]

Bei der Oldenburg[5] und der Steinburg bei Hammer[6] sind Siedlungsplätze in direkter Nachbarschaft nachgewiesen. Auch auf den im N des Runwalles befindlichen, das Moor überragenden und somit trockenen Moränenkuppen konnten slawische Tongefäßscherben geborgen werden[7], die als Belege einer ehemaligen

---

1) vgl. Kap. V b 2.
2) vgl. S. 37 (Anm. 2), S. 70 (Anm. 1), Kap. IX b 3., S. 129
3) In einem Vortrag am 3.6.1981 in Ratzeburg führte K. W. Struve aus, daß in der frühslaw. Zeit relativ kleine Siedlungseinheiten bestanden hätten, Keramik sei für diese Zeit fast nur auf Burgen feststellbar, Siedlungen hätten in nur relativ kleinem Radius um die Burgen bestanden.
4) Einen Eindruck davon, wie man sich diesen Kolonisationstyp vorzustellen hat, vermitteln verschiedene Rekonstruktionszeichnungen bei J. Herrmann wie z.B. Abb. 29 a/b und 30 (vgl. Kap. X c, S. 163 ff.).
5) Kersten, S. 268, Siedlungsstelle 14; Prange, S. 302 f.
6) Kersten, S. 248 f.
7) Kersten, S. 271, Fundstelle 6 (Mahlstein, salw.?); Prange, S. 179; Struve, Burgen, S. 98, l. Sp.;
Bei einer Geländebegehung im Herbst 1981 barg der Verf. an anderer Stelle, auf einer ins Moor hineinragenden, heute beackerten Geländenase 300 m entfernt im NE vom Wall (südlich eines Beton-Oberleitungsmastes) mehrere slaw. Tongefäßscherben.

Besiedlung dieser Plätze gewertet werden dürfen. Am nördlichen trockenen Zugang zum Sirksfelder Wall wäre vom Gelände her eine Siedlung im Vorfeld der Burg denkbar, wie auch die Moränenkuppe im Klempauer Moor groß genug wäre, um neben dem Ringwall noch einer Vorfeldsiedlung Platz zu bieten. Über Sirksfelde und Klempau fehlen jedoch entsprechende Untersuchungen bzw. Funde. Beim ehemaligen Farchauer Wall läßt das stark reliefierte Gelände kaum eine Siedlung in unmittelbarer Nähe erwarten.[1] Aufgrund der Gleichartigkeit des keramischen Materials, das in der Steinburg und der Oldenburg sowie auf den Siedlungsplätzen im jeweiligen Vorfeld gefunden wurde[2], dürfen die Siedlungen als gleichzeitig mit den Burgen angesehen werden[3].

Dann wären die Ringwälle in einem Entwicklungsprozeß die Zentren sich ausweitender Siedlungskammern gewesen, die sich gegenseitig allmählich verzahnten und somit ihre Abgrenzungen verloren hätten. Wie sich noch zeigen wird, ist es aber schon für eine Reihe von Siedlungen mit Ortsnamen der älteren Schicht schwer, sie von ihrer Lage her eindeutig diesem oder jenem Ringwall zuzuordnen, so daß mit den Siedlungen dieser Ortsnamen-Schicht schon ein relativ weit entwickeltes Siedlungsbild hervorträte.

Außer dem gleichmäßigen Abstand zueinander haben die slawischen Ringwälle ihre besondere geographische Lage als Gemeinsamkeit, denn sie liegen alle auf trockenen Grund- bzw. Endmoränenkuppen im Schutze von Gewässern und Mooren.

Der Farchauer Wall, auf einer Endmoränenkuppe, lehnt sich mit seiner Nordseite an das südliche Ufer des Ratzeburger Küchensees, der E und der W waren durch die moorigen Niederungen ehemaliger nach S verlaufender Abflüsse des Ratzeburger Sees[4] abgedeckt, so daß diese aus der den Ratzeburger See im S umgebenden Endmoräne herausmodellierte Kuppe nur von S her trocken zugänglich war. Der Wall lag also auf einem von drei Seiten durch Moore und Seen umfaßten Sporn.

Die Oldenburg, auf einer Grundmoränenkuppe gelegen, ist im S und E durch das ausgedehnte Bannauer Moor, im W durch den ehemals größeren Oldenburger

---

1) Farchau+ liegt etwas von der Burg abgesetzt, ebenso die ehem. slaw. Siedlung auf Schmilau S 7 u. 8 (Kersten, S. 446).
2) Kersten, S. 268
3) Die übrigen Fundplätze von Keramik der älteren Gruppe nach Kersten (u.a. S. 111) können hier noch nicht berücksichtigt werden, da er noch nicht nach A- und B-Gruppe (= frühslaw.) und C-Gruppe (= mittelslaw.) trennt; es könnte sich dabei also sehr wohl neben frühslaw. auch um ausschließl. mittelslaw. Siedlungsplätze handeln. Eine Untersuchung, die diese Siedlungsplätze aufgrund der in jüngster Zeit erarbeiteten Datierungsmöglichkeiten der Keramik wie vor allem durch E. Schuldt und V. Vogel (vgl. Lit.-Verz.) zeitl. feiner gliedert, fehlt noch.
4) H. Höpfner, Der Ratzeburger See, Büchen 1977, daraus Auszug "Entstehungsgeschichte" in LH, N.F. 91, (1978) S. 57 – 103 (Beginn des Wensöhlengrundes)

See[1] geschützt. Zwischen beiden liegt ein schmaler trockener Durchlaß nach S, ein breiterer Zugang zum Wall ergibt sich von N her.

Die Steinburg bei Hammer liegt im sich nach NE zuspitzenden Mündungswinkel der Steinau in die Stecknitz[2], trockener Zugang war von der offenen Seite des Flußwinkels, von SE her, möglich.

Der Klempauer Wall lag auf einer Moränenkuppe, die allseits vom Moor umschlossen war. Er muß sehr schwer zugänglich gewesen sein.

Der Sirksfelder Wall ist von SW, S und E durch das Koberger Moor geschützt, war also ehemals nur von N her trocken zugänglich. An der Nordseite liegt dementsprechend auch der alte Zugang zum Wallinneren.[3]

Schließlich der Runwall bei Kasseburg, am weitesten nach W exponiert, liegt inmitten des Kasseburger Moores auf einer flachen Satzmoränenkuppe und war von keiner Seite her trocken zugänglich. Die Zuwegung müßte über einen Damm oder eine Brücke erfolgt sein.

d) Die Siedlungen mit slawischen Ortsnamen der älteren Schicht

Relativ sicher für eine (evtl. späte) zeitliche Gleichordnung mit den frühslawischen Ringwällen sind die Siedlungen, die nach W. Kaestner einen "Ortsnamen der älteren Schicht" tragen und von ihm vor 830 angesetzt werden.[4]

Von den 20 bei Kaestner angeführten Siedlungen mit älteren ON liegen 2 (Moltzahn und Lassahn) heute außerhalb des Kreisgebietes. Sie sind zu weit von einem der in Frage kommenden Ringwälle entfernt, als daß sie einer ihnen zugedachten Siedlungskammer zugezählt werden dürften. Ratzeburg ist wahrscheinlich später anzusetzen[5] als Kaestner meint, und Roseburg wurde wegen seiner unsicheren Etymologie, die Kaestner selbst mit "Fraglich" kenntlich macht[6], ebenfalls nicht berücksichtigt, so daß 16 Siedlungen mit ON der älteren Schicht übrigbleiben.

Kittlitz, Bresahn und Zecher sind die 3 östlichsten Siedlungen mit älteren ON im Untersuchungsraum. Sie liegen von den Ringwällen Farchau und Oldenburg zu weit entfernt, als daß sie ihnen zugeordnet werden könnten; wahrscheinlich ist

---

1) Der See wurde in den 50-er Jahren im Zus. der Flurbereinigung durch Vertiefung des Stichelsbaches abgesenkt.
2) Die Mündung der Steinau wurde beim Bau des Elbe-Lübeck-Kanals um 1900 auf die Südseite der Burg umverlegt.
3) Kersten, S. 120; Struve, Burgen, S. 107 – 109
4) Kaestner, LH, N.F., H. 86, 1976, S. 59
5) wohl erst seit Gründung der Burg in mittelslaw. Zeit
6) Kaestner, a.a.O., S. 56

bei ihnen, wenn überhaupt, an eine Zuordnung nach E zu denken, also an einen Zentralpunkt außerhalb des Untersuchungsraumes.

Ob nun Salem und Kogel einem der beiden Ringwälle, Farchau oder Oldenburg, zugeordnet werden können, muß ebenfalls fraglich bleiben, sie liegen ungefähr auf halbem Wege zwischen ihnen.

Römnitz, am östlichen Ufer des Ratzeburger Sees, kann man sich auch kaum nach Farchau zugeordnet denken. So blieben für Farchau – in ausreichender Nähe – allein Tangmer (heute wüst), das aber aufgrund seiner späten urkundlichen erstmaligen Erwähnung[1] und seiner eher für spätslawische Siedlungen typischen Lage wohl dementsprechend eine späte Gründung sein dürfte.

Für die Oldenburg läßt sich außer Kogel keine weitere Siedlung mit älteren ON anführen, die ihr zugeordnet werden könnte. Segrahn, Grambek, Mazleviz+ und Güster sind zu weit entfernt.

Zur Steinburg könnten vielleicht die an der Stecknitz nach N aneinandergereihten Siedlungen Panten, Anker und Göldenitz gehört haben. Bestimmend für die Lagewahl dieser Siedlungen ist aber mit Sicherheit die trocken/feuchte Uferzone der Stecknitzniederung in Verbindung mit einer auf diesen Grenzsaum ausgerichteten Wirtschaftsweise. Die Nähe zur Steinburg ist mehr als eine Kongruenzerscheinung in der Ortslagewahl zu sehen denn als Ausdruck einer Siedlungskammerung.

Dem Sirksfelder Wall könnten vielleicht die Siedlungen Sandesneben und Walksfelde[2] zugeordnet werden.

Im Raume des Runwalls befindet sich kein älterer ON.

Auch dem Klempauer Wall kann man keine Siedlung mit älterem ON zuteilen.

Auf der Grundlage dieses Materials lassen sich also keine Siedlungskammern im Sinne der Arbeitshypothese und im Sinne einer geographischen Abgrenzbarkeit für die frühslawische Zeit feststellen. Es scheint dagegen eher so zu sein, daß die Platzwahl für Siedlungen nach eigengesetzlichen Gesichtspunkten vollzogen wurde und daß die politisch-militärische Zuordnung einer Siedlung zu einem Ringwall, falls es das in diesem engen Sinne für die frühslawische Zeit überhaupt gab, nicht unbedingt durch unmittelbare räumliche Nähe begründet war. Die eigengesetzlichen Gesichtspunkte sind in der Beschaffenheit der Landschaft und in der besonderen Wirtschaftsweise der Slawen zu suchen.[3]

---

1) MUB 5, 3198, 1307: Tankmer
2) UHL, S. 61 (Fälsch. 13. Jh.) 1158: Walegotsa; das -felde erscheint 1194 (SHRU I, 188): Walegotesuelde
3) vgl. Kap. IX a 1. und XII a

e) Der Limes Saxoniae in seinen Auswirkungen für die Besiedlung

1. Auswirkungen für die slawische Besiedlung

Die Festlegung des Limes Saxoniae nach 810 stört die slawische Konzeption der fortgesetzten Landnahme in Richtung W nachhaltig. Die ihnen von den Franken um 804 überlassenen nordelbischen Sachsengaue müssen sie wieder herausgeben, die vorgeschobenen Siedlungen müssen zurückgenommen werden[1], ja sogar die bereits schon vor 800 durch Ringwälle gesicherten Räume von Sirksfelde und Kasseburg werden durch die nach fränkischen Vorstellungen vollzogene Limesführung vom geschlossenen slawischen Siedlungsraum abgetrennt, die slawische Bevölkerung zieht auch offenbar aus diesen Räumen ab, wie die Verödung des Runwalls bei Kasseburg und des Sirksfelder Walls (wie auch der Nütschauer Schanze bei Bad Oldesloe)[2] ab jener Zeit dokumentieren.

Die Tatsache, daß sowohl das Runwallgebiet als auch das Gebiet des Sirksfelder Walles westlich des Limes keine älteren slawischen ON aufweisen, kann entweder bedeuten, daß es bis dahin noch keine offenen Siedlungen abseits der Ringwälle gegeben hat, womit sich die Ringwallanlage – allenfalls mit einer Vorfeldsiedlung (wie es beim Runwall aufgrund der Bodenfunde der Fall gewesen zu sein scheint) – als d i e Pioniersiedlung darstellte und somit erst als Ausgangspunkt zukünftiger Siedlungsaktivitäten im weiteren Umland anzusehen wäre, oder daß vorhandene Siedlungen wegen der Grenzziehung rigoros aufgegeben werden mußten, so daß sich keine Siedlungsnamen erhalten konnten.[3] Das wiederum wäre ein Beleg dafür, daß die Franken den Limes streng als eine lineare Volkstumsgrenze verstanden wissen wollten.

2. Auswirkungen für die sächsisch-deutsche Besiedlung

Diese neue Grenze verschaffte den nach 810 teilweise nach Nordalbingien – nach der durch Karl den Großen um 804 verordneten Deportation in fränkische Gebiete – zurückkehrenden Sachsen nicht nur neue Sicherheit, sondern zusätzlichen Expansionsraum in die von den Slawen aufgegebenen Gebiete. So sind für das 9. Jahrhundert zwei räumlich zu unterscheidende sächsische Siedlungsvorstöße in

---

1) Trautmann, Die wend. ON . . . , S. 194, hält Sasel im N Hamburgs für einen "anscheinend" wend. ON; S. 126, ebenso wie auch Cuclitz+ (MUB 1, 76 f., 1162), dessen Lage im SW von Geesthacht, also bereits in den Elbmarschen, vermutet wird (vgl. hierzu Prange, S. 142); Wentorf bei Hamburg erinnert mit seinem ON daran, daß hier möglicherweise zuerst Slawen gesiedelt haben, entsprechende archäologische Belege fehlen (vgl. hierzu auch Kap. IX f).
2) vgl. hierzu Kap. VI a, S. 86, Anm. 3
3) Bodenfunde älterer slawischer Keramik fernab der Ringwälle, die auf einen Siedlungsplatz in frühslawischer Zeit hinweisen, gibt es nicht, so daß eher angenommen werden muß, daß es solche Siedlungen nicht gab.

Richtung Limes festzustellen, und zwar einmal von W her, aus dem Hamburger Raum kommend, billeaufwärts mit der Spitze Kuddewörde[1], das von den Slawen aufgegebene Runwallgebiet erreichend, und zum anderen aus dem Raum südlich der Elbe um Bardowiek in das Geestgebiet im nördlichen Elbuferbereich mit den Siedlungen Albrechtshop+, Börnsen, Hamwarde, Hohenhorn, Wiershop und Worth[2]. Aufgrund der sprachwissenschaftlichen Erörterung in Kap. III c soll auch Geesthacht, das vielleicht die Brücken- und Kopfstation dieser sächsisch-bardischen kolonisatorischen Siedlungen des 9. Jahrhunderts war[3], dazugezählt werden.

f) Die mittelslawischen Ringwälle

Jenseits des Limes, also in dem den Slawen verbleibenden Gebiet, behalten die Ringwälle von Klempau, Farchau, die Oldenburg und die Steinburg in der mittelslawischen Zeit offenbar weiterhin ihre Funktion als Zentren sich ausweitender Siedlungstätigkeit. Der aufgegebene Sirksfelder Wall westlich des Limes wird durch den neu errichteten Duvenseer Wall östlich des Limes ersetzt. Der Rückzug der Slawen aus den im W aufgegebenen Gebieten hinter den Limes hat hier eine Siedlungsverdichtung zur Folge, womit – spätestens jetzt[4] – die mittelslawische Zeit beginnt.

g) Die Siedlungen mit jüngeren slawischen Ortsnamen

1. jenseits des Limes Saxoniae

Die Siedlungen mit jüngeren slawischen ON jenseits des Limes finden sich

a) teils in das altslawische Siedlungsgefüge eingereiht,

b) teils – einzeln oder in Gruppen – in bisher siedlungsfreien Räumen.

zu a) 1. im Raum um den Farchauer Wall liegen drei jüngere Siedlungen: Farchau, Schmilau und Dermin; vielleicht ist dieser Gruppe noch Kulpin zuzurechnen;

---

1) vgl. Prange, S. 140 f.
2) Prange, a.a.O.
3) vgl. Kap. VI g 2., S. 99 (Anm. 3)
4) Der Anfang der mittelslawischen Zeit könnte gesehen werden:
   a) in der Westverschiebung der Obodriten noch vor 800, ausgelöst durch die den Obodriten im E benachbarten und sie bedrängenden Wilzen, und das Bündnis der Franken mit den Obodriten gegen die nordelbischen Sachsen (vgl. Kap. IV b und c),
   b) in der Überlassung Nordalbingiens an die Obodriten durch die Franken im Jahre 804 (Reichsannalen),
   c) – wie hier – in der Limesfestlegung und der Rücknahme der slawischen Besiedlung hinter den Limes um 810 sowie der Besiedlung der östlichen Sadelbande nach 817 (Bruch des fränk.-obodritischen Bündnisses, Reichsannalen).

2. der Bereich der Oldenburg scheint durch vier bis sechs Siedlungen angereichert worden zu sein: Gudow, Sarnekow, Bannau+, Lütau+, Pinnau+ und Gülze+; die beiden letzten könnten auch, von der Entfernung her beurteilt, dem Farchauer Raume zugeordnet werden;

3. dem Raum um die Steinburg fügen sich Lankau und Bälau ein;

4. Manau+ und Lüchow liegen im Nahbereich des neu errichteten Duvenseer Walls, der als Ersatzanlage für den Sirksfelder Wall anzusehen ist;

5. in der Nähe des Klempauer Walls liegen die Siedlungen Klempau, Sarau und Disnack; auch das aufwärts der Steknitz gelegene Berkenthin käme, als zu Klempau gehörend, noch in Frage;

6. Dargow und Mechow ordnen sich in die Reihe der Siedlungen am Schaalsee und an seinen Nebenseen, deren Zentrum vermutlich außerhalb des Untersuchungsgebietes lag.

zu b) neu besetzt mit Siedlungen sind zwei Räume:

1. im N das Gebiet zwischen der mittleren Steknitz und dem Ratzeburger See mit den bereits unter a) erwähnten Siedlungen Klempau, Sarau, Disnack und Kulpin, die sich den ihnen benachbarten Ringwällen als deren jeweilige Zentren entfernungsmäßig noch zuordnen ließen, womit sich dieser Raum in der mittelslawischen Zeit als Erweiterungsraum bereits bestehender Siedlungszellen ausweist;

2. im S das Gebiet des Büchener Sanders mit den Siedlungen Göttin, Dargenow+ und Fitzen. Dieser Raum scheint im Zusammenhang mit der slawischen Landnahme in der östlichen Sadelbande in Richtung S zur Elbe hin im 9. Jahrhundert erstmals slawisch besiedelt worden zu sein. Den Verhältnissen der Sadelbande entsprechend ist auch hier eine Zuordnung dieser Siedlungen zu einem Ringwall nicht möglich.

2. in der Sadelbande

Die jüngeren ON treten seit der 2. und 3. Dekade des 9. Jahrhunderts dann auch in der nun erstmals von Slawen besiedelten östlichen Sadelbande auf. Diese Neubesetzung eines bisher öden Raumes muß mit dem Rückzug aus den westlichen Gebieten, die wieder von Franken und Sachsen beansprucht werden, in einem Zusammenhang gesehen werden. Offenbar reichte der nähere Raum hinter dem Limes nicht aus, um die gesamte rückkehrende Bevölkerung siedlungsmäßig aufzufangen. Es bleibt dabei nur unklar, ob die sich zurückziehenden Slawen erst nach einer Zwischenphase von rund einem Jahrzehnt einen erneuten Siedlungsvorstoß wagten oder ob sie sich möglicherweise – ohne Zwischenaufenthalt hinter dem Limes – direkt hier niederließen, was von den Franken trotz Limes – nolens/volens – hingenommen worden wäre.

Wegen der räumlichen und zeitlichen Geschlossenheit der sich nach S in Richtung Elbe vorschiebenden slawischen Landnahme in der östlichen Sadelbande könnte man hier von einer Siedlungskammer sprechen. Es konnte jedoch bisher kein Ringwall als politisch-militärisches Zentrum oder als siedlungsmäßiger Ausgangspunkt in diesem Raume festgestellt werden.[1] Es hat wahrscheinlich auch keinen gegeben, denn es wäre von Seiten der Franken widersinnig gewesen, die Slawen zur Aufgabe des Sirksfelder Walles und des Runwalles zu veranlassen und nicht weit davon entfernt die Errichtung eines neuen Walles diesseits des Limes zu tolerieren, was gleichbedeutend mit der Aufgabe von Hoheitsrechten gewesen wäre. Nur ohne politisch-militärische Ansprüche seitens der Slawen konnte die slawische Landnahme in der östlichen Sadelbande allenfalls noch hingenommen werden. Die politisch-militärische Kontrolle erfolgte von S her, vom "... castellum ... trans Albiam in loco, cui Delbende nomen, ..."[2] und seinen vorgeschobenen sechs bardisch-sächsischen Gegensiedlungen, die sich von Börnsen im W bis Albrechtshope+ im E in einem weiten Bogen um Geesthacht ziehen.

Das bis heute noch nicht lokalisierte Delbende-Kastell, in dessen Schutz diese sechs Siedlungen angelegt wurden, wäre vielleicht mit dem Zentralpunkt dieses Siedlungsbogens, also mit Geesthacht, als dem an einer Furtstelle[3] nördlich der Elbe angelegten befestigten Brückenkopf zur Sicherung des Elbübergangs und der Elbgrenze in Verbindung zu bringen.

3. nördlich der Hahnheide

Nur Linau im N der Hahnheide, westlich des Limes gelegen, steht als Siedlung mit einem jüngeren ON vereinzelt da. Hierin dürfte ein Hinweis dafür zu suchen sein, daß nicht alle jüngeren ON in ihrer Entstehung gleichzeitig anzusetzen sind. Diese ON können vom Beginn der mittelslawischen Zeit um 800 bis in die spätslawische Zeit, ja vereinzelt sogar bis in die deutsche Kolonisationszeit hinein entstanden sein.[4] So könnte man Linau in seiner Entstehung in die Zeit einordnen, als der Limes keine Funktion mehr hatte, als die kriegerischen Vorstöße der Slawen wieder weit nach W reichten und hinter ihren vorgetragenen Waffen vom 9. bis 11. Jahrhundert neue slawische Siedlungen, den Limes nach W überschreitend, im

---

1) Im Sinne der These wäre "Siedlungskammer" nicht anwendbar.
2) Reichsannalen 822
3) R. Schindlers "Schematische Darstellung der im Laufe von 11 Jahrhunderten in der Hamburger Stadtmarsch aufgeführten Kulturschichten..." (1957, S. 153) macht deutlich, daß noch im 9. Jahrhundert NN wie auch die mittlere Fluthöhe an der unteren Elbe niedriger gelegen haben müssen als heute. Die im hohen Mittelalter bei der Ertheneburg durch das stauende Wasser der Flut im Elbelauf gebildete Barre, die als Furt genutzt wurde, müßte im 9. Jahrhundert noch weiter elbabwärts gelegen haben. Die frühmittelalterliche Furtstelle wäre also eher im Geesthachter Raum zu erwarten (vgl. Abb. 17).
4) vgl. hierzu Kap. X f, Wangelau

Gebiet nördlich der Hahnheide, also vor allem im stormarnischen und holsteinischen Gebiet, entstanden.[1]

h) Die politische Umstrukturierung Polabiens am Ende der mittelslawischen Zeit, Ratzeburg als spätslawisches Zentrum

Gegen Ende der mittelslawischen Zeit, wohl mit dem beginnenden 11. Jahrhundert, vollzieht sich im obodritischen Stammesgebiet eine machtpolitische Umstrukturierung, die auch die Aufgabe des bisher ordnenden, kleingekammerten Siedlungssystems zur Folge hat. Neben die zunächst noch besetzten Ringwälle von Klempau, Farchau, Duvensee, die Steinburg und die Oldenburg tritt als neue Anlage die Ratzeburg. Nach ihrer Fertigstellung werden die fünf älteren Ringwälle aufgelassen. Die bisher auf fünf Plätze verteilten machtpolitischen Funktionen werden nun an nur einer Stelle konzentriert. Das Prinzip einer Siedlungskammerung mit einem Ringwall als Zentrum überdauert also die mittelslawische Zeit nicht. Die Platzwahl für die Ratzeburg auf einer kleinen Insel im Ratzeburger See westlich der größeren heutigen Stadtinsel deutet auf ein gesteigertes Sicherheitsbedürfnis des in diesem neuen Ring ansässigen polabischen "Alleinherrschers".[2]

i) Zusammenfassung und Ergebnis

So stellt sich insgesamt folgende Situation dar:

1. kriegerisches und siedlungsmäßiges Vordringen der im Bündnis mit den Franken stehenden Obodriten nach W gegen die nordelbischen Sachsen, 8. Jh. – 804 (Reichsannalen 798: Schlacht auf dem Schwentinefeld bei Bornhöved);

2. maximale Ausweitung des slawischen Siedlungsraumes nach W aufgrund der Überlassung der nordelbischen Sachsengaue durch die Franken und der Deportation der sächsischen Bevölkerung ins Frankenreich (Reichsannalen 804);

3. Festlegung des Limes Saxoniae durch die Franken um 810 (Adam von Bremen II, 18);

4. Rückzug der nach W vorgedrungenen slawischen Bevölkerung hinter den Limes (Abbruch der slawischen Siedlungsschicht auf der Hammaburg, vgl. R. Schindler, 1957, S. 76), dementsprechend auch die Aufgabe des Runwalles und des Sirksfelder Walls;

---

1) J. Kühl, Eine frühgeschichtliche Siedlung im sächsisch-slawischen Grenzgebiet bei Kükels, Krs. Segeberg, in: Die Heimat, Nr. 4 – 5, 1977, S. 140: ". . . auch slawische Keramik . . ."; Kükels wie Grabau, Tralau, Neritz und Leezen sind in diesem Raum weitere slaw. ON westl. des Limes (der Verf.)
2) Helmold I, 2.: "Auf uns zu folgen die Polaben mit ihrem Hauptort Ratzeburg."

Abb. 17: Schematische Darstellung der im Laufe von 11 Jahrhunderten in der Hamburger Stadtmarsch aufgehöhten Kulturschichten und Wiedergabe einiger zeitbestimmender Bauformen

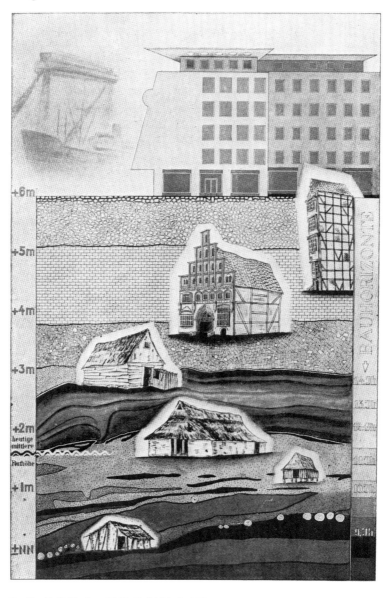

Quelle: R. Schindler, 1957, Tafel 33, S. 153

5. Siedlungsverdichtung hinter dem Limes (jüngere ON-Schicht), Errichtung des Duvenseer Walls als Ersatz für den Sirksfelder Wall;
6. sächsischer Siedlungsvorstoß von W her aus dem Hamburger Raum in das von den Slawen aufgegebene Runwallgebiet (Kuddewörde);
7. slawische Erstbesiedlung der östlichen Sadelbande, entweder direkt von W her durch Rücksiedler aus den sächsischen Gauen oder – nach einem Jahrzehnt strikter Einhaltung des Limes als Volkstums- und somit auch Siedlungsgrenze – erneuter Siedlungsvorstoß, nun nach S in Richtung Elbe (wahrscheinlich nach 817: Bruch des fränkisch-obodritischen Bündnisses, vgl. Reichsannalen);
8. Errichtung des fränkisch-sächsischen Delbende-Kastells (Reichsannalen 822) am nördlichen Elbufer (Geesthacht?), folgend die Anlage von sechs sächsisch-bardischen Gegensiedlungen im Halbkreis um Geesthacht;
9. weitere slawische Siedlungsaktivitäten diesseits des Limes vom 9. – 11. Jh. im Raume nördlich der Hahnheide bis in den Raum südwestlich von Bad Oldesloe und Segeberg (Linau);
10. politische Umstrukturierung im polabischen Gebiet, Aufgabe der bisherigen Ringwälle, Bau der Ratzeburg als einzige zentrale Anlage, Beginn der spätslawischen Zeit (um 1000).

VII DIE ZEITLICHE EINORDNUNG DER ÜBRIGEN SIEDLUNGEN MIT SLAWISCHEN ORTSNAMEN

a) Analogieschlüsse mittels eingeordneter Siedlungen und zeitlich bestimmter Tongefäßscherben

Kaestner, der im Untersuchungsgebiet insgesamt 58 ON seinen beiden Altersschichten zuweist (Lassahn und Moltzahn nicht mitgerechnet, da heute nicht mehr zu Lauenburg gehörend, dagegen aber die unsicheren ON Ratzeburg, Roseburg und Ritzerau; vgl. hierzu S. 81 ff.), läßt immerhin noch 31 slawische ON, also mehr als ein Drittel, ohne zeitliche Zuordnung (vgl. hierzu S. 81, Anm. 4: dort 28 slaw. ON vor 1230 angeführt, dazu kommen Dahmker[1], Lanken und Labenz nach 1230 = 31).

Abgesehen von der Einschränkung, daß die erst nach 1230 erwähnten slawischen ON bereits in die Epoche der deutschen Kolonisation gehören wie auch mehrere der bei Kaestner erwähnten ON (nach 1230: Bölkau = Schwarzenbek, Rülau+ und Tangmer+, vgl. S. 77 f.; aber auch vor 1230: Wangelau, vgl. S. 69, Anm. 4), was

---

[1] Dahmker ist sogar erst 1728 urkundlich erwähnt; der Name geht wahrscheinlich auf einen slaw. FN zurück (vgl. S. 77, Anm. 3).

aber nicht in jedem Falle überprüfbar ist, so daß diese ON – genau genommen – keiner der beiden eigentlichen slawischen Siedlungsepochen zugerechnet werden dürften, ist eine zeitliche Zuordnung dieser Siedlungen evtl. durch Analogieschlüsse auf der Basis des Vergleichs ihrer ON mit denen der sie umgebenden Siedlungen bzw. – für sich allein oder ergänzend – auf der Basis des Vorkommens von datierter Keramik möglich.

b) Zeitgleichheit einiger Siedlungen mit der bei ihnen geborgenen Keramik

Übereinstimmung von Siedlungen mit älteren ON und Fundstellen mit Keramik der älteren Gruppe gibt es nur bei Güster und Salem.[1]

Siedlungen mit ON der jüngeren Schicht decken sich bei Berkenthin und Klempau mit Fundstellen von Keramik der älteren Gruppe.[2]

Auf den übrigen Fundplätzen älterer Keramik finden sich heute z.T. Siedlungen mit deutschen ON (Duvensee), oder diese Plätze weisen keine Siedlungen mehr auf.[3]

Salem und Duvensee brachten auch Keramik der jüngeren Gruppe (D), was – zumindest bei Salem wegen des slawischen ON der älteren Schicht – auf eine Dauerbesiedlung seit mindestens dem 8. Jahrhundert hinweist.

In keiner der nach Kaestner mit einem jüngeren ON versehenen Siedlungen konnte bisher Keramik der jüngeren Gruppe geborgen werden.

Die geringe Anzahl der Siedlungen mit slawischen (oder auch in Nachfolge mit deutschen) ON, die sich mit einem Fundplatz beider Keramikgruppen decken (Salem, Duvensee), erklärt sich dadurch, daß viele Siedlungen direkt auf dem alten Siedlungsplatz bis heute verharrten und so wegen der Bebauung und der wachsenden Kulturschichten kein tiefer liegendes älteres Material geborgen werden konnte. Als Beleg für diese These mag gelten, daß bei den 5 oben angeführten Siedlungen die Keramikfunde jeweils am Rande der Dorfstelle, also bereits im bebauungsfreien Areal, gemacht wurden.[4]

---

1) Kersten, Abb. 80 A und Kaestner, S. 56 f. (Karte 1)
2) Kersten, Abb. 80 A und Kaestner, S. 56 und 58 (Karte 2)
3) Kersten, S. 111 und Karte 80 A sowie Beilagenkarte im Einbanddeckel
4) Als weiterer Beleg sei hier angeführt, daß Herr Chwala in Giesensdorf im Jahre 1979 am Westrand des Dorfes 4 slaw. Tongefäßscherben bergen konnte.

c) Die zeitlich nicht eingeordneten Siedlungen der Sadelbande

Die in bezug auf ihre Zeitschichtung von Kaestner interpretierten ON der Sadelbande sind alle jung. So darf man schließen, daß auch die von ihm zeitlich nicht festgelegten ON, d.h. alle übrigen, der jüngeren ON-Schicht angehören.[1]

Die Sadelbande weist 3 Fundstellen von Keramik der älteren Gruppe (wahrscheinlich C) und 5 der jüngeren Gruppe (D) auf, wovon die ältere Keramik zum einen in den Gemarkungen Müssen (Flur "Borgstäde")[2] und Schulendorf (Voßberg)[3] geborgen werden konnte, zum anderen westlich des Glüsing-Tälchens in der Gemarkung Schnakenbek[4], und die jüngere Keramik sich auf die Gemarkungen Müssen (Flur "Borgstäde": Fortsetzung einer mittelslawischen Siedlung bis in die spätslawische Zeit)[5], Klein Pampau[6], Witzeeze[7], Basedow[8] und Lanze[9] verteilt.

Das stärkere Vorkommen der jüngeren Keramik stützt die – sich aus den bereits erörterten historischen Zusammenhängen ergebende – Auffassung der jungen Besiedlung der Sadelbande (also ab der mittelslawischen Zeit) mit den entsprechend jüngeren ON, das Vorkommen der älteren Keramik widerspricht dem zumindest nicht, da Kerstens ältere Keramik-Gruppe auch noch die C-Keramik nach Vogel, also die mittelslawische Zeit, umfaßt[10].

d) Die zeitlich nicht eingeordneten Siedlungen im Raume südlich von Gudow

Im Raume Gudow südlich der A1-Moräne und östlich der mittleren Delvenau, also im Bereich des Möllner Sanders, stehen 5 Siedlungen mit jüngeren ON (Gudow, Sarnekow, Göttin, Dargenow+ und Fitzen) 2 mit zeitlich nicht eingeordneten ON gegenüber (Bröthen und Langenlehsten).

---

1) Grove, Krüzen, Möhnsen, Witzeeze und das ohnehin erst 1728 erwähnte Dahmker; dazu kämen die erst nach 1230 erwähnten Siedlungen Bölkau (heute Schwarzenbek) und Rülau+. Das am Rande der Sadelbande liegende Güster trägt nach Kaestner einen älteren ON.
2) Kersten, S. 347: "Siedlungsstelle 3";
Ergänzend zu Kersten, der auf der Flur "Borgstäde" nur ältere Keramik barg, wurden vom Verf. bei mehreren Begehungen auch Bruchstücke von Gurtfurchenkeramik, also spätslaw. Ware (D), gefunden.
3) Kersten, S. 107 ff.
4) J. Kühl, LH, N.F. 94, 1979, S. 8 f. und 18 (Abb. 8)
5) vgl. Anm. 2
6) Kersten, S. 358: "Siedlungsstelle 2"
7) Kersten, S. 484: "Siedlungsstelle 3"
8) Kersten, S. 143 f.: "Fundstelle 1"
9) Kersten, Abb. 80 A
10) Kersten, S. 453

Auf den einen Fundplatz mit älterer Keramik (Göttin)[1] kommen 3 Fundplätze mit jüngerer (Göttin[2], Langenlehsten[3] und Bröthen[4]). So sind die beiden undatierten ON wahrscheinlich auch in die Schicht der jüngeren ON einzuordnen.

e) Die zeitlich nicht eingeordneten Siedlungen im Raume zwischen dem Ratzeburger See und der Stecknitz

Wie die Sadelbande so weist auch der Raum zwischen dem Ratzeburger See und dem Stecknitztal keine älteren ON auf.[5] So kann analog gefolgert werden, daß die zwei restlichen zeitlich nicht zugeordneten Siedlungen dieses Raumes, Pogeez und Pezeke (heute Marienwohlde)[6], ebenfalls der jüngeren Siedlungsschicht zugehören. Krummesse an der Grenze zu Lübeck, schon im Stecknitztal, und Groß Grönau, bereits nördlich des Ratzeburger Sees, liegen von diesem Raum schon zu weit abseits, als daß man sie in diesen Analogieschluß einbeziehen könnte. Anker, ebenfalls im Stecknitztal gelegen, obwohl bei Kaestner nicht erwähnt, scheint eher einen älteren ON zu tragen.[7]

Kersten vermerkt in seiner Karte Abb. 80 A für Klempau (Siedlungsstelle 24) ältere Keramik, jedoch fehlen bei der Auflistung der Funde (S. 282) hierüber präzisierende Angaben ("Etliche slavische Scherben gelangten in die Schule Klempau."), so daß hieraus keine Folgerungen gezogen werden können. Ansonsten konnte in diesem Raum nur noch bei Sarau (Schanzenberg)[8] und bei bzw. in Giesensdorf[9] jüngere slawische Keramik geborgen werden, wodurch die Auffassung von einer jüngeren Besiedlung gestützt würde.

f) Die verstreut liegenden zeitlich nicht eingeordneten Siedlungen

Die übrigen Siedlungen mit zeitlich nicht näher festgelegten ON fügen sich verstreut in das Bild der seit der frühslawischen Zeit besiedelten Räume. Ziethen kann man dem Farchauer Raum zurechnen, vielleicht auch noch Mustin, wenn man es nicht dem Komplex von Siedlungen am Schaalsee und seinen Nebenseen zurechnen will. Klotesfelde+[10], Sterley und Kehrsen liegen in der Nähe des Olden-

---

1) Kersten, S. 219: "Siedlungsstelle 2" am östlichen Ortsrand, nach der Beschreibung bei Kersten wohl C-Ware (mittelslawisch)
2) Kersten, a.a.O.: "Siedlungsstelle 1" 1 km südlich des Ortes
3) Kersten, S. 305: "Siedlungsstelle 1" am westlichen Ortsrand
4) Kersten, S. 172: "Siedlungsstelle 27" 1200 m SSW vom Ort, westliches Bachufer
5) Als jüngere ON dieses Raumes sind bei Kaestner, S. 56, angeführt: Disnack, Klempau, Kulpin, Lankau, Sarau und – bereits im Stecknitztal liegend – Berkenthin.
6) vgl. Prange, S. 134; 7) vgl. S. 72, Anm. 1
8) Kersten, S. 442: "Siedlungsstelle 12"
9) Kersten, S. 218: "Fundstelle 2"; vgl. dazu S. 69, Anm. 8
10) 1158 UHL, S. 60, Fälsch. 13. Jh.: Kolatza; zur Lage der wüsten Siedlung Prange, S. 296: "... bei der Flur 'Kloats Feld' am Knick des Weges von Alt Horst nach Neu Horst, ..." nach Flurkarte Horst von 1728

burger Walls; auch Drüsen+[1] kann man vielleicht diesem Bereich noch zurechnen. Alt Mölln[2] und Logen+[3] könnte man dem Siedlungsraum der Steinburg bei Hammer zurechnen, Nusse und Kühsen dem Duvenseer Wall wie vielleicht auch noch Lovenze-Schiphorst[4]. Grinau im NW des Untersuchungsraumes an der Grenze zu Stormarn läßt sich wegen der schon zu großen Entfernung kaum noch dem Klempauer Wall zuordnen; eine Beziehung zu einem Wall außerhalb Lauenburgs ist noch weniger wahrscheinlich.

Keramikfunde, und zwar der jüngeren Gruppe (D), weisen nur Kehrsen[5] und Nusse[6] auf.

Die Fundplätze Kerstens von Keramik, die er zeitlich nicht näher bestimmen konnte, weisen z.T. auf das frühere Vorkommen weiterer slawischer Siedlungen hin. Zwei Fundstellen liegen bei der Siedlung Neugüster, Gemarkung Roseborg[7], eine weitere bei Gülzow[8], hier jedoch in einer Lage, die als slawischer Siedlungsplatz ausscheidet, da der Anschluß an ein Gewässer bzw. an ein Feuchtgebiet fehlt.

Die am westlichen Ortsrand von Grambek gefundenen Scherben sollen aus einem durch Pflügen zerstörten Urnenfriedhof stammen.[9]

Die auf einer Wiese westlich des Gudower Gutes geborgenen Scherben[10] sind wohl mit der Siedlung Gudow selbst in Verbindung zu sehen. Die Keramikfunde im nordöstlichen Bereich des Segrahner Sees weisen mit Sicherheit auf einen ehemaligen slawischen Siedlungsplatz hin[11], ebenfalls die etwa 1500 m WSW von Sterley[12]. Die undatierte Keramik am Schanzenberg bei Groß Sarau[13] muß wohl in einem zeit-räumlichen Zusammenhang mit der ebenfalls dort gefundenen spätslawischen Keramik gesehen werden.[14] Die in der Gemarkung Rothenhusen geborgene Keramik weist ebenfalls auf einen Siedlungsplatz hin.[15]

---

1) nach Prange, S. 287 f.: "... am Südende des Drüsensees,..."
2) Ortsverlagerung: Alt Mölln lag ursprünglich am Möllner See, etwa dort, wo heute noch von S der Kanal in den See mündet.
3) nach Prange, S. 299: "Im Südostteil der Gemarkung Mannhagen,..."
4) bezüglich der Namensänderung von Lovenze auf Schiphorst vgl. Prange, S. 145
5) Kersten, S. 272: "Siedlungsstelle 4"
6) Kersten, S. 356: "Siedlungsstelle 15"
7) Kersten, S. 384: "Fundstelle 24", "Fundstelle 25"
8) Kersten, S. 244: "Fundstelle 5"
9) Kersten, S. 220: "Urnenfriedhof 1"
10) Kersten, S. 239: "Siedlungsstelle 47"
11) Kersten, S. 239: "Fundstelle 52"; K. Behrends, LH, N.F., Heft 65, S. 1 – 38
12) Kersten, S. 470: "Siedlungsstelle 10"; vgl. Kap. X d
13) Kersten, S. 442 f.: "Siedlungsstelle 12"
14) Kersten, S. 443: "Fundstelle 13"; diese Scherben konnten deshalb nicht näher bestimmt werden, weil sie verloren gegangen waren.
15) Kersten, S. 385: "Siedlungsstelle 8"

VIII DEUTSCHE UND SLAWISCHE KOLONISATION ZWISCHEN 1150 UND 1230

a) Deutsche Kolonisationsräume

Das Siedlungsbild des Kreises Herzogtum Lauenburg wird vom Beginn der deutschen Kolonisationszeit bis zur Aufstellung des Ratzeburger Zehntregisters grundlegend verändert. Die Zahl der Siedlungen verdoppelt sich durch das Hinzukommen der deutschen Kolonistendörfer.

Drei Kategorien von Siedlungsräumen sind für die deutsche Kolonisationszeit zu unterscheiden:

1. Räume, die bereits im 9. Jahrhundert kolonisiert wurden und nun siedlungsmäßig erweitert werden,

2. Räume jenseits des Limes, die bisher von Slawen siedlungsmäßig nicht erschlossen waren,

3. Räume, die bereits von Slawen erschlossen waren.

zu 1. Diese Kategorie umfaßt zwei Räume:

    a) den Siedlungskeil längs der Straße Hamburg – Ratzeburger Raum mit der östlichen Spitze Kuddewörde;

    b) das nördliche Elbufergebiet.

    zu a) Der Raum des sächsischen Siedlungsvorstoßes längs der Straße Hamburg – Raum Ratzeburg mit der östlichen Siedlungsspitze Kuddewörde weitet sich nach E aus über das im 9. Jahrhundert von den Slawen aufgegebene Runwallgebiet bis hin zur Stecknitz Delvenau-Niederung südwestlich von Mölln.

    zu b) Der im 9. Jahrhundert um Geesthacht entstandene Halbkreis von Siedlungen wird durch weitere Siedlungen verdichtet. Schwerpunkte des Siedlungsausbaus sind die beiden Enden des Halbkreises, und zwar im E der Raum um Lauenburg und im W das südwestliche Sachsenwaldgebiet.

zu 2. Ein Raum jenseits des Limes, der offenbar von den Slawen vor Ankunft der deutschen Kolonisten nicht erschlossen war, also weder Siedlungen mit ON der älteren oder jüngeren Schicht noch slawische Bodenfunde aufweist, befindet sich im NW des Untersuchungsraumes.[1]

---

1) Grinau als einziger vermutl. slaw. benannter Ort in diesem Raum am gleichnamigen Bachlauf ist in einer gefälschten Urkunde des 13. Jh.'s (UHL S. 111) für 1167 als "in aquas Grinawe" belegt; der ON scheint auf eine ursprüngl. Gewässerbezeichnung zurückzugehen, deren Etymologie nicht geklärt ist. Laur, S. 105, l. Sp., setzt ein altpolab. *Grinava an.

zu 3. Die sich zwischen die slawischen Siedlungen schiebenden deutschen Kolonistendörfer scheinen an zwei Stellen schwerpunktmäßig aufzutreten:

    a) im Raum der in mittelslawischer Zeit aufgelassenen Oldenburg,

    b) im Raum westlich Ratzeburg.

    ad a) Bei dem Raum um die Oldenburg darf es als sicher angesehen werden, daß hier ein ehemals von Slawen erschlossener Raum nun von deutschen Kolonisten besiedelt wird. Wie im einzelnen die Zusammenhänge zu sehen sind, d.h., ob das Gebiet bei Ankunft der Deutschen verödet war, ob die Slawen umgesiedelt oder im Raume selbst assimiliert wurden, ist nicht geklärt.

    ad b) Das Vorkommen von slawischer Keramik an verschiedenen Fundplätzen im Raume westlich Ratzeburg zeigt an, daß auch hier früherer slawischer Siedlungsraum war.[1]

Auch einzeln zwischen slawischen Siedlungen vorkommende deutsche Dörfer scheinen — bei Ortsnamenswechsel von slawisch zu deutsch — indirekte oder direkte Fortsetzungen von alten slawischen Siedlungen zu sein, wie es am Beispiel von Duvensee am deutlichsten belegt ist.[2]

b) Slawische Beteiligung an der deutschen Kolonisation

Während der deutschen Kolonisationszeit entstehen weiterhin slawische Dörfer. Die Slawen werden offenbar in den fortschreitenden Erschließungs- und Kolonisationsprozeß einbezogen. Teilweise mag im altbesiedelten Land die Umsetzung von Slawen in die Nähe ihres alten Dorfes der Grund für neue slawische Siedlungen gewesen sein (z.T. dadurch Entstehung von sog. Doppeldörfern), teilweise aber haben slawische Siedler als Binnenkolonisten neben den deutschen Einwanderern bisher unbesiedelte Gebiete miterschlossen, wobei an eine Lenkungsfunktion seitens der deutschen politischen Macht zu denken ist. Auf diese Entwicklung seit der 2. Hälfte des 12. Jahrhunderts weisen insbesondere die ON hin, die mit einem deutschen Grundwort und einem slawischen Personennamen als Bestimmungswort gebildet worden sind.

Ortsnamen mit einem deutschen Grundwort und einem slawischen Bestimmungswort, das nicht einen Personennamen darstellt, gehören jedoch, soweit dies ur-

---

    Vielleicht sind die Verhältnisse ähnl. wie bei dem FlN Schwartau zu sehen, wo Laur, S. 185, r. Sp., die slaw. Übernahme eines germ. FlN *Swartahva = Schwarzache vermutet, was dann auch ON geworden wäre. -awe wäre dann zurückzuführen auf germ. -ahva, idg. aqua = Wasser, jedoch bliebe dann der Sinn von Grin- weiter ungeklärt.

1) Giesensdorf: a) Fundplatz nach Kersten, S. 218
                b) Fundplatz nach Chwala, vgl. S. 69, Anm. 8

2) so wahrscheinlich auch die Siedlung Schwarzensee+, unmittelbar westl. des Oldenburger Walls gelegen; vgl. hierzu Prange, S. 302 f., zur Lage von Schwarzensee

kundlich belegbar ist, einer älteren Ortsnamensschicht an, d.h., sie sind vorkolonisatorisch anzusetzen, was bedeutet, daß das deutsche Grundwort erst später an einen slawischen ON angefügt wurde.[1]

Sonderfälle stellen in diesem Zusammenhang Ritzerau und Lauenburg dar: Ritzerau geht auf deutsch "Ritter" zurück, das nach slawischen Lautgesetzen sprachlich umgeformt und mit einem slawischen Nominalsuffix verlängert worden ist und "Ort des Ritters" bedeutet. Es handelt sich danach um eine deutsche Gründung, die von Slawen so benannt wurde, vielleicht von den Einwohnern der direkt benachbarten slawischen Siedlung Nusse.

Lauenburg ist ganz sicher eine deutsche Gründung, wobei allerdings das slawische Wort für Elbe, also Laby, als Bestimmungswort benutzt worden wäre.[2] Es bleibt jedoch fraglich, ob man dies als Hinweis auf einen slawischen Siedlungsvorläufer werten darf.

Auch nach 1230 setzt sich die Beteiligung der Slawen an der Kolonisation fort, wie die ON Brodesende+[3], Bliestorf[4], Düchelsdorf[5], Kählstorf[6] und Siltendorf[7] belegen.

Es bleiben noch die beiden "Wentorf", die mit ihren ON auf eine frühere Siedlungstätigkeit von Slawen an diesen Plätzen hinweisen.[8]

Wentorf bei Hamburg ist das südwestlichste Dorf im Untersuchungsgebiet und liegt somit — durch den siedlungsfreien Sachsenwald — weit abgetrennt vom geschlossenen slawischen Siedlungsraum. Wentorf Amt Sandesneben gehört nördlich der Hahnheide zu einer Gruppe von nur deutsch benannten Siedlungen westlich des Limes.[9] Slawische Bodenfunde gibt es in beiden Gemarkungen nicht, dagegen

---

1) vgl. hierzu Klotesfelde und Walksfelde in Kap. V b 2. (Nr. 4 und Nr. 74)
2) Die Lauenburg wurde um 1200 unter Herzog Bernhard aus den Trümmern der Ertheneburg erbaut (Arnold von Lübeck). Wurms (LH, N.F., H. 84, 1975, S. 40 – 42) belegt einleuchtender als andere, die den ON als deutsch deuten wollen (z.B. Laur, 1967, S. 139 f.), daß das BW aus dem Slawischen kommt.
3) MUB VIII, S. 539, Abschr. 14. Jh., Gründung vor 1335; Lage nach Prange, S. 285: "Südöstlich von Grambek, beiderseits des Gudower Weges, im jetzt aufgeforsteten Gebiet." Laur, S. 76, r. Sp., deutet den ON mit " 'Ende von *Brode' zu altpolab. *brod = 'Furt' ".
4) UBSL IV, 368, 1380; Laur, S. 70, l. Sp., möchte den ON gedeutet wissen wie den des Oldenburger Dorfes Bliesdorf: " 'Dorf des Bliz[a]' " (slaw. Personenname).
5) KAR, Gutsarchiv Rondeshagen C III, 1 und G, 1373; nach Laur, S. 86, r. Sp.: "Dorf des Roduchele"
6) SHRU III, 448, 1321; Laur, S. 126, r. Sp.: "Dorf des Kozel"
7) UBSL X, 684, 1465; Laur, S. 189, l. Sp.: "Dorf des *Silte"; Lage: im Forstort Silkendorf, Gmk. Poggensee, bzw. nahe der "Cäcilieninsel" im Forstort Koberger Zuschlag
8) W. Prange (1967), Heimatbuch Wentorf, S. 25 ff.
9) Dazu gehören Sprenge (1263 SHRU II, 274), Lütjensee (1248 SHRU I, 711), Großensee (1248 SHRU I, 711), Rausdorf (1259 SHRU II, 196), Witzhave (1251 SHRU II, 29), Schönberg (1389 Sudendorf 9, 44, 1).

wurden in Wentorf bei Hamburg am alten Burgplatz mittelalterlich-deutsche Tongefäßscherben geborgen.[1]

Wenn man dennoch eine zeitweilige slawische Besiedlung dieser Plätze annimmt, so wäre das zum einen in Wentorf bei Hamburg denkbar für die kurze Phase des größten slawischen Westvorstoßes zwischen 804 und 810, für Wentorf Amt Sandesneben eventuell, da unmittelbar westlich des Limes liegend, schon früher ansetzend, aber ebenfalls mit dem Jahre 810 endend.[2] In Erinnerung an die ehemalige slawische Besetzung dieser Plätze wäre dann die Namensgebung erfolgt. Zum anderen wäre sowohl für Wentorf bei Hamburg als auch für Wentorf Amt Sandesneben vorstellbar, daß während der deutschen Kolonisation, vor bzw. nach 1200, Wenden unter deutscher Anleitung an diesen Plätzen als Neusiedler angesetzt wurden. Hierfür spricht die für slawische Siedlungen vergleichbar untypische Lage beider Dörfer.[3] Diese Wendensiedlungen hoben sich von den sie umgebenden deutschen Siedlungen durch ihre Einwohnerschaft ab und wurden dementsprechend benannt.

c) Die im Ratzeburger Zehntregister erwähnten Siedlungen mit den Zusätzen "slavi sunt", "slavica villa" und "Slavicum"

Im Ratzeburger Zehntregister werden eine Reihe von Dörfern aus rechtlichen Gründen[4] entweder mit dem Zusatz "slavi sunt" oder als "slavica villa" vermerkt.

Bei den mit "slavi sunt" gekennzeichneten folgt gewöhnlich als weitere Angabe: nullum beneficium est. D.h., es wird nicht der deutschrechtliche Zehnt an den Bischof geleistet, sondern der geringer veranschlagte Slawenzins.[5] Die Felder dieser so gekennzeichneten Dörfer sind also bis 1230 noch nicht nach Hufen vermessen. Im Untersuchungsgebiet trifft dies nur für die Dörfer 1. Wendisch (Klein) Berkenthin, 2. Wendisch Pogeez (Holstendorf) und 3. Schiphorst zu. Schiphorst muß trotz seines deutschen Namens[6] zu den nicht näher datierbaren slawischen Siedlungen vor 1230 gezählt werden, da dort Slawen nach slawischem Recht lebten.[7]

Die acht mit "slavica villa" im ZR gekennzeichneten Dörfer liegen alle in der Sadelbande: 1. Cemersdorf+, 2. Elmenhorst, 3. Grabau, 4. Grove, 5. Kankelau, 6. Wendisch (Klein) Pampau, 7. Pötrau und 8. Talkau.[8]

---

1) Kersten, S. 480, Burganlage 1
2) vgl. Kap. IV d
3) vgl. Kap. IX f
4) W. Prange (1960), S. 116 f.
5) Helmold I, 12. (Ausstattung des Bistums Oldenburg 965); dazu Jordan, Bistumsgründungen, S. 70; dazu W. Prange (1960), S. 117
6) W. Prange (1960), S. 145, vertritt die Auffassung, der ältere ON von Schiphorst sei Lovenze gewesen.
7) W. Prange (1960), S. 117
8) vgl. Prange S. 115: Verwechslung von Talkau u. Kankelau mit Lalkau und Wangelau im ZR

Sinn dieser besonderen Kennzeichnung war nach Prange weder eine rechtliche Gleichsetzung mit den durch "slavi sunt" hervorgehobenen Dörfern[1] noch eine besondere Herausstellung der slawischen Bevölkerung in diesen Dörfern, sondern der Hinweis auf eine besondere Rechtsstellung. Die Felder dieser Dörfer seien nach Hufen vermessen gewesen, allerdings hätte die Größe der Hufen nur die halbe Fläche der sonst üblichen betragen, mit der Folge, daß auch nur ein entsprechend geringerer Zehnt abverlangt werden konnte, was im Register also kenntlich gemacht werden mußte.[2]

Von diesen acht Dörfern weist Elmenhorst — wie Schiphorst — einen deutschen ON auf, obwohl es von Slawen bewohnt ist. Es muß also wie Schiphorst zu den nicht näher datierbaren slawischen Dörfern gezählt werden.[3]

Der ON Cemersdorf mit seinem deutschen Grundwort und seinem im deutschen Genitiv gebrauchten slawischen Bestimmungswort, das auf einen Personennamen zurückgeführt wird[4], ist kolonisationszeitlich anzusetzen, gehört also zu den deutsch-slawischen Kontaktnamen[5].

Auch die übrigen ON finden sich je nach dem vermuteten Alter in den jeweiligen Listen verzeichnet.[6]

Weiter sind im ZR für das Untersuchungsgebiet acht benachbarte gleichnamige Dörfer angeführt, von denen jeweils eines das Attribut "Slavicum" (Wendisch, erst später: Klein[7]) trägt, und zwar: Berkenthin, Pampau, Pogeez, Sarau, Seedorf, Segrahn, Sirksfelde und Zecher.

Die Funktion dieses Zusatzes scheint zuvorderst die der namentlichen Unterscheidung zu sein und wäre im ZR nicht als Hinweis auf eine besondere Rechtsstellung zu werten, was aber für die unmittelbare Entstehungszeit der "Slavicum"-Dörfer, die wegen des Unterscheidungsattributes sinnvollerweise in die Anfänge der Kolonisationszeit im 12. Jahrhundert zu setzen wäre, nicht ausgeschlossen zu werden braucht. So leben um 1230 in Wendisch Berkenthin und Wendisch Pogeez (Holstendorf) — wie bereits oben angeführt — noch Slawen nach slawischem Recht (slavi sunt).

Wendisch Pampau zählt — wie erwähnt — zu den Slavicae villae der Sadelbande.

---

1) Witte, Bevölkerungsreste, S. 19 f.; dazu auch W. Prange (1960), S. 117
2) Prange, S. 118
3) vgl. Liste 9 zu Karte I
4) Laur, S. 80, r. Sp.: "Dorf des *Cemer, *Cimer (slaw. PN)"
5) vgl. Liste 13 zu Karte I
6) vgl. Listen 5, 9 zu Karte I
7) Prange, S. 119 ff.; vgl. weiteres in Kap. IX d

In den ON-Tabellen und Listen wurden mit Ausnahme von Wendisch Pampau[1] nur die Siedlungen ohne den Zusatz "Slavicum" im ON berücksichtigt, da in ihnen jeweils die älteren Siedlungen zu vermuten sind und da die "Slavicum"-Siedlungen, soweit sie slawische Namen tragen, sich den ON von ihnen entlehnt haben; soweit sie slawisch-deutsche Mischnamen haben (Sirksfelde), scheint eine gleichzeitige Entstehung in der Kolonisationszeit nicht ausgeschlossen, es sei denn, eine ursprünglich slawisch benannte Siedlung hätte in der Kolonisationszeit durch ON-Wechsel einen slawisch-deutschen ON bekommen, der beim weiteren Landesausbau auch auf die jüngere, benachbarte Siedlung übertragen worden wäre.

Für Seedorf ist aufgrund von Tonscherbenfunden der jüngeren Gruppe[2] zu vermuten, daß hier ein mittel- bis spätslawischer Siedlungsplatz war, an den das deutsche Seedorf anschließt. Es müßte also ein ON-Wechsel vorliegen, wobei dann der neue deutsche Ortsname "Seedorf" auch von der jüngeren wendischen Siedlung übernommen worden wäre.

Neben Klein Anker und Klein Behlendorf, die schon 1194[3] und im ZR von Groß Anker und Groß Behlendorf so unterschieden werden, sind die "Slavicum"-Dörfer[4] in einer besonderen Tabelle und Liste erfaßt.[5] Dazugekommen ist Klein Ziethen, das wie Groß Ziethen und Römnitz im ZR zwar nicht vermerkt ist, wohl aber vorhanden gewesen sein dürfte.[6]

Ein weiterer Hinweis auf die kolonisationszeitliche Entstehung der "Slavicum"-Siedlungen ist damit gegeben, daß neben den im ZR benannten Dörfern Disnack, Hollenbek und Klinkrade nach 1230, also im Fortgange des kolonisatorischen Landesausbaus, Wendisch Disnack[7], Wendisch Hollenbek[8] und Wendisch Klinkrade[9] entstehen.

---

1) vgl.: 1. Prange, S. 123; 2. Auswertung der Lagefaktoren von Klein Pampau im Vergleich zu Groß Pampau, S. 116, Anm. 3
2) Kersten, S. 459 und Beilagenkarte 1 : 100.000; vgl. dazu Liste 8 sowie Auswertung der Lagefaktoren (S. 127, Nr. 7: Seedorf)
3) Prange, S. 120
4) Ausgenommen bleibt Klein Pampau (dafür Groß Pampau), das wegen seiner Lage und des Vorhandenseins von slaw. Bodenfunden der ältere Ort zu sein scheint; vgl. dazu Prange, S. 123.
5) vgl. Liste 17 zu Karte I und Tabelle II (S. 145)
6) Prange, S. 114 f.
7) Sudendorf 10, 11, 2 u. 5: 1252 verkauften die Johanniter 2 Dörfer dieses Namens, obwohl ihnen 1229 nur ein Disnack übertragen wurde. Erst 1482 tritt die Bezeichnung "Wendisch" Disnack für das jüngere der beiden Dörfer urkundlich auf (vgl. dazu Prange, S. 121 und 123).
8) "Wendisch" Hollenbek wird erstmals 1425 erwähnt (vgl. dazu Prange, S. 121)
9) "Wendisch" Klinkrade tritt 1337 zuerst urkundlich auf (vgl. Prange, S. 121)

IX AUSWERTUNG DER SLAWISCHEN SIEDLUNGEN DER VERSCHIEDENEN ORTSNAMENSSCHICHTEN SOWIE DER DURCH BODENFUNDE ERMITTELTEN EHEMALIGEN SLAWISCHEN SIEDLUNGSSTELLEN NACH LAGEFAKTOREN

a) Siedlungen, nach der Schichtung ihrer Ortsnamen betrachtet (vor 1230)

1. Siedlungen mit Ortsnamen der älteren Schicht (Liste 2 zu Karte I)

Von den 16 von Kaestner übernommenen Siedlungen mit ON der älteren Schicht liegen 6 an größeren bis kleineren Seen im NE des Untersuchungsgebietes: Römnitz[1] am Ratzeburger See, Bresahn, Salem und Groß Zecher am Schaalsee bzw. an Nebenseen des Schaalseesystems, Kittlitz am Kittlitzer Hofsee im Winkel zwischen den nach NW und N verlaufenden Schaalseearmen und Segrahn am Ostufer des Segrahner Sees.

Der heutige Hof Segrahn ist erst in der 2. Hälfte des 16. Jahrhunderts angelegt worden, nachdem der See durch eine Grabenverbindung zum Gudower See abgesenkt und von etwa 80 ha auf 25 ha verkleinert wurde. Der südliche Abfluß zur Boize fiel damit trocken.[2]

Die von K. Behrends vertretene Ansicht, daß das vorkolonisationszeitliche "Altwendisch Segrahn"[3] östlich des Segrahner Berges gelegen hätte und als "Ort der Leute hinter dem Berg"[4] von W her benannt worden wäre, ist wenig wahrscheinlich. Diese Lage wäre für die ältere slawische Zeit im Vergleich mit der Lage der übrigen Siedlungen mit ON der älteren Schicht absolut untypisch. Die Benennung muß wohl doch von E her erfolgt sein, so daß die Lage des alten Segrahn, wie Prange annimmt[5], identisch ist mit der Fundstelle Gudow 52[6], die Behrends etwas südlicher am Ostufer des Segrahner Sees kartiert hat[7] als Kersten[8] und mit einer Größe von 200 m x 100 m angibt[9], in deren südlichem Bereich auch mittelalterlich-deutsche Keramikscherben gefunden wurden[10], was darauf hindeutet,

---

1) Römnitz ist im ZR nicht verzeichnet, scheint aber 1230 vorhanden zu sein; dazu Prange, S. 114 f., der die Weglassung damit begründet, daß der Bischof und das Domkapitel nicht einen Teil, sondern den gesamten Zehnt des Dorfes besaßen, weshalb es nicht (wie auch Farchau, Gr. u. Kl. Ziethen) herausgestellt, also genannt zu werden brauchte.
2) Behrends, Segrahn, S. 5
3) Behrends, a.a.O., S. 17 f.
4) Wurms, Sprachl. Anm., S. 59
5) Prange, S. 309 f.
6) Kersten, S. 239
7) Behrends, Segrahn, S. 4, Karte 1, F 4
8) Kersten, Abb. 80 A
9) Behrends, Segrahn, S. 4, Karte 1, F 5, und S. 23
10) Behrends, Segrahn, S. 4, Karte 1, F 5, und S. 23

daß das alte wendische Segrahn im deutschrechtlichen und zumindest z.T. von Deutschen bewohnten Segrahn des Zehntregisters seine Fortsetzung gefunden hat.

Behrends hält diesen Siedlungsplatz für den des Wendisch Segrahn des ZR, der aber ebenfalls als untypisch für ein "Slavicum"-Dorf angesehen werden muß. Alle sog. Doppeldörfer liegen in bezug auf den älteren namengebenden Ort ungünstiger zum Wasser (abseits vom See, vgl. Groß und Klein Zecher, Groß und Klein Seedorf, Groß und Klein Behlendorf, Groß und Klein Anker, bzw. zum Fluß-/Bachlauf oder einem ausgeprägten Feuchtgebiet; aber Ausnahme: Groß und Klein Pampau, vgl. S. 116), was auf ihre jüngere Entstehung hinweist. Wenn also östlich des Segrahner Berges eine slawische Siedlung lag, wie Behrends zu belegen versucht[1], dann wäre eher anzunehmen, daß es sich nicht um Altwendisch Segrahn, sondern um das jüngere "Slavicum"-Segrahn gehandelt hätte. Die Lageverhältnisse dieser beiden namensgleichen Dörfer wären also eher umgekehrt zu denken, als wie sie Behrends sieht.

Nach Behrends soll die östlich des Berges vermutete Siedlung eher wüst gefallen sein[2] als die am See, was aber im Vergleich zu den übrigen doppelnamigen Dörfern ebenfalls dafür spricht, daß es sich um die jüngere Siedlung gehandelt hat, da von den insgesamt 14 gleichnamigen Dörfern vor und nach 1230 8 mit dem Zusatz "Wendisch" bzw. "Klein" wüstgefallen sind, aber kein einfach bzw. mit dem Zusatz "Groß" benanntes Dorf.

Die in Behrends Karte[3] mit 1 gekennzeichnete Fundstelle ". . . mit spätslawischer Keramik östlich der Nordspitze des Segrahner Sees"[4] mit den Ausmaßen 50 m x 40 m, auf der er einen schon in slawischer Zeit wüstgefallenen Weiler vermutet[5], ist wohl im Zusammenhang mit seiner Fundstelle 4 (identisch mit Kerstens Fundstelle Gudow 52, vgl. oben) zu sehen. Diese beiden Fundstellen zusammen hätten eine N-S-Erstreckung von etwa 1000 m, was mit der Kerstenschen Siedlungsstelle Klein Pampau 2 in der Länge vergleichbar ist[6].

Weitere 5 Siedlungen mit ON der älteren Schicht sind in N-S-Richtung an der Stecknitz-Delvenau-Rinne orientiert: Göldenitz, Anker, Panten, Grambek und Güster.

Die Lage von Matzlewitz+, nach dem ZR im Kirchspiel Gudow, ist ungeklärt. Prange möchte es südlich von Grambek finden[7], womit es zumindest annähernd der oberen Fünfergruppe zuzuordnen wäre. Dem widerspricht Behrends, der

---

1) Behrends, a.a.O., S. 17 – 19
2) Behrends, a.a.O., S. 19 – 23
3) Behrends, Segrahn, S. 4, Karte 1
4) Behrends, a.a.O., S. 11
5) Behrends, a.a.O., S. 18
6) Kersten, S. 358 und Beilagenkarte 1 : 100.000
7) Prange, S. 301

es vor allem aufgrund der Nennung im ZR zwischen Segrahn und Lehsten im Südteil der alten Gemarkung Segrahn im Bereich der ehemaligen Gudower Schäferei Rosengarten lokalisieren möchte[1]. Diese Lage ohne eine unmittelbare Orientierung auf ein Gewässer wäre für die Siedlung der älteren Schicht äußerst untypisch.

Tangmer, nach Prange "... im Forstort Tangenberg, nördlich des Wehnsöhlengrundes"[2] wäre in dieser Lage allenfalls an einen westlich des Tangenberges nach S verlaufenden kleinen Bach orientiert gewesen, was im Vergleich zu den übrigen Siedlungen der älteren Schicht untypisch ist. Tangmer ist wie Farchau nicht im ZR erwähnt und zählt 1307 zum bischöflichen Tafelgut. Doch meint Prange, daß es im Gegensatz zu Farchau, Römnitz und den beiden Ziethen um 1230 noch nicht existiert hätte.[3] So müßte also Kaestner in seiner Beurteilung des Alters des Namens irren. Sollte es vielleicht doch aus nicht rekonstruierbaren Gründen seit altslawischer Zeit bestanden haben, so mag in seiner relativ trockenen Lage, die der von Matzlewitz+ nach den Vorstellungen von K. Behrends[4] vergleichbar wäre, der wesentliche Grund dafür liegen, daß allein diese beiden Siedlungen mit ON der älteren Schicht wüst geworden sind.

Auch die Lage an einem Niederungsmoor mit umgebenden Feuchtgebieten scheint für die früheste Zeit eine akzeptable Lage gewesen zu sein. "Kogel" im NW des Untersuchungsgebietes westlich des Bültmoores bedeutet Ort des Schmiedes.[5] Der Schmied braucht für seine Tätigkeit den Rohstoff Raseneisenstein, der in den ausgedehnten Feuchtgebieten am besten zu finden war. Walksfelde, zuerst als Walegotsa angeführt[6], westlich des Strietmoores nahe der trockenen Limesgrenze zur Sadelbande zwischen Hornbek und der Billequelle[7] liegt auffallend abseits in bezug auf die bisher angeführten Siedlungen der älteren ON-Schicht.

Dies gilt in noch stärkerem Maße für Sandesneben, das am weitesten nach Westen exponiert ist. Außerdem liegt es als einziges dieser Dörfer am Quellgebiet eines Baches – einer eher typischen Lage für jüngere slawische Siedlungen[8] –, das sich allerdings nach S und SE zu einer moorigen Niederung ausweitet.

Zusammenfassend läßt sich sagen, daß die frühesten Siedlungsplätze bevorzugt zum einen an den Seen im NE gewählt wurden, zum anderen an der von N nach S verlaufenden Niederung von Stecknitz und Delvenau.

---

1) Behrends, a.a.O., S. 10 f., S. 24: Karte 3, S. 33 u. S. 38
2) Prange, S. 312 f.
3) Prange, S. 114
4) Behrends, Segrahn, S. 10 f.
5) SHRU I, 463: de Kowal 1228; dazu Laur, S. 133, r. Sp.: "altpolab. *Kovali" (vgl. poln. kowal = Schmied)
6) SHRU I, 188, 1194
7) vgl. Kap. IV d
8) vgl. Kap. IX g

Die Landnahme kann von NE her durch die Durchlässe zwischen Ratzeburger See und Schaalseesystem, also aus dem nordwestlichen mecklenburgischen Raum, oder bzw. und von N her aus dem Lübecker Raum[1], die Stecknitz aufwärts verlaufend, erfolgt sein. Für die vier südlichsten Siedlungen der älteren ON-Schicht (Segrahn, Grambek, Matzlewitz+, Güster) käme auch eine Besiedlung aus direkter östlicher Richtung in Frage.[2]

2. Siedlungen mit Ortsnamen der jüngeren Schicht (Liste 5 zu Karte I)

Von den 38 Siedlungen mit ON der jüngeren Schicht befinden sich 10 an den Seen im NE, von den 13, die auf Fluß- und Bachläufe orientiert sind, liegen 4, nämlich (Groß) Berkenthin, Göttin, Fitzen und Pötrau, an der Stecknitz-Delvenau-Niederung. Von Pötrau aus, wo die Steinau in die Delvenau-Niederung übergeht, die Steinau flußaufwärts, liegen 3 weitere jüngere Siedlungen, nämlich Nüssau, Klein Pampau[3] und Sahms. Das weiter flußaufwärts liegende Grove, das bei Kaestner nicht erwähnt ist, wohl, da seine Etymologie nicht ganz sicher ist[4], könnte diese Kette slawischer Siedlungen an der Steinau noch fortsetzen.

An der südlich der Steinau zur Delvenau fließenden Linau liegen flußaufwärts die Siedlungen (Witzeeze – bei Kaestner nicht erwähnt), Lütau, Gülzow und Kollow. Die Wüstung Rülau+ als jüngste Siedlung dieser Kette[5] – wohl eher denen der Quellgebiete zuzurechnen – setzt die Reihe der flußaufwärts verlaufenden Siedlungen konsequent fort.

Sarnekow[6] liegt im nach S ausgreifenden Bogen des Abflusses des Sarnekower Sees, Bälau ist auf den kleinen im S verlaufenden Priesterbach orientiert, und das wüste Manau+ ist östlich des Duvenseebachs im N der Nusser Gemarkung zu suchen[7].

---

1) Kersten, S. 114
2) vgl. die Ausführungen zu Segrahn auf S. 113 ff.: Ort jenseits des Berges (des Segrahner Berges)
3) Klein Pampau ist gegenüber Groß Pampau die ältere Siedlung. Dies wird einmal dadurch gestützt, daß am östlichen Steinauufer unmittelbar südlich von Klein Pampau eine sich etwa einen km hinziehende Fundstelle mit Keramik der jüngeren slawischen Gruppe (nach Kersten, S. 358, Siedlungsstelle 2) liegt – entsprechende Funde fehlen bei Groß Pampau –, zum anderen, was noch beweiskräftiger zu sein scheint, liegt Groß Pampau, im Flußsystem der Steinau oberhalb von Klein Pampau im Quellgebiet eines kleinen Baches, der nördlich von Klein Pampau in die Steinau fließt. Die Quellagen sind typisch für die jüngsten slawischen Siedlungen. –
vgl. hierzu auch Prange, S. 123
4) Laur, S. 106, l. Sp.; im ZR zählt es zu den slavicae villae; vgl. hierzu Prange, S. 117
5) früheste urkundl. Erwähnung 1415; vgl. Prange, S. 306
6) K. Behrends, Sarnekow, S. 81, Abb. 4: Lageplan, Sarnekow um 1400
7) Prange, S. 300; Meßtischblatt (B 1978): FN "Manau" für ein Wäldchen im N der Nusser Gemarkung

In Moorlage befanden sich nur die beiden heutigen Wüstungen Bannow+ und Dargenow+.

Dagegen stellen die Siedlungen, die sich in Quellgebieten von Bächen befinden, mit insgesamt 11 wiederum eine sehr große Gruppe von der mit ON der jüngeren Schicht. 6 von ihnen liegen in der Sadelbande (Bölkau = Schwarzenbek ?[1], Grabau, Kankelau, Krukow, Lalkau = Franzhagen[2] und Rülau+), 2 in dem ebenfalls spät besiedelten Gebiet zwischen Ratzeburger See und der Stecknitz (Groß Disnack und Klempau); auch Kulpin nordöstlich des Behlendorfer Sees könnte man noch dieser Gruppe zuordnen. Linau, am westlichen Rand der slawischen Besiedlung westlich des Limes, erweist sich somit auch mit seiner Lage als jüngere Siedlung.[3] Nur Schmilau, unweit des Farchauer Ringwalles, liegt in einer altbesiedelten Landschaft.

Mit Basedow, Talkau und Wangelau treten Ortslagen auf, wie sie bei den Siedlungen mit ON der älteren Schicht noch nicht vertreten waren, nämlich ohne direkten Bezug zu einem stehenden oder fließenden Gewässer bzw. zu einem Moor oder einem Quellgebiet.

Hier sind besonders jüngste Untersuchungen der Gemarkung von Wangelau durch U. Sporrong nach der Phosphatmethode von Interesse[4], die belegen, daß es keinen weiteren Siedlungsplatz hier gegeben hat. Wangelau, ein Angerdorf, nach dem ZR mit 12 Hufen deutschrechtlich organisiert[5], ist damit entweder auf einem vorkolonisatorischen slawischen Siedlungsplatz unter Beibehaltung des Namens neu aufgebaut worden, oder es ist, wofür die für slawische Siedlungen untypische Lage spricht, überhaupt erst, und zwar gleich unter deutschem Recht, während der Kolonisationszeit entstanden, wobei Slawen wegen des slawischen ON, der auf einem PN zurückgeführt wird[6], als Kolonisten zumindest beteiligt gewesen sein müssen.

Talkau, ebenso auf einen PN zurückführbar[7], zählt im ZR zu den slavicae villae[8]. Seine Ortsform, in der Art eines Rundlings, spricht eher für eine ausschließlich slawische Gründung.[9]

---

1) Prange, S. 145 und 284; FN "Bölkau" und FIN "Bölkau-Bach" heute noch in Schwarzenbek im Gebrauch
2) H. Harten, Lelekowe – Franzhagen, LH, N.F., H. 14, 1956, S. 117 – 123
3) vgl. Kap. VI g 3.
4) U. Sporrong, Gemarkungsanalyse in Wangelau, Kreis Herzogtum Lauenburg, Offa, Bd. 32, 1975, S. 57 – 79 (und Karte)
5) Prange, S. 189
6) vgl. ON-Tab., Kap. V b 2.
7) vgl. ON-Tab., Kap. V b 2.
8) Prange, S. 117
9) Flurkarte von 1749, LAS;
Prange, S. 168, spricht von Sackangerdorf (unter Anwendung der Terminologie von Engel)

Basedow, dessen Name dagegen auf eine Buschart zurückgeführt wird[1], im ZR als deutschrechtlich angelegt ausgewiesen[2], scheint einen älteren Siedlungsvorläufer im Quellgebiet eines Baches, der jetzt im Elbe-Lübeck-Kanal aufgegangen ist, gehabt zu haben[3]. Die Verlagerung des Dorfes auf den jetzigen Platz, nun als Angerdorf angelegt, ist dann während der Kolonisationszeit zu denken.

3. Siedlungen mit zeitlich nicht differenzierten Ortsnamen (Liste 9 zu Karte I)

Die 28 von Kaestner nicht nach der Entstehungszeit differenzierten ON vor 1230[4] umfassen solche der älteren und der jüngeren Schicht, die auch teilweise erst während der Kolonisationszeit entstanden sein dürften. Nur die Lage dieser Dörfer erlaubt einen gewissen Aufschluß über ihr Alter.

Die 7 Siedlungen, die jenseits des Limes im Grundmoränengebiet auf die größeren und kleineren Seen hin orientiert sind (Drüsen+, (Alt) Mölln[5], Mustin, Nusse, Pezeke = Marienwohlde, Pogeez, Ziethen[6]), gehören sehr wahrscheinlich der älteren ON-Schicht an.

Von den 10 Siedlungen dieser undifferenzierten Gruppe, die an Fluß- und Bachläufen liegen, befinden sich 6 in der spät besiedelten Sadelbande (Börse+, Grove, Köthel, Krüzen, Lanze, Witzeeze). Grinau, Grönau und Krummesse, an der nördlichen Grenze des Untersuchungsgebietes, befanden sich vielleicht schon unter dem Einfluß der nördlichen slawischen Zentren von Alt Lübeck und Buku[7], oder sie müßten auf den Klempauer Ringwall hin orientiert gewesen sein. Ihre Lage ist leicht unterschiedlich zu bewerten: während Grinau und Grönau an den jeweils gleichnamigen kleinen Bachläufen liegen und damit typisch spätslawische Lagen haben, reiht sich Krummesse am Stecknitzkanal in die Kette der Siedlungen, die einen ON der älteren Schicht tragen[8]. Kühsen stellt unter diesen 10 Siedlungen eine Besonderheit dar: es liegt nahe an dem schon in altslawischer Zeit punktuell besiedelten Stecknitz-Niederungsrand an einem westlich zur Stecknitz parallel nach N verlaufenden Bach. Das Bachtal hat östlich von Kühsen seine schmalste Stelle und kann also hier leicht überquert werden. Auch die Stecknitz ist 1 km

---

1) vgl. ON-Tab., Kap. V b 2.
2) Prange, S. 194 ff.
3) Kersten, S. 143 f., Fundstelle 1 (sowie Karten 1 : 50.000 und 1 : 100.000)
4) vgl. Kap. V d, S. 81 f.
5) Siedlungsverlagerung, ehemals am Südufer des Möllner Ziegelsees gelegen; vgl. hierzu W. Prange (1960), S. 179 f.
6) Der Ziethener See ist um 1800 trockengelegt worden.
7) Jüngste Untersuchungen von G. P. Fehring, Alt Lübeck und Lübeck, Lübecker Schriften zur Archäologie und Kulturgeschichte, Bd. 1., S. 29 – 38, 1978, belegen, daß der slawische Ringwall Buku im Bereich des Lübecker Burgtores bis in die spätslawische Zeit bestand.
8) vgl. Kap. IX a 1., S. 114

weiter östlich von Kühsen nach Anker gut passierbar (weiter nordwärts von Anker bis Hollenbek weitet sich die Niederung und bietet keine weiteren natürlichen Übergangsstellen), so daß Kühsen an einer Ost-West-Wegeverbindung liegt. Sein im Vergleich zu allen übrigen slawischen ON aus dem Rahmen fallender Name (*Kusno oder *Kučno, vgl. poln. kucza = 'Handelsbude, Zelt')[1] deutet auf einen kleinen Ost-West-Handel an dieser Fluß- und Bachpaßstelle in spätslawischer Zeit hin.

Kehrsen wie auch Klotesfelde (1158 Kolatza) weisen Moorlagen auf, die ON könnten somit eher der älteren Gruppe zugehören.[2] (Langen-)Lehsten — auf dem Büchener Sander — dürfte dagegen wohl jünger sein.

Dagegen gibt es 5 Siedlungen in der Sadelbande, die sich in Quellagen befinden (Bröthen, Möhnsen, Thömen, Tramm und Wotersen). Sie dürften den jüngsten slawischen Siedlungen vor 1230 zuzurechnen sein.

3 Siedlungen dieser Gruppe sind ohne direkten Bezug zu einem stehenden oder fließenden Gewässer bzw. zu einem Moor oder Quellgebiet, wobei eingeräumt werden muß, daß die genauen Ortslagen der beiden Wüstungen Logen+[3] und Wizok+[4] in der Sadelbande nicht gesichert sind. Sterley liegt zwischen dem altbesiedelten Schaalseegebiet und dem Oldenburger Wall. Seine derzeitige Ortslage ist mit großer Sicherheit nicht die ursprüngliche.[5] Sein ON ist wahrscheinlich der älteren Gruppe zuzurechnen.

b) Siedlungsstellen

1. Siedlungsstellen und Fundplätze[6] mit slawischer Keramik (allgemein)

Die Siedlungsstellen und Fundplätze sind, soweit sie auf Kersten zurückgehen, nach der Gemarkung benannt und entsprechend wie bei Kersten mit S bzw. F und der jeweiligen Nummer gekennzeichnet. Wenn Abweichungen zu Kersten bestehen oder Funde erst nach seiner archäologischen Landesaufnahme gemacht wurden, ist dies besonders vermerkt.

Bei der Keramik der älteren Gruppe nach Kersten ist zu bedenken, daß sie die früh- und mittelslawische Zeit umfaßt. Kaestners jüngere ON-Schicht beginnt dage-

---

1) W. Laur, ON-Lexikon, S. 137, r. Sp.
2) W. Prange (1960), S. 295 f., vermutet die Lage "... bei der Flur 'Kloats Feld' am Knick des Weges von Alt Horst nach Neu Horst..." für Klotesfelde+.
3) und 4) vgl. W. Prange (1960), S. 299 bzw. 316
5) vgl. hierzu Kap. X d
6) Es sind nur solche Fundplätze von Kersten übernommen worden, die aufgrund der Menge des Fundmaterials den Schluß auf eine ehemalige Siedlung erlauben.

gen mit der mittelslawischen Zeit, so daß also die ältere Keramikgruppe und die jüngeren ON in der mittelslawischen Zeit synchron laufen. Ein Fundplatz mit älterer slawischer Keramik kann also auf eine Siedlungsstelle der frühslawischen oder erst der mittelslawischen Zeit hinweisen.

Ferner ist noch zu beachten, daß durch jüngere Forschungen zunehmend deutlich wird, daß die Übergangsphase von der mittelslawischen Keramik (bei Kersten noch ältere Gruppe) zur spätslawischen Keramik (Kerstens jüngere Gruppe) von der Mitte des 10. Jahrhunderts bis um die Mitte des 11. Jahrhunderts andauerte, also gut 100 Jahre in Anspruch nahm, so daß für diese Übergangsphase eine klare Trennung zwischen mittel- und spätslawischen Siedlungen aufgrund des keramischen Materials nicht möglich ist. Eine quantitative Auswertung des Scherbenmaterials, nach Epochen differenziert zu sehen, könnte innerhalb dieser Zeitspanne relative Datierungswerte liefern.[1]

Der Einbezug der zeitlichen ON-Schichtung könnte eine weitere relative Datierungshilfe bieten. So können gelegentlich, wenn die Keramikscherben in einer bzw. am Rande einer noch heute existierenden slawisch benannten Siedlung gefunden wurden, die ON eine zeitlich enger gefaßte Datierung ermöglichen, wie teilweise auch umgekehrt die slawische Keramik Schlüsse auf das Alter dieser Siedlung – und hier sind rein deutsch benannte Siedlungen mit slawischem Keramikmaterial von besonderem Interesse – zuließe, wozu es aber noch einer genaueren zeitlichen Differenzierung der lauenburgischen Keramikfunde in der Zukunft bedarf.

Nicht zuletzt können die Lagefaktoren der vermuteten Siedlungsstellen und Fundplätze, im Zusammenhang mit den bis in die Gegenwart andauernden slawisch benannten Siedlungen gesehen, weiterführende Schlüsse über ein zeitlich gestaffeltes Siedlungsbild erlauben.

Die Siedlungsstellen und Fundplätze, auf denen eine ehemalige slawische Siedlung zu vermuten ist, sollen nach Lagen einzeln behandelt werden.

2. Siedlungsstellen mit slawischer Keramik der älteren Gruppe (Liste 7 zu Karte I)

in Seeuferlage

1. Duvensee, Siedlungsstelle 6

Die am Nordrand des Dorfes liegende Siedlungsstelle 6 weist neben Keramik der älteren Gruppe auch solche der jüngeren Gruppe auf, was bezeugt, daß Duvensee seit mindestens der mittelslawischen Zeit kontinuierlich als Siedlungsplatz gedient hat. Der slawische Siedlungsname, der nicht überliefert ist, wurde während der

---

1) Struve, Burgen, S. 10, l. Sp.

Kolonisationszeit, als Siedlung und Flur deutschrechtlich organisiert wurden, durch den deutschen ON in Anlehnung an den deutschen Namen für den westlich der Siedlung liegenden See ersetzt.

2. Ratzeburg – Dermin[1]

Nördlich des später in Ratzeburg aufgegangenen Dorfes Dermin wurden unmittelbar am Ufer des Ratzeburger Sees Keramikscherben der älteren und jüngeren Gruppe gefunden. Der ON Dermin gehört nach Kaestner zur jüngeren ON-Schicht. Demnach wären Keramik wie auch das slawische Dermin frühestens in die mittelslawische Zeit einzuordnen. Die spätere Ortslage Dermins ist wohl im Zusammenhang der deutschrechtlichen Umorganisation zustandegekommen.

3. Mölln, Siedlungsstelle 28

Die am Nordufer des Hegesees vermutete Siedlung muß spätestens in mittelslawischer Zeit wieder aufgegeben worden sein, da jüngeres Scherbenmaterial nicht gefunden wurde.

4. Salem, Siedlungsstelle 43

Dieser Platz mit Keramik der älteren und der jüngeren Gruppe kann wie Duvensee S 6 und Dermin beurteilt werden. Es handelt sich um Siedlungsreste des slawischen Salem. Er liegt am westlichen Rande des heutigen Dorfes und sichert für Salem eine Besiedlung seit mindestens der mittelslawischen Zeit. Da aber Salem zur Gruppe der Siedlungen mit einem ON der älteren Schicht gehört, darf eine Siedlungskontinuität seit der frühslawischen Zeit, also schon vor 800, angenommen werden.

5. Dargow, Siedlungsstelle 6

An der Einmündung des Baches Krukenbek in den Schaalsee, westlich von Dargow gelegen, wurde hier neben Keramik der älteren Gruppe auch solche der jüngeren Gruppe geborgen. Einen Bezug zum heutigen Dargow scheint es nicht gegeben zu haben, da das mittelalterliche Dargow zwischen Bresahn und der heutigen Ortslage von Dargow am Schaalsee, also noch weiter entfernt von S 6, gelegen haben soll.[2] Von jener alten "Dorpstelle"[3] wurden allerdings bisher keine Siedlungsreste bekannt. Die Siedlung auf S 6 muß entweder noch vor dem Einsetzen der deutschen Kolonisation aus unbekannten Gründen aufgelassen worden sein, oder ihr Auflassen ist im Zusammenhang mit der deutschen Kolonisation zu sehen, als möglicherweise verstreut liegende kleine Ansiedlungen in einem deutschrechtlich organisierten Dorf mit Hufenflur zusammengefaßt wurden. So wäre dann auch die Auflassung von S 6 in Verbindung mit der Neuanlage von Dargow auf dem jetzigen Platze zu sehen.

---

1) bei Kersten nicht in den Fundberichten, sondern nur auf der Karte 1 : 100.000 vermerkt
2) Prange, S. 178
3) Katasterkarte

6. Alt Horst, Siedlungsstelle 14

Sie liegt "... unmittelbar westlich neben dem 'Oldenburger Wall' ..."[1] Es ist der Siedlungsplatz des im Spätmittelalter wüstgefallenen Dorfes Oldenburg, früher Schwarzensee benannt.[2] Der bisherige Mangel des Nachweises von Keramikfunden der jüngeren Gruppe, also der spätslawischen Zeit, scheint auf eine Siedlungslücke vom Auslaufen der mittelslawischen Zeit, zu der auch der Oldenburger Wall aufgelassen wurde, bis zur Kolonisationszeit, in der der Platz dann neu besetzt worden wäre, hinzudeuten. Um weitere Sicherheit zu gewinnen, wäre jedoch eine neue Untersuchung der Siedlungsstelle und Interpretation der gefundenen Keramik notwendig.

7. Mustin, Siedlungsstelle 5

Kersten vermutet an dieser Stelle "... eine ausgedehnte Siedlung am nördlichen Ufer des Kulpiner Sees ..."[3] Der Name des Sees "Culpiner See" weist auf eine Siedlung an seinen Ufern hin, nach der er den Namen trägt, analog anderer Seen im Untersuchungsgebiet, die nach Siedlungen benannt sind. Eine Siedlung mit dem Namen Culpin ist jedoch an diesem See urkundlich nicht überliefert. Jedoch gibt es jenseits des Kulpiner Sees die Flurnamen "Vorderer" und "Hinterer Kulpin" sowie "Kulpiner Moor", und am SW-Ufer des Sees ist der Flurname "Auf der Hausstäde" überliefert.[4] In dem See- und den Flurnamen lebt also die Erinnerung an ein altes slawisches Dorf weiter, das auf S 5 oder "Auf der Hausstäde" oder in Folge auf beiden Plätzen gestanden haben mag. Die geborgene Keramik der älteren Gruppe auf S 5 würde der Siedlung nur eine Lebensdauer bis in die mittelslawische Zeit zugestehen, was dann bedeuten würde, daß seit mittelslawischer Zeit die Erinnerung in Mustin, zu dessen Gemarkung das Gebiet des Culpiner Sees heute gehört, an ein altes benachbartes Dorf, tradiert von Slawen auf Deutsche, wachgeblieben wäre, was aber sehr unwahrscheinlich erscheint. Es muß eher angenommen werden, daß Reste des alten Kulpin vielleicht "Auf der Hausstäde", wo beim Pflügen aufeinanderliegende Feldsteine gefunden wurden[5], bis in die Kolonisationszeit bestanden haben, die aber dann mit der Kolonisationszeit aufgelassen wurden, so daß Kulpin vor dem Einsetzen der ersten schriftlichen Urkunden nicht mehr bestand.

Zusammenfassend ergibt sich folgendes Bild:

1. Siedlungskontinuität seit frühslawischer Zeit wegen des Vorkommens von Keramik der älteren und jüngeren Gruppe am Rande bzw. in der Nähe einer Siedlung mit einem ON der älteren Schicht (Salem);

---

1) Kersten, S. 268
2) Prange, S. 302 f.
3) Kersten, S. 350
4) Prange, S. 297
5) Prange, S. 297

2. Siedlungskontinuität seit wahrscheinlich frühslawischer Zeit, sicher aber mittelslawischer Zeit mit, seit der deutschen Kolonisationszeit, deutschem ON (Duvensee);

3. Besiedlung seit wahrscheinlich der frühslawischen Zeit, sicher aber der mittelslawischen Zeit, Auslaufen der Besiedlung vor oder mit der deutschen Kolonisationszeit, keine Überlieferung eines ON (Dargow S 6, falls nicht als Vorläufer des heutigen Dargow durch Siedlungskonzentration aufgelassen);

4. Siedlungskontinuität seit mittelslawischer Zeit wegen des Vorkommens von Keramik der älteren und der jüngeren Gruppe am Rande bzw. in der Nähe einer Siedlung mit einem ON der jüngeren Schicht (Dermin+);

5. Besiedlung seit der mittelslawischen Zeit wegen des Vorkommens von Keramik der älteren Gruppe und der Überlieferung eines ON der jüngeren Schicht und Auflassung der Siedlung während der ersten Phase der Kolonisationszeit, evtl. noch vor 1230 (Culpin+);

6. Besiedlung seit wahrscheinlich der frühslawischen Zeit, sicher aber erst seit der mittelslawischen Zeit wegen des Vorkommens von Keramik der älteren Gruppe, aber deutschem ON seit der Kolonisationszeit, evtl. mit Siedlungslücke in spätslawischer Zeit (Alt Horst S 14 = Schwarzensee-Oldenburg+);

7. Besiedlung seit der früh- oder mittelslawischen Zeit, Auslaufen der Besiedlung noch vor der spätslawischen Zeit wegen des Vorkommens von Keramik der älteren Gruppe und des Fehlens von Keramik der jüngeren Gruppe ohne Überlieferung eines ON (Mölln S 28).

in Fluß-/Bachuferlage

1. Niendorf bei Berkenthin, Siedlungsstelle 6

Dieser Platz liegt am westlichen Niederungsrand der Stecknitz, zeigt also eine typische Lage für eine Siedlung der älteren Schicht. Gründe für das Auflassen dieser Siedlung in mittelslawischer Zeit bleiben im dunkeln.

2. Güster

Die auf Kerstens Karte 1 : 100.000 zwischen S. 114 und 115 verzeichnete ältere slawische Keramik am westlichen Ortsrand von Güster findet auf der Beilagenkarte 1 : 50.000 keine Entsprechung; ebenso fehlt ein entsprechender Vermerk im Fundbericht auf S. 246. Da der ON Güster zu der älteren Schicht gehört, wäre damit für diese Stelle eine Siedlungskontinuität seit der altslawischen Zeit anzunehmen. Allerdings fehlt noch der Nachweis von Keramik der jüngeren Gruppe. Auffallend ist, daß Güster westlich des Limes liegt.[1]

---

1) vgl. S. 80, Anm. 8

3. Göttin, Siedlungsstelle 2

Außer diesem Fundplatz am östlichen Dorfrand ist südlich des Dorfes noch Keramik der jüngeren Gruppe gefunden worden, so daß dieser Platz in Verbindung mit dem ON Göttin, der der jüngeren Schicht angehört, seit der mittelslawischen Zeit als kontinuierlich besiedelt angesehen werden kann, wobei geringfügige Verlagerungen der Siedlung mitgespielt haben müssen.

4. Müssen, Siedlungsstelle 3

Die auf einem Sporn zwischen Mühlenbek und Scheidebach liegende Stelle wurde vom Verfasser im November 1980 erneut begangen. Die größte Anzahl der gefundenen Scherben scheint der mittelslawischen Zeit anzugehören; jedoch konnte auch eine Reihe von Scherben geborgen werden, die eindeutig der Gurtfurchenkeramik zuzurechnen sind, die in der spätslawischen Zeit gefertigt wurde. Diese Stelle ist also seit der mittelslawischen Zeit bis in die deutsche Kolonisationszeit besiedelt gewesen. Nur so ist auch der Flurname "Bǿrgstäde"[1], der auf eine Besiedlung an dieser Stelle hinweist, in der Überlieferung möglich gewesen.

5. Hammer

Rund um den Ringwall von Hammer (Steinburg) an der Einmündung der Steinau in die obere Stecknitz befinden sich auf beiden Ufern dieser Flüsse Keramikscherben sowohl der älteren als auch der jüngeren Gruppe. Es ist gelegentlich die Auffassung vertreten worden, daß die Steinburg neben ihrer Schutzfunktion auch die Funktion einer Handelsstation hatte, von wo aus die Stecknitz flußabwärts nach Lübeck als Verkehrsweg gedient hätte. Der Landweg, von S kommend, habe hier geendet, und die Güter seien hier auf Schiffe umgeladen worden.[2] Dies würde die große Anzahl der Fundplätze rund um die Burg gut erklären. Die Steinburg selbst muß in ihrer politisch-militärischen Funktion in der mittelslawischen Zeit aufgelassen worden sein, vielleicht ist damit auch die Handelsfunktion zurückgegangen. Die Besiedlung in diesem Raum findet bis heute in dem deutsch benannten Dorf Hammer ihre Fortsetzung.

Auch die aufgrund des Vorkommens von älterer Keramik an Fluß- und Bachläufen vermuteten bzw. noch existierenden Siedlungen lassen sind in 3 Gruppen unterteilen:

1. Siedlungskontinuität seit frühslawischer Zeit ist für Güster und Hammer anzunehmen. Bei Güster spricht verstärkend der ON der älteren Schicht, bei Hammer der frühsalwische Ringwall dafür;

---

1) Carte von dem Adelichen Guthe Müssen..., KAR, 1719, ohne Namen: "In der Borgstädten". Vom Verf. wurden auf diesem Flurstück auch deutsche Scherben gefunden (vgl. S. 131).
2) Kersten S. 127

2. Siedlungskontinuität seit mittelslawischer Zeit kann für Göttin und Müssen S 3 angenommen werden, wobei für Müssen anzunehmen ist, daß in der deutschen Kolonisationszeit die Siedlungsverlagerung auf den jetzigen Platz stattgefunden haben muß. Der alte Siedlungsplatz führte danach bis heute den Flurnamen "Borgstäde" weiter, was vielleicht darauf schließen läßt, daß die alte slawische Siedlung, deren Name verloren ging, befestigt war, wofür die Spornlage zwischen den beiden Bächen mit den vermoorten Niederungen spricht;

3. Die in mittelslawischer Zeit aufgegebene Siedlung Niendorf bei Berkenthin S 6 ist wie Mölln S 28, Alt Horst S 14 und Mustin S 5 zu bewerten (Aufgabe der Siedlungen noch vor Beginn der deutschen Kolonisationszeit).[1]

in Moorlage

Funde von Keramik der älteren Gruppe am Rande eines Moorgebietes sind nicht bekannt.

in Quellage

1. Klempau, Siedlungsstelle 24

Die ältere Keramik am Südostrand der heutigen Siedlung Klempau wäre in Verbindung mit dem ON "Klempau", den Kaestner der jüngeren Schicht zuzählt, als mittelslawisch zu interpretieren, so lange eine genauere Untersuchung fehlt. Demnach läge bei Klempau eine Siedlungskontinuität seit mittelslawischer Zeit vor. Auch die Lage in einem Quellgebiet ist für diese Siedlungsepoche zutreffend, wie auch allgemein dieser Raum zwischen dem Ratzeburger See und der Stecknitz spät besiedelt worden zu sein scheint[2].

"trockene Lage"

1. Schulendorf, Siedlungsstelle 4

Trotz intensiver Begehung im Frühjahr 1976 durch den Verfasser konnte an dieser Stelle keine Keramikscherbe geborgen werden. Nach der Beschreibung bei Kersten scheint es sich bei dem von Bötel im November 1937 geborgenen Material um mittelslawische Tonware zu handeln.[3] Die Lage dieses vermuteten Siedlungsplatzes wäre für jene Zeit sehr untypisch.

---

1) vgl. S. 120 ff.
2) vgl. Kap. VI g 1.
3) Kersten, S. 453

3. Siedlungsstellen mit slawischer Keramik der jüngeren Gruppe (Liste 8 zu Karte I)

in Seeuferlage

1. Groß Sarau, Siedlungsstelle 12

Am nordwestlichen Ufer des Ratzeburger Sees 1500 m nordöstlich von Groß Sarau auf einer kleinen Kuppe, Schanzenberg benannt, barg Hofmeister[1] bei der Untersuchung von drei vorgeschichtlichen Herdstellen eine Anzahl von slawischen Scherben, die nach Kersten der jüngeren Gruppe zuzuordnen wären[2]. Ob diese spätslawische Siedlung schon vor oder erst mit Beginn der deutschen Kolonisationszeit — möglicherweise durch diese verursacht — aufgelassen wurde, kann mit Sicherheit nicht gesagt werden. Unterhalb des Schanzenberges wurden noch weitere slawische Tongefäßscherben geborgen, die Kersten jedoch nicht einordnen konnte, da sie verlorengegangen waren.[3] Es ist anzunehmen, daß es sich altersmäßig um das gleiche Material handelte wie jenes vom Schanzenberg.

2. Duvensee, Siedlungsstelle 6

siehe Beschreibung zu b 2. (Liste 7 zu Karte I), S. 120
(1. Duvensee, Siedlungsstelle 6)

3. Nusse

In Kerstens Karte 1 : 100.000 zwischen S. 114 und 115 ist südlich des Hofsees ein Fundplatz von Keramik der jüngeren Gruppe verzeichnet. Es kann sich nach seiner Beilagenkarte 1 : 50.000 sowohl um die Siedlungsstelle 4, die Siedlungsstelle 15 als auch um die Burganlage 7 handeln. Aus der Beschreibung des gefundenen Scherbenmaterials auf den Seiten 356/357 wird nicht deutlich, daß es sich auch u.a. um slawische Tongefäßscherben handelt. Falls hier jedoch eine slawische Siedlung gewesen sein soll, kann Nusse wegen der unmittelbaren Nachbarschaft zu diesen Fund- bzw. Siedlungsstellen als die Fortsetzung dieser Siedlung(en) angesehen werden.

4. Ratzeburg – Dermin

siehe Beschreibung zu b 2. (Liste 7 zu Karte I), S. 121
(2. Ratzeburg-Dermin)

5. Salem, Siedlungsstelle 43

siehe Beschreibung zu b 2. (Liste 7 zu Karte I), S. 121
(4. Salem, Siedlungsstelle 43)

---

1) H. Hofmeister, Die Slawensiedlung auf dem Schanzenberg am Ratzeburger See, Prähist. Zeitschr. 6, Leipzig 1914
2) Kersten, S. 442 f.
3) Kersten, S. 443

6. Dargow, Siedlungsstelle 6

siehe Beschreibung zu b 2. (Liste 7 zu Karte I), S. 121
(5. Dargow, Siedlungsstelle 6)

7. Seedorf

Für einen slawischen Vorläufer von Seedorf können bisher nur wenige slawische Tongefäßscherben der jüngeren Gruppe als Beleg angeführt werden.[1] Hier scheint die Lage eines Dorfes am See, eben Seedorf, den offenbar für deutsche Ohren unverständlichen slawischen ON vergessen gemacht zu haben, worin sich eine gewisse Parallelität zu Duvensee ergibt. Das slawische Seedorf hätte also frühestens ab der Übergangsphase von der mittelslawischen Zeit zur spätslawischen Zeit existiert.

8. Bresahn = Dargow, Fundstellen 20 und 21

Die Tonscherben von den beiden benachbarten Fundstellen im Dorf Bresahn sind ihrer Beschreibung nach eher der spätslawischen Gruppe zuzurechnen.[2] Der ON "Bresahn", der nach Kaestner zu den älteren slawischen ON gehört[3], und die für die frühesten slawischen Siedlungen typische Lage am See deuten jedoch auf eine Besiedlung dieses Platzes seit der frühslawischen Zeit hin.

9. Groß Zecher, Siedlungsstelle 5

Die 1 km südlich von Groß Zecher auf einer zum Schaalsee abfallenden Koppel gefundenen slawischen Tongefäßscherben sind aufgrund ihrer Beschreibung[4] und ihrer Abbildung[5] wohl der mittelslawischen Epoche zuzuordnen. Eine frühere Besiedlung an dieser für slawische Siedlungen der älteren Schicht typischen Lage muß damit noch nicht ausgeschlossen sein. Die auf Fundstelle 7 im Dorfe Groß Zecher südwestlich des Schlosses geborgene und bisher nicht näher bestimmten Keramikreste[6] deuten in Verbindung mit S 5 und dem alten ON Zecher auf eine frühe Besiedlung dieser Uferregion hin.

10. Giesensdorf, Fundstelle 2

Für die Gemarkung Giesensdorf waren bisher nur "3 Scherben eines rötlich-braunen Tongefäßes" gefunden worden, die Kersten als "wahrscheinlich slavisch" charakterisiert. Die Fundstelle 2 "Auf der höchsten Stelle der flach ansteigenden sandigen Kuppe ..."[7] 500 m östlich von Giesensdorf rechts des Weges nach

---

1) Kersten, S. 459
2) Kersten, S. 183
3) Kaestner, S. 56, LH, N.F., H. 86, 1976
4) Kersten, S. 493
5) Kersten, Tafel 79, 7 – 12
6) Kersten, S. 493
7) Kersten, S. 218

Ratzeburg ist jedoch für eine slawische Siedlungslage absolut untypisch[1]. Jedoch konnten von Herrn Chwala, Giesensdorf, im August 1979 beim Bau des Hauses der Familie Blassew aus dem abgeschobenen Mutterboden der Baugrube vier weitere unverzierte mit grobkörnigem Quarzsand gemagerte rötlichbraune mitteldicke bis dicke Tongefäßscherben geborgen werden, darunter ein Randstück und ein Bodenkantenstück. Das Grundstück Blassew liegt am westlichen Ortsausgang in Richtung Behlendorf rechts des Weges. Mit diesem Fund scheint es abgesichert zu sein, daß Giesensdorf einen slawischen Siedlungsvorläufer gehabt hat. Die Ortslage an zwei kleinen Seen, die früher miteinander in Verbindung standen und vor der Absenkung des Behlendorfer Sees auch mit diesem verbunden waren, käme schon für die frühslawische Zeit in Frage. Belege für eine frühslawische Besiedlung dieses Raumes zwischen dem Ratzeburger See und der Stecknitz eindeutiger Art gibt es jedoch nicht.[2]

K. W. Struve erwähnt die Scherben der Fundstelle 2 im Zusammenhang mit dem in 2000 m Luftlinie entfernten altslawischen Ringwall von Farchau[3], die wie die auch in Giesensdorf jüngst gefundenen längs einer Wegeverbindung geborgen wurden, die von Farchau (später Ratzeburg) über Giesensdorf, Behlendorf nach Anker und von dort über die Stecknitz nach Kühsen geführt hat. Vielleicht ist die frühe urkundliche Erwähnung von Giesensdorf, Behlendorf und Anker (1194)[4] im Vergleich zu den benachbarten Dörfern Harmsdorf und Albsfelde (1230)[5] sowie Kulpin (1228)[6] ein indirekter Hinweis auf ihr höheres Alter und insbesondere für Giesensdorf, das im Unterschied zu Anker und Behlendorf rein deutsch benannt ist, auf einen älteren Siedlungsvorläufer.

Da jedoch bis heute nur die wenigen frühslawischen Scherben von Giesensdorf vorliegen, wäre auch ein Abbruch der slawischen Besiedlung dieses Platzes noch in der slawischen Zeit denkbar, der dann erst wieder nach einer Siedlungslücke in der deutschen Kolonisationszeit von deutschen Siedlern neu besetzt worden wäre.[7]

11. Ritzerau, Fundstelle 104

Diese Fundstelle am Südufer des Ritzerauer Hofsees gehört zu dem Komplex Nusse Siedlungsstelle 4 und 15 sowie der Burganlage 7 und kann als Siedlungsrest des slawischen Nusse verstanden werden (vgl. Nusse oben).

---

1) vgl. hierzu auch Prange, S. 149
2) vgl. hierzu Kap. VI g 1.
3) Struve, S. 104, r. Sp.
4) SHRU I, 188
5) ZR
6) SHRU II, 240
7) Herr T. Kempke, Lübeck, hat im Juli 1982 freundlicherweise die vier Scherben für diese Arbeit bestimmt. Er hält sie für frühslawisch, 8. bis 9. Jahrhundert.

12. Schmilau, Siedlungsstellen 7 und 8

Die beiden bei Kersten vermerkten Siedlungsstellen zwischen der Kolonie Neu Farchau und der Farchauer Mühle am südöstlichen Steilufer des Ratzeburger Küchensees sind nur durch den von der Straße Schmilau – Ratzeburg südlich der Schaalseekanalbrücke nach NW abführenden Weg zur Farchauer Mühle voneinander getrennt. Sie sind also im Grunde nur eine Siedlungsstelle. Unterhalb des Steilhanges im W und NW befindet sich ein Niederungsmoor, das wegen seines geringen Niveauunterschieds zur Fläche des Ratzeburger Sees in slawischer Zeit noch Seefläche gewesen sein dürfte.

Die Siedlung scheint dem 300 m westlich gelegenen Farchauer Wall zugeordnet gewesen zu sein. Kersten zählt die geborgene Keramik zur jüngeren Gruppe.

Der Verfasser hat die Siedlungsstelle 7, also den Teil der Siedlungsstelle, der rechts des Weges zur Farchauer Mühle liegt, mehrfach begangen und neben vielen mittelslawischen Scherben, die ihre Entsprechung in Kerstens älterer Gruppe hätten, auch eine reiche Anzahl solcher geborgen, die als frühslawisch anzusehen sind. Einige wenige Scherben gehören aber bereits schon der spätslawischen Epoche an, welche in Kerstens jüngerer Gruppe ihre Entsprechung hat. Es scheint also so zu sein, daß die hier gestandene Siedlung von der frühslawischen bis in die Anfänge der spätslawischen Zeit andauerte, aber nicht mehr an die deutsche Kolonisationszeit herangereicht hat.

Neben den verschiedenen Keramikresten konnte auf dem frisch aufgepflügten Feld im Dezember 1980 eine Fülle von Brandstellen mit dunkler Verfärbung des Bodens und Holzkohleresten festgestellt werden. Falls dies die Reste von den ehemaligen Herdstellen der Wohnhäuser waren, müßte hier eine sehr dichte, enge Bebauung vorgelegen haben. Es könnte aber auch sein, daß diese Siedlung mit ihren Stallungen und anderen Wirtschaftsgebäuden durch Brand untergegangen ist, was die hohe Dichte der Brandstellen plausibler macht. Sollte diese Siedlung, deren Name uns nicht überliefert ist, im Jahre 1093 während der Schlacht bei Schmilau, die der christliche Wendenkönig Heinrich von Alt Lübeck mit Hilfe der Holsten, Stormarn, Dithmarschener und Barden gegen die aufständischen heidnischen Wenden unmittelbar südlich dieses Platzes siegreich schlug, wodurch er auch die Herrschaft über Polabien erlangte, durch Brandschatzung untergegangen sein?

Ähnlich wie die Siedlungen mit Keramik der älteren Gruppe lassen sich auch diese mit Keramik der jüngeren Gruppe unter 3 ordnenden Gesichtspunkten – z.T. mit Unterpunkten – zusammenfassen:

1. Siedlungskontinuität seit frühslawischer Zeit

   a) wegen des Vorkommens von Keramik der älteren und jüngeren Gruppe am Rande bzw. in der Nähe einer Siedlung mit einem ON der älteren Schicht (Salem);

b) wegen des Vorkommens einer Siedlung mit einem ON der älteren Schicht, obwohl in ihr oder in ihrer Nähe bisher nur Keramik der jüngeren Gruppe geborgen wurde, was entweder auf eine Forschungslücke zurückzuführen ist oder auf eine Siedlungsverlagerung mit Beginn oder in der spätslawischen Zeit unter Beibehaltung des alten ON (Bresahn, Groß Zecher);

2. Siedlungskontinuität seit der mittelslawischen bzw. spätslawischen Zeit

a) wegen des Vorkommens von Keramik der älteren und der jüngeren Gruppe am Rande bzw. in der Nähe einer Siedlung mit einem ON der jüngeren Schicht (Dermin, Dargow S 6);

b) wegen des Vorkommens von Keramik der älteren und jüngeren Gruppe in oder am Rande einer Siedlung, obwohl ein deutscher ON vorliegt (Duvensee, Giesensdorf)[1];

c) wegen des Vorkommens von Keramik der jüngeren Gruppe, obwohl ein deutscher ON vorliegt (Seedorf);

d) wegen des Vorkommens von jüngerer Keramik am Rande einer Siedlung mit jüngerem slawischen ON (Nusse, Ritzerau);

3. Siedlungen seit früh-, mittel-, spätslawischer Zeit wegen des Vorkommens von Keramik der älteren und jüngeren Gruppe (z.T. auch unbestimmte Keramik), die vor oder mit der deutschen Kolonisation auslaufen (Groß Sarau S 12, Schmilau S 7 und 8).

in Fluß-/Bachuferlage

1. Göttin, Siedlungsstelle 1

Diese Siedlungsstelle unmittelbar südlich des heutigen Dorfes Göttin am trockenen östlichen Ufer der Delvenau gehört wohl zum slawischen Siedlungskomplex des Dorfes selbst, das einen Namen der jüngeren Schicht trägt (vgl. S. 124)[2].

2. Bröthen, Siedlungsstelle 27 (evtl. dazugehörig S 26)

Diese beiden benachbarten Siedlungsstellen, von denen S 26 eine große Anzahl von Brandstellen — vermutlich Herdstellen — und S 27 spätslawische Keramikscherben erbrachte[3], auf halbem Wege eines kleinen Baches, von Bröthen kommend zur Delvenau fließend, gelegen, gehören wahrscheinlich in den Zusammenhang von nur einer Siedlung. Die Lage, schon mehr als 1000 m abseits von der Delvenau-Niederung an einem kleinen Bach, ist typisch für eine junge Siedlung, die aber spätestens in der Kolonisationszeit wieder untergegangen sein muß.

---

1) vgl. S. 69, Anm. 8, sowie S. 128, Anm. 7
2) vgl. S.167 (Ortsverlagerung von Sterley)
3) Kersten, S. 172

3. Klein Pampau, Siedlungsstelle 2

Die sich am Ostufer der Steinau über 2 km erstreckende Siedlungsstelle südlich von Klein Pampau ist als (mittel- und) spätslawischer Vorläufer von Klein Pampau anzusehen. Die Lage am Mittellauf eines für das Untersuchungsgebiet mittelgroßen Flusses ist typisch für die mittlere Siedlungsepoche des 9. und 10. Jahrhunderts, in der die Sadelbande von den Slawen kolonisiert wurde.[1]

4. Witzeeze, Siedlungsstelle 3

Auch dieser Siedlungsplatz, 500 m östlich von Witzeeze am Rande der Delvenau-Niederung, kann als ein (mittel- bis) spätslawischer Vorläufer des heutigen Witzeeze angesehen werden.

5. Lanze

Ein Fundort spätslawischer Keramik ist unmittelbar am N-Rand des heutigen Dorfes nur in Kerstens Karte 1 : 100.000 verzeichnet. Lanze ist die Fortsetzung dieser spätslawischen Siedlungsstelle.

6. Müssen, Siedlungsstelle 3

siehe Beschreibung zu b 2. (Liste 7 zu Karte I), S. 124
(4. Müssen, S 3)

7. Hammer

siehe Beschreibung zu b 2. (Liste 7 zu Karte I), S. 124
(5. Hammer)

Zusammenfassung: Mit Ausnahme von Bröthen S 26/27 haben alle diese Siedlungsstellen eine Fortsetzung in der historischen Zeit gefunden. Dies braucht nur noch einmal für Müssen S 3 und den Raum um die Steinburg bei Hammer deutlich gemacht zu werden.

1. Jüngste Untersuchungen der vom Verfasser bei mehreren Begehungen des Geländes von Müssen S 3 gesammelten Tonscherben haben gezeigt, daß sich unter der Vielzahl mittel- und spätslawischer Scherben bereits einige aus der deutschen Kolonisationszeit befanden. Die Siedlung hat also bis an die deutsche Kolonisationszeit herangereicht, ist dann wohl wegen der Enge des Platzes auf der Geländenase zwischen den vermoorten Läufen von Scheidebach und Mühlenbek, die keine räumliche Ausweitung der Siedlung zuließen, in die nordwestlichen Feuchtgebiete (Müssen!) am südwestlichen Ufersaum der Mühlenbek verlegt worden. Die Erinnerung an die Besiedlung des alten Platzes lebt in der Flurbezeichnung "Borgstäde" weiter.

---

1) vgl. hierzu Kap. V d

2. Die Besiedlung um die Steinburg fand auf dem der Burg nördlich gegenüberliegenden Hügel in dem im ZR von 1230 erwähnten Dorf Steinburg, das im 14. Jahrhundert wüstfiel, eine Fortsetzung.[1] Auf jenem Hügel finden sich slawische und mittelalterliche deutsche Tongefäßscherben.

Außer Steinburg+, wo auch mittel- und frühslawische Keramikscherben gefunden wurden, liegen alle diese Siedlungen in den erst seit dem 9. Jahrhundert besiedelten Räumen a) südlich von Gudow und östlich der Delvenauniederung und b) in der Sadelbande. Alle tragen ON der jüngeren Schicht, soweit sie nicht wie bei Steinburg oder Müssen durch deutsche ersetzt wurden bzw. wie bei Bröthen S 26/27 ganz in Vergessenheit gerieten.[2]

in Moorlage

1. Kehrsen, Siedlungsstelle 4

Dieser am Westrand des heutigen Kehrsen in Richtung zum Bannauer Moor liegende Fundplatz ist als ein Vorläufer des heutigen Kehrsen anzusehen.

2. (Langen-) Lehsten, Siedlungsstelle 3

Gleich sind die Verhältnisse bei Langenlehsten zu beurteilen, wo die Fundstelle ebenfalls westlich der heutigen Siedlung am Rande des Lehstener Moores liegt.

3. Basedow, Fundstelle 1

Auch Basedow, dessen heutiger Siedlungsplatz, da ohne Bezug zu einem stehenden oder fließenden Gewässer bzw. zu einem Quellgebiet oder Moor, für eine slawische Siedlung ganz untypisch ist, scheint in slawischer Zeit am Rande eines moorigen Quellgebietes eines Baches gelegen zu haben, der im Elbe-Lübeck-Kanal aufgegangen ist. Die Umverlegung von Basedow auf einen eher für deutsche Siedlungen der Kolonisation typischen Platz ist wohl in Verbindung mit der deutschrechtlichen Umorganisation von Dorf und Flur während der Kolonisationszeit anzunehmen.[3]

Zusammenfassung: Kehrsen trägt einen von Kaestner nicht erfaßten ON. Seine Lage im altbesiedelten Bereich des Oldenburger Walls läßt trotz der bisher nur geborgenen Tongefäßscherben der jüngeren Gruppe ein höheres Alter für nicht unmöglich erscheinen.

---

1) Struve, Burgen, S. 100 f., r. Sp. bzw. l. Sp.
2) W. Prange (1960), S. 177 f., sieht in Bröthen S 26 und S 27 wie auch in S 28 ("slawische Scherben", nicht bei Kersten vermerkt) zeitgleiche Siedlungsvorläufer des heutigen Bröthen (Siedlungskonzentration während der frühen Kolonisationszeit, 1230 hat Bröthen 30 Hufen).
3) vgl. Kap. IX a 2.

Auch (Langen-) Lehsten ist nicht von Kaestner erfaßt. Aber seine Lage zwischen jung benannten Siedlungen im Sandergebiet südlich von Gudow läßt ein höheres Alter, als es die Keramik gezeigt hat, nicht vermuten. Basedow am südlichen Rand der slawischen Besiedlung des Untersuchungsgebietes trägt einen ON der jüngeren Schicht. Tongefäßscherben, ON und die vielleicht ursprüngliche Lage im moorigen Quellgebiet eines Baches weisen auf eine späte Gründung Basedows hin.

Tongefäßscherbenfunde der jüngeren Gruppe in anderen als den hier beschriebenen Lagen wie z.B. ohne Bezug zum Wasser oder zu einer moorigen Niederung sind nicht bekannt.

4. Siedlungsstellen mit undatierter slawischer Keramik (Liste 10 zu Karte I)

in Seeuferlage

1. Groß Sarau, Fundstelle 13

siehe Beschreibung zu b 3. (Liste 8 zu Karte I), S. 126
(1. Groß Sarau, S 12)

2. Groß Zecher, Fundstelle 7

Die Fundstelle südwestlich des Schlosses zeigt an, daß die Ortslage des heutigen Zecher seit mindestens der spätslawischen Zeit sich nicht verändert hat. Da der ON Zecher zu der ältesten Schicht gehört und die Lage am Seeufer seit der ältesten Zeit bevorzugt wurde, scheint eine Besiedlung dieses Platzes seit der frühslawischen Zeit als sicher.

3. Lehmrade, Siedlungsstelle 6

Diese Siedlungsstelle liegt am Südufer des Lüttauer Sees und ist identisch mit der im ZR noch erwähnten Siedlung Lütau+. Der ON Lütau gehört der jüngeren Schicht an, obwohl die Seeuferlage auch eine Besiedlung dieses Platzes seit der frühslawischen Zeit denkbar erscheinen ließe. Problematisch ist aber die Exposition dieses Platzes nach N, was wiederum eher auf eine späte Gründung hinweist und auch die frühe Aufgabe dieser Siedlung wohl bald nach 1230 — eine weitere urkundliche Erwähnung fehlt — erklärt.

4. Gudow, Siedlungsstelle 47

Diese Siedlungsstelle direkt westlich von Gudow auf einer sich nach S zum Gudower See hin neigenden Koppel muß wohl als Teil der slawischen Siedlung Gudow verstanden werden. Da der ON Gudow der jüngeren Schicht angehört, handelt es sich wahrscheinlich um mittel- bis spätslawische Keramik. Jedoch ist die Lage am See auch typisch für frühslawische Siedlungen.

5. Gudow, Fundstelle 52

Vgl. hierzu die Ausführungen zu Liste 2 (S. 113 ff.), Segrahn betreffend.

in Fluß-/Bachuferlage

1. Rothenhausen, Fundstelle 8

Die Fundstelle 500 m nordöstlich von Rothenhausen ist typisch für mittel- bis spätslawische Siedlungen.

2. Hammer

siehe Beschreibung zu b 2. (Liste 7 zu Karte I), S. 124
(5. Hammer)

3. Güster, Siedlungsstelle 2

An der westlichen Uferzone der Delvenau liegen auch Witzeeze S 3 und evtl. auch noch Basedow F 1 (etwas abseits in einem moorigen Quellgebiet eines ehemals zur Delvenau fließenden Baches, im Elbe-Lübeck-Kanal aufgegangen) als Siedlungsstellen bzw. Fundplätze von Keramik der jüngeren Gruppe, so daß geschlossen werden kann, daß auch Güster S 2 ein mittel- bis spätslawischer Siedlungsplatz gewesen wäre. Dagegen spricht, daß am Ortsrand von Güster Keramik der älteren Gruppe gefunden wurde und der ON Güster zu der älteren Schicht zählt.

4. Roseburg, Fundstellen 24 und 25

Die Fundplätze unmittelbar südwestlich bzw. nordöstlich von Neugüster, die auf einen Siedlungsplatz zurückzuführen sind, können nur gleich wie Güster S 2 beurteilt werden.

in Moorlage

1. Sterley, Siedlungsstellen 3 und 10

Die beiden Siedlungsstellen 600 m bzw. 1200 m westsüdwestlich von Sterley sind in Richtung Oldenburger Wall orientiert, und diese hier ehemals gelegenen Siedlungen gehörten wohl zur Siedlungskammer dieser Burg. Da der ON Sterley (Ort der Pfeilmacher)[1], obwohl bei Kaestner nicht erwähnt, sicher zu der älteren Schicht gehört, Sterley aber heute an einer Stelle liegt, die für die ältesten Siedlungen untypisch ist, darf mit großer Sicherheit gefolgert werden, daß diese beiden Siedlungsstellen, an ein kleines Moor gelagert, die Vorläufer von Sterley waren, daß hier also, wie auch ein FN noch ausweist, "Alten Sterley" gelegen hat.[2]

---

1) Laur, S. 193, r. Sp.
2) "Alten Sterley" (Katasterkarte); "Sterleyer Berg", FK von 1789 (Wackerhagen), KAR; vgl. hierzu auch Prange, S. 175 und S. 181

2. Gudow, Fundstelle 48
siehe Beschreibung zu a 2. (Liste 5 zu Karte I), S. 117
(Bannau+)

in einem Quellgebiet

1. Dargow, Fundstelle 8
Die Lage dieser Fundstelle im Quellbereich eines Baches weist auf einen Siedlungsplatz der spätslawischen Zeit.

c) Siedlungen mit slawisch-deutschen Kontaktnamen (Liste 13 zu Karte I)

1. vor 1230

in Seeuferlage

1. Behlendorf
Behlendorf am SW-Ufer des Behlendorfer Sees ist schon in einer Urkunde von 1194 als Belendorpe erwähnt.[1] Das slawische Bestimmungswort konnte in seiner Bedeutung noch nicht überzeugend geklärt werden. Wahrscheinlich verbirgt sich dahinter ein Personenname.[2] Ob die Siedlung vom Anbeginn so hieß, dann wäre sie in der Kolonisationszeit gegründet worden, oder ob das deutsche Grundwort an einen älteren slawischen ON erst in der Kolonisationszeit angefügt wurde, kann, solange keine slawischen Scherbenfunde vorliegen, nicht geklärt werden.

2. Ratzeburg
Jüngste Ausgrabungen im Bereich der alten Ratzeburg, die auf einer kleinen Insel westlich der Dominsel lag, bestätigen, daß diese Anlage in mittelslawischer Zeit entstand. Jedoch läßt sich die Auffassung, daß die Ratzeburg von einem in der ersten Hälfte des 11. Jahrhunderts sie innehabenden Slawenfürsten namens Ratibor (Kurzform: Raze) begründet worden sei, nicht mehr aufrechterhalten. Die Scherbenfunde deuten auf ein höheres Alter: sie gehören vorwiegend dem 10. Jahrhundert an, 4 davon entstammen vielleicht schon dem 9. Jahrhundert. So könnte jener urkundlich erwähnte Raze der Burg erst in späterer Zeit seinen Namen gegeben haben, wobei die Benennung der Burg nach ihm wahrscheinlich von deutscher Seite ausging.[3]

---

1) SHRU I, 188
2) Laur, S. 65 f., sieht dahinter ein "Dorf des Bilo, Bele".
3) Ausgrabungen im ehemaligen Burgbereich im Sommer 1980. Bestimmung der geborgenen Tongefäßscherben (Kreismuseum Ratzeburg) durch T. Kempke (Lübeck). –
Ein Slawenfürst, namens Ratibor, wird bei Adam von Bremen II, 71 und II, 79 erwähnt. Ratibor fiel 1043 im Kampf gegen die Dänen.

3. Ritzerau

Neben dem slawischen Nusse muß während der Kolonisationszeit ein von einem deutschen Ritter gegründetes Dorf entstanden sein, das von den benachbarten Slawen nach ihm bei slawischer sprachlicher Umformung des Namens "Ritter" benannt wurde. Bei der Lage zwischen angrenzenden Feuchtgebieten des Nusser Sees und des Ritzerauer Hofsees wäre ein slawischer Siedlungsvorläufer denkbar.

in Fluß-/Bachuferlage

1. Lauenburg

Bei dem ON Lauenburg war der Ursprung des BW, ob deutsch oder slawisch, lange umstritten.[1] Nach den überzeugenden sprachlichen Untersuchungen von H. Wurms[2] – der "Lauen-" von slaw. Laby = Elbe ableitet, kann er der Gruppe der slawisch-deutschen Kontaktnamen zugeordnet werden. Die Lauenburg ist um 1200 unter Verwendung der Trümmer der Ertheneburg von Herzog Bernhard gegründet worden[3], und zwar auf einem Sporn am hohen Elbufer, der durch zwei sich zur Elbe absenkende Rinnen herausmodelliert war. Belege für einen slaw. Siedlungsvorläufer gibt es nicht, insofern ist die Beteiligung von Slawen an dieser Gründung fraglich. Offenbar ist lediglich der slaw. Name für die Elbe zur Bezeichnung dieser Burg verwendet worden.

2. Sierksrade

Sierksrade, im Uferbereich eines Bachlaufes, hat eine Lage, wie sie erst ab der mittel- bis spätslawischen Zeit üblich wird. Der slawische PN (*Sira)[4] und das deutsche GW weisen auf eine Gründung der Kolonisationszeit hin.

3. Pukendorf

Pukendorf, nach Prange heute Groß Schenkenberg[5], hat eine mit Sierksrade vergleichbare Lage: im Uferbereich eines Bachlaufs. Der ebenfalls aus einem slawischen PN und einem deutschen GW zusammengesetzte Name weist auf eine kolonisationszeitliche Gründung hin.

im Quellgebiet eines Baches/Flusses

Siedlungen mit slawisch-deutschen Kontaktnamen in Quellgebieten kommen bis 1230 nicht vor.

---

1) vgl. Scheele (1937), LH 13, S. 34 – 40 und S. 76 – 79; Prange (1960), S. 136; Laur (1967), S. 139 f.
2) LH, N.F. 84, S. 40 ff.
3) Arnold von Lübeck VI, 12
4) Laur, S. 188, r. Sp.
5) Prange, S. 303

in "trockener" Lage

1. Cemersdorf+

Die "Dorfstelle" östlich von Louisenhof in der Gemarkung Müssen hält Prange für die ehemalige Lage dieses wüsten Dorfes.[1] Der slawisch-deutsche ON und die "trockene" Lage weisen auf eine kolonisationszeitliche Gründung hin.

in Moorlage

1. Toradesdorf (Hornstorf oder Tüschenbek)[2]

Toradesdorf, im Bestimmungswort den slawischen PN *Turad[3] enthaltend, ist der Wortbildung nach kolonisationszeitlich zu denken. Die Lage von Hornstorf auf einer sich ins Klempauer Moor schiebenden Moränenzunge (Horn!) spricht für eine slawische Gründung dieses Ortes. Tüschenbek dagegen, 2 km abseits vom Ratzeburger See auf der Wasserscheide von zwei kleinen Bachläufen, kommt als slawischer Siedlungsplatz weniger in Frage. So muß man der Gleichsetzung von Toradesdorf mit Hornstorf gegenüber der mit Tüschenbek den Vorzug geben.

2. nach 1230 (Liste 14 zu Karte I)

in Seeuferlage

Siedlungen mit slawisch-deutschen Kontaktnamen an den Ufern der Seen kommen nach 1230 nicht mehr vor. Behlendorf und Ratzeburg — Siedlungen mit slawisch-deutschen Kontaktnamen vor 1230 — gehen, bei Behlendorf vermutet, bei Ratzeburg sicher zutreffend, schon auf die vordeutsche Zeit zurück.

Wenn nun kolonisationszeitliche Gründungen mit diesem ON-Typ in Seeuferlage fehlen, könnte das ein Hinweis darauf sein, daß die seit der frühesten slawischen Zeit besiedelten Seeufer für kolonisationszeitliche Gründungen keinen Raum mehr ließen. Dies müßte allerdings dann auch gelten für kolonisationszeitliche Gründungen mit rein deutschen Namen. Es kommen nur vier in Frage: Duvensee, Seedorf, Goldensee und Buchholz.

Für Duvensee ist wegen des Vorkommens von slawischer Keramik der älteren und jüngeren Gruppe gesichert, daß es einen slawischen Siedlungsvorläufer hatte.[4]

---

1) Prange, S. 285 f.
2) Prange, S. 314
3) Laur, S. 202, l. Sp.
4) vgl. S. 120 f.

Das gleiche gilt für Seedorf[1], dessen deutscher ON eher wie eine Verlegenheitslösung klingt anstelle eines für deutsche Zungen schlecht handhabbaren vorherigen slawischen Ortsnamens denn als eine Benennung einer Neugründung.

Den ON Goldensee hält Wurms[2] im Gegensatz zu Laur[3] mit guten Gründen für slawisch.

Es bleibt das erst 1285 urkundlich erwähnte Buchholz am Ratzeburger See als die einzige Ausnahme.

Somit wäre auch, ausgehend von den kolonisationszeitlichen Siedlungen, belegt, daß die Seeuferzonen die ältesten slawischen Siedlungsräume im Untersuchungsgebiet waren.

in Fluß-/Bachuferlage

1. Kählstorf

Dagegen sind die Uferzonen der schon alt besiedelten Stecknitz-Delvenau-Rinne auch in der Kolonisationszeit siedlungsmäßig weiter verdichtet worden, wie u.a. durch Kählstorf am östlichen Ufer der mittleren Stecknitz nördlich von Berkenthin belegt.

2. Brodesende+

Die Lage der wüsten Dorfstelle ist unsicher. Prange lokalisiert sie "Südöstlich von Grambek, beiderseits des Gudower Weges, im jetzt aufgeforsteten Gebiet."[4] Somit wäre sie am westlichen Rand des mittleren Hellbachtales zu suchen. Nur so hätte der Name "Ende der Furt"[5] auch einen Sinn.

in Moorlage

Nach 1230 waren diese feuchten Lagen offenbar nicht mehr gefragt: es wurden keine Siedlungen mehr in oder in unmittelbarer Nachbarschaft zu einem Moor angelegt.

---

1) vgl. S. 127
2) Wurms, LH, Nr. 84, Dez. 1975, S. 27
3) Laur, S. 103, l. Sp.
4) Prange, S. 285
5) sinngemäß nach Laur, S. 76, r. Sp.

im Quellgebiet eines Baches/Flusses

1. Bliestorf

Die Lagen in Quellgebieten, die ab der spätslawischen Zeit besetzt wurden, werden auch noch in der Kolonisationszeit gewählt, wobei, wie sich in dem auf einen slawischen PN zurückzuführenden BW zeigt[1], Slawen beim fortschreitenden Landesausbau beteiligt wurden.

in trockener Lage

1. Düchelsdorf

Düchelsdorf liegt mit seinem alten Ortskern 2000 m westlich von Sierksrade, aber im Unterschied zu jenem abseits eines Bachlaufes, was auf eine jüngere Gründungszeit hinweist. Die Lage dieser beiden mit slawisch-deutschen ON belegten benachbarten Dörfer gibt also schon Auskunft über ihr relatives Alter. Die Urkunden können dies noch genauer belegen: Sierksrade steht bereits im ZR von 1230, Düchelsdorf wird zuerst 1373 urkundlich erwähnt[2]. Diese späte erstmalige Aufführung einer Siedlung mit einem slawischen PN als BW läßt vermuten, daß slawisches Volkstum noch im 14. Jahrhundert im Untersuchungsraum lebendig war.

d) "Slavicum"-Dörfer (sog. Doppeldörfer)

1. vor 1230 (Liste 17 zu Karte I)

in Seeuferlage

1. Klein Anker

Klein Anker ist bereits 1194[3] und 1230 im ZR als Minus Mancre bzw. Minus Mankre belegt. Prange vermutet seine Lage auf dem "Ankerfeld"[4] im Winkel zwischen der Behlendorfer Gemarkungsgrenze zu Anker, das unmittelbar jenseits dieser Gemarkungsgrenze liegt, und dem Ankerschen See. Somit wäre Klein Anker im geographischen Sinne keine eigenständige Siedlung gewesen, sondern nur der kleinere Teil der Streusiedlung Anker (= Groß und Klein Anker).[5] Die jeweils gesonderte Benennung muß in den Besitztumsverhältnissen begründet gewesen sein.[6]

---

1) vgl. Laur, S. 70, 1. Sp.
2) Gutsarchiv Rondeshagen C III, 1 u. G im KAR: Roduchelstorp
3) SHRU I, 188; 4) Prange, S. 181 f.
5) vgl. Kap. X d (Siedlungsformen)
6) Vgl. Prange, S. 281 f.: 1194 gehört Kl. Anker zum Kirchspiel St. Georg, der Zehnt seiner 4 Hufen ging an das Ratzeburger Domkapitel; vgl. Prange, S. 263 f.: 1212 besaß Nothelm von Göldenitz (zur Fam. der von Parkentin gehörend) u.a. Kl. Anker; vgl. Prange, S. 281 f.: 1424 verkaufte Volquin von Grönau den nun offenbar zu einem Hof zusammengelegten Besitz von Kl. Anker zusammen mit Behlendorf an den Lübecker Rat, 1444 wird dieser Verkauf durch Herzog Bernhard II und seinen Bruder Magnus bestätigt.

in Fluß-/Bachuferlage

1. Wendisch (Klein) Berkenthin

In Wendisch Berkenthin lebten noch 1230 — wie außerdem noch in Schiphorst und Wendisch Pogeez (= Holstendorf) — Slawen nach slawischem Recht. Nach der Übernahme des Dorfes und der Gemarkung von (Groß) Berkenthin durch deutsche Kolonisten müssen Slawen auf das westliche Ufer der Stecknitz ausgewichen sein, wo sie sich ein neues Dorf erbauten und eine neue Gemarkung erschlossen, um weiterhin nach ihrer alten Wirtschafts- und Rechtsverfassung leben zu können. Wendisch Berkenthin wäre also als slawische Ausweichsiedlung zu verstehen. Aus dem alten (Groß) Berkenthin müssen jedoch nicht alle Slawen verdrängt worden sein, sonst wären die beiden Wendfelder im östlichen Bereich der Gemarkung von Groß Berkenthin nicht zu erklären.[1]

2. Wendisch (Klein) Sarau

Groß und Klein Sarau liegen im Unterschied zu den beiden Anker und den beiden Berkenthin räumlich deutlich voneinander abgesetzt (gut 2 km Luftlinie). Daraus ergeben sich für diese beiden Siedlungen grundsätzlich unterschiedliche Lagefaktoren. Groß Sarau am nordwestlichen Ufer des Ratzeburger Sees hat im Vergleich zu Klein Sarau am westlichen Rand des Oberlaufs eines mit "Aue" benannten kleinen Baches die eindeutig ältere Lage. So könnte es sich bei Klein Sarau um eine kolonisationszeitliche Ausweichsiedlung von Slawen, aus (Groß) Sarau am Ratzeburger See kommend, handeln, die entstand, nachdem ihr altes Dorf und ihre alte Gemarkung von deutschen Kolonisten in Anspruch genommen worden waren.

in Moorlage

1. Wendisch (Klein) Segrahn+

Vgl. hierzu die Ausführung zu Kap IX a 1.
(Gudow S 52, S. 113 ff.)

2. Wendisch (Klein) Sirksfelde+

Wendisch Sirksfelde, wie Sirksfelde 1230 im ZR erwähnt, lag etwa 1000 m südöstlich von Sirksfelde südlich des Weges nach Ritzerau an der Gemarkungsgrenze nach Ritzerau und Koberg.[2] Nördlich dieser Lage befand sich ein kleines Moor (heute Wiesen) und südlich davon das Koberger Moor. Sirksfelde und Wendisch Sirksfelde haben im Prinzip die gleichen Lagen, nämlich an moorigen Niederungsgebieten. Warum deutsche Kolonisten einen slawischen Siedlungsplatz in Anspruch

---

1) vgl. hierzu Kap. XI e, bes. S. 194
2) vgl. dazu Prange, S. 311

genommen haben sollten, der nicht besser als jener, auf den sie die Slawen abdrängten, kann nur so erklärt werden, daß man den gerodeten Platz mit — vor allem — der angrenzenden Flur für sich beanspruchte, während sich die Slawen einen neuen Siedlungsplatz mit einer neuen Flur roden mußten.

Der slawische ON der alten Siedlung ist verlorengegangen, die wendische Ausweichsiedlung übernahm den Namen des deutschen Kolonistendorfes, was auf ein zeitweiliges siedelndes Miteinander am alten Siedlungsplatz hindeutet. Bei dem vermuteten slawischen Vorläufer von Sirksfelde muß es sich um eine Gründung der mittel- bis spätslawischen Epoche handeln. Sirksfelde, 2 km nördlich des Sirksfelder Walls, der zu Beginn des 9. Jahrhunderts mit der Festlegung des Limes Saxoniae aufgelassen wurde, liegt wie dieser Wall in der Limeslinie und kann wohl schon deshalb nicht auf eine ältere Siedlung in direktem Anschluß zurückgehen.

3. Wendisch (Klein) Seedorf+

Die genaue Lage ist unbekannt. Vermutlich hat Wendisch Seedorf am Hilgenbergmoor, 1000 m Luftlinie südlich von Seedorf, gelegen. Seedorf am Schaalsee hat die typische Lage einer slawischen Siedlung der frühesten Zeit. Durch Tongefäßscherbenfunde ist Seedorf als frühere slawische Siedlung abgesichert. Bei der Übernahme des Dorfes durch deutsche Kolonisten muß also Wendisch Seedorf als slawische Ausweichsiedlung im Hinterland des alten Dorfes entstanden sein. Auch hier ist wie bei Sirksfelde und Wendisch Sirksfelde bei beiden Dörfern der slawische ON verlorengegangen.

4. Wendisch (Klein) Ziethen+

Klein Ziethen ist wohl als wendische Ausweichsiedlung zwischen 1194 und 1236[1] südlich von Ziethen am Salemer Moor östlich der Müggenburg im Bereich der Flur "Zittschow" entstanden.[2] Seine Nicht-Erwähnung im ZR, obwohl sehr wahrscheinlich schon vor 1230 existierend, begründet W. Prange (1960, S. 114 ff.) damit, daß seine Zehntleistungen um 1230 wie auch die von Groß Ziethen, Römnitz und Farchau ganz dem Ratzeburger Bischof bzw. dem Domkapitel zustanden, weshalb es entsprechend jener Orte im ZR nicht herausgestellt zu werden brauchte. Klein Ziethen wird 1337 zum letzten Male urkundlich erwähnt.[3] Ab der nächstfolgenden Urkunde über Ziethen tritt nur noch (Groß-) Ziethen allein auf[4], so daß es als sicher gelten kann, daß Klein Ziethen in der spätmittelalterlichen Wüstungsperiode untergegangen ist. Seine Flur dürfte zunächst an (Groß-) Ziethen gefallen sein, wird aber später von der Stadt Ratzeburg als Erbzinsgut erworben.[5]

---

1) MUB I, 1194, 154 und I, 1236, 448
2) Hann. LA, Blatt 58: "der Sitschau".
   Der heutige Weg von Ratzeburg über die ehemalige Ziegelei zur Müggenburg am Salemer Moor trägt den Namen "Zittschower Weg".
3) MUB IX, 1337, 5796
4) vgl. E. Dettmer, Chronik des Dorfes Ziethen, Ratzeburg 1958, S. 18 f.
5) E. Dettmer, a.a.O.

in einem Quellgebiet

1. Groß Pampau

Gegenüber Wendisch (Klein) Pampau ist Groß Pampau, von seiner Lage her beurteilt, die jüngere Siedlung. Klein Pampau liegt am östlichen Ufer der mittleren Steinau und ist durch Tonscherbenfunde als Siedlung der mittelslawischen Zeit abgesichert. Groß Pampau liegt im Flußsystem der Steinau oberhalb von Klein Pampau im Quellgebiet zweier zur Steinau führenden Bäche. Dies ist eine typisch spätslawische Lage. So gesehen kann also Klein Pampau keine kolonisationszeitliche Ausweichsiedlung von Groß Pampau sein. Aber auch Groß Pampau kann man nicht als Ausweichsiedlung von Klein Pampau verstehen, da eben Klein Pampau ausdrücklich als "Wendisch" apostrophiert ist. Entweder ist Groß Pampau seit spätslawischer Zeit neben dem älteren Klein Pampau eine slawische Siedlung gewesen — die Lage im Quellgebiet der beiden Bäche spricht dafür —, die in der Kolonisationszeit von Deutschen übernommen wurde, oder Groß Pampau wurde überhaupt erst von deutschen Kolonisten gegründet, wobei der slawische Name des Nachbardorfes entlehnt wurde, was aber weniger wahrscheinlich ist.[1]

in "trockener" Lage

1. Klein Behlendorf

Die Lage von Klein Behlendorf — erstmals 1194[2], zuletzt 1230 im ZR genannt — ist nicht gesichert. Vermutlich hat es in der näheren Umgebung des Haidberges gelegen, dies ist — abseits vom Behlendorfer See in rund 1000 m Entfernung vom am See gelegenen Behlendorf — eine "trockene" Lage, wie sie für slawische Siedlungen ganz untypisch ist. Klein Behlendorf dürfte deshalb als kolonisationszeitliche Ausweichsiedlung von Behlendorf zu verstehen sein, von dem es den Namen trägt.

2. Wendisch (Klein) Zecher

Klein Zecher liegt von Groß Zecher am Schaalsee mehr als 3 km entfernt und ist damit im Vergleich zu allen anderen mit "Wendisch" bzw. "Klein" benannten Dörfern am weitesten von seinem gleichnamigen "Doppeldorf" entfernt. Auch seine Gemarkung hat eine solche Größe, daß man ihm mehr als eine Ausweichsiedlungsfunktion zutraut. Dies mag der Grund dafür gewesen sein, daß es im Unterschied zu dem sich ebenfalls in trockener Lage befindenden Klein Behlendorf nicht wüst geworden ist. Seine Lage in einem kleinen abflußlosen Grundmoränengebiet mit vereinzelten Feuchtstellen zeugt für eine späte Gründung.

---

1) Vgl. hierzu Kap. X e: Gr. Pampau zählt zu den Rundplatz-/Halbangerdörfern, womit es sich im Ursprung als slaw. erweist.
2) SHRU I, 188

3. Wendisch Pogeez = Holstendorf

Wendisch Pogeez, aus dem binnen Jahresfrist laut Vertrag von 1250[1] die Slawen entfernt werden sollten, wurde nach Vollzug mit Holsteinern besetzt und trägt seitdem den Namen Holstendorf. Sein Abstand zu Pogeez am Ratzeburger See hat den normalen geringen Abstand einer slawischen Ausweichsiedlung von rund 1000 m. Seine Lage in einem kleinen abflußlosen Grundmoränengebiet ist der von Klein Zecher vergleichbar.

unsichere Ortslage

1. Klein Salem

Weniger noch als Klein Anker und Klein Behlendorf, die nie als "Wendisch" bezeichnet werden, gehört Klein Salem in diese Gruppe, da es, obwohl 1230 vorhanden (ad utrumque Salim), erst 1367 vom anderen Salem mit "Klein" unterschieden wird.[2] Der Charakter der wendischen Ausweichsiedlung ist nicht sicher. Die Analogie zu den "Wendisch"-Dörfern ergibt sich also nur durch die Benennung mit "Klein", wie sie bei den meisten "Wendisch"-Dörfern später auftritt. Prange (1960, S. 120) vermutet nur ursprüngliche Namensgleichheit zweier benachbarter Siedlungen und führt dazu analoge Beispiele aus Mecklenburg an. Die Lage gibt Prange vage mit "Auf der Gemarkung von Salem"[3] an. E. Dettmer (1958, S. 19 ff.) vermutet sie auf Ratzeburger Gebiet bei Dorotheenhof. Vermutlich hat Klein Salem am nordwestlichen Ufer des Ruschensee gelegen. Die Gemarkung der an Ratzeburg gekommenen "Salemer Höfen"[4] umfaßte noch 1777 (Hann. Landesaufnahme, Blatt 58, Ratzeburg) den ganzen westlichen Bereich des Ruschensees (Lehmberg, Hundebusch), der heute zu Salem gehört.

2. nach 1230 (Liste 18 zu Karte I)

in Quellage

1. Wendisch (Klein) Disnack

Wendisch Disnack, wohl vor 1252 entstanden[5], im Quellgebiet eines kleinen zum Ratzeburger See fließenden Baches liegend, kann als slawische Ausweichsiedlung zu dem im ZR erwähnten, später mit "Groß" unterschiedenen Disnack verstanden werden, obwohl die Entfernung beider Siedlungen voneinander schon gut 2 km

---

1) Sudendorf 10, 11, 4
2) Sudendorf, 9, 161, 1
3) W. Prange (1960), S. 307
4) E. Dettmer (1958), S. 20
5) Sudendorf 10, 11, 5

beträgt. Die Fläche der alten Gemarkung von Klein Disnack, die nur ein Drittel der Größe derjenigen von Groß Disnack hat, kann allerdings auch als ein Hinweis auf die jüngere Entstehung dieser Siedlung verstanden werden.

2. Wendisch (Klein) Klinkrade+

Wendisch Klinkrade, zuerst 1337 erwähnt[1], im nordwestlichen Teil der Gemarkung Klinkrade im Quellgebiet eines kleinen nach SW fließenden Baches gelegen, ist auch aufgrund seiner späten erstmaligen Erwähnung und damit verbunden auch entsprechend späten Gründung als slawische Ausweichsiedlung zu verstehen.

in "trockener" Lage

1. Wendisch (Klein) Hollenbek+

Wendisch Hollenbek ist mit 1425 das am spätesten erwähnte wendische Doppeldorf. Nach Prange lag es auf der ehemaligen Feldmark von Hakendorf (früher mit Seedorf, jetzt mit Klein Zecher vereinigt) und somit in etwa 2000 m Entfernung von Hollenbek.[2] Seine Lage kann aufgrund der natürlichen Gegebenheiten des in Frage kommenden Raumes nur "trocken" gewesen sein.

e) Siedlungen mit slawischen Ortsnamen nach 1230 (Liste 15 zu Karte I)

in Seeuferlage

Siedlungen mit slawischen ON in Seeuferlage nach 1230 kommen nicht vor. Dies entspricht der Situation, wie sie schon in bezug auf die slawisch-deutschen Kontaktnamen der Kolonisationszeit nach 1230 deutlich wurde.[3]

in Fluß-/Bachuferlage

1. Labenz

Labenz, an einem kleinen — heute Mühlenbach benannten — Bach gelegen, der zu einem Mühlenteich aufgestaut ist, wurde zuerst 1390 urkundlich erwähnt[4], was für ein slawisch benanntes Dorf ungewöhnlich spät ist. Prange vermutet, daß es zwischen 1230 und 1278 entstanden sein müsse[5], als Schiphorst, in dem 1230 noch Slawen nach slawischem Recht lebten, deutschrechtlich umorganisiert wurde.

---

1) SHLUS 2, 85 (nach: H. Funck, Slavicalis Clyngrode, LH, N.F., H. 11, 1956. S. 64 – 68)
2) UBSL 8, 103
3) vgl. Kap. IX c 2.
4) UBSL IV, 518: Labbentzeke
5) Prange, S. 132 f. und 145

Tab. II: Übersicht über die Benennung der sog. Doppeldörfer (nach W. Prange, 1960, S. 121, unter Weglassung von Thurow und Ergänzung von Ziethen)

	einfach					deutsch	groß	einfach	wendisch	klein	
Berkenthin	1230 1363 1420 1462	1240 1386 1424	1264 1392 1434	1323 1394 1444	1335 1409 1450				1230	1409 1444	1438 1495	1441
Disnack	1229	1230	1252	1295		1482		1252		1517	
Hollenbek	1230 1479	1351	1440	1459	1469			1442	1482 1425		
Klinkrade	1230	1463	1476	1478			1403 1439 1464 1491	1412 1449 1471	1433 1458 1491	1417 1476	1337 1344	1391	1458 1471
Pampau	1230 1434 1516	1278 1444	1421 1456	1423 1470	1426 1477	1299	1447		1230 1433	1426 1435	1460	
Pogeez	1228 1366 1482	1230 1424	1252 1434	1295 1452	1318 1466			1252 1318	1295	1230 1250	1244	
Sarau	1230	1391	1439	1496			1346 1408 1458	1364 1444 1461	1391 1450 1466	1321 1438	1437 1451	1230	1383 1466	1441	1458
Seedorf	1194 1390 1430 1446 1471 1480	1230 1415 1435 1453 1459 1473 1483	1335 1421 1438 1459 1476	1339 1425 1442 1462 1477	1343 1426 1443 1466 1479				1230		
Segrahn	1194	1230							1230		
Sirksfelde	1230	1325	1327	1415	1447	1324	1446 1490	1448	1479	1465	1468	1230	1291	1335	
Zecher	1194	1230	1349				1294				1406 1459 1474	1421 1466 1484	1444 1471
Ziethen	1158 1337	1174 1358	1194 1444	1238	1295	1323	1236	1294		1294 1323	1295 1337	1236	

Schiphorst habe ehemals Lovenze geheißen, was sich noch daraus erschließen lasse, daß der die heutige Feldmark von Schiphorst im W begrenzende Bach im Jahre 1167 als Lovenze erwähnt ist[1], was kein ursprünglicher Bachname, sondern ein Siedlungsname sei (Ort der Jagenden = "Jäger"-Dorf)[2], wonach man den Bach benannt habe. Das alte slawische Lovenze möchte er auch dementsprechend an den Ufern dieses Baches gelegen wissen, wofür es allerdings keinen archäologischen Beleg gibt, von wo aus es dann im Zusammenhang seiner deutschrechtlichen Umorganisation, nun auch mit einem deutschen ON versehen, als Schiphorst an der heutigen Stelle, auf der flachen, feuchten Wasserscheide zwischen einem nach N und einem nach S abfließenden Bach, neu gegründet worden sei. Bei diesem Vorgang nach 1230 seien Slawen des alten Lovenze abgezogen und hätten eine weitere Siedlung, eben Labenz[3], gegründet und sie nach ihrer Herkunft benannt (Labenz = von Lovence Kommende)[4].

in Moorlage

Siedlungen mit slawischen ON an einem Moor kommen entsprechend der Seeuferlage nach 1230 nicht mehr vor. Dies galt auch schon für Siedlungen mit slawisch-deutschen Kontaktnamen nach 1230.

im Quellgebiet eines Baches/Flusses

1. Lanken

Lanken, zuerst 1278 erwähnt[5], hat nicht an der Stelle des Gutes Lanken gelegen, sondern im Quellgebiet eines Baches am Südrand des Ellerholzes. Es zeigt damit eine typische spätslawische Lage. Es kann mit Labenz insofern verglichen werden, als belegt ist, daß Slawen noch nach 1230 Siedlungen gründeten und also am fortschreitenden Landesausbau beteiligt waren.

in "trockener" Lage

1. Dahmker

Rätselhafter als bei Labenz scheint die Situation noch bei Dahmker zu sein, das zuerst 1778 erwähnt ist[6] und somit als eine neuzeitliche Gründung erscheint, weshalb man versucht hat, seinen ON als deutsch zu erklären, ohne einen vernünf-

---

1) MUB 1, 32
2) Wurms, LH, N.F., H. 84, Dez. 1975, S. 37
3) Sudendorf 9, 44, 4: Labenseke 1394; UBSL V, 248: Labentzeke 1409; v. Meiern, Gründl. Nachr. Beil. 34 b: Lawentzeke 1471
4) Prange, S. 132 f.
5) Sudendorf 7, 60, 2
6) vgl. hierzu Kap. V b 3.

tigen Sinn gefunden zu haben[1]. Aber auch die Interpretation dieses Ortsnamens als slawisch bereitet Schwierigkeiten. Laur vermutet dahinter ein *Dąbky = Eichenort, was auf einen überlieferten slawischen Flurnamen zurückzuführen wäre und nicht auf eine ursprünglich slawische Siedlung. Auch schließt die Nähe zum Runwall, der schon mit dem Ende der frühslawischen Zeit, wohl mit der Limesfestlegung, aufgelassen wurde[2], eine slawische Besiedlung dieses Platzes von frühslawischer Zeit bis zur Neuzeit aus. Vielleicht ist der Name dieser Siedlung – ihre neuzeitliche Gründung soll nicht in Frage gestellt werden – in einer Beziehung zu dem ON der Siedlung Kasseburg zu sehen. Kasseburg wird im ZR als Kerseborch erwähnt, was entweder von niederdeutsch kerse = Kirsche oder von der slawischen Wurzel *ker = Busch hergeleitet werden kann. Unterstellt man, daß das BW von Kerseborch slawischer Herkunft ist, so fällt auf, daß die Silbe -ker auch in Dahmker enthalten ist. Auf der Flurkarte von Kuddewörde von 1745 ist ein "Ohle Casseburg" nördlich der Fribek gegenüber dem Runwall verzeichnet.[3] Aufgrund der Funde von slawischen Tongefäßscherben unweit östlich dieses so bezeichneten Flurstücks, die altersmäßig den auf dem Runwall geborgenen Scherben entsprechen[4], darf vermutet werden, daß hier eine slawische Siedlung lag, die zusammen mit dem Runwall gegen 810 aufgelassen wurde. Ob dieser Platz dann in mittelslawischer Zeit erneut mit einer Siedlung besetzt wurde, an die sich das kolonisationszeitliche "Ohle Casseburg" angeschlossen hätte, das, wie Prange vermutet, nach 1230 an den heutigen Platz im W des Kasseburger Moors verlagert worden wäre[5], muß insofern angezweifelt werden, als sich das heutige Kasseburg – sowohl seine Lage (rückwärtige Anlehnung an das Moor) als auch seinen Ortsgrundriß betreffend (Rundplatzdorf mit vorgesetztem kolonisationszeitlichen halben Angerdorf = Rundplatz-/Halbangerdorf) – in seiner ursprünglichen Anlage als slawisch und nicht als deutsch darstellt[6].

Was bis in die Kolonisationszeit des Hochmittelalters von der frühslawischen Siedlung am Runwall aus der Perspektive des in der 1. Hälfte des 9. Jahrhunderts gegründeten Kuddewörde, das also bis an die frühslawische Besiedlung dieses Raumes heranreichte, vielleicht fortlebte, war der Name der alten slawischen Siedlung (für Burg und Vorfeldsiedlung), und der kann sowohl auf das im späten 12. Jahrhundert so benannte Kerseborch = Kasseburg übertragen worden sein als auch in der Flur von "Ohle Casseburg", dem alten Siedlungsgebiet vor der Burg, als *Dąbky-ker weitergelebt haben. Dieser FN, zu Dahmker geglättet, ist dann bei der Neugründung eines Dorfes im 18. Jahrhundert im nämlichen Gebiet als ON verwendet worden. Der heutige FN "Ohle Casseburg" wäre als Analogie, abgeleitet von Kasseburg, in Erinnerung an die Burg und die Vorfeldsiedlung der Burg nachträglich entstanden.

---

1) vgl. hierzu Laur, ON-Lexikon, S. 82, l. Sp.
2) vgl. Kap. IV d
3) FK Kuddewörde 1745 (Duplat), KAR
4) Prange (1960), S. 376 und Struve (1981), S. 98, l. Sp.
5) Prange (1960), S. 179, führt Kasseburg unter "Siedlungsverlagerungen" an.
6) vgl. Kap. X e und Abb. 36

f) Die beiden Wentorf (Liste 16 zu Karte I)

1. Wentorf bei Hamburg

Wentorf bei Hamburg, zuerst 1217 erwähnt[1], liegt, ob man nun von der "Ohlen Dorpstelle" oder der späteren Ortslage ausgeht[2], auf der Geest, die nach W zum ehemals vermoorten Billetal abfällt. Archäologische Belege dafür, daß hier einmal Wenden gesiedelt hätten, gibt es nicht. Kersten hält die auf der Burganlage geborgene Keramik für mittelalterlich-deutsch.[3]

2. Wentorf Amt Sandesneben

Wentorf Amt Sandesneben, erst 1423 urkundlich erwähnt[4], liegt in einer eher "trockenen" Lage, wenn man von den kleinen im bewegten Relief der Grundmoräne das Dorf umgebenden Feuchtstellen absieht. Die Lage ist für slawische Siedlungen untypisch. Slawische Bodenfunde wurden weder im Dorf noch in der Gemarkung gemacht.

g) Schlüsse über den Gang der Besiedlung

Aus der Analyse der Verteilung der unterschiedlich alten Siedlungen im Untersuchungsraum sowie ihrer Lagefaktoren ergibt sich für die Besiedlung des Kreisgebietes durch die Slawen im frühen Mittelalter bis zum Beginn der deutschen Kolonisation im Hochmittelalter insgesamt folgendes Bild (Abb. 18):

Die slawische Landnahme muß im wesentlichen von NE her erfolgt sein wobei der Durchlaß zwischen dem Ratzeburger See und dem Schaalsee als das eigentliche "Einfallstor" anzusehen ist. Diese Passage wurde durch die beiden frühslawischen Ringwälle von Farchau bzw. die Oldenburg bei Lehmrade gesichert. Die ältesten offenen Siedlungen im Bereich dieser Burgen liegen im S und SE des Ratzeburger Sees bzw. um den Schaalsee.

Der weitere Siedlungsvorstoß nach SW ist durch den frühslawischen Ringwall an der oberen Stecknitz, die Steinburg bei Hammer, dokumentiert.

Die frühslawische Besiedlung erfolgte von hier nun einerseits nach N, die Stecknitz abwärts, bzw. andererseits nach S, die Wasserscheide zur Elbe hin überschreitend, die Delvenau abwärts.

Zum dritten setzte sich die SW-Expansion fort, wie es die am weitesten vorgeschobenen Sicherungen, der Sirksfelder Wall, nördlich der Hahnheide, und der Runwall bei Kasseburg, südlich der Hahnheide, anzeigen.

---

1) Hamb. UB I, 404
2) FK 1746 Du Plat, LAS
3) Kersten, S. 480: Burganlage 1
4) UBSL VI, 458

Abb. 18: Gang der Besiedlung

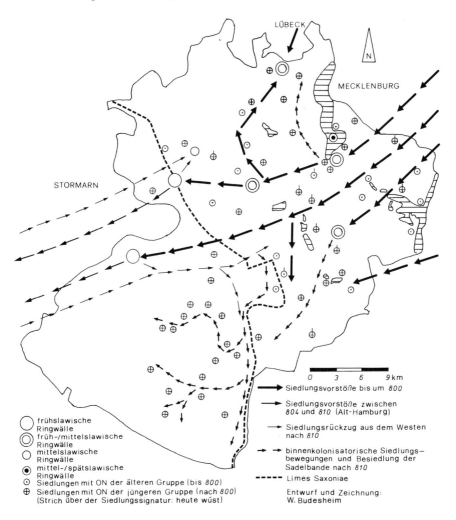

Ob der Klempauer Wall, an der Nordgrenze des Untersuchungsgebietes, von von S her die Stecknitz abwärts vordringenden Slawen angelegt wurde oder in einem Zusammenhang der Sicherung und der Kolonisation des Lübecker Raumes zu sehen ist, die aus östlicher Richtung, den Ratzeburger See im N umgehend, erfolgte, muß offengelassen werden. Die größere Nähe des Klempauer Walls zu dem Ringwall von Lübeck "Buku" (am Lübecker Burgtor gelegen) im Vergleich zu den übrigen Lauenburger Wällen spricht eher für einen Zusammenhang Klempaus mit dem Norden.

Darüber hinaus darf auch ein kleiner Siedlungsvorstoß aus direkter östlicher Richtung südlich des Schaalsees angenommen werden (Segrahn = 'Ort der Leute hinter dem Berg', von E her so benannt).

Von diesem frühslawischen Siedlungsstand mit den sechs Burgen erfolgt dann nach siegreichen Kämpfen gegen die nordelbischen Sachsen im Bündnis mit den Franken (798 Bornhöved, 804 Expatriierung der Nordalbingier) ein weiterer nach W und SW gerichteter Siedlungsvorstoß in den Gau der Stormaren (slaw. Siedlungsschicht in Alt-Hamburg), der jedoch, bedingt durch das Vordringen der Dänen und die entgegengerichtete fränkische Reichspolitik mit der Festlegung des Limes Saxoniae (810) und damit der Eingrenzung der Slawen (Aufgabe des Sirksfelder Walls und des Runwalls) sein Ende findet.

Die Rückkehr der zwischen 804 und 810 im W siedelnden Slawen, die Rücknahme der Siedler von Sirksfelde und des Runwalls sowie weiter anhaltender Bevölkerungsdruck im Inneren (Abb. 19) führen ab etwa 820 (Reichsannalen 822: die Anwesenheit von Slawen in der Sadelbande urkundlich belegt) zur Besiedlung der Sadelbande, zunächst die Delvenau weiter abwärts vordringend, dann nach W umschwenkend, die Nebenflüsse der Delvenau, die Steinau und die Linau mit ihren Nebenbächen bis in die Quellgebiete hinaufschreitend, erfassend.

Östlich des Limes, wohl von NE her aus dem Gudower Raum, wird der Büchener Sander mit Siedlungen besetzt.

Die politische Umstrukturierung Polabiens in der mittelslawischen Zeit führt zur Auflassung der vier noch intakten Wallanlagen aus der frühslawischen Zeit wie auch zur Aufgabe des als Ersatz für Sirksfelde erst nach 810 errichteten Walls von Duvensee, womit auch die zellenartige Siedlungskammerung (Ringwall – Vorfeldsiedlung – weitere offene Siedlungen in der Nähe des Walles) spätestens ihr Ende gefunden haben dürfte. Als Gesamtzentrum für Polabien entsteht die erhöhte Sicherheit bietende Inselburg, die Ratzeburg. Mit der Gründung der Ratzeburg wird die siedlungsmäßige Erschließung des Raumes zwischen dem Ratzeburger See und der mittleren Stecknitz im Zusammenhang zu sehen sein.

Ferner werden die bisher erschlossenen Räume binnenkolonisatorisch mit Siedlungen verdichtet und erweitert, was bis in die deutsche Kolonisationszeit fortdauert.

Abb. 19: Index der Wirtschaftsentwicklung in % (oben) und des Bevölkerungswachstums in Mio. (unten) in den westslawischen Gebieten (geschätzt)

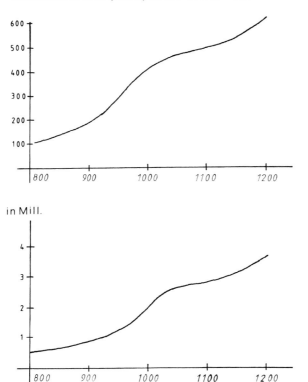

Quelle: J. Herrmann, Frühe Kulturen der Westslawen, Leipzig 1981 (3. Aufl.), S. 58

("Für das Gebiet zwischen Oder und Elbe ist nach Berechnungen des Verfassers anzunehmen, daß sich im 9. und 10. Jh. die Bevölkerungszahl vervierfachte bis verfünffachte. In den folgenden Jahrhunderten fiel der Anstieg geringer aus; bis zur Mitte des 12. Jh. verdoppelte sich jedoch die Bevölkerungszahl allem Anschein nach noch einmal. In geschätzten Zahlen ausgedrückt, darf in der Zeit um 800 für dieses Gebiet mit etwa 50.000 Menschen, um 1000 mit etwa 250.000 Menschen und um 1150 mit etwa 400.000 Menschen gerechnet werden." J. Herrmann, a.a.O.

Nimmt man für Lauenburg gegen Ende des 9. Jahrhunderts 100 slaw. Siedlungen an mit durchschnittlich 4 Familien je 5 Mitglieder, so ergibt das 2000 Einwohner. Die Bewohnerschaft der sechs mittelslawischen Burgen und ihrer unmittelbaren Vorfelder wäre minimal mit 1000 anzusetzen, so daß insgesamt für diese Zeit mit wenigstens 3000 Einwohnern zu rechnen wäre. Die Anzahl der Familienmitglieder wäre jedoch eher nach oben veränderlich, wie auch die Bewohnerschaft der Burgen mit den Vorfeldern wahrscheinlich höher eingeschätzt werden könnte, so daß eine maximale Schätzung von 5000 Einwohnern vertretbar wäre. Der Verfasser)

X SIEDLUNGSFORMEN

a) Zur Terminologie

Bei der Untersuchung der "Dorfformen" benutzt W. Prange (1960) die Terminologie von F. Engel (1953). Er unterscheidet drei Gruppen, die Anger-, die Wege- und die Sackdörfer. Die Angerdörfer haben mit den Wegedörfern die durchlaufende Achse gemeinsam, die sich jedoch nur bei ihnen zu einem Platz, dem Anger, ausweitet, an den sich beidseitig die Gehöfte reihen. Die Wegedörfer differenziert Prange nach Straßen- und Gassendörfern einerseits, deren Gemeinsamkeit — wie beim Angerdorf — die beidseitige Bebauung ist, wobei das Straßendorf im Unterschied zum Gassendorf größer ist und als planmäßige Siedlungsform verstanden wird, andererseits zählt er zu dieser Gruppe das Zeilendorf mit einer einseitigen Bebauung der Straße, die sich meist am Rande der Gemarkung, angelehnt an einen Niederungsrand, befindet. Die Sackdörfer unterscheidet er nach dem Lagefaktor "mit Spornlage" bzw. "ohne Spornlage". "Der Rundling", fügt Prange an, "das Sackangerdorf mit kreisrundem Anger, kommt in Lauenburg nicht vor."[1]

Unter Berücksichtigung des Umstandes, daß ein großer Teil der Siedlungen in ihrer Ursprungsform nicht rekonstruiert werden konnte, hat Prange für Lauenburg folgende Anzahlen der verschiedenen Dorfformen jeweils herausgearbeitet:

5 Straßendörfer (Lassahn, da heute DDR, nicht berücksichtigt)
39 Angerdörfer
15 Gassendörfer
9 Zeilendörfer
6 Sackdörfer ohne Spornlage (Klein Thurow, da heute DDR, nicht berücksichtigt)
30 Sackdörfer mit Spornlage (Techin, da heute DDR, nicht berücksichtigt)[2]

M. Born (1977), der sich im wesentlichen auf die Terminologien von G. Schwarz (1966), K. H. Schröder u. G. Schwarz (1969), G. Niemeier (1972), H. Uhlig u. C. Linau (1972) stützt, differenziert nach folgenden Gruppen:

1. Einzel- und Streusiedlungen
2. lockere Dörfer
3. geschlossene Dörfer (bzw. Siedlungen mit flächigem Grundriß)
4. Platzdörfer
   a) Rechteckplatzdörfer
   b) Rundplatzdörfer
5. Angerdörfer
6. lineare Siedlungen
   a) Straßendörfer

---
1) Prange, S. 165 ff.
2) Prange, S. 367 f.

b) Zeilendörfer
c) Reihendörfer

Die Gruppen der Platz- und Angerdörfer "vermitteln" bei Born zwischen den Siedlungen mit flächigem Grundriß und den linearen Dorfformen.

Darüberhinaus bringt Born die Gesichtspunkte der "Formenreihe" und der "Formensequenz" mit seiner Terminologie in Verbindung, womit er neue Möglichkeiten für die Beurteilung von Siedlungsformen schafft.

Mit dem Begriff der "Formenreihe"[1] wird den unterschiedlichen Ausgestaltungen der Siedlungsgruppen und -typen mehr als bisher Rechnung getragen.

Mit dem Begriff der "Formensequenz"[2] löst sich Born von der reinen Rekonstruktion der Ursprungsform, indem er die historischen Wandlungsprozesse für die Beurteilung mit einbezieht.

In dieser Arbeit soll die modernere Terminologie von Born Anwendung finden. Dabei ergeben sich aber im Vergleich mit der von Prange und Engel verschiedene Schwierigkeiten.

Abgesehen davon, daß Prange die Ursprungsform rekonstruieren will, Born dagegen das sich historisch wandelnde Ortsbild mit berücksichtigt, stimmen verschiedene Termini, das gleiche Erscheinungsbild meinend, nicht überein, da ihnen vom Ansatz her unterschiedliche Beurteilungen genetischer Art zugrundeliegen. So können Pranges Gassendörfer nach Born als "Kümmerform" des Straßendorfs verstanden werden. Der Begriff "Sackdorf" im Sinne Engels wird von Born (S. 129) absichtlich gemieden. Stattdessen gebraucht er den Begriff "Rundplatzdorf", womit er — in Anlehnung an Meibeier (1964, S. 33) — weniger das Vorhandensein eines gerundeten Platzes als vielmehr die gerundete Anordnung der Gehöfte versteht. Insofern trifft der Einwand Pranges, in Lauenburg gäbe es keine Rundlinge, nicht zu. Zutreffend ist nur, daß es keine Rundlinge "mit kreisrundem Anger" gibt.

Ferner fehlt bei Born die Unterscheidung der Rundplatzdörfer nach dem Lagefaktor "mit" oder "ohne Spornlage", wie sie Prange bei seinen Sackdörfern getroffen hat. Diese Unterscheidung erübrigt sich insofern, als nicht die Spornlage an sich entscheidend für die Ortslagewahl gewesen ist, sondern die Anlagerung dieser Siedlungen an ein mehr oder weniger ausgeprägtes Feuchtgebiet in Verbindung mit einer besonderen Wirtschaftsweise. Dies trifft mit Ausnahme von Talkau[3] auch für alle Sackdörfer ohne Spornlage zu.

---

1) Born, S. 84 ff.; 2) Born, S. 89 ff.
3) Die FK von Talkau von 1749 durch Duplat (LAS), zum Zwecke der Verkoppelung aufgenommen, weist etwa 500 m SSW von der heutigen Ortslage eine "Dorp Stelle" aus, die sich nach E an ein Niederungsgebiet, "Steinern Rie" benannt, anlehnt. Sollte das alte Talkau ein slaw. Rundplatzdorf gewesen sein, entfiele Talkau als Ausnahme.

Neben dem Umstand, daß auch hier nicht alle Siedlungen einer bestimmten Gruppe zugeordnet werden können, wird es in mehreren Fällen nicht möglich sein, die Umsetzung der Siedlungen von der Terminologie Pranges zu der von Born parallel zu vollziehen, da die entsprechenden Ortsgrundrisse vom Verfasser anders als bei Prange beurteilt werden, was jeweils gesondert vermerkt werden soll.

Darüber hinaus haben weder Prange noch Born Mischformen berücksichtigt, wie sie sich vor allem während der hochmittelalterlichen deutschen Kolonisationszeit und der spätmittelalterlichen Wüstungsperiode durch Vorbau von halben Anger-, Straßen- bzw. Zeilendörfer auf der trockenen Seite der Rundplatzdörfer entwickelt haben.

Diese Mischformen sollen hier ebenfalls herausgearbeitet werden.

b) Problematik der Erschließung

Ansatzpunkte, die Rückschlüsse auf die Formen der slawischen Siedlungen erlauben, gibt es kaum. Die ältesten Flurkarten, vorwiegend aus dem 18. Jahrhundert, zeigen zwar im wesentlichen die seit der Kolonisationszeit ganz oder teilweise planmäßig entworfenen und seitdem mehr oder weniger weiterentwickelten Dorfformen, jedoch inwieweit sich hinter den kolonisationszeitlichen Siedlungen, insofern sie slawische Siedlungen fortsetzen, Strukturen aus der slawischen Zeit verbergen, zumal mit der deutschrechtlichen Umorganisation der slawischen Wirtschaftsweise nicht nur die Flur in Hufen geschlagen, sondern zumeist wohl auch das Dorf nach deutschen Vorstellungen neu angelegt bzw. umgestaltet wurde, was z.T. – wie belegt – bis zur gänzlichen Umsiedlung der Slawen aus ihren Dörfern auf bisher ungerodete Plätze und somit zu kolonisationszeitlichen Neugründungen von slawischen Dörfern führte[1], darüber geben diese Karten, die gut 1000 Jahre nach der slawischen Landnahme und rund 600 Jahre nach dem kolonisationszeitlichen Einschnitt entstanden, keine Auskunft.

Seitens der archäologischen Forschung liegt noch keine Flächengrabung eines aufgelassenen slawischen Dorfes vor, so daß über die Anzahl und die Funktionen wie auch über die Anordnung der Häuser zueinander, woraus sich die Siedlungsform ergibt, nichts bekannt ist.

Die Fundplätze der slawischen Tongefäßscherben lassen sich, wenn überhaupt, diesbezüglich allenfalls nur vermutend interpretieren.

In zwei Fällen können möglicherweise über die Ortsnamen Schlüsse auf die Siedlungsformen gezogen werden.[2]

---

1) Die Umsiedlung von Slawen ist für Holstendorf belegt (vgl. Kap. IX d 2.; Sudendorf 10, 11, 4). – Die Neuanlage eines slaw. benannten Dorfes während der Kolonisationszeit konnte am Beispiel von Wangelau (Angerdorf!) nachgewiesen werden (vgl. Kap. X f, S. 177 ff.).
2) Vgl. hierzu die Ausführungen zu Klotesfelde+ und zu Kollow in Kap. X e.

Ob die Auswertung der fortschreitenden Aufnahme des Untersuchungsraumes durch Luftbilder zu neuen Ergebnissen führt, kann erst die Zukunft zeigen.

c) Ringwall und Vorfeldsiedlung

Wie sich aus der Diskussion um die Siedlungskammern ergab, scheinen die Ringwälle die ältesten faßbaren slawischen Siedlungen zu sein.[1]

Sowohl im gut erhaltenen Sirksfelder Wall[2] als auch im teilweise, die Umwallung betreffend, abgetragenen Runwall[3] konnte eine Bebauung im Innenraum, an den Wall angrenzend, den mittleren Platz freilassend, festgestellt werden. Die Anlehnung der Bebauung an die Innenseite des Walls bot gegen Beschießung von außen mehr Sicherheit.

In unmittelbarer Nachbarschaft zur Wallanlage erfolgte der Siedlungsausbau. So konnte nachgewiesen werden, daß sich im Vorfeld des Oldenburger Walls, in westlicher Richtung zum Oldenburger See hin, eine Siedlung erstreckte, die unter dem Namen Schwarzensee, später Oldenburg (nach der Burg benannt), evtl. eine Fortsetzung bis in die deutsche Zeit fand, nachdem der Wall bereits seit mittelslawischer Zeit seine Funktion verloren hatte, also als Befestigungsanlage nicht mehr genutzt wurde. Schwarzensee-Oldenburg wurde erst gegen 1823 niedergelegt.[4]

Rund 300 m südlich des Farchauer Walls befand sich die, allerdings mit einem ON der jüngeren Schicht belegte Siedlung Farchau, die erst 1531 als Dorf und schließlich 1745 als Vorwerk einging.[5]

Auch die noch in slawischer Zeit aufgelassene Siedlung östlich der Farchauer Mühle auf den Siedlungsstellen 7 und 8[6] gehörte zum unmittelbaren Vorfeld des Farchauer Rings.

Aufgrund von Luftaufnahmen[7] konnte sogar bei dem im 18. Jahrhundert gänzlich abgetragenen Duvenseer Wall eine ehemals im unmittelbaren Vorfeld gelegene Siedlung festgestellt werden, die möglicherweise mittels eines halbkreisförmigen Walls, der sich an den Ringwall anschloß[8], gesichert war.

---

1) vgl. Kap. VI
2) Kersten, S. 462, und Struve, Burgen, S. 108; Abb. 20
3) Struve, Burgen, S. 97, r. Sp. (Ergebnisse aufgrund der Ausgrabungen von J. Kühl, 1979); Abb. 21
4) Prange, S. 302; Abb. 22
5) Prange, S. 290; Abb. 23
6) Kersten, S. 446
7) J. Kühl, LH, N.F. 104, 1982, S. 32: Wiedergabe des Luftbildes
8) K. W. Struve, Vortrag in Ratzeburg am 3.6.1981; Abb. 24

Abb. 20: Der "Wall-Berg" von Sirksfelde; 1 : 25.000

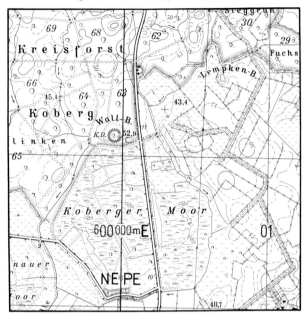

Abb. 21: Der "Runwall" bei Kasseburg; 1 : 25.000

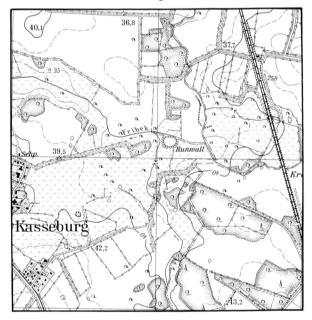

Abb. 22: Der "Oldenburger Wall" von Neuhorst; 1 : 25.000

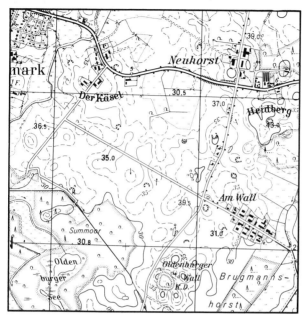

Abb. 23: Die "Marienhöhe" von Ratzeburg-Farchau; 1 : 25.000

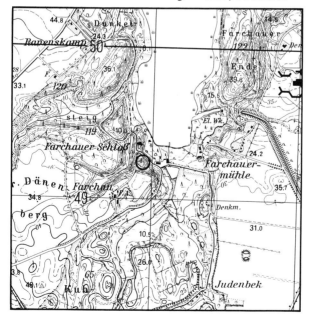

Die Steinburg bei Hammer, die wohl wegen ihrer zentralen Lage in Polabien und möglicherweise wegen ihrer Güterumschlagsfunktion vom Landweg von W und S zum Flußweg auf der Stecknitz in Richtung Ostsee vor ihrem Niedergang in mittelslawischer Zeit, der vermutlich mit der Gründung und dem Aufstieg Ratzeburgs zusammenhing, eine besondere Bedeutung hatte, ist allseitig, also auch am jenseitigen Ufer der Stecknitz von Siedlungsplätzen umgeben. Anscheinend hat sich hier bis in die mittelslawische Zeit die stärkste Bevölkerungskonzentration Polabiens befunden. Auch ist am östlichen Ufer der Stecknitz, der Burganlage gegenüber, der einzige slawische Friedhof Polabiens nachgewiesen worden.[1]

Die verschiedenen Siedlungs- und Fundplätze um die Steinburg herum gehen bereits auf eine Ausweitung einer Vorfeldsiedlung zurück, was mit der Verkehrsfunktion dieses Platzes (Warenumschlag und Versorgung) und den Folgefunktionen wie Produktion und Vertrieb von Waren vor Crt im Zusammenhang gesehen werden muß.

Wegen der ansetzenden Multifunktionalität dieses Platzes, die aufgrund der Verkehrslage und der Ausdehnung der die Steinburg umgebenden Siedlungs- und Fundplätze vermutet wird, könnte hier – ähnlich wie bei der Entwicklung Ratzeburgs – der Beginn einer städtischen Siedlung angenommen werden.

Am Sirksfelder Wall konnte bisher wegen der Bedeckung des Geländes mit Wald noch keine Vorfeldsiedlung nachgewiesen werden. Falls es sie gegeben hat, müßte sie sich auf der von N her gegen den Ringwall vorschiebenden Moränenzunge, genannt "Fahrenberg", befunden haben.

Ähnlich sind die Verhältnisse beim Runwall bei Kasseburg: eine Vorfeldsiedlung könnte auf der kleinen, flachen Moränenkuppe westlich des Walls gelegen haben. Hier liegt eine Anzahl von mittelgroßen, z.T. zertrümmerten Findlingen verstreut, die nicht auf natürliche Weise dort hingekommen sein können. Entweder sind es die Reste zerstörter Riesenbetten, oder sie haben vielleicht etwas mit einer slawischen Vorfeldsiedlung zu tun. Auf diesem Platz wurde auch nach Kersten[2] ein Mahlstein gefunden, was ebenfalls auf eine ehemalige Siedlung an dieser Stelle hindeuten könnte.

Die nördlich des Walls bereits auf Kuddewörder Gebiet liegende ehemalige Siedlungsstelle "Ohle Casseborg"[3], östlich der es nach Prange Funde von slawischer Keramik gegeben haben soll, die altersmäßig zu denen des Runwalls passen[4], hat wahrscheinlich ebenfalls eine Vorfeldsiedlung getragen, die wie der Wall selbst mit dem Jahre 810 aufgegeben werden mußte.[5]

---

1) O. Troelsch, Burg und Dorf Steinburg, LH, N.F. 51, 1965, S. 9 ff.; Abb. 25
2) Kersten, S. 271, Fundstelle 6
3) FK Kuddewörde, 1745 durch Duplat, LAS
4) vgl. hierzu Prange, S. 175 ff., besonders S. 179
5) vgl. S. 147 dieser Arbeit

Abb. 24: Der "Duvenseerwall" (ehemalige Lage); 1 : 25.000

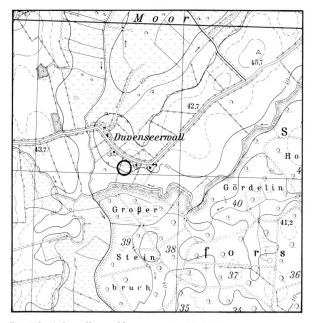

Abb. 25: Die "Steinburg" von Hammer; 1 : 25.000

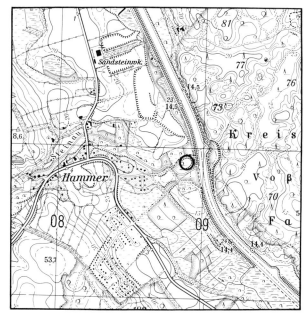

Weiter wurden im September 1981 vom Verfasser von einem auf einer Geländenase liegenden Feld nordöstlich des Runwalls (Feld mit Oberleitungsmast aus Beton) einige slawische Tongefäßscherben geborgen, die denen des Runwalls ähneln, also gleich alt zu sein scheinen, so daß hier (noch?) eine Vorfeldsiedlung gelegen haben könnte.

Die Verhältnisse am stark zerstörten Klempauer Wall sind, da er erst jüngst wiederentdeckt wurde, noch zu wenig erforscht, als daß über eine Vorfeldsiedlung Aussagen gemacht werden könnten.[1]

Der erst in mittelslawischer Zeit entstandene Ratzeburger Wall, auf einer kleinen Insel westlich der Dominsel, nördlich der heutigen Zufahrt zur Stadt gelegen, hatte am Westhang der Dominsel eine Vorfeldsiedlung, aus der sich später die Stadt Ratzeburg entwickelte.[2]

Über die innere Struktur dieser Vorfeldsiedlungen der slawischen Burgen in Lauenburg kann, solange keine flächenhafte Begrabung stattgefunden hat, keine Aussage gemacht werden. Lediglich am Duvenseer Wall konnte durch ein Luftbild das ehemalige Vorhandensein einer Vorfeldsiedlung in ihrer ungefähren Fläche unmittelbar südlich des Walles in einer sich kreisförmig darstellenden hellen Bodenverfärbung nachgewiesen werden.[3]

Um eine genauere Vorstellung von diesen frühesten slawischen Siedlungen zu bekommen, sei der analoge Vergleich mit den Ergebnissen anderer Räume erlaubt. Die Rekonstruktionszeichnung der slawischen Burg von Behren-Lübchin, Kreis Teterow (Mecklenburg), zeigt die sich an die Umwallung anlehnende Innenbebauung.[4] Der Burg Tornow, Kreis Calau (Niederlausitz), ist eine offene Siedlung vorgelagert.[5] Die Burg von Teterow weist bereits eine befestigte Vorfeldsiedlung auf[6], woraus sich wie bei Gnesen[7] eine Stadt entwickeln kann.

---

1) Abb. 26
2) vgl. Struve, Burgen, S. 102, l. Sp.; Abb. 27
3) wiedergegeben in LH, N.F. 104, S. 32 (J. Kühl, Arch. Untersuchungen . . .), Okt. 1982
4) Abb. 28 nach J. Herrmann, Die nördl. Slawen, S. 196
5) Abb. 29 a/b nach J. Herrmann, Die Nordwestslawen, S. 20/21
6) Abb. 30 nach J. Herrmann, Frühe Kulturen der Westslawen, S. 162/163
7) Abb. 31 a/b nach J. Herrmann, a.a.O., S. 152/153

Abb. 26: Der Klempauer Wall (ehemalige Lage); 1 : 25.000

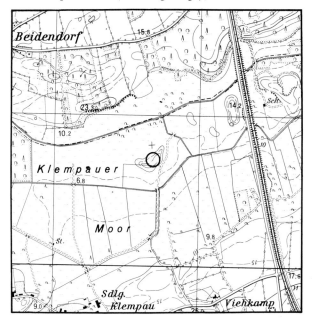

Abb. 27: Die "Ratzeburg" (ehemalige Lage); 1 : 25.000

Abb. 28: Die Burg von Behren-Lübchin (Mecklenburg) im 11. Jahrhundert

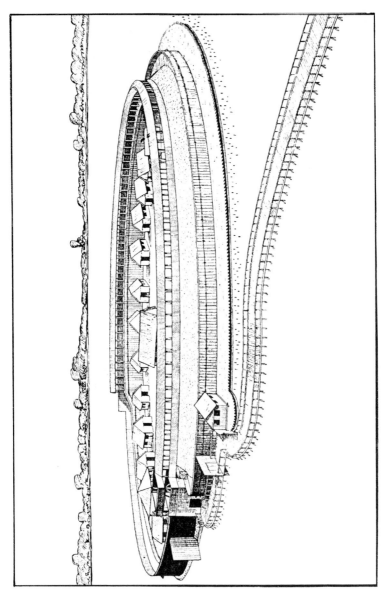

Quelle: J. Hermann, Die nördlichen Slawen; in: Kulturen im Norden, hrsg. von D. M. Wilson, München 1980, S. 196

Abb. 29: Der Burg-Siedlungskomplex von Tornow, Krs. Calau, im 8./9. Jh. (nach Ausgrabungsbefunden)
a) Rekonstruktionszeichnung Phase A

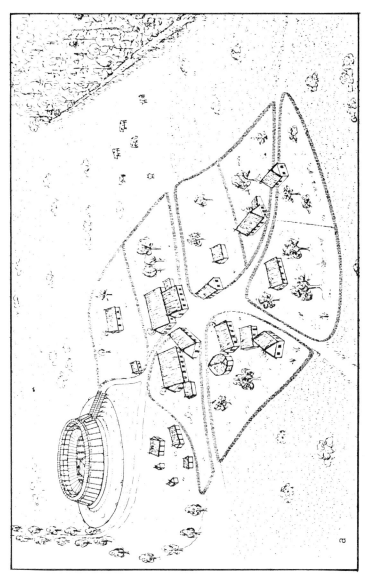

Quelle: siehe Abb. 29 b)

Abb. 29: Der Burg-Siedlungskomplex von Tornow
b) schematischer Gesamtplan Phase B

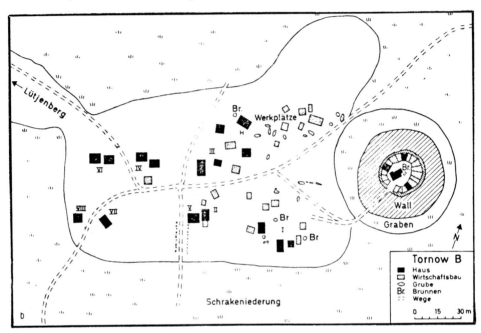

Quelle: J. Herrmann, Die Nordwestslawen. In: Sitzungsber. d. Klassen d. Akad. d. Wiss. der DDR 5, Berlin 1972, S. 20/21

Abb. 30: Rekonstruktionszeichnung des slawischen Siedlungskomplexes Teterow in Mecklenburg mit Burg, Vorburg, Siedlungen und Brücken

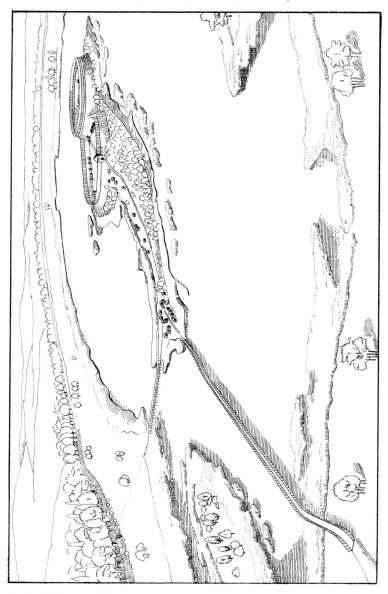

Quelle: J. Herrmann, Frühe Kulturen der Westslawen, Berlin 1981, 3. Aufl., S. 162/163

Abb. 31 a): Rekonstruktionszeichnung von Gnesen im 8. Jh. (Phase I)

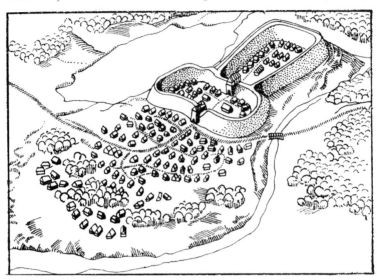

Abb. 31 b): Rekonstruktionszeichnung von Gnesen zu Anfang des 11. Jh. (Phase III)

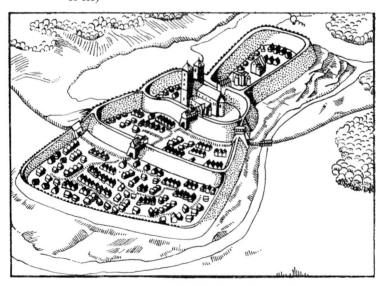

Quelle: J. Herrmann, Frühe Kulturen der Westslawen, Berlin 1981, 3. Aufl., S. 152/153

d) Streusiedlungen

Es darf angenommen werden, daß sich schon in der frühslawischen Zeit Siedlungen von den Ringwällen ablösten, also räumlich deutlich von ihnen entfernt lagen. So trägt Kogel einen ON der älteren Schicht in der Bedeutung "Ort der Schmiede". Ob es mit dieser besonderen Funktion dem 5,5 km entfernten Oldenburger Wall zugehörte, ist möglich, jedoch nicht beweisbar. Vielleicht ist die Spezialfunktion auch unabhängig von einem bestimmten Ringwall zu sehen. Jedoch gewinnt die Auffassung von der Zugehörigkeit bestimmter Siedlungen mit Spezialfunktionen zu einem bestimmten Wall durch das nur 4 km vom Oldenburger Ringwall entfernte Sterley, was "Ort der Pfeilmacher" bedeutet, an Wahrscheinlichkeit, zumal Sterley in Richtung auf den Oldenburger Wall zu in einer mittleren Entfernung von nur 3 km zwei Siedlungsvorläufer hatte, die, mit dem heutigen Sterley insgesamt gesehen, in einer zeitlichen Abfolge zueinander stehen. Auf der Siedlungsstelle 10, der der Oldenburg am nächsten gelegenen, wurde salwische Keramik gefunden. Das Flurstück "Alt Sterley", identisch mit der Siedlungsstelle 3, zwischen S 10 und dem heutigen Sterley liegend, erbrachte frühdeutsche, aber keine slawischen Scherben mehr.[1] Hier dürfte also die erste deutsche, also kolonisationszeitliche Siedlung gelegen haben, die von ihrem slawischen Vorläufer den Namen übernahm. Alsbald danach – wohl mit dem Bau der Kirche noch vor 1194 – ist Sterley als Angerdorf auf dem heutigen Platz angelegt worden.[2] Andere solche benachbarten punktuellen Ansiedlungen sind ebenfalls im Sinne von Siedlungsverlagerungen, also in einer zeitlichen Abfolge zueinander stehend, zu sehen.[3] Es gibt derzeit keinen Beleg dafür, daß es sich um zeitgleiche, verstreut liegende Gehöfte, also um eine Streusiedlung, gehandelt haben könnte. Dennoch soll die Möglichkeit der slawischen Streusiedlung nicht gänzlich ausgeschlossen werden, wäre sie doch, bei einem Auseinanderrücken der Gehöfte, vom Typ der Vorfeldsiedlung des Tornower Walles ausgehend, ohne Schwierigkeiten ableitbar. Ob Anker im mittleren Stecknitztal vom Ursprung her eine Streusiedlung war, kann nicht geklärt werden. Jedoch bieten die beiden von Anker erhaltenen Flurkarten[4] ganz das Bild einer Streusiedlung im Stadium der Grundform im Sinne Borns. Dies mag hier geländebedingt und deshalb vielleicht einmalig für das Untersuchungsgebiet der Fall sein, mußten doch die Gehöfte in der moorigen Niederung auf die vorgegebenen leicht erhöhten, trockenen Stellen verteilt werden, so daß eine enge, regelmäßige Siedlungsform hier nicht möglich war.

---

1) Kersten, S. 470
2) Prange, S. 181
3) Prange, S. 177 – 181, hat aufgrund der Auswertung der alten FK insgesamt 31 Verlagerungen heute noch bestehender Siedlungen ermittelt. Dem Beispiel Sterleys am ehesten vergleichbar ist Bröthen mit "Die große Dorfstelle" und "Die kleine Dorfstelle" (FK 1801/02 durch Greve, GG), die identisch sind mit S 27 und S 28 (Kersten, S. 172). Den Borgsdorfer Bach aufwärts befinden sich außerdem noch die Siedlungsstellen S 25, 26 und 29, deren Einordnung bisher nicht möglich war. Prange sieht das 1230 mit 30 Hufen ausgestattete Bröthen nicht nur "als das Ergebnis einer Siedlungsverlagerung, sondern auch einer Konzentration . . ." an, wobei er allerdings nur von der großen und kleinen Dorfstelle ausgeht.
4) FK Anker 1759 von Beussel, LAS; Abb. 32; FK Anker 1781 von Kaltenbach, LAS

Abb. 32: Anker, eine Streusiedlung (?)

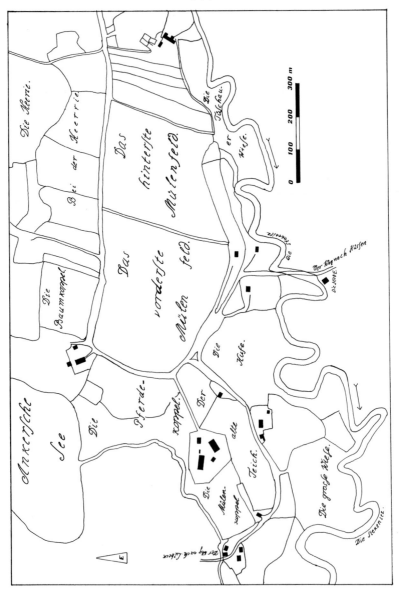

Quelle: nach FK von 1759, Beussel, LAS;
Zeichnung: W. Budesheim

e) Rundplatzdörfer und ihre Erweiterungstypen

Einen ersten direkten Hinweis auf die mögliche innere Struktur slawischer Siedlungen erhalten wir über zwei ON, und zwar über "Kolatza" (später Klotesfelde+), was 'runder Kuchen' bedeutet, und über "Kollow", was 'Rad' heißt.[1] Es ist also bei beiden Dörfern in der Stellung der Häuser bzw. der Gehöfte eine Rundstruktur anzunehmen mit sie tortenstück- bzw. radsektorförmig umgebenden Besitztumseinheiten, den Hofreiten, wie es sich in der Initialform der Vorfeldsiedlung des Tornower Walls abzeichnet. Die kreisförmige Anordnung der Gebäude und der Hofreiten hat zwangsläufig einen mehr oder weniger ausgeprägten Mittelplatz zur Folge, so daß sich im ganzen das Bild des Rundlings aufdrängt, den Prange, wie ausgeführt, für Lauenburg nicht gelten lassen möchte.

Abb. 33: Das Rundplatzdorf Holstendorf, vor 1230 "Wendisch Pogeez"

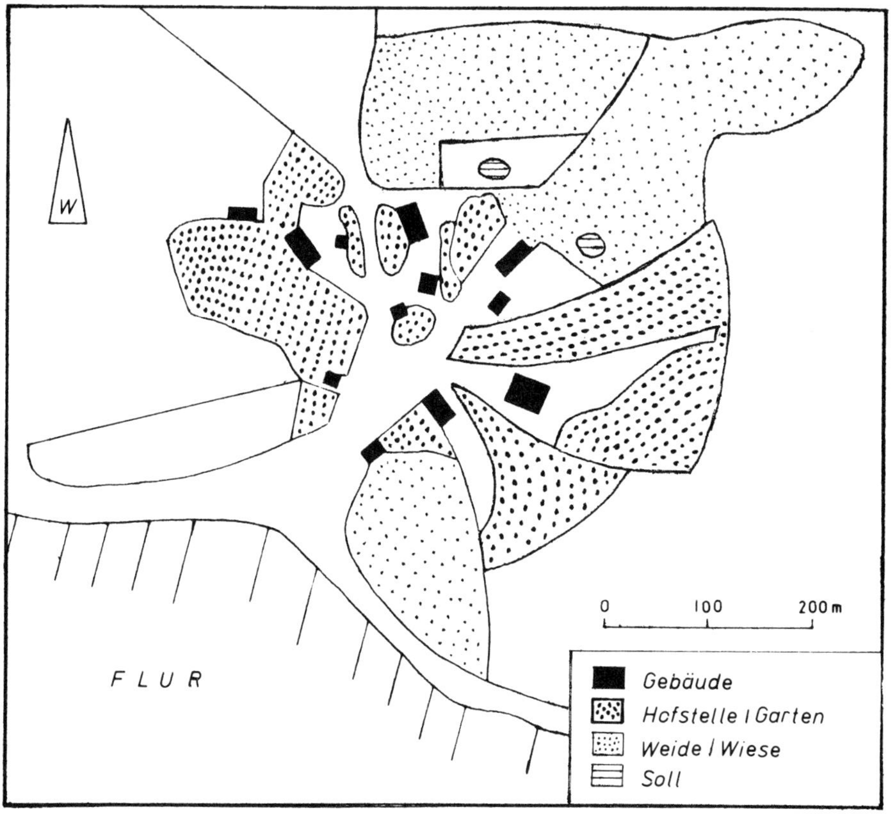

Quelle: nach FK von 1787, Wackerhagen, LAS
Zeichnung: W. Budesheim

---

1) vgl. Kap. V b 2.

Abb. 34: Das Rundplatzdorf Kankelau

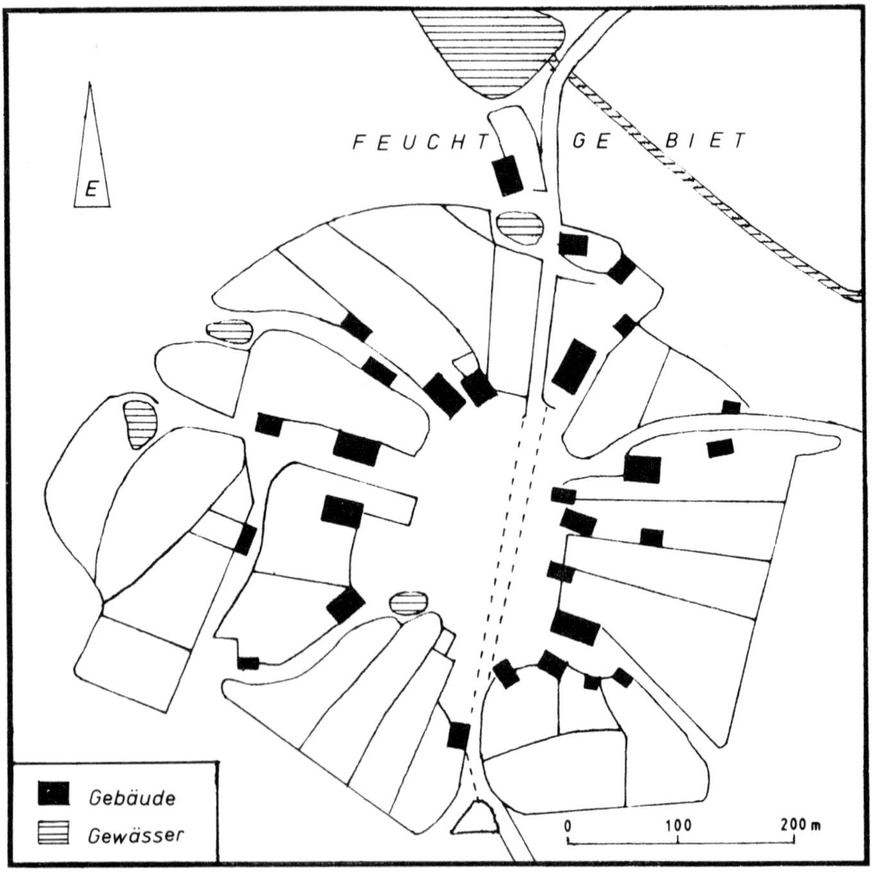

FEUCHT GEBIET

Gebäude
Gewässer

0 100 200 m

Quelle: nach FK von 1751, Balsleben, LAS
Zeichnung: W. Budesheim

Nun ist es sicher sehr problematisch, von heute her beurteilen zu wollen, ob es nicht seit der Kolonisationszeit, sondern sogar schon seit der slawischen Zeit Runddörfer in Lauenburg gegeben hat. Klotesfelde war zur Zeit der Verkoppelung bereits wüst, so daß es von ihm keine FK gibt, auch von Kollow ist keine ältere FK bekannt. So fehlen kartographische Informationen über die Ortsgrundrisse jener Dörfer um 1750, die Rückschlüsse auf die kolonisationszeitliche bzw. vorkolonisationszeitliche Siedlungsform erlaubten. Jedoch ist "Collow" auf Blatt 65 der Kurhannoverschen Landesaufnahme des 18. Jahrhunderts, aufgenommen 1776, kartiert. In Anlehnung an die feuchte Niederung der Linau stellt sich Kollow dort als

Abb. 35: Das Rundplatzdorf Talkau

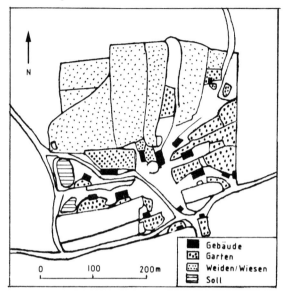

Quelle: nach FK von 1749, Duplat, LAS
Zeichnung: W. Budesheim

Abb. 36: Das Rundplatz-/Halbangerdorf Kasseburg

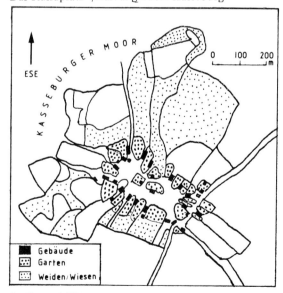

Quelle: nach FK von 1744, Duplat, LAS
Zeichnung: W. Budesheim

relativ großes Runddorf dar, allerdings schon mit einem bebauten Innenplatz und mehreren Ausgängen, an die teilweise weitere Bebauungen angelehnt sind. Die alte Öffnung dieses überbauten Runddorfs müßte zum trockenen E bzw. NE gelegen haben, von wo aus auch noch 1776 die wichtigsten Verbindungen sowohl nach Schwarzenbek als auch nach Gülzow führten. Kollow zeigt somit nach Born das Endstadium eines Rundplatzdorfes. Prange dagegen (S. 376) führt es unter der Rubrik Angerdorf.

"Collow" = 'Rad' allein kann allerdings noch nicht belegen, daß der Rundling eine vorkolonisatorische, also ursprüngliche slawische Siedlungsform war. Bei der Durchsicht der älteren FK zeigt sich jedoch sehr bald, daß das Rundplatzdorf der dominierende und offenbar auch greifbar älteste Dorftyp Lauenburgs war. Die Angerdörfer sind jüngeren Ursprungs, was sich schon daraus ergibt, daß sie oft erst in Folge zu einem Rundplatzdorf entstanden.

Zur Gruppe der Rundplatzdörfer können folgende Siedlungen gezählt werden: Altmölln, Bälau, Besenhorst, Bröthen, Groß Disnack, Klein Disnack, Einhaus, Elmenhorst, Güster, Grove, Holstendorf, Hornbek, Kählstorf, Kankelau, Kollow (nach Prange: Angerdorf), Kühsen, Lehmrade, Niendorf AA, Nüssau, Nusse, Klein Pampau, Pogeez, Ritzerau, Sirksfelde, Sierksrade, Talkau, Tramm, Woltersdorf (28).

Die Rundplatzdörfer haben während der Kolonisationszeit oder später durch Zusiedlung eine Überformung erfahren, so daß Mischtypen unterschiedlicher Ausformung entstanden sind. Teils sind Rundplatzdörfer durch vorgesetzte halbe Angerdörfer, halbe Straßendörfer bzw. halbe Zeilendörfer an der zur trockenen Seite herausführenden Straße ergänzt worden.

So ist z.B. Kasseburg (Prange, S. 376, führt es unter Sackdorf mit Spornlage) als eine Erweiterungsform eines ehemaligen Rundplatzdorfes zu verstehen, das sich rückwärtig an das Kasseburger Moor anlehnte und zur trockenen Seite hin, in Richtung der höher liegenden Ackerflächen, geöffnet war. An diese Öffnung schließt sich die jüngere Erweiterung in Form eines Halbovals an, so daß ein für ein echtes Angerdorf eigentlich zu großer ovaler Innenplatz entstand, dem die durchlaufende Wegachse fehlt. Es ist möglich, daß in dieser das Rundplatzdorf erweiternden Anschlußsiedlung eine Erweiterung aufgrund des Wüstwerdens des zuletzt 1230 genannten Ödendorf zu sehen ist, dessen Flur von Kasseburg übernommen wurde.

Zu dem Typ Rundplatzdorf plus jüngeres halbes Angerdorf (Rundplatz-/Halbangerdorf) können insgesamt folgende Siedlungen gezählt werden (in Klammern ist jeweils die abweichende Vorstellung Pranges angegeben):

Abb. 37: Das Rundplatz-/Halbangerdorf Lüchow

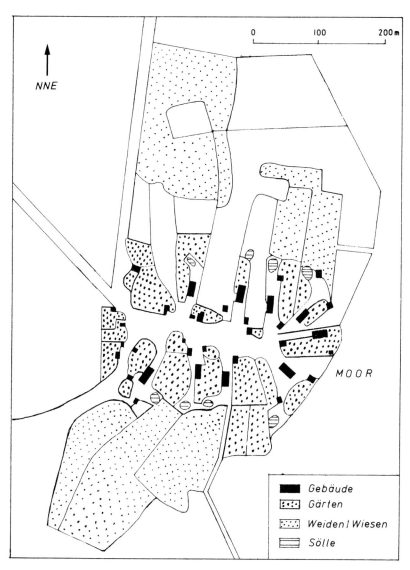

Quelle: nach FK von 1770/71, Schröder, LAS
Zeichnung: W. Budesheim

Abb. 38: Das Rundplatz-/Halbstraßendorf Lanze

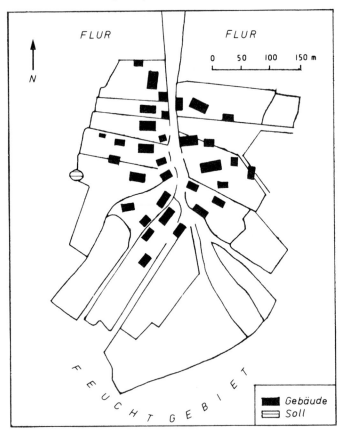

Quelle: nach FK von 1723, Michaelsen, LAS (Karten-Riß)
Zeichnung: W. Budesheim

Bartelsdorf (Gassendorf), Göldenitz (Sackdorf mit Spornlage), Grambek (Sackdorf mit Spornlage), Kasseburg (Sackdorf mit Spornlage), Klinkrade (Gassendorf), Labenz (Sackdorf ohne Spornlage), Linau (Angerdorf), Lüchow (Sackdorf mit Spornlage), Groß Pampau (Sackdorf mit Spornlage). Auch Kollow könnte man eventuell zu diesem Typ zählen (9, mit Kollow 10).

Die Erweiterung des Rundplatzdorfes ist in Form eines Straßendorfes vollzogen worden, indem die auf der trockenen Seite herausführende Straße beidseitig mit Höfen bebaut wurde. Dieser Typ könnte als Rundplatz-/Halbstraßendorf bezeichnet werden. Insgesamt kann man folgende Siedlungen diesem Typ zurechnen (in Klammern die abweichende Auffassung Pranges): Dalldorf (Sackdorf mit Spornlage), Hornstorf (Gassendorf), Pötrau (Gassendorf), Sandesneben (Gassendorf), Groß Sarau (Gassendorf), Klein Sarau (Gassendorf), Groß Schenkenberg (Gassendorf). Auch Lanze könnte man diesem Typ zurechnen (8).

Fitzen zeigte eine zeilendorfartige Erweiterung, d.h., die herausführende Straße ist nur einseitig, am feuchten Niederungsrand der Delvenau, bebaut. So könnte man Fitzen als Rundplatz-/Halbzeilendorf bezeichnen (1).

Abb. 39: Das Rundplatz-/Halbzeilendorf Fitzen

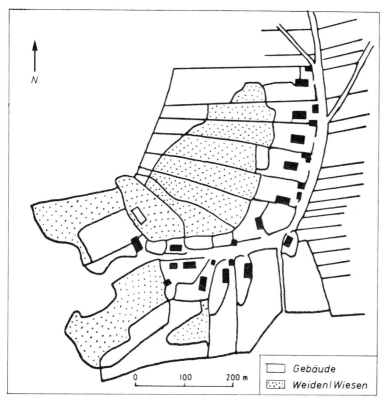

Quelle: nach FK von 1747, Michaelsen, LAS
Zeichnung: W. Budesheim

Mit diesen ältesten Rundplatzdörfern und ihren Erweiterungstypen ist eine Lage verbunden, die als typisch für slawische Dörfer gilt, nämlich die Anlehnung an eine feuchte Niederung, wobei dann die gerundete Seite des Dorfes mit mehreren kleinen Durchlässen zum niedrig liegenden Feuchtgebiet hin orientiert ist, die größere Öffnung zu der höher gelegenen, trockenen Ackerfläche führt. Die Siedlung liegt also auf der Grenze zwischen den Flächen, die der Weidewirtschaft dienen (Fischfang in den hinter den feuchten Niederungen liegenden Gewässern mag eine gewisse Rolle gespielt haben)[1], und denen, die dem Getreideanbau dienen.

So gibt diese spezielle Ortslage einen Hinweis auf eine zwischen Viehhaltung und Getreidebau ausgeglichene Wirtschaftsweise, die eine gewisse Krisenfestigkeit sichert. Für die Rundlinge des Hannoverschen Wendlandes gelten die gleichen Lage- und Wirtschaftsfaktoren.

Aus der Anbindung der slawischen Runddörfer an Feuchtgebiete ergibt sich häufig eine Ekzentrizität der Siedlung zur Flur, wenn das Feuchtgebiet einem See, größeren Moor oder breiteren Fluß vorgelagert ist, so daß rückwärtige Flurerweiterungen nicht möglich sind. Sobald aber das Feuchtgebiet klein genug ist, so daß es umgangen werden, oder eine Talaue ausreichend schmal ist, daß sie leicht überschritten werden kann, so daß jeweils jenseits davon Flurstücke urbar gemacht werden können, dann entfällt jene Ekzentrizität.[2]

Alle Anzeichen also, wie die ON Kolatza und Kollow, die zwar stark überformte, aber dennoch erkennbare Ortsform von Kollow von 1776, die überwiegende Anzahl der Rundplatzdörfer einschließlich ihrer Erweiterungstypen gegenüber anderen Ortsformen, das größere Alter der Rundplatzdörfer gegenüber den Angerdörfern sowie ihre besondere typische Lage, verbunden mit einer speziellen Wirtschaftsweise, deuten darauf hin, daß die Runddörfer Lauenburgs eine bereits vorkolonisatorische Siedlungsform sind und damit als Typus slawischen Ursprungs gelten dürfen. Daß sie heutzutage oder auch schon während der Zeit der Verkoppelung nicht die Hochform zeigen wie ein Lübeln oder Satemin im Hannoverschen Wendland, liegt einfach daran, daß zu einer solchen Ausgestaltung keine Zeit blieb. Das Slawentum im Hannoverschen Wendland dauerte immerhin bis ins 18. Jahrhundert an, während es im Lauenburgischen, in einem der am frühesten von Deutschen kolonisierten Gebiete, in dem schon im 13. Jahrhundert die deutschen Kolonisten zahlenmäßig überlegen waren, wahrscheinlich schon im auslaufenden 13. Jahrhundert kulturell bedeutungslos gewesen sein muß.[3]

Sicher ist, daß auch deutsche Kolonisten die slawische Runddorfform als vorgegeben übernahmen, d.h., daß sie nach Aus- und Umsiedlungen von Slawen die überkommene Dorfform nicht wesentlich veränderten und somit der Eindruck entste-

---

1) H. Vitt, Ostholsteinbuch, S. 24, l. Sp.
2) vgl. hierzu Kap. XI e: Die Wendfelder (bes. Lütau)
3) vgl. hierzu Kap. C

hen kann, daß Deutsche – insbesondere bei der Umbenennung des alten slawischen Dorfes mit einem deutschen ON – Rundplatzdörfer gegründet hätten.[1] Die deutsche Siedlungsform als Neugründung ist vor allem die des Angerdorfs.

f) Angerdörfer

Das Angerdorf mit seiner durchlaufenden, sich in der Mitte des Dorfes zu einem spitzovalen Platz ausweitenden Wegachse mit beiderseitiger Bebauung kann mit seiner Längsachse sowohl an ein Feuchtgebiet angelehnt sein[2], wodurch es gewöhnlich eine Randlage in bezug auf seine Gemarkung bekommt, als auch ohne Anlehnung an ein Feuchtgebiet im Zentrum seiner Gemarkung liegen[3].

Wege können dabei, wie sie an Ufersäumen von Flüssen bereits vorgegeben sind, Leitlinien für die Besiedlung durch Angerdörfer sein, wie es sich am trockenen linken oberen Billeufer zeigt; oder Angerdörfer wirken, sofern sie in verkehrsmäßig unerschlossenem Gebiet angelegt werden, durch die Verlängerung ihrer Wegachse in zwei Richtungen zu den nächsten Siedlungen verkehrsbildend.[4]

Im Unterschied zu den Rundplatzdörfern, die nur in den ehemals von Slawen besetzten Gebieten des Untersuchungsraumes vorkommen, verteilen sich die Angerdörfer über ganz Lauenburg. Da sie, wie ausgeführt, oft erst in Folge von Rundplatzdörfern stehen, stellen sie gegenüber den Rundplatzdörfern den jüngeren Siedlungstyp dar. Die Angerdörfer sind die vorherrschenden Siedlungen der deutschen Kolonisationszeit.

Eine Reihe von Angerdörfern trägt jedoch slawische ON, so daß, so betrachtet, ein höheres Alter vermutet werden könnte. Es darf aber als gesichert gelten, daß auch die slawisch benannten Angerdörfer erst während der Kolonisationszeit entstanden sind. Als Beispiele hierfür mögen zwei Angerdörfer der Sadelbande, die slawische ON tragen, angeführt sein: Bei Basedow kann auf Fundstelle 1, im Quellgebiet eines Bachlaufs, ein slawischer Siedlungsvorläufer gelegen haben. Es wäre also mit einer kolonisationszeitlichen Siedlungsverlagerung, also der Neuanlage von Basedow auf dem jetzigen Platz als Angerdorf, zu rechnen. In der Gemarkung des Angerdorfs Wangelau konnte jedoch weder bei der archäologischen Landesaufnahme durch Kersten noch durch die jüngst von U. Sporrong vorgenommene Phosphatkarbonuntersuchung[5] ein Siedlungsvorläufer festgestellt werden. Entweder ist Wangelau von Anfang an – trotz des slawischen ON – ein deutsches Dorf gewesen, oder Slawen wurden unter deutscher Anleitung zum Landesausbau der Sadel-

---

1) vgl. hierzu die Ausführungen zu Wendisch Pogeez - Holstendorf, Kap. IX d 1.
2) z.B. Kuddewörde
3) z.B. Brunstorf
4) z.B. Schiphorst, Siebenbäumen, Wentorf bei Reinbek
5) U. Sporrong, Gemarkungsanalyse in Wangelau, Offa Bd. 32, S. 57 – 79 (mit einer Karte)

Abb. 40: Das Angerdorf Kuddewörde, vermutlich im 9. Jh. gegründet

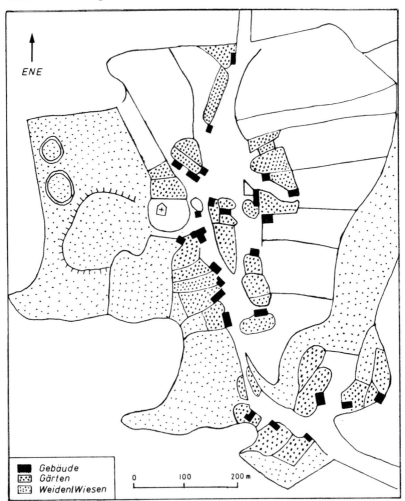

Quelle: nach FK von 1745, Du Plat, KAR
Zeichnung: W. Budesheim

(In der Billeniederung sind noch Reste von zwei Wällen kartiert, die der Ansiedlung den Namen gaben: Kudde = künstl. morpholog. Negativform in einer feuchten Talaue, z.B. Lehmenkudde, das bedeutet, wo man Auelehm für den Hausbau grub. Wörde = Mz. von Word, d.h. kleine Befestigungsanlage bzw. aufgeworfener Siedlungsplatz; vgl. die Einzelform "Worth" in der Sadelbande. – "Kuddewörde meint also: Wörde, Warte, Wurten, die mit einem ausgehobenen, morastigen Graben umgeben sind.)

Abb. 41: Das Angerdorf Wangelau

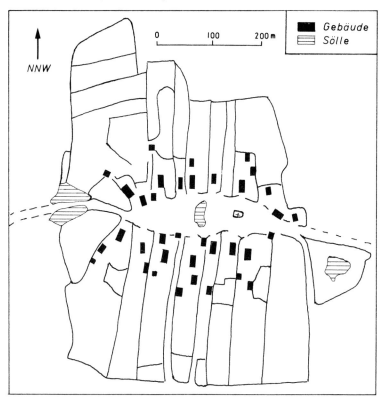

Quelle: nach FK von 1723, Michaelsen, LAS
Zeichnung: W. Budesheim

bande herangezogen. Der gelegentliche Hinweis früherer Urkunden, daß Slawen aus ihren alten Dörfern vertrieben wurden[1], wirft die Frage ihres Verbleibs auf. Wie bei der Gründung der sogenannten Doppeldörfer als Ausweichsiedlungen oder wie bei Labenz müßten auch hier slawische Neugründungen — nach deutschem Recht — während der Kolonisationszeit vorliegen.

Folgende Siedlungen können in Lauenburg in der Gruppe der Angerdörfer zusammengefaßt werden (in Klammern die abweichende Auffassung Pranges):
Basedow, Basthorst, Bergrade (Zeilendorf), Bliestorf, Groß Berkenthin, Börnsen, Brunstorf, Dassendorf, Düchelsdorf, Duvensee (Sackdorf mit Spornlage), Esche-

---

1) vgl. Kap. IX d 1. (Wendisch Pogeez = Holstendorf)

burg, Grabau, Grinau, Gülzow, Hamfelde (Gassendorf), Havekost, Hohenhorn, Juliusburg, Klempau, Koberg, Kröppelshagen, Krukow, Krüzen, Krummesse (Zeilendorf), Kuddewörde, Lanken, Möhnsen, Mühlenrade, Poggensee, Rondeshagen, Sahms, Schiphorst, Schmilau, Schretstaken, Siebenbäumen, Siebeneichen, Sterley, Stubben, Wangelau, Wentorf AS, Wentorf bei Hamburg, Wohltorf, Worth, Ziethen (44)[1]

g) Lineare Siedlungsformen (Straßendörfer, Zeilendörfer)

Einige von Kersten als Siedlungsstellen bezeichnete Fundplätze slawischer Tongefäßscherben weisen eine beachtliche Größe auf wie z.B. die sich am östlichen Ufer der Steinau südlich von Klein Pampau in N-S-Richtung erstreckende Siedlungsstelle 2 oder auch die Siedlungsplätze an der oberen Stecknitz um die Steinburg, jetzt sogar auf beiden Flußufern, die eine Längenerstreckung von 1,5 km erreichen. Auch die Siedlungsstelle 5 in der Gemarkung Mustin säumt das nordwestliche Ufer des Culpiner Sees auf fast 1 km.

Man könnte, hieraus schließend, den Eindruck gewinnen, daß die Slawen eine vorkolonisationszeitliche lineare Siedlungsform besessen hätten. Es muß aber bedacht werden, daß diese Siedlungsplätze in ihrer großen linearen Ausdehnung wahrscheinlich nie gleichzeitig besetzt waren, sondern daß in ihnen vielmehr das "Wandern" einer Siedlung auf begrenztem Raum zum Ausdruck kommt, wie es noch bei Klein Pampau, am Nordrand von S 2, als letzter Station dieser schrittweisen Ortsverlagerung, deutlich den Anschein hat.

Siedlungen mit linearen Grundrissen kommen im Untersuchungsraum sowohl im Gebiet der alten Grafschaft Ratzeburg als auch in der Sadelbande vor, jedoch nicht in den von Slawen ehemals nicht besiedelten Gebieten des Südwestens und des Südens. Diese Räume wurden teils schon im 9. Jahrhundert, teils im 12. Jahrhundert von deutschen Kolonisten besiedelt. In den ersten Phasen der Kolonisation dominierte das Angerdorf (Wentorf bei Hamburg, Börnsen, Kuddewörde). Linear-Dörfer sind erst weiter im Osten und Norden anzutreffen, aber wahrscheinlich auch schon vor 1200 aufgetreten. Teils handelt es sich bei ihnen um neue Siedlungen deutscher Kolonisten, teils stehen sie in Folge von slawischen Rundplatzdörfern in Verbindung mit der rechtlichen Umorganisation mit gelegentlich Ortsverlagerung (z.B. Müssen S 3 / Müssen). Viele der umgestalteten bzw. umverlagerten Siedlungen haben den alten slawischen ON behalten. Lineare Siedlungen befinden sich sowohl an Niederungsrändern exzentrisch zur Gemarkung als auch in trockener Lage im Zentrum ihrer Gemarkung.

---

1) Lütau ist hier unter den Angerdörfern nicht genannt, obwohl es unter Kap. XI d als solches verstanden wird. Auf dem Karten-Abriß von 1722 (Michaelsen, LAS) zeigt Lütau einen stark überformten Ortsgrundriß, den man als Angerdorf interpretieren könnte, hinter dem sich aber wahrscheinlich im Ursprung ein Rundplatzdorf verbirgt (vgl. die entsprechenden Ausführungen bei Kap. XI d).

Abb. 42: Das Straßendorf Fuhlenhagen

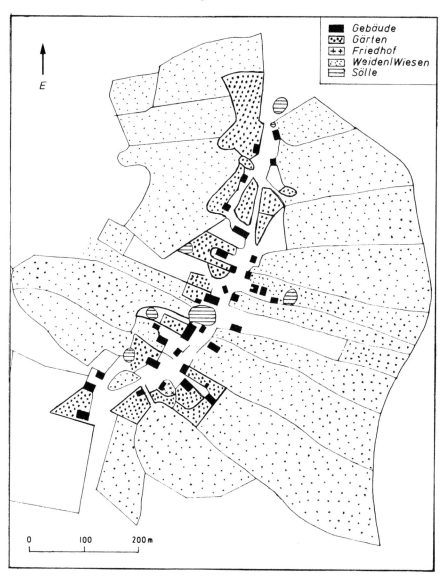

Quelle: nach FK von 1793, ohne Namen, LAS
Zeichnung: W. Budesheim

Abb. 43: Das Zeilendorf Langenlehsten

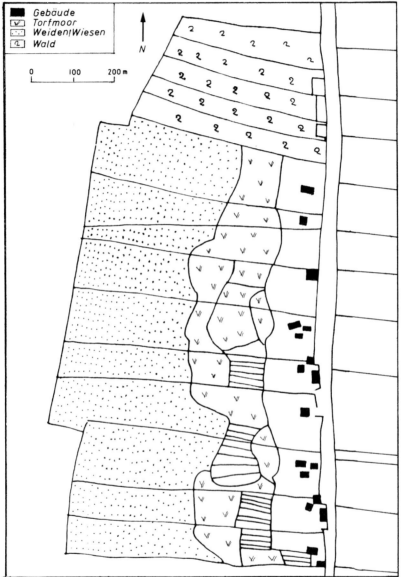

Quelle: nach FK von 1802, Manecke, GG, KP im LAS
Zeichnung: W. Budesheim

Daß die linearen Siedlungstypen jünger sind als die Rundplatzdörfer zeigt sich auch darin, daß Rundplatzdörfer gelegentlich zur trockenen Seite hin straßendorfartig bzw. mit Anlehnung an den Niederungsrand zeilendorfartig erweitert wurden (wie es unter e ausgeführt wurde).

Unter den Typ Straßendorf fallen folgende Siedlungen (hierzu sollen auch die bei Prange gesondert ausgewiesenen Gassendörfer — soweit sie nicht anders eingeordnet wurden — gezählt werden, die nach Born als "Kümmerform" eines Straßendorfs verstanden werden; Pranges abweichende Vorstellung ist in Klammern ergänzt):
Buchholz (Gassendorf), Buchhorst (Gassendorf), Breitenfelde, Fuhlenhagen, Hamwarde, Kastorf, Mustin, Salem (Gassendorf), Witzeeze (9).

Die drei Zeilendörfer, Göttin, Langenlehsten und Müssen, sind jeweils rückwärtig an die feuchte Niederung angelehnt, Göttin an das Tal der Delvenau, Langenlehsten an das Lehster Moor und Müssen an den Niederungsrand der Mühlenbek.

Abb. 44: Die Siedlungsformen

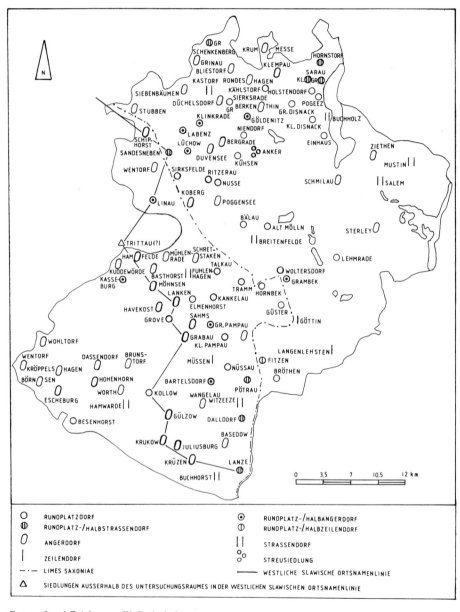

XI SLAWISCHE FLURNAMEN

a) Unsichere slawische Flurnamen

In den Gemarkungsbereichen einiger ehemals slawischer Dörfer kommen vereinzelt Flurnamen vor, die weder vom Hochdeutschen noch vom Niederdeutschen her beurteilen einen Sinn ergeben. Selbst wenn man einkalkulieren muß, daß auch frühe deutsche Flurnamen im Laufe mehrhundertjähriger Handhabung oft so stark verballhornt sein können, daß sie in ihrer ursprünglichen Form und in ihrem Sinn nicht mehr rekonstruierbar sind, so hat es doch bei mehreren in den ältesten Flurkarten gefundenen Flurbezeichnungen den Anschein, daß ihr Ursprung im Slawischen gelegen haben könnte, ohne daß die Bedeutung noch feststellbar wäre.

Im N der Gemarkung Klempau heißt ein Flurstück "Im Tukenfelde"[1], östlich von Duvensee liegt das Flurstück "auf dem Beichel"[2], die im S an Alt Mölln anschließende Flur trägt den Namen "Auf den Calunder Stücken"[3], im NW der Grover Gemarkung heißt die Flur "Auf dem Küsel"[4] und in der Hornbeker Gemarkung[5] liegen im W das mit "Auf dem Gars Land" und im SW das mit "Auf dem Grüchel Campe"[6] bezeichnete Flurstück.

b) Flurnamen, auf ehemalige slawische Siedlungen verweisend

Eine weitere Gruppe von slawischen Flurnamen erweist sich aufgrund des sprachlichen Befundes mit Sicherheit als slawischen Ursprungs. Sie deuten wohl meist auf vergangene slawische Siedlungen hin, die keine urkundliche Erwähnung mehr gefunden haben.

Da, wo heute im äußersten SW der Duvenseer Gemarkung die neuzeitliche Siedlung Duvenseerwall liegt, verzeichnet der Brouillon wie auch die Karte von Quentin[7] einen Ringwall, der, wie spätere Scherbenfunde belegten, aus der mittelslawischen Zeit stammt. Das etwa 200 m nordöstlich an den Duvensee angrenzende Moorgebiet trägt den Namen "Godelins Bruch" bzw. "Im Godelins Bruch". Auch auf Blatt 57 (Sandesneben) der Hannoverschen Landesaufnahme, aufgenommen 1777, ist "der Wall" verzeichnet. Das ganze im NW vom Wall in Richtung Duvensee liegende Bruchwaldgebiet heißt hier "Im Goddelihn". Auf der drei Jahre nach

---

1) FK Benoit 1789 LAS
2) FK Kaltenbach 1780 LAS
3) FK Benoit 1781 und 1782 LAS
4) FK Benoit 1794 LAS
5) Für Hornbek ist kein slawischer Siedlungsvorläufer nachgewiesen, jedoch seine ekzentrische Lage zur Gemarkung am Mühlenbach sowie sein ursprünglicher Rundplatzdorfcharakter (FK Benoit 1783) deuten auf eine slawische Erstbesiedlung dieses Platzes hin.
6) FK Benoit 1783 LAS
7) Brouillon Quentin 1777 LAS und FK Quentin 1777 LAS

Quentin verfertigten FK von Kaltenbach[1] ist der Wall nicht mehr vorhanden. Er ist der inzwischen vollzogenen Verkoppelung zum Opfer gefallen, d.h., er wurde eingeebnet, um mit seinem Erdmaterial umliegende Sumpfstellen auszugleichen: das Gebiet ist jetzt in Feldstücke aufgeteilt. Der FN "im Godelin" ist an gleicher Stelle wie bei Quentin verzeichnet. Es darf mit großer Sicherheit vermutet werden, daß Godelin den Wall oder seine Vorfeldsiedlung bzw. beides meinte, ursprünglich also ein Siedlungsname gewesen ist.

Im Westen der Gemarkung von Schiphorst liegt ein Flurstück mit dem Namen "Loeventz"[2]. Prange vermutet, daß hier der slawische Siedlungsvorläufer von Schiphorst gelegen habe, dessen slawische Einwohner nach der Ortsverlagerung und Ortsumbenennung im Zusammenhang der Umordnung des Dorfes zu deutschem Recht abwanderten und Labenz gründeten.[3]

Westlich von Schwarzenbek — heute südlich der Berliner Bahn — liegt ein kleines Waldstück, das den Namen "Bölkau"[4] trägt. Seine Lage am Zusammenfluß der nach W fließenden Schwarzen Au und des von S kommenden heute noch so benannten Bölkau-Bachs — also dreiseitig von moorigen Flächen umgeben — wäre ein typischer slawischer Siedlungsplatz. Pranges Vermutung, daß hier der slawische Siedlungsvorläufer des zuerst 1291 erwähnten Schwarzenbek gelegen habe, hat große Wahrscheinlichkeit.[5]

Zwei FN scheinen sprachlich verwandt zu sein, lassen sich aber räumlich nicht zusammenbringen, und zwar einmal "In der telschen Horst"[6] im NE der Müssener Gemarkung und "In der Tellau"[7] im SE-Zipfel der alten Gemarkung von Pötrau auf dem Sporn zwischen dem Zusammenfluß von Steinau und Delvenau.

Während es für "In der telschen Horst" keinen Ansatzpunkt für eine sinnvolle Erklärung gibt, handelt es sich bei "Tellau" entweder um eine verballhornte Form des alten Flußnamens Delvenau, an den dieses Flurgebiet angrenzt, oder es verbirgt sich dahinter eine ehemalige slawische Siedlung. Die Lage der so benannten Flur wäre typisch für einen slawischen Siedlungsplatz.[8]

Auf eine slawische Siedlung scheinen auch die beiden in einem räumlichen Zusammenhang stehenden FN "In dem Stühtow" und "Bey der Stöht Brügge" im N von

---

1) FK Kaltenbach 1780 LAS
2) FK Gerber ohne Jahr LAS
3) Prange, S. 130 bis 133; vgl. Kap. V b 3.
4) "General = Carte des Königlichen Amtes Schwarzenbek . . ." von Duplat LAS: "Bölcko"; "Forst Carte vom Amte Schwarzenbek" von Benoit und Duplat LAS: "Bölkau"
5) Prange, S. 186 f. u. 284
6) FK ohne Namen 1719 KAR
7) FK Fischer 1789 LAS
8) Kersten (1951), S. 367, vermutet am Zusammenfluß von Steinau und Delvenau die Burganlage 8 in der Gemarkung von Pötrau ("Papenborg"). Ob es sich bei dem leichten Erdaufwurf tatsächlich um die Reste einer ehemaligen Burg handelt, ist noch nicht geklärt.

Krüzen[1] bzw. im NE am Zusammentreffen seiner Gemarkung mit denen von Lütau, Basedow und Buchhorst hinzuweisen. "In dem Stühtow" ist ein kleines, noch heute existierendes Waldgebiet an der Lütauer Scheide.[2] Die westlich davon gelegenen Feldstreifen heißen auf der Hannoverschen Landesaufnahme, Blatt 65 (Lauenburg), aufgenommen 1176, "Stutauer Camp". Auf Lütauer Seite heißt der etwas weiter nördlich liegende Grenzwald nach Krüzen ebenfalls "im Stühtau" und die östlich davon liegende Flur "Stutauer Ohrt-Camp".

Ein an die Stecknitz angrenzendes Wiesengebiet in der Gemarkung von Anker trägt den FN "Die Tüschauer Wiesen".[3]

Bei einer Reihe von slawischen FN sind die Siedlungen, auf die sie verweisen, zwar ebenfalls nicht mehr vorhanden, aber bereits urkundlich belegt.

Der "Zitzkau" bzw. "Zittschow" bezeichnet die ehemalige Gemarkung von Klein Ziethen.[4]

"Der Schmilauer Tangenberg"[5] verweist auf das wüste Tangmer[6], das bereits Prange "Im Südteil der alten Feldmark Farchau, im Forstort Tangenberg, nördlich des Wensöhlengrundes"[7] lokalisiert hat.[8]

"In den Bannauer Höfen"[9] zeigt den ungefähren Siedlungsplatz der Wüstung Bannau[10].

"Manau"[11], ein Wäldchen im N der Nusser Gemarkung, erinnert an das ehemals hier liegende Dorf[12].

"Lanck Kahlen"[13] auf der Grover Gemarkung liegt an der Grenze zur Lankener Gemarkung und verweist auf das wüste Lanken, das auf den "Ruinen von Alt Lan-

---

1) FK Krüzen 1800/1801 (Fischer), LAS. – Die kleine Ansiedlung an der Straße nach Basedow, bereits schon auf Basedower Gemarkung, heißt, den alten FN übernommen habend, heute "Stötebrück" (MTBl. 2529 Büchen).
2) Karte Amt Lauenburg Michaelsen 1746 benennt das dem Krüzener "In dem Stühtow" auf Lütauer Gebiet anschließende Wäldchen "Stütow" sowie auch das Wäldchen nördlich davon.
3) FK Anker 1759 (Beussel), LAS
4) vgl. hierzu Kap. IX d 1., S. 141; E. Dettmer (1958), S. 17 ff.
5) FK Schmilau Benoit 1773 et 1774 LAS
6) MUB V, 3198
7) Prange, S. 312 f.
8) FK Fredeburg und Farchau Braun 1748 KAR: "Auf dem Tangenberg"
9) FK Lehmrade Wackerhagen 1783 LAS
10) Sudendorf 7, 60, 2
11) MTBl. 2329 Nusse
12) MUB VI, 4315 f.; ferner: Prange, S. 300
13) FK Grove Duplat 1745 LAS

ken" nordwestlich von "Der Reth Teich"[1], das ist heute im NW der B 207 südlich des Ellerholzes, gelegen hat.

Das Waldgebiet, das im S Schwarzenbek umfaßt, trägt den Namen "Rülau", auf den Flurkarten der an ihm beteiligten bzw. angrenzenden Gemarkungen in leicht unterschiedlichen Schreibweisen[2], und verweist damit auf die Wüstung Rülau[3], deren Lage noch nicht ganz gesichert ist[4].

Das "Zucker Holtz" im N der Basedower und — angrenzend im E — der Lütauer Gemarkung[5] erinnert an das wüste "Wizok"[6], wie die "Darchauer Heide" im NE von Bröthen[7] auf das untergegangene Dorf Darchau[8] verweist.

c) Flurnamen, auf noch bestehende Siedlungen mit slawischen Ortsnamen verweisend

Die meisten FN, die auf eine noch bestehende Siedlung hinweisen, stellen keine zu interpretierende Besonderheit dar, da sie im allgemeinen leicht verständlich sind, was daran liegt, daß sie sich im Hinblick auf jene noch bestehenden Siedlungen, auf die sie verweisen, bei drohender sprachlicher Abnutzung bis heute immer wieder regenerieren konnten, so daß der Beobachter schon bei der Betrachtung der Meßtischblätter den richtigen Bezug leicht finden kann wie z.B. bei dem auf der Kühsener Gemarkung liegenden, an die Gemarkung von Panten angrenzenden Flurstück "In der Panter Rade"[9].

Doch bleiben noch einige wenige FN, bei denen der Bezug auf die benachbarte bestehende Siedlung nicht auf den ersten Blick deutlich wird.

---

1) FK Lanken ohne Namen ohne Jahr KAR
2) Karte des Amtes Schwarzenbek Duplat ohne Jahr LAS: "Die Rühlau", "Rühlaw";
   Forst Carte vom Amte Schwarzenbek Benoit und Duplat ohne Jahr LAS: "Die Rühlow";
   FK Grabau Duplat 1745 LAS: "Rühlau";
   FK Grabau Gihlow 1784 LAS: "Die Rülau";
   FK Grabau Gihlow 1786 LAS: "Die Rulau";
   FK Brunstorf Duplat 1745 KAR: "Rühlauer Wiesen";
   FK Müssen Albers 1719 KAR: "In der Müssensche Rühlow", "In der doven Rühlow".
3) LAS Urk. 210 nr. 230
4) Prange, S. 306, vermutet die Lage im Forstorte Rülau zwischen Schwarzenbek und Kollow.
5) FK Basedow Michaelsen 1723 LAS: "Zucker Holtz" auf Basedower Seite und "Lütower Zucker Holtz" auf Lütauer Seite;
   FK Basedow Ziegler 1780 LAS: "Zucker Holtz";
   Hannoversche Landesaufnahme, Blatt 65 (Lauenburg), 1776: "Zucker Holtz" im N von Basedow zwischen Lütau und Dalldorf;
   "Zuckerholz" auf Lütauer Gemarkung östl. von Lütau an der Basedower Grenze, MTBl. 2529 Büchen
6) ZR; vgl. Prange, S. 316
7) FK Bröthen Greve 1801/02 GG, KP im KAR
8) ZR: Dargenow
9) FK Kühsen Bonsack 1774 LAS

Der "Laven Dieck" im NE von Labenz[1] an der Grenze zu Steinhorst weist, von Steinhorst aus gesehen, wahrscheinlich auf Labenz.

Auf der Grabauer Gemarkung im NW an der Gemarkungsgrenze liegen der "Sabel Camp" und die "Sabel Wiese"[2] und jenseits davon auf Sahmser Gebiet das Buschwäldchen "Im Sabel"[3]. Wahrscheinlich spiegelt sich in diesen FN die ältere Form von Sahms, nämlich Sabenize[4], wider.

d) Das Dahmker-Problem

Einen Sonderfall in diesem Zusammenhang stellen die Flurbezeichnungen "Damcker Wiese", "Vor dem Damcke" im SE der Kuddewörder Gemarkung an der Grenze zu Dahmker und das bereits auf Dahmkerschem Gebiet liegende "Das Damcker Feld" dar[5], insofern nämlich, als nicht sicher ist, ob die erst spät belegte und wohl auch erst spät gegründete Siedlung Dahmker[6] nach diesen bereits vorher vorhandenen FN[7] benannt worden ist oder ob diese FN erst nach der frühneuzeitlichen Gründung Dahmkers entstanden.

Da der ON Dahmker höchstwahrscheinlich slawisch ist und es nicht vorstellbar erscheint, daß man noch im 17. Jahrhundert an der äußersten westlichen Grenze des ehemals slawischen Gebietes einen Ort, ohne vorher im Raume vorhandene Namen zu nutzen, mit einem slawischen ON versieht, müßte Dahmker entweder älter sein, wofür es aber keinen urkundlichen Beleg gibt, oder sein Name ist von einem alten FN abgeleitet, wobei dieser FN allerdings auf eine ältere wüste Siedlung slawischen Namens verweisen könnte.[8]

---

1) FK Labenz ohne Namen 1774 LAS.
   Die Hann. Landesaufn., Bl. 55 (Steinhorst) von 1777 nennt diesen Teich allerdings "Lahden Teich" und im S die daran angrenzende Flur "Lahdenteich Koppel". Der Teich existiert heute nicht mehr, das Gebiet gehört zur Steinhorster, an Labenz grenzenden Gemarkung.
2) FK Grabau Duplat 1745 LAS;
   FK Grabau Gihlow 1784 und 1786 LAS
3) Hann. Landesaufn., Bl. 61 (Schwarzenbek) 1777
4) ZR
5) FK Kuddewörde Duplat 1745 KAR
6) LAS Abt. 210, 3466, Belehnungsbrief von 1728: Damcker;
   LAS Abt. 210, 3098 von 1799: Dahmke
7) Laur, S. 82, l. Sp., vermutet ein altpolabisches *Dąbky = Eichenort, Eichengehölz, was mit den natürlichen Gegebenheiten am NE-Saum des Kasseburger Moors übereinstimmt.
8) In Frage käme die mit "Ohle Casseburg" benannte Siedlungsstelle auf der Kuddewörder Gemarkungsgrenze nach Kasseburg, wobei die älteste Namensform dieses Ortes, nämlich Ker-se-borch (ZR) mit Dahm-ker eine gemeinsame Silbe aufweist (vgl. hierzu Ausführungen zu Kap. IX e).

e) Die Wendfelder

Einige Flurstücke in verschiedenen Gemarkungen tragen den Namen "Wendfeld", wodurch offenbar darauf hingewiesen wird, daß sie eine Zeitlang – als schon Deutsche im Lande waren – ausschließlich von Wenden nach wendischer Wirtschaftsweise bestellt worden sind. Ihnen gemeinsam und somit für sie kennzeichnend ist die separate Lage am Rande der Gemarkung, womit deutlich wird, daß den Slawen nach Ankunft der Deutschen, der Besetzung ihres Dorfes und ihrer alten Flur ein bisher nicht urbar gemachtes Gebiet zur Urbarmachung und Bewirtschaftung überlassen wurde. Eine Siedlung auf einem Wendfeld hat es nach derzeitigem Kenntnisstand nicht gegeben, so daß davon auszugehen ist, daß die ein Wendfeld bewirtschaftenden Slawen mit den deutschen Kolonisten gemeinsam das alte Dorf bewohnten.

Wenn bei den im ZR mit "Slauicum" (= wendisch) von ihren gleichnamigen Mutterdörfern unterschiedenen sog. Doppeldörfern auszugehen ist, daß sowohl Flur als auch Dorf während der Kolonisationszeit aufgrund der Verdrängung der Slawen von ihrem alten Siedlungsplatz und ihrer alten Flur neu entstanden sind, so gilt das hier, bei den Wendfeldern, nur für die Flur.

Um das glaubhaft belegen zu können, muß man sowohl die am frühesten faßbare Dorfform, in der sich vielleicht sowohl slawische als auch deutsche Strukturen im Nebeneinander noch nachweisen lassen, wie auch die Lage des jeweiligen Wendfeldes zum alten Dorf in seiner besonderen Ausrichtung zum Feuchtgebiet berücksichtigen.

Lütau, Sahms, Groß Berkenthin und Duvensee, in deren Gemarkungen sich Wendfelder befinden, sind, was die ersten drei betrifft, wegen ihrer Namen, und was Duvensee angeht, wegen der Funde von slawischen Tongefäßscherben der älteren und jüngeren Gruppe am nördlichen Ortsrand mit Sicherheit ursprünglich slawische Siedlungen. Die beiden nördlichen, Duvensee und Groß Berkenthin, lehnen sich an einen See bzw. an die Siedlungsleitlinie der Stecknitz an, befinden sich also in Lagen, wie sie schon seit der frühslawischen Zeit für die Besiedlung genutzt wurden, und die beiden südlichen, die in der Sadelbande, nämlich Lütau und Sahms, mit je einer Seite an die Linau bzw. die Steinau angelehnt und von deren Feuchtgebieten je dreiseitig umschlossen, zeigen typische mittelslawische Lagen.

Es sind eigentlich allesamt Lagen, wie sie für die slawischen Runddörfer die Regel sind, jedoch zeigen alle vier auf den ältesten Flurkarten die kolonisationszeitliche deutsche Angerdorfform.

Bei einer zunächst gesonderten Betrachtung von Lütau und Sahms fällt allerdings auf, daß die Wegachse nicht parallel zum Feuchtgebiet, wie es zu erwarten wäre, sondern senkrecht zu ihm, mit einem Wegast also das Feuchtgebiet und den dahinterliegenden Fluß querend, liegt.

Der Grund dafür kann nur darin gesucht werden, daß ein deutsches Angerdorf einem am Feuchtgebiet liegenden slawischen Runddorf auf der trockenen Seite vorgesetzt wurde, und zwar so, daß der aus ihm zu den Ackerflächen führende Weg für das sich anschließende Angerdorf als Achse genutzt wurde, wie es im ganzen bei Sahms noch zu erkennen ist. Die trockene alte slawische Flur fiel damit ganz dem Angerdorf, d.h. der dem Runddorf vorgebauten deutschen Siedlung zu. Den im Runddorf weiter ansässigen Slawen verblieben somit nur Teile des Feuchtgebietes, was zur Existenzsicherung nicht ausreichte. Für die Gewinnung neuer Ackerflächen bot sich das jenseits des Feuchtgebietes liegende trockene Land an, das von den Slawen neu erschlossen und separat bewirtschaftet wurde, eben das von deutscher Seite so benannte Wendfeld.

Durch den rückwärtigen Wegdurchbruch des Runddorfs und die dadurch sich entwickelnde Verkehrsachse zwischen zwei zunächst unterschiedlich, später gleichartig bewirtschafteten Getreideanbaugebieten geht die Runddorfstruktur des slawischen Siedlungsteiles allmählich verloren, und das Bild des größeren vorgelagerten Angerdorfes wird dominierend.

Auch die ursprüngliche Randlage des Runddorfs zur Gemarkung wird durch die rückwärtige Erschließung eines weiteren trockenen Flurstücks aufgehoben, wobei dieses neu erschlossene Stück kleiner als die alte (wohl auch später noch erweiterte) Flur ist.

Das Bild eines deutschen Angerdorfes ungefähr in der Mitte seiner Gemarkung, wie die Flurkarten den Eindruck vermitteln, erweist sich damit — genetisch betrachtet — als trügerisch.

Bei Sahms trägt der gesamte Gemarkungsteil jenseits der Steinau den Namen "Wend = Feld"[1].

Bei Lütau gibt es jenseits der Linau mehrere Flurnamen, die auf die ursprüngliche Erschließung und Nutzung dieses Gebietes durch Wenden hinweisen. So heißen das im NW von Lütau liegende an die Linau angrenzende Wäldchen "Das Heyden Holtz"[2], die Flur nördlich davon "Vor dem Wendt Feld"[3] bzw. "Heiden Holtz Camp"[4], und wiederum nördlich davon liegt an der Wangelauer Grenze "in Wend Feld"[5], das auf Wangelauer Gebiet sich "Im Wend Feld"[6] fortsetzt. Im W an die Linau angrenzend heißt ein schmales Feuchtgebiet "Im Wentschen Born"[7].

---

1) Hann. Landesaufn., Blatt 61 (Schwarzenbek); Abb. 45
2) FK Lütau Michaelsen 1722 LAS
3) FK Lütau Michaelsen 1722 LAS
4) FK Lütau Gihlow 1778
5) FK Lütau Michaelsen 1722 LAS;
   FK Lütau Gihlow 1778 LAS
6) FK Wangelau Gihlow 1783 LAS
7) FK Lütau Michaelsen 1722 LAS; Abb. 46 (nach Michaelsen, 1746, LAS)

Abb. 45: Die Gemarkung von Sahms mit dem Wendfeld nördl. d. Steinau

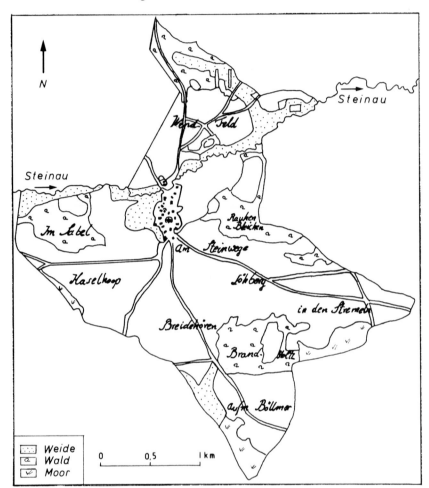

Quelle: nach der Hannoverschen Landesaufnahme von 1777, Blatt 61

Die Gesamtfläche des Wendfeldes nördlich der Steinau (Feld, Holzung, Weidung) beträgt gut 100 ha. Davon sind 55% Feld und 45% Holzung und Weidung. Versteht man die separat liegenden kleinen Feldstücke im NE an der Gemarkungsgrenze als Erweiterung, so war das Verhältnis von Ackerfläche zu Holzung und Weidung 50 ha zu 50 ha. Bei denkbarer Feldgraswirtschaft der Slawen dürften 50 ha Ackerfläche die Ernährungsgrundlage für maximal 4 – 5 Familien gewesen sein, was der Anzahl der Wirtschaftseinheiten einer slawischen Siedlung in etwa entspricht. Auf diesem Umwege über das Wendfeld kann man sich eine ungefähre Vorstellung von der Größe einer slawischen Flur machen.

Abb. 46: Die Gemarkung von Lütau mit dem Wendfeld nördlich der Linau

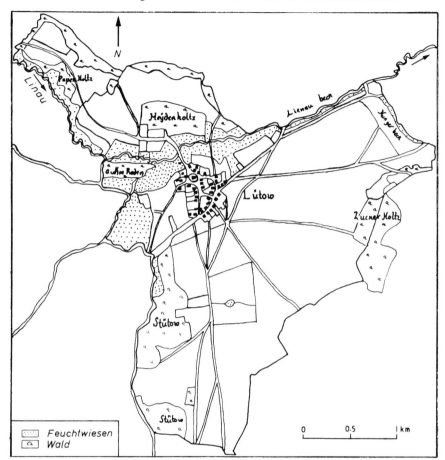

Quelle: nach der "Carte von der Situation des im Herzogthumb Lauenburg belegenen Ambte gleiches Nahmens" von 1746, Michaelsen, LAS

Der Bereich des gesamten Wendfeldes (Feld, Holzung, Weidung) bemißt sich auf gute 230 ha. Davon sind 55% Feld, 45% Holzung und Weidung. Die Relationen dürften sich im Laufe der Jahrhunderte etwas zugunsten der Feldfläche verschoben haben. Im Vergleich mit Sahms wäre die vorhandene Feldfläche bei wiederum unterstellter Feldgraswirtschaft der Slawen die Ernährungsgrundlage für 10 slawische Familien (die Einwohnerschaft von 2 – 3 slaw. Siedlungen ?). Es ist hier an ein Zusammensiedeln der Slawen während der Kolonisationszeit auf deutsche Veranlassung in dem Kirchdorf Lütau zu denken. So liegt südlich von Lütau das Waldgebiet "Stütow", das auf eine ehemalige slawische Ansiedlung dort hinweist, die keine urkundliche Erwähnung mehr fand.

Bei Duvensee war aufgrund der natürlichen Gegebenheiten eine Ausweichflur jenseits des Feuchtgebietes, da der See dahinter lag, nicht möglich. Auch von S her reichte das "Kleine Moor", das den "Manau See" umgab[1], bis an die Ortsgrenze heran. Die trockenen Gebiete östlich des Dorfes gehörten zur alten Flur und wurden von den zugewanderten deutschen Kolonisten beansprucht. So blieb für die Ausweichflur nur der bisher unerschlossene Norden, wo auch dementsprechend an der Sierksrader Scheide das Wendfeld liegt.[2] Das alte slawische Runddorf muß sich nach WSW an den See angelehnt haben, nach ENE – zur trockenen Seite hin – ist das deutsche Angerdorf im direkten Anschluß an den Platz des Runddorfs vorgesetzt.

Allerdings führt 1777 entsprechend der ovalen Lage des Angers kein Weg mehr an der trockenen Seite zur Flur hinaus. Die Verkehrsanbindung nach S an Ritzerau/Nusse und nach N an Sierksrade, an der das Wendfeld liegt, verläuft ungefähr senkrecht zum W-E ausgerichteten Oval des Angers. Das Angerdorf ist also unnatürlich an seinen beiden bauchigen Flanken mit je einem Wegausgang versehen. Nach SW – aus dem alten Runddorf – führt ein weiterer Weg in das Gebiet "Im Goddelihn" zu einigen Flurstücken, die entweder zur alten Flur gehörten oder spätmittelalterlich bis frühneuzeitlich dazugewonnen wurden.[3]

Groß Berkenthin gegenüber, jenseits der Stecknitz, ist kolonisationszeitlich die wendische Ausweichsiedlung Klein Berkenthin begründet worden, wo die Slawen noch nach 1230 nach slawischem Recht lebten[4]. Die bloße Anlage eines Wendfeldes jenseits der Stecknitz reichte offenbar wegen der stärkeren trennenden Funktion dieses breiteren und tiefer erodierten Flußtales im Vergleich zu dem der Steinau bzw. der Linau bei Sahms und Lütau nicht aus. Es müssen aber nicht alle Slawen aus Groß Berkenthin auf die neue Siedlung am anderen Ufer ausgewichen sein, sonst könnte es auf Groß Berkenthiner Seite kein Wendfeld geben. Das Feld der verbliebenen Slawen hatte jenseits des Feuchtgebietes, der Stecknitzniederung, weil dort Klein Berkenthin lag, keinen Platz mehr. So blieb für die Anlage eines neuen Feldes nur ein Waldgebiet jenseits der alten trockenen, ihnen nicht mehr gehörenden Flur übrig, das östlich des nach SW zur Stecknitz führenden tief eingeschnittenen Hollenbektales lag.

So liegen "Das grosse Wend Feld" und "Das kleine Wend Feld"[5] halbinselartig zwischen die Gemarkungen von Groß Disnack im N und E sowie Hollenbek im S in Richtung Kulpin vorgeschoben, nach W durch das Hollenbektal und einen Waldstreifen klar von der übrigen Groß Berkenthiner Gemarkung abgesetzt.

---

1) Hann. Landesaufn., Blatt 57 (Sandesneben), aufgen. 1777
2) Brouillon Duvensee Quentin 1777 LAS: "Auf dem Wendfeld"; FK Duvensee Kaltenbach 1780 LAS: "auf dem Wendfelde"; Lage: zwischen Duvenseer Moor, der Grenze zu Sierksrade und dem Weg nach Sierksrade
3) Hann. Landesaufn., Blatt 57 (s.o.)
4) ZR
5) FK Gr. Berkenthin Bonsack 1774 LAS; außerdem dort: "Hinter dem kleinen Wend Felde"; FK Gr. Berkenthin Kaltenbach 1779 LAS: "Grose Wentfeld"

Anders müssen die Verhältnisse von Hollenbek bei Seedorf beurteilt werden. Es gibt keine Bodenfunde, die darauf hindeuten, daß die mit einem deutschen ON versehene Siedlung einen slawischen Vorläufer gehabt hätte. Die ursprüngliche Ortsform läßt sich mittels der ältesten FK nicht mehr rekonstruieren.[1] Das Wendfeld[2] ist ein schmaler Flurstreifen an der Grenze nach Gudow. Einen Bezug zu Hollenbek scheint es wegen seiner Lage und geringen Größe nicht zu haben. Der siedlungsmäßige Bezugspunkt scheint vielmehr südlich der Gemarkungsgrenze auf Gudower Gebiet gelegen zu haben, wie auch früher das gesamte Gebiet bis zu der feuchten Niederung von Sophiental – also auf Gudower Seite – als Wendfeld galt.[3] Das schmale Wendfeld auf Hollenbeker Gebiet ist also nur ein Randstreifen des eigentlichen Wendfeldes, das, offenbar herrenlos geworden, um 1700 in einem Rechtsstreit zwischen Hollenbek und Gudow letzterem zugesprochen wurde.[4]

Was war nun der ursprüngliche siedlungsmäßige Bezugspunkt dieses Wendfeldes, um das sich Hollenbek und Gudow nicht hätten streiten können, wenn er zu jener Zeit noch dagewesen wäre, das Feld gewissermaßen nicht eine Zeitlang als herrenlos gegolten hätte?

Es wurde bereits auf S. 114 ausgeführt, daß sich die Siedlung Segrahn früher am Ostufer des Segrahner Sees befunden habe. In der Kolonisationszeit, als Dorf und Flur von Deutschen übernommen wurden, kam es unweit davon zur Gründung der Ausweichsiedlung Wendisch Segrahn, deren ehemalige Lage bis heute nicht sicher ermittelt werden konnte.[5]

Die ideale Lage für dieses kolonisationszeitliche wendische Dorf befände sich im NE des alten Segrahn, südlich des Feuchtgebietes, das Sophiental nördlich umgibt. Es muß angenommen werden, daß diese wendische Ausweichsiedlung, falls sie in etwa tatsächlich da gelegen hat, wo später das Gudower Vorwerk Sophiental neu begründet wurde, nicht lange ihre Eigenständigkeit wahren konnte und Deutsche in die Siedlung nachrückten, ohne daß die Slawen ein zweites Mal vertrieben worden wären oder daß die Deutschen vom nahe gelegenen Segrahn aus den gesamten trockenen Flurbereich zwischen den beiden Siedlungen für sich beanspruchten. Das rückwärtige Ausweichen über das Feuchtgebiet hinweg ermöglichte die Erschließung einer neuen Flur, das Wendfeld, das nach dem Wüstwerden von Wendisch Segrahn zwischen Hollenbek und Gudow strittig wurde.

---

1) FK Hollenbek Benoit 1791 LAS
2) a.a.O.
3) Hagemanns Grenzbeschreibung von 1592, LAS 210 nr. 523 fol. 22 f., auch fol. 120;
   Grenzkarte LAS 402 B IV nr. 72;
   Grenzkarte im GG (von 1704 Dez. 13): "Das Wendfeld reicht im S bis an die Wallshorst auf Sophientaler Feld" (vgl. Prange, S. 126)
4) Prange, S. 126: "Die Zugehörigkeit zu Hollenbek oder zu Gudow war bis 1705 strittig.";
   cf LAS 210 nr. 904, LAS 232 nr. 48
5) vgl. Kap. IX a 1.

— 196 —

Abb. 47: Das Wendfeld von Hollenbek/Gudow-Sophiental

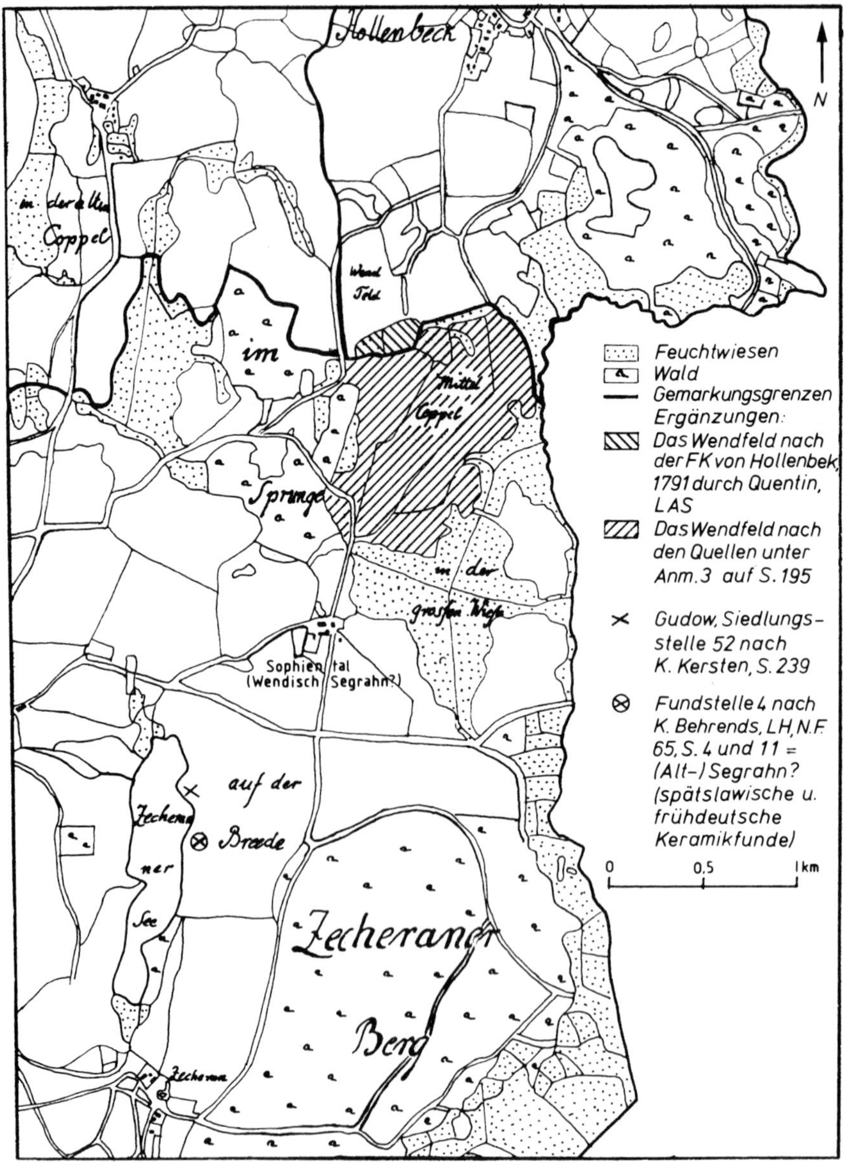

Quelle: nach der Hannoverschen Landesaufnahme von 1777, Blatt 62

Das Wendfeld nördlich von Sophiental zeigt also eine zu dem von Sahms und Lütau vergleichbare Lage.

Das bei Prange noch angeführte Wendfeld von Sierksrade[1] läßt sich nach den bisher verwendeten Kriterien nicht einordnen. Es liegt nicht jenseits eines Feuchtgebietes und auch nicht in anderer Weise separat zur übrigen Flur, sondern in geringer Entfernung im Westen des Dorfes südlich des Weges nach Düchelsdorf. Auf der von Prange angeführten Quelle, der Katasterkarte Sierksrade, heißt es im Unterschied zu allen anderen Wendfeldern "Windfelde". "Wind-" ist wahrscheinlich im norddeutschen Raum nicht gleich "Wend-" zu setzen. Die Bezeichnung "Wind" für Wende gilt nur für den bayrischen Kolonisationsraum.[2] "Wind" meint hier sehr wahrscheinlich wirklich Wind, denn die "Windfelde" sind nach NW, der Richtung der häufigsten und heftigsten Winde, exponiert. Auch die Gemarkung von Klempau weist im SE auf einem dem Wind exponierten Hügel die Flurbezeichnung "aufm Windrade" auf.[3] Ähnlich ist offenbar der "Winnenberg"[4], später "Windberg"[5] südlich von Woltersdorf zu beurteilen.

Aus der Größe der Wendfelder, wie sie sich bei Lütau, Sahms, Groß Berkenthin und Wendisch Segrahn[6] darbieten, kann man, wenn man — zumindest bei Sahms und Lütau[7] — davon ausgeht, daß keine schon anfangs im Dorf ansässigen Slawen bei der Kolonisation ausgesiedelt wurden, einen ungefähren Eindruck von der Größe einer slawischen Flur gewinnen, die wohl auch der der alten Flur entsprochen haben dürfte. Diese jeweiligen in etwa gleichgroßen Fluren bestanden aus Bruchwald und Wald, worinnen Weidungen und Ackerflächen angelegt wurden. Über die Form dieser Felder und ob sie gemeinschaftlich oder individuell bewirtschaftet wurden, können keine beweiskräftigen Aussagen gemacht werden.

Die Anzahl der an einem Wendfeld beteiligten Bauern scheint gering gewesen zu sein, woraus sich Schlüsse auf die Einwohnerzahl eines slawischen Runddorfs ergeben. Drei bis fünf Familien dürften ein Wendfeld erschlossen und bewirtschaftet haben.

Die Frage, wielange nun die Wendfelder ausschließlich von Slawen in ihrer hergebrachten Weise bewirtschaftet wurden, kann nur folgendermaßen beantwortet werden[8]: Da die Wendfelder in der Kolonisationszeit bei solchen Dörfern entstan-

---

1) Prange, S. 121 ff.
2) z.B.: Windische Bühel (Hügelland in der Steiermark); Windischgarsten (Marktort in Oberösterreich); Windischgraz (Slowenien)
3) FK Klempau Benoit 1789 LAS
4) Hann. Landesaufn., Blatt 61 (Schwarzenbek)
5) MTBl. 2429 Siebeneichen
6) Das Duvenseer Wendfeld ist unvergleichbar kleiner.
7) Bei Gr. Berkenthin ist die Aussiedlung eines Teiles der Slawen nach Wendisch Berkenthin wahrscheinlich; die Verhältnisse von Wendisch Segrahn könnten vergleichbar sein.
8) Prange, S. 126 ff., hält es für möglich, daß Wendfelder vor oder nach 1230 entstanden.

den, die von Deutschen besetzt wurden, ohne daß man die Slawen aus der Siedlung verdrängte, wohl aber die slawische Flur übernahm, so daß sich jene eine neue erarbeiten mußten, und da das Ratzeburger ZR von 1230 im Unterschied zu nur noch drei nach slawischer Weise lebenden Dorfgemeinschaften[1], die den Slawenzins entrichten müssen, bei Dörfern mit Wendfeldern keine besondere Zehntanmerkung macht — die genannten Dörfer also voll zehntbar sind —, so kann nur gefolgert werden, daß die Wendfelder bereits 1230 voll in die deutschrechtliche Organisation integriert waren. Ihre wirtschaftsmäßige und rechtliche Eigenständigkeit kann günstigenfalls nur wenige Jahrzehnte gedauert haben.

Was blieb, war die separate Lage, vielleicht auch noch eine zeitweilige Bewirtschaftung durch die alten Eigner, aber nun nach deutschrechtlicher Organisation, wobei wir der abgesonderten und damit auffälligen Lage die Zählebigkeit der Benennung nach ihren ehemaligen Eignern den FN "Wendfeld" zu verdanken haben.

---

1) vgl. Kap. VIII c: Wendisch (Klein) Berkenthin, Wendisch Pogeez (Holstendorf) und Schiphorst (S. 110)

Abb. 48: Die Wendfelder mit ihren Bezugssiedlungen

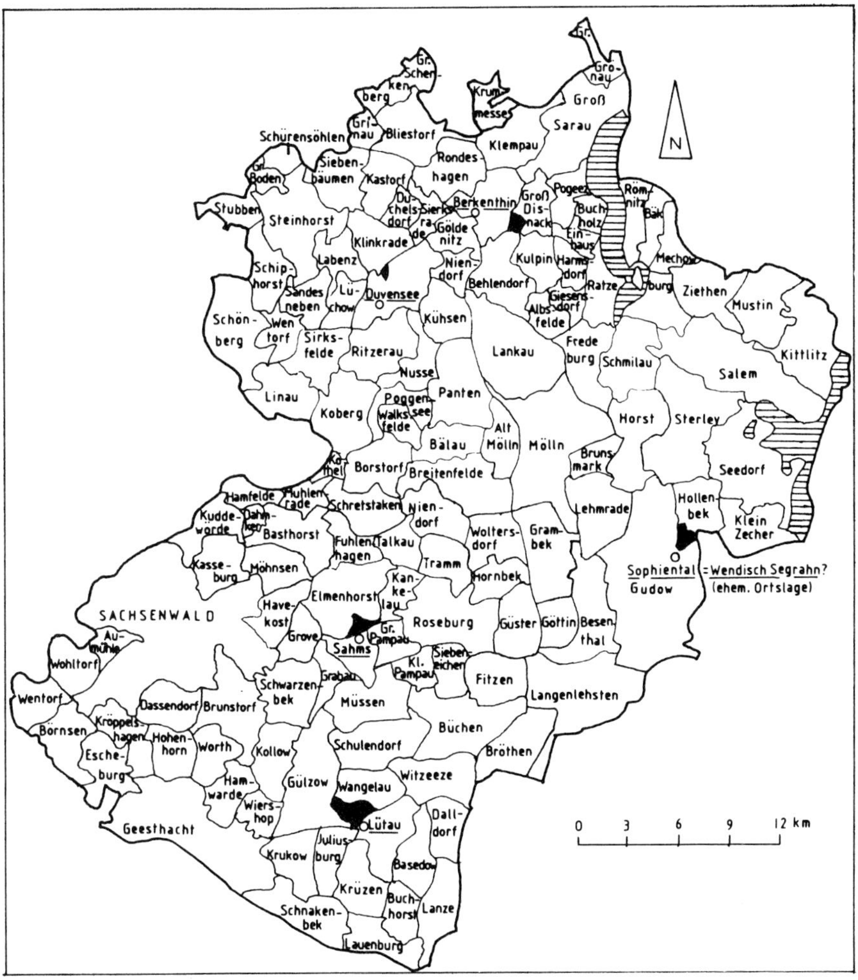

Quelle: auf der Grundlage der Karte "Gemeindegrenzen von Schleswig-Holstein", Stand: 1.1.1980
Zeichnung: W. Budesheim

XII WIRTSCHAFT — STEUERN — PFLUGTECHNIK

a) Wirtschaftsweise und Besteuerung

Das Ratzeburger Zehntregister benennt im nördlichen Teil des Untersuchungsgebietes, in der alten Grafschaft Ratzeburg, drei Dörfer — Wendisch Berkenthin, Wendisch Pogeez (später Holstendorf) und Schiphorst —, deren Bewohner im Unterschied zu denen der deutschrechtlich organisierten Siedlungen den Slawenzins an den Bischof zu entrichten haben.

Der deutschrechtliche Garbenzehnt der Grafschaft Ratzeburg, der aufgrund vertraglicher Regelung zwischen dem Bischof und dem Grafen geteilt wurde, war — abgesehen von naturbedingten Unsicherheitsfaktoren — insofern eine kalkulierbare Größe, als hinter ihm eine stabile Feldgröße, die Hufe[1], stand.

So eine auf Dauer festgelegte Feldgröße als Grundlage für eine relativ gesicherte fortlaufende jährliche Besteuerung hat es offenbar bei den Slawen nicht gegeben. Prange möchte zwar den Slawen Lauenburgs die Anwendung der wilden Feld-Gras-Wirtschaft noch zugestehen, hält sie jedoch nicht für "das Übliche", ohne nähere Gründe dafür anzugeben.[2] So wäre eher an eine geregelte Feld-Gras-Wirtschaft zu denken, also mit periodisch wechselnden Anbauflächen, wobei diese Wechselflächen weder eine geometrische Form aufgewiesen hätten noch von einheitlicher Größe gewesen wären.[3] Das "Große" und das "Kleine Wendfeld" von Groß Berkenthin drücken vielleicht noch diese vermuteten unterschiedlichen Größen der wechselweise verschiedenartig genutzten Flächen eines solchen Systems aus.

Als stabile Besteuerungsgrundlage diente der Hakenpflug und seine der jeweiligen Zeit entsprechende allgemein übliche Bespannung, wobei Pflug und Bespannung als pars pro toto für die zu besteuernde Haus- und Hofhaltung zu verstehen wären.

Es wurde also nicht wie bei den deutschrechtlich organisierten Bauern der Ertrag besteuert, hinter dem eine fixierte Feldgröße stand, sondern die kleinste gemeinsam wirtschaftende soziale Gruppe.

Wenn man beim deutschrechtlichen Garbenzehnt der Grafschaft Ratzeburg von einer kalkulierbaren Ertragssteuer reden kann, so ist der Slawenzins unabhängig von der jeweils mit Getreide bestellten Fläche eine pauschale Betriebssteuer und somit ebenfalls kalkulierbar.

---

1) Prange, S. 188 ff., hat für Lauenburg eine mittlere Hufengröße von 12,5 ha ermittelt.
2) Prange, S. 346
3) Bei den Ausgrabungen des Tornower Ringwalles (südlich von Berlin) konnte sogar der Nachweis einer Fruchtwechselwirtschaft von Gerste und Weizen zu Roggen im dritten Jahr erbracht werden (vgl. hierzu J. Herrmann, Die nördlichen Slawen, S. 194, r. Sp.).

Für das 10. Jahrhundert betrug der Slawenzins bei den Obodriten für den Hakenpflug, bespannt mit zwei Ochsen oder einem Pferd, 1 Maß Korn, 40 Bündel Flachs und 12 Pfennige reines Silber; dazu kam ein Pfennig Lohn für den Einsammler.[1]

Heinrich der Löwe bestimmte für das 12. Jahrhundert nach dem Vorbilde Polens und Pommerns für die Polaben als Zins auf den Pflug, bespannt mit zwei Ochsen oder zwei Pferden, 3 Scheffel Weizen und 12 Stück gangbarer Münzen.[2]

Abweichend dazu nennt das ZR für die slawisch bewohnten und noch nicht zehntbar gemachten Länder Derzing und Jabel statt 3 Scheffel Weizen drei Scheffel Roggen und zusätzlich 1 Top Flachs sowie 1 Huhn.

Vergleicht man den fixierten Slawenzins mit dem Pauschalzehn von 4 Scheffeln Roggen, wie er in der Sadelbande je Hufe zu leisten war, so fällt auf, daß 1 Scheffel mehr an Roggen kaum ein Äquivalent für 12 gangbare Münzen (Silberpfennige), 1 Top Flachs und 1 Huhn darstellt. Insofern hätte es nicht im Interesse von Slawen der Sadelbande liegen können, traditionell besteuert zu werden. Dies mag der Grund dafür sein, daß um 1230 kein Dorf der Sadelbande den Slawenzins mehr entrichtet, was gleichzeitig bedeutet, daß die Felder aller hier ansässigen Slawen in Hufen geschlagen sind und sie ihre Wirtschaftsweise nach deutschem Vorbilde ausgerichtet haben. Der steuerliche Vorteil förderte den Wandel des Agrarsystems.

So dürfte es kein Zufall sein, daß die drei noch Slawenzins entrichtenden Dörfer in der Grafschaft Ratzeburg lagen, wo mit der deutschrechtlichen Wirtschaftsorganisation der stärker belastende Garbenzehnt abverlangt wurde. Die Zehntbarmachung lag hier also mehr im Interesse des Bischofs und des Grafen, weniger im Interesse der slawischen Bauern.

Dieser Vergleich zwischen slawischen und deutschrechtlichen Abgaben wäre jedoch zu vordergründig, wenn man nicht die dahinter vorborgenen unterschiedlichen Wirtschaftsweisen berücksichtigte.

In Abhängigkeit von der Bodengüte wurden von deutschen Bauern jeweils angepaßte Nutzungssysteme angewendet. So konnte Prange am Beispiel Sterleys nachweisen, daß hier — im Bereich der Grundmoräne mit lehmigem Boden — im Einfeldsystem mit freier Körnerfolge gewirtschaftet wurde.[3]

In der Sadelbande östlich des Sachsenwaldes — also im Bereich der Altmoräne mit vorwiegend lehmigen Sandböden — wurde das Vierfeldersystem mit einjähriger Ruhezeit angewendet.[4]

---
1) Helmold I, 12; I, 14
2) Helmold I, 88
3) Prange, S. 202 und S. 234
4) Prange, S. 238

Im Bereich des Büchener Sanders mit seinen podsolierten sandigen Böden wurde der kürzere Turnus der Dreifelderwirtschaft mit zwei Jahren Getreideanbau und einem Jahre Ruhe praktiziert.[1]

Alle drei von Deutschen angewandten Systeme der Bodennutzung haben gegenüber der slawischen Feld-Gras-Wirtschaft den Vorteil, daß sie in gleichen Zeiträumen nicht nur mehr Ernten abwerfen, sondern auch — bei Unterstellung von je gleichgroßen Systemflächen — höhere Erträge bringen, da größere Flächenanteile dem Getreidebau zur Verfügung stehen.

Die höheren Getreideabgaben der Deutschen — ob Garbenzehnt in der Grafschaft Ratzeburg oder Pauschalzehnt von 4 Scheffeln Roggen in der Sadelbande — im Vergleich zu der im Slawenzins enthaltenen Getreidemenge von 3 Scheffeln Weizen bzw. Roggen haben also diesen wirtschaftlichen Hintergrund. Demgegenüber standen den nach alter Weise wirtschaftenden Slawen in den vergrasten Ruheflächen verhältnismäßig große Weidungen zur Verfügung. Zusammen mit den Dauerweidungen in den feuchten Niederungen hinter den Dörfern müßten demnach deutlich mehr als 50% der gesamten Wirtschaftsfläche der Viehhaltung gedient haben.[2]

Die Lage der meisten alten slawischen Dörfer am Grenzsaum zwischen wechselweise als Getreide- und Weideland genutztem trockenen Feld und der feuchten Niederung mit Dauerweide direkt hinter den Höfen ist funktionaler Ausdruck dieser Wirtschaftsweise mit der relativ starken Gewichtung der Viehhaltung gegenüber dem Getreidebau. Die 12 Silberpfennige, die die Slawen teilweise anstelle von Getreide als Zins zu zahlen hatten, können kaum anders als aus Viehverkäufen erwirtschaftet worden sein.

Dem geringen Getreideanteil in der Wirtschaftsweise der Slawen und dem eventuell über 1230 hinaus weiterhin großen Viehbesatz (die Lage der Siedlungen am Niederungsrand blieb bis auf wenige Ortsverlagerungen erhalten)[3] wurde in der Sadelbande offenbar auch bei der Zehntbarmachung Rechnung getragen.

---

1) Prange, S. 238
2) Über Feldnutzungssysteme bei den Westslawen führt J. Herrmann, Frühe Kulturen ... (^{3}1981), S. 36, folgendes an: "Unbestreitbar dürfte es sein, daß sich in jedem Dorfe feste Regeln durchsetzten. Untersuchungen von großen Getreidemengen aus Tornow, Kr. Calau, haben uns darauf verwiesen, daß sich gebietsweise, allem Anschein nach seit dem 7./8. Jh., eine regelmäßige Fruchtfolge ausbildete. Im ersten Jahr säte man Weizen oder Gerste, im zweiten auf dem gleichen Acker Roggen, im dritten Jahr schließlich Hirse. Im vierten Jahr folgte wieder Weizen/Gerste. Es ist anzunehmen, wenn auch nicht nachweisbar, daß dazwischen eine Brache eingeschoben war. Mindestens aber mußte man nach längerer Nutzung dem Acker für einige Jahre Ruhe gönnen. Da die Brache gleichzeitig als Viehweide diente, setzte eine solche Wirtschaft die Verständigung der Gemeindemitglieder über den Modus des Anbaus und den Zyklus des Anbaus voraus. Am ehesten ist also mit einer Fruchtwechselwirtschaft oder einer Feld-Gras-Wirtschaft mit Umlage zu rechnen."
3) vgl. Kap. X f (Ortsverlagerung von Basedow)

So weisen eine Reihe von slawisch benannten Siedlungen in der Sadelbande statt der vollen Hufengröße von rund 12,5 ha nur die halbe Hufengröße von 6,5 ha je Wirtschaftseinheit auf.[1] Von einer entsprechend geringeren Getreidebesteuerung ist auszugehen. Ob diese "halbe" Getreidesteuer von der kleinen Hufe durch eine den 12 Silberpfennigen im Slawenzins entsprechenden Geldabgabe aufgrund weiterhin starker Ausrichtung jener Siedlungen auf Viehhaltung ergänzt wurde, ist denkbar, geht aber direkt aus dem ZR nicht hervor.

Vielleicht ist sogar diese halbe Hufe Ausdruck einer — zwar nun auf der Basis des vermessenen Landes — fortgeführten Feldgraswirtschaft, wobei nur 50% des Pfluglandes bei der pauschalen Zehntbesteuerung berücksichtigt werden konnten, da die übrigen 50%, die im Wechselsystem als Weide dienten, und zusätzlich die Dauerweidungen der Niederung mit Geld besteuert wurden, das durch Viehverkauf erwirtschaftet werden mußte[2].

Insgesamt kann man wohl sagen, daß die Slawen, die noch den Slawenzins entrichteten, trotz anderer Wirtschaftsmethoden gegenüber den deutschen Bauern sowie den im 12. und beginnenden 13. Jahrhundert bereits deutschrechtlich organisierten slawischen Bauern ebenbürtig besteuert wurden. Die gelegentlich noch vertretene Auffassung, daß die während der deutschen Kolonisationszeit noch nicht zehntbar gemachten Slawen wegen primitiverer Agrartechniken und — daraus folgernd — der Bestellung vorwiegend leichterer Böden, geringer besteuert gewesen wären, ist nicht haltbar.[3] Diese Auffassung kann schon insofern in Zweifel gezogen werden, als es kaum vorstellbar ist, daß ein soeben erst unterworfenes und kaum erst christianisiertes Volk gegenüber den teilweise von weither angeworbenen deutschen Kolonisten steuerlich begünstigt gewesen sein sollte.

b) Der Pflug

Als Ansatz für diese Auffassung, der die Annahme einer geringeren Produktivität der traditionell wirtschaftenden Slawen zugrundelag, diente die Beurteilung der Verwendbarkeit des slawischen Hakenpfluges im Vergleich zum deutschen schollenwerfenden Pflug.

Der aus einem Moor bei Dabergotz (Krs. Neuruppin) geborgene Hakenpflug[4], der auf das 8. Jahrhundert datiert wird, zeigt ein vielseitig verwendbares Gerät, das nur in eingeschränktem Maße noch die Bezeichnung "Hakenpflug" verdient.

---

1) nach Prange, S. 211: Talkau, Grabau, Grove, Pötrau (die "slavicae villae" der Sadelbande)
2) Ibrahim ibn Jacub berichtet 965: "Das Land des Nakon (König der Obodriten) grenzt im Westen an Sachsen und einen Teil Dänemarks. Sein Land ist ... reich an Pferden, so daß solche von dort exportiert werden." (zitiert nach Herrmann, Die nördlichen Slawen, S. 201, l. Sp.)
3) H. Fiege (1979), S. 117 f.
4) vgl. Abb. 49

Abb. 49: Der Hakenpflug von Dabergotz, Kreis Neuruppin, 8. Jh.

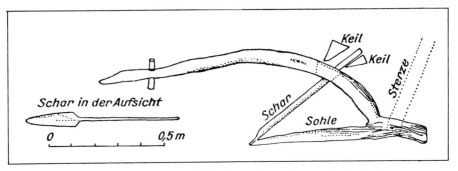

Quelle: J. Herrmann, Frühe Kulturen der Westslawen, Berlin 1981 (3. Aufl.), S. 34

Der sogenannte Haken besteht aus einer auswechselbaren rautenförmigen, seitlich abgeflachten hölzernen Pflugschar, die an ihrem Stiel von unten in den durchlochten Grindel gesteckt und von oben verkeilt ist. Eine von hinten an die Scharspitze heranführende Schleifsohle sichert die Schar beim Pflügen gegen das Abbrechen.

Je nach dem vom Pflügenden auf den Führungsholmen ausgeübten Druck kann man den Boden bei senkrechter Haltung des Pfluges unterschiedlich tief aufreißen. Bei der Aufreißtechnik ist man nicht an eine geometrische Feldform gebunden. Hindernisse im Acker wie große Steine, Sölle, Kuppen, Vertiefungen, Bäume oder Baumstümpfe können ohne Mühe umpflügt werden. Zum Zwecke der guten Bodenauflockerung wird bei dieser Pflugtechnik ohnehin ein Kreuz- und Querpflügen die Regel gewesen sein. In dieser Anwendungsweise ist der Pflugtyp von Dabergotz bestens geeignet für die Kultivierung von neuen Feldflächen. Er ist für die westwärts vorrückenden, kolonisierenden und somit rodenden und Neuland erschließenden Slawen gewissermaßen das Pioniergerät, das im Rahmen einer Feldgraswirtschaft bei der Rekultivierung vergraster und bebuschter Flächen seine fortgesetzte Funktionsberechtigung findet.

Jedoch wäre eine in seiner Anwendung so einseitige Betrachtung des Pfluges eine Unterschätzung seiner Funktionsfähigkeit.

Hält man ihn schräg, so steht die Pflugschar ebenso schräg wie die beim deutschen Pflug schräge montierte Pflugschar mit Streichbrett: er funktioniert nun also als schollenwerfender Pflug.

Gegenüber dem deutschen Pflug, der die Scholle immer nur in eine Richtung werfen kann, besitzt dieser slawische Pflug den Vorteil, daß er je nach Schräghaltung die Schollen nach links oder rechts zu werfen vermag. Es kann also im Anschluß an die jeweils vorher gezogene Furche hin- und hergepflügt werden, ohne daß eine

Leerfahrt wie bei dem nur in einer Richtung werfenden deutschen Pflug nötig ist, falls man nicht rundum pflügt.

Daß dieser Pflug neben dem deutschen Pflug voll konkurrenzfähig war, belegt die Tatsache, daß er bis in dieses Jahrhundert hinein in Mecklenburg verwendet wurde.[1] Leichte wie schwere Böden konnten mit ihm bestellt werden. Schon ein Blick auf die Verteilung der slawischen Siedlungen in Polabien zeigt, daß der Lagefaktor Bodengüte für die Ortslagewahl im Vergleich zur Grenzlage zwischen trockenem Feld und feuchter Niederungsweide zweitrangig war. So wurden den jeweiligen natürlichen Gegebenheiten entsprechend im N des Untersuchungsgebietes, im Bereich der Grundmoräne, die mehr lehmigen Böden ebenso genutzt wie im S, im Bereich der Altmoräne und der Sander, die mehr sandigen Böden.

So kann man aus der Verwendung dieses Pfluges, da er nicht bodenartgebunden einsetzbar war, weder auf eine geringere Produktivität, bemessen an der bestellten Fläche, noch auf eine daraus resultierende geringere steuerliche Belastbarkeit der Slawen schließen.

---

1) Ein entsprechender, noch in diesem Jh. verwendeter Pflug wird im Kreismuseum Ratzeburg aufbewahrt.

C SCHLUSSBETRACHTUNG (Rückblickende Übersicht – Das Ende der Slawen in Lauenburg – Wertung)

Als den Slawen nach dem Sieg der Franken über die Nordalbingier für ihre Bündnisdienste die Sachsengaue Stormarn, Holstein und Dithmarschen als Beute zufallen, riskieren sie trotz der ungesicherten Verhältnisse einen über ihre bisherigen Siedlungsgebiete nach W hinaus gerichteten Siedlungsvorstoß, der sich besonders in Hamburg archäologisch hat nachweisen lassen. Nachdem die Franken wegen der Expansion Dänemarks gegen die Elbe die direkte Kontrolle Nordalbingiens wieder selbst übernehmen, müssen sich die Slawen hinter den von Karl dem Großen festgelegten Limes Saxoniae wieder nach E zurückziehen. So bleibt dieser slawische Siedlungsvorstoß zwischen 804 und 810 nur eine kurze, historisch und siedlungsgeographisch unwirksame Episode.

Trotz der nun beginnenden Feindseligkeiten zwischen den Obodriten und den Franken, den ehemaligen Bündnispartnern gegen die Sachsen, ergeben sich nach der Integration ganz Sachsens in den fränkischen Staat weiterhin siedlungsmäßige Kontakte zwischen den Obodriten einerseits und den Sachsen andererseits, und zwar durch den ab der zweiten und dritten Dekade des 9. Jahrhunderts erfolgenden slawischen Siedlungsvorstoß in die bisher unbesiedelte Sadelbande bis an das Hochufer der Elbe östlich der Ertheneburg und die unter fränkischem Schutz vom Bardengau südlich der Elbe ausgehende bardisch-sächsische Gegenkolonisation, den hohen Nordufersaum der Elbe im großen Halbkreis um Geesthacht von Albrechtshope im E bis Börnsen im W erfassend. Slawische und deutsche Siedlungen kommen so in direkte Nachbarschaft.

Ähnlich wie hier sind auch im Raum südlich und nördlich der Hahnheide ab der zweiten Dekade des 9. Jahrhunderts erneute slawische siedlungsmäßige Ausweitungen sowie sächsisch-deutsche Gegenkolonisationen feststellbar, wobei es auch hier zu einer frühen Verzahnung der sächsisch-deutschen und salwischen Siedlungen kommt.

Trotz dieser direkten Kontakt- und kulturellen Ausgleichsmöglichkeiten scheint das Verhältnis der frühen Deutschen und der Slawen eher durch Mißtrauen bis hin zu offenen Feindseligkeiten geprägt gewesen zu sein als durch freundschaftliche Nachbarschaftsbeziehungen. Dies hat seinen Grund in der alten Feindschaft zwischen Sachsen und Obodriten, in dem weiterhin ungebrochenen Expansionsdrang der Slawen, dem man sich nur mit Mühe erwehren kann, in der neuen Feindschaft des auf sichere östliche Grenzen bedachten fränkisch-deutschen Staates, der mit wechselndem Erfolg die slawischen Stämme seiner Kontrolle zu unterwerfen sucht, dem Anspruch der fränkisch-deutschen christlichen Kirche auf Heidenmission und den abwehrenden traditionsbedachten Kräften bei den Slawen.

Obwohl Handelsgüter in beiden Richtungen ihren Weg nehmen, findet dennoch an der Siedlungsgrenze beider Völker keine meßbare kulturelle Angleichung statt.

Von Slawen gefertigte Gebrauchsgegenstände bleiben ebenso als solche erkennbar wie die von Deutschen gefertigten. Die deutsch-slawische Volkstumsgrenze bleibt nach dem letzten slawischen Siedlungsvorstoß in der ersten Hälfte des 9. Jahrhunderts nach der kurzen Rückzugsphase mit der Festlegung des Limes Saxoniae bis in die erste Hälfte des 12. Jahrhunderts im wesentlichen stabil.

Dies ist ein Ergebnis des starken Behauptungswillens der Obodriten gegenüber dem mächtigeren, besser organisierten und technisch und kulturell überlegenen fränkisch-deutschen Staat. Dieser Behauptungswille findet seinen Ausdruck in der langen Kette von slawischen militärischen Angriffen und Ausfällen nach Westen und in den Slawenaufständen gegen die Christianisierung und gegen die vordringende deutsche Macht im allgemeinen vom 9. bis zum beginnenden 12. Jahrhundert.

Jedoch mit dem 12. Jahrhundert, das für das mittelalterliche Deutschland unter den staufischen Kaisern zu einem Höhepunkt an kultureller Entwicklung und politischer Machtentfaltung führen wird, geht es mit der Eigenständigkeit der Obodriten zu Ende. Der Prozeß des Verlustes ihrer Identität nimmt seinen Lauf.

Im Jahre 1134 wird auf Veranlassung Vizelins durch Kaiser Lothar die Reichsburg Segeberg gegründet. Neben den Nordalbingiern werden auch die Slawen zum Bau der Festung herangezogen. Helmold von Bosau führt uns die gemischten Gefühle jener Slawen, im Anblick der wachsenden Mauern ihr Schicksal ahnend, vor:

"Darum sagte ein Fürst der Salwen zu einem andern: 'Siehst du diesen festen, hochragenden Bau? Laß dir vorhersagen, das wird ein Joch für das ganze Land! Von hier werden sie ausrücken, erst Plön brechen, dann Oldenburg und Lübeck, endlich die Trave überschreiten und Ratzeburg mit ganz Polabien erobern. Doch auch das Land der Obotriten wird ihren Händen nicht entgehen!' "[1]

Schon 1138/39 plündert und brandschatzt der damalige Graf von Holstein, Heinrich von Badewide, ganz Wagrien, nur die Einnahme der festen Plätze gelingt ihm nicht. Im Sommer 1139 erobern die Holsten den Plöner Ringwall. 1143 gründet Adolf II von Schauenburg, inzwischen Graf von Holstein, auf der Halbinsel zwischen Trave und Wakenitz das deutsche Lübeck. Der erste deutsche Ostseehafen entsteht. Durch diesen deutschen Vorstoß zur Ostsee werden die beiden westlichen obodritischen Teilstämme, die Wagrier in Ostholstein und die Polaben in Lauenburg, voneinander getrennt. Ebenfalls 1143 rückt der ehemalige Graf von Holstein, Heinrich von Badewide, als erster deutscher Graf in Ratzeburg ein: die Grafschaft Ratzeburg mit den Ländern Ratzeburg, Boitin, Gadebusch, Wittenburg und Boizenburg entsteht. Der Südteil des Untersuchungsraumes, die alte Sadelbande, das Land zwischen Delvenau und Bille, verbleibt noch vorerst unter der direkten Kontrolle des Herzogs von Sachsen, Heinrichs des Löwen.

---

1) Helmold I, 53

1147 wird Vizelin Bischof von Oldenburg, das 1148/49 von den Dänen zerstört wird. Die verödete Burg wird nicht wieder erneuert, der Sitz des Bistums unter dem Nachfolger Vizelins, Bischof Gerold, wird im Jahre 1160 nach Lübeck verlegt.

In das Jahr 1147 fällt auch der sogenannte Wendenkreuzzug. Als Bernhard von Clairvaux im Frühjahr 1147 auf dem Reichstag zu Speyer die deutschen Fürsten zum Kreuzzug in das Heilige Land aufruft, bemerken die norddeutschen Fürsten, daß man genug Mühe mit den Heiden im eigenen Lande habe. Und so wird ihnen statt des Palästinazuges für den gleichen Ablaß der Wendenkreuzzug zugestanden. Unter Bernhards Losung "Bekehrung oder Ausrottung" wird der Krieg von der Mark Meißen bis zur Ostsee auf breiter Front gegen die Slawen begonnen, die noch einmal ihre letzte Widerstandskraft mobilisieren können, so daß das deutsche Vorhaben, die große militärische Eroberung und Unterwerfung des Raumes bis zur Oder in einem Zuge scheitert.

Unterdessen beginnt unter Adolf II von Schauenburg, dem Grafen von Holstein, in Wagrien und unter Heinrich von Badewide in der Grafschaft Ratzeburg, durch den Wendenkreuzzug nur kurz unterbrochen, die deutsche Ostkolonisation. So berichtet Helmold von Bosau:

"Auch Graf Heinrich von Ratzeburg, das im Polabenland liegt, führte Scharen Volks aus Westfalen herbei, damit sie die Landschaft bewohnen sollten, und wies ihnen Land zur Vermessung und Aufteilung an."[1]

Sicher darf auch für Polabien angenommen werden, wie es für Wagrien belegt ist[2], daß in den kriegerischen Auseinandersetzungen in der ersten Hälfte des 12. Jahrhunderts die slawische Bevölkerung Polabiens an Zahl zurückgegangen ist, sei es durch physische Vernichtung, sei es durch Flucht nach Osten.

Jedoch schon die beträchtliche Anzahl der bis heute tradierten slawischen ON zeigt, daß ein Großteil der slawischen Bevölkerung die Wirren durchsteht und im Lande verbleibt. Als Evermod im Jahre 1154 Bischof von Ratzeburg wird, bleibt seinem missionarischen Eifer noch ein reiches Betätigungsfeld.

Mit der fortschreitenden Christianisierung der Slawen und der damit verbundenen kirchenorganisatorischen Durchdringung des Bistums und der Grafschaft hält der Zustrom von deutschen Bauern aus dem Westen an. So verläuft der kulturelle Assimilationsprozeß der Slawen in zwei Strängen:
Christianisierung und ethnische Majorisierung.

---

1) Helmold I, 92
2) Helmold I, 84 u. 92

Darüber hinaus wird die traditionelle Wirtschaftsweise der Slawen dem deutschen Wirtschafts- und Rechtssystem angepaßt. Die Bestandsaufnahme des Zehntregisters von 1230 zeigt, wie umfassend dieser Prozeß in den rund achtzig Jahren seit Beginn der Kolonisation fortgeschritten ist:
unter Einschluß der Sadelbande, die 1203 unter dänischer Oberherrschaft der Grafschaft Ratzeburg angegliedert wurde, gibt es im Untersuchungsgebiet, und zwar im Lande Ratzeburg, nur noch drei Dörfer, in denen Slawen nach slawischem Recht leben.

Weitere acht Dörfer in der Sadelbande im Kirchspiel Siebeneichen tragen im ZR den Zusatz "slavica villa", wobei es weniger um die ethnische Hervorhebung der Einwohner dieser Dörfer geht, als vielmehr um die Differenzierung ihrer Abgabenleistung von den übrigen Dörfern der Sadelbande, da die Wirtschaftsweise dieser von Slawen bewohnten Dörfer noch nicht vollends der deutschen angeglichen ist.[1]

Außerdem tragen noch acht Dörfer im ZR das Attribut "Slavicum" = Wendisch, was sicher zum einen auf das Volkstum der Einwohner jener Dörfer hinweist, zum anderen aber auch der Unterscheidung von gleichnamigen Nachbardörfern dient, die nicht unbedingt nur von Deutschen bewohnt gewesen sein müssen.[2]

Sicher leben um 1230 auch noch in vielen anderen deutschrechtlich organisierten, slawisch oder deutsch benannten Dörfern Slawen, aber ihr Volkstum hört auf, Gegenstand urkundlicher Erwähnung zu sein, mit einer Ausnahme: Laut Vertrag von 1250[3] sollten aus Wendisch Pogeez binnen Jahresfrist alle Slawen entfernt werden; man hat sie wahrscheinlich anderswo in der Grafschaft Ratzeburg zur weiteren Erschließung des Landes kolonisierend angesetzt. Dorf und die erschlossene Feldmark von Wendisch Pogeez werden nun von ins Land gerufenen Holsteinern übernommen, denn das Dorf wird in den Urkunden seitdem zunehmend unter dem Namen "Holstendorf"[4] aufgeführt.

Von nun an läßt sich slawisches Volkstum oder zumindest das Bewußtsein über das Vorhandensein oder vielleicht auch nur noch gewesene Vorhandensein slawischen Volkstums lediglich auf Umwegen nachweisen, da Vergleichbares wie das Vocabularium eines Pastors Hennig des Hannoverschen Wendlandes oder Urkunden über die Nicht-Aufnahme von Slawen in die städtischen Zünfte in der Mark Brandenburg fehlen[5], ja fehlen müssen, eben weil das Slawentum an der äußer-

---

1) vgl. Kap. VIII c
2) vgl. Kap. VIII c und IX d
3) Sudendorf 10, 11, 4
4) LAS 400 I nr. 8 des. 3: 1318 ist zum letzten Mal der alte ON "Wendisch Pogeez" nachweisbar; AHL Hs. 1034. Testamentsregest nr. 225: 1344 wird im Testament des Lübeckers Ludwig Tüschenbek ein Johann von Holstendorf genannt; LAS 400 I nr. 8 des. 4: 1384 Holstendorf; vgl. hierzu auch Prange, S. 143
5) W. Vogel, Verbleib der wendischen Bevölkerung..., S. 121 ff.

sten westlichen Grenze des slawischen Siedlungsgebietes am frühesten der intensiven deutschen Kolonisation und damit parallel gehenden Germanisierung ausgesetzt war. Das slawische Volkstum Polabiens reicht nicht mehr wie das des Wendlandes oder das der Mark Brandenburg in die Neuzeit hinein oder auch nur an sie heran; es hat im Mittelalter bereits sein Ende gefunden.

Ein Umweg zur Ermittlung der Dauer des Bewußtseins von slawischem Volkstum ergibt sich annähernd durch das Ermitteln der Zeitspanne des Auslaufens des Attributes "Wendisch" und seinen Ersatz durch "Klein" bei den acht Slavicum-Dörfern des Ratzeburger Zehntregisters von 1230 sowie den drei noch nach 1230 erstmals erwähnten "Wendisch"-Dörfern. Wendisch Seedorf und Wendisch Segrahn finden als solche nur im ZR Erwähnung. Mit Wendisch Sirksfelde, das 1291 ein letztes Mal genannt wird, fallen diese Siedlungen wüst; eine Umbenennung von "Wendisch" zu "Klein" findet nicht mehr statt. Auch bei Berkenthin und Sarau ist die Unterscheidung der beiden gleichnamigen Dörfer mit "Wendisch" nur im ZR urkundlich feststellbar. Die Unterscheidung wird bei Sarau 1383 und bei Berkenthin erstmals 1409 mit "Klein" vollzogen. Die Zeitspanne vom "Wendisch" zum "Klein" ist noch zu groß, um daraus eine, wenn auch nur vorsichtige substantielle Aussage zu gewinnen. Sie verengt sich bei den zuletzt 1335 mit "Wendisch" von seinem gleichnamigen Nachbardorf unterschiedenen Zecher, das erstmals 1406 statt "Wendisch" das Attribut "Klein" trägt. Bei Pampau lebt der Zusatz "Wendisch" bis 1444; 1460 ist er durch "Klein" ersetzt.

Billigt man dem Attribut "Wendisch" als Bestandteil der ON jener Dörfer über den Zeitpunkt des Auslaufens eines restlichen slawischen Volkstumsanteils hinaus ein gewisses Beharrungsvermögen zu, wie es sich bei Wendisch Pogeez sogar trotz der 1250 durchgeführten Aussiedlung seiner slawischen Einwohner zeigte, indem es noch 1318 — also 68 Jahre nach seinem plötzlichen Bevölkerungswechsel (nicht Volkstumswandel, was eher verständlich wäre) — mit dem alten ON benannt wird, dann kann man wohl sagen, daß bis etwa um 1350, z.T. mit Deutschen in der gleichen Siedlung, vielleicht auch noch geschlossen in eigenen Siedlungen, ein gewisser Prozentsatz von Slawen, punktuell über das Land verteilt, noch vorhanden war, der sich nun aber mit fortschreitender Zeit immer schneller dem überwiegenden deutschen Volkstum angleicht, so daß er dann bald in Vergessenheit gerät. Die Zeitangabe "um 1350" als Orientierungswert für einen Umschwung zum schneller werdenden Rückgang des slawischen Volkstums erklärt sich dadurch, daß in dem folgenden Jahrzehnt — wie überall in Deutschland — im Lauenburgischen die Pest wütet und massenhaft ihre Opfer fordert. Wenngleich auch die Pest zwischen Slawen und Deutschen keinen Unterschied machte, so ist jedoch der hohe Verlust an Menschen bei einer ethnischen Minderheit für ihr Fortexistieren folgenschwerer als für die zahlenmäßig überlegene ethnische Gruppe. Die Bevölkerungsverluste der Pestjahre sind eine der Ursachen der spätmittelalterlichen Wüstungsperiode. Die Ausdünnung der Siedlungen an Menschen durch die Pest führt zur Aufgabe vieler kleinerer Siedlungen wie auch solcher, die sich in für die Landwirtschaft relativ ungünstiger Lage befinden. Größere Dörfer und solche in wirtschaftlich günstigerer

Lage werden von den verbleibenden Menschen der aufgegebenen Siedlungen aufgefüllt.

Durch diese bevölkerungs- und siedlungsmäßige Konzentrationsbewegung kommt es zu einer neuen Durchmischung der beiden Volkselemente. Slawische Minderheiten gehen in deutschen Mehrheiten auf.

Von den drei erst nach 1230 gegründeten Wendisch-Dörfern erfolgt der Wechsel bei Wendisch Klinkrade zu Klein Klinkrade zwischen 1344 und 1391, womit es sich den vorhergehenden Überlegungen zuordnet. Es wird erst relativ spät – nach 1471 – wüst.

Wendisch Hollenbek bei Seedorf wird zum letzten Male 1425 erwähnt, danach fällt es wüst. Ein Klein Hollenbek findet sich in den Urkunden nicht mehr.

Nur Wendisch Disnack, zum ersten und letzten Male 1482 als solches urkundlich genannt, scheint – als eine der letzten slawischen Dorfgründungen – am längsten als "wendisch" in der Erinnerung geblieben zu sein, so daß man annehmen darf, daß sich in diesem Dorf wendisches Volkstum mit am längsten gehalten haben sollte. Erst 1517 erfolgt seine erste urkundliche Attribuierung mit "Klein". Nimmt man auch bei Wendisch Disnack ein gewisses Verharrungsvermögen des "Wendisch" über das reale Existieren eines wendischen Volkstums hinaus an, so kann wohl angenommen werden, daß spätestens um die Mitte des 15. Jahrhunderts die letzten Reste slawischen Volkstums, was vor allem die Verwendung der polabischen Sprache meint, vergangen waren.

So kann man abschließend nur noch einmal die Spuren erinnernd auflisten, die die Slawen im heutigen Kreise Herzogtum Lauenburg seit ihrer Einwanderung im 8., 7. oder vielleicht auch schon im 6. Jahrhundert bis zum Aufgehen ihrer letzten ethnischen Reste im deutschen Volkstum im 15. Jahrhundert hinterlassen haben.

1. Da sind an erster Stelle – das augenscheinlichste – ihre 8 Ringwälle zu nennen, wovon der Oldenburger Wall und der Sirksfelder Wall am besten erhalten sind. Der Wall des Runwalls bei Kasseburg wurde im vorigen Jahrhundert z.T. abgetragen und das Erdmaterial zum Auffüllen von Feuchtstellen im umliegenden zu Weideland umfunktionierten Kasseburger Moor verwendet. Seine Rundung auf erhabenem Platz ist mit dem Rest des Walles aber noch klar zu erkennen. Der Godelinswall bei Duvensee wie vermutlich auch der Klempauer Wall sind bei der Verkoppelung bzw. kurz danach eingeebnet worden. Der Untergrund des Klempauer Walls diente bis in die jüngste Zeit teilweise als Sandgrube. Der Wall der Steinburg bei Hammer an der oberen Stecknitz ist beim Kanalbau um 1900 zerschnitten worden. Reste des Walles sind nur noch zur Hälfte erhalten. Das Gelände des Ringwalls von Farchau wie das der Ratzeburg sind je durch mittelalterliche bis frühneuzeitliche deutsche Burg- und Schloßanlagen überbaut worden, so daß diese ehe-

maligen slawischen Befestigungsanlagen nur noch mit archäologischen Methoden nachgewiesen werden konnten.

2. Als nächstes ist die große Anzahl der Siedlungen zu nennen, die slawische, slawisch beeinflußte oder auf die ehemalige Anwesenheit von Slawen hinweisende ON tragen.[1]

3. Nicht ganz deckungsgleich mit diesen Siedlungen ist das Bild solcher Dörfer, die sich in einer in bezug auf die slawische Wirtschaftsweise typischen Lage befinden, d.h., daß die Ortslagewahl von Slawen getroffen wurde, nämlich in jener Grenzlage zwischen einem der Beweidung dienenden Niederungsgebiet und einer dem Feldbau dienenden höher gelegenen Fläche.

4. In dieser besonderen Lage haben viele ehemals slawische Dörfer bis heute ihre prinzipielle Dorfform als "Rundplatzdorf" bewahrt.

5. Im Zusammenhang mit der deutschen Kolonisation kommt es dann zu den slawischen Ausweichsiedlungen, den "Wendisch"-Dörfern, von denen einige die spätmittelalterliche Wüstungsperiode überdauert haben und heute statt mit "Wendisch" mit "Klein" von ihren gleichnamigen Mutterdörfern unterschieden werden.

6. Mit den sogenannten Wendfeldern, ebenfalls im Zusammenhang mit der deutschen Kolonisation zu sehen, wird weiterhin deutlich, daß die Slawen auch in der deutschen Zeit noch einen bedeutenden Anteil an der fortlaufenden agrarischen Erschließung des Landes durch Erweiterung der Fluren gehabt haben.

7. Darüberhinaus gibt es noch einen von der Wissenschaft bisher nicht beachteten Anteil von slawischen Flurnamen im Lauenburgischen, die teils nur noch in den alten Verkoppelungskarten nachgewiesen sind, teils aber auch noch bis heute fortleben. Einige von ihnen verweisen auf wüstgewordene slawische Siedlungen, bei anderen kann es sich aber auch um echte slawische Flurbezeichnungen handeln. Eine sprachwissenschaftlich abgesicherte Untersuchung und Interpretation der durch deutsche Zungen im Laufe der Jahrhunderte abgeschliffenen slawischen Flurnamen fehlt jedoch noch.

8. Als letztes, oft nur dem Archäologen und dem speziell Interessierten bekannt, seien noch die vielen noch ergiebigen Fundplätze von slawischen Tongefäßscherben genannt, die meist als vergangene Siedlungsstellen gedeutet werden. Auch hier wird sich bei systematischer Auswertung dieser Plätze und verbesserter und neuer Interpretationstechniken des geborgenen Materials in Zukunft noch ein reiches Betätigungsfeld ergeben.

---

1) vgl. insbesondere die Kap. V, VI und VII

Neben diesen im Untersuchungsraum sichtbaren Relikten slawischer Siedlungstätigkeit wäre jedoch noch auf ihre ihren eigentlichen Siedlungsraum übergreifende historisch-geographische Wirksamkeit hinzuweisen.

Im Kampf um das Land zwischen Eider und Elbe zur Nordsee hin spielen neben den Hauptrivalen, den Sachsen, dann Franken und später Deutschen auf der einen Seite und den Dänen auf der anderen, auch die Obodriten einen gewichtigen Part. Als Bündnispartner der Franken tragen sie 798 durch die siegreiche Schlacht bei Bornhöved über die Sachsen zur anschließenden Unterwerfung der Nordalbingier durch die Franken bei.

Obodriten, sicher auch solche aus Polabien, ziehen mehrmals gegen Hamburg, erobern und plündern es, was — neben der ständigen Gefährdung der Hammaburg durch die Wikinger — dazu führt, daß der Bischof von Hamburg aus Sicherheitsgründen seinen Sitz nach Bremen verlegen muß.

Auch sind es Obodriten gewesen, die die blühende dänisch-wikingische Handelsstadt Haithabu auf immer vernichteten, was das Vordringen der Deutschen zur Ostsee und schließlich die Gründung von Lübeck als neuem zentralen Handelsplatz erleichterte.

So haben die Obodriten — und unter ihnen die Polaben Lauenburgs — Beachtliches zu den historischen und geographischen Veränderungen in diesem Raume beigetragen.

ZUSAMMENFASSUNG

Der Untersuchungsraum "Kreis Herzogtum Lauenburg" ist vom frühen bis zum hohen Mittelalter Grenzraum zwischen germanischer und slawischer Besiedlung gewesen.

In der Untersuchung wird, den thematischen Schwerpunkt, die Kulturlandschaftsentwicklung in dieser Epoche, vorbereitend, die Entwicklung der Besiedlung seit dem Ende der Eiszeit unter den sich wandelnden naturgeographischen Bedingungen, soweit sie sich aus dem archäologischen Befund rekonstruieren läßt, in der Reihenfolge der vorgeschichtlichen Kulturepochen bis zur germanischen Völkerwanderungszeit in einem Überblick dargestellt.

Überleitend zur slawischen Besiedlung folgt die Erörterung der Frage einer germanischen Siedlungskontinuität im Untersuchungsraum über die Völkerwanderungszeit hinaus bis ins frühe Mittelalter unter Auswertung von Mythen, der Hydro- und Toponymie, pollenanalytischer Untersuchungen und frühester mittelalterlicher Urkunden.

Mit der Aufarbeitung russischer, polnischer, tschechischer und deutscher Auffassungen über Ethnogenese, Urheimat und Expansion der Slawen beginnt ein neuer Ansatz, der über die Auswertung vor allem der frühesten karolingischen Quellen zu einer Darlegung der politischen Verhältnisse im nordelbischen Raum an der Wende vom 8. zum 9. Jahrhundert führt, dessen Zukunft damals zwischen dem expandierenden Dänemark, dem nach Norden drängenden Frankenreich und den anhaltend westwärtsstrebenden slawischen Stämmen während des Zusammenbruchs der sächsischen Macht unentschieden war.

Dieser Abschnitt endet mit der Rekonstruktion der westlichen slawischen Siedlungsgrenze, dem sog. Limes Saxoniae, wie sie von Karl dem Großen um 810 nach der Hamburgischen Kirchengeschichte Adams von Bremen festgelegt wurde. Diese Quelle wird in neuer sprachwissenschaftlicher Sicht interpretiert und führt unter stärkerem interpretatorischen Einbezug der landschaftlichen Verhältnisse jener Zeit an entscheidenden Stellen zu einer neuen Limesauffassung. So wird der Beginn des Limes im Delta der Delvenau angesetzt, bei weiterer Nutzung der geographischen Leitlinien von Delvenau, Hornbeker Mühlenbach, der Al-Moräne zwischen Mühlenbach- und Billequelle, über das Koberger Moor die Süderbeste zur Trave seinen Weg nehmend. Im Unterschied zu früheren Auffassungen wird der Limes nicht mehr als Mark oder Grenzraum verstanden, sondern als Linie von siedlungsgeographischer Bedeutung.

Mittels einer zeitlichen und räumlichen Systematisierung der slawischen Ortsnamen werden Siedlungsentwicklung, Siedlungsbewegungen und sich verändernde Ausdehnung der Besiedlung im Untersuchungsraum bei Beachtung der Lagefaktoren der Siedlungen nach Teilräumen rekonstruiert. Die slawischen Bodenfunde, die auf ehemalige Siedlungsstellen hinweisen, finden hierbei eine ergänzende Berücksichtigung.

Die Frage der slawischen Siedlungskammerung wird als ein Entwicklungsprozeß, ausgehend von den Burgen, die als die primären Siedlungen verstanden werden, gesehen. Dementsprechend werden die slawischen Siedlungsformen — soweit rekonstruierbar handelt es sich um Runddörfer — als von den im Inneren rund bebauten Ringwällen in der Bewahrung dieses runden Siedlungsgrundrisses als sekundär abgeleitet.

Dieser Vorgang des Siedlungsausbaues bei Herausbildung der Runddörfer, zunächst im Nahbereich der primären Siedlungszelle der Burg, mit fortschreitender Zeit sich von ihr räumlich ablösend, erscheint als autochtoner Vorgang der mittelslawischen Zeit, d.h. im wesentlichen während des 9. und 10. Jahrhunderts.

Die typische Lage von slawischen Siedlungen am Rande von Feuchtgebieten, angrenzend an Moore, stehende oder fließende Gewässer, und die sich daraus ergebende Ekzentrizität zu den Ackerflächen zeigt sich als das Ergebnis einer zwischen Viehhaltung, das Feuchtgebiet nutzend, und Getreidebau, die in Feld-Gras-Wirtschaft bearbeiteten trockeneren Flächen nutzend, ausgewogenen Wirtschaftsweise.

Auf diesem wirtschaftlichen Hintergrund wird auch die Wendfeldproblematik beurteilt, indem bei der Übernahme der alten slawischen Fluren durch deutsche Kolonisten die in ihrer Siedlung verbliebenen Slawen sich jenseits des Feuchtgebietes eine neue Getreidefläche erschließen (die nach ihnen bis heute den Namen trägt), um traditionell weiterwirtschaften zu können.

Mit Hilfe von Analogien kann über die Wendfelder auf die Größe der von Slawen bewirtschafteten Flächen bzw. im Umkehrschluß auf die Anzahl der Bewirtschafter eines Wendfeldes geschlossen werden.

Der Prozeß der religiösen, machtpolitischen, rechtlichen und wirtschaftlichen Umstrukturierung, der mit dem endenden 12. Jahrhundert in der Epoche der deutschen Kolonisation in Gang kommt, mündet schließlich in der kulturellen Assimilation der Slawen.

Die siedlungsmäßige Durchdringung der von Slawen bewohnten Räume durch deutsche Kolonisten führt zu einem zeitweiligen Nebeneinander unterschiedlicher Wirtschaftsweisen, zu einem bis heute feststellbaren Nebeneinander unterschiedlicher Siedlungsformen mit slawischen und deutschen Ortsnamen und zeigt, wie die Slawen in ihrer fortschreitenden Siedlungtätigkeit unter deutschem Einfluß an der weiteren Erschließung der Kulturlandschaft teilhatten.

Verzeichnis der Abkürzungen

A A	Amt Anker
AHL	Archiv der Hansestadt Lübeck
Ann. Hild.	Annales Hildesheimenses
A S	Amt Sandesneben
BW	Bestimmungswort
FlN	Flußname
FN	Flurname
Forstwiss. Cbl.	Fortwissenschaftliches Centralblatt
GG	Gutsarchiv Gudow
GR	Geographische Rundschau
GW	Grundwort
Hamb. UB	Hamburgisches Urkundenbuch
Hann. LA	Kurhannoversche Landesaufnahme
hd.	hochdeutsch
HJb.S	Heimatkundliches Jahrbuch des Kreises Segeberg
Hs.	Handschrift
IPTS	Institut für Praxis und Theorie der Schule (Landesinstitut Schleswig-Holstein, Kiel)
Jh.	Jahrhundert
KAR	Kreisarchiv Ratzeburg
KP	Kartenkopie
LAS	Landesarchiv Schleswig-Holstein in Schleswig
LH	Lauenburgische Heimat
LSAK	Lübecker Schriften zur Archäologie und Kulturgeschichte
MTBl.	Meßtischblatt
MUB	Mecklenburgisches Urkundenbuch
MJbb.	Jahrbücher des Vereins für mecklenburgische Geschichte und Altertumskunde; seit Jahrgang 95: Mecklenburgische Jahrbücher
N.F.	Neue Folge
NN	Normalnull
ON	Ortsname
PN	Personenname

polab.	polabisch
SH	Schleswig-Holstein
SHLUS	Urkundensammlung der Schleswig-Holstein-Lauenburgischen Gesellschaft für vaterländische Geschichte
SHRU	Schleswig-Holstein-Lauenburgische Regesten und Urkunden
UBL	Urkundenbuch des Bistums Lübeck
UHL	Die Urkunden Heinrichs des Löwen
UBSL	Urkundenbuch der Stadt Lübeck
VAL	Vaterländisches Archiv für das Herzogtum Lauenburg 4 – 13,1; Archiv des Vereins für die Geschichte des Herzogtums Lauenburg 1 – 10,1 (Neue Folge)
ZAA	Zeitschrift für Agrargeschichte und Agrarsoziologie
ZLGA	Zeitschrift des Vereins für Lübeckische Geschichte und Altertumskunde
ZSHG	Zeitschrift der Gesellschaft für Schleswig-Holsteinische Geschichte
ZR	Das Ratzeburger Zehntregister

Verzeichnis der Quellentexte und Urkundensammlungen

Adam von Bremen, Hamburgische Kirchengeschichte, Ausgabe von Wattenbach, Leipzig 1888

Adam Bremensis, Hamburgische Kirchengeschichte, hrsg. von B. Schmeidler, Hannover 1917 (3. Aufl.)

Adam von Bremen, Bischofsgeschichte der Hamburger Kirche, neu übertragen von W. Trillmich. In: Quellen des 9. und 11. Jahrhunderts zur Geschichte der Hamburgischen Kirche und des Reiches, Darmstadt 1978 (5. Aufl.)

Arndt, K. F. L., Das Zehntregister des Bistums Ratzeburg aus dem 13. Jahrhundert nach der Urschrift gedruckt, Ratzeburg 1833

Hamburgisches Urkundenbuch, 1, hrsg. von J. M. Lappenberg (1842), 2, von A. Hagedorn und dem Archiv der Hansestadt Hamburg (1939), 3, vom Staatsarchiv Hamburg (1953)

Helmold von Bosau, Slawenchronik, neu übertragen und erläutert von H. Stoob, Darmstadt 1973

Arnold von Lübeck, Chronica Slavorum, hrsg. von M. Lappenberg, Hannover 1868

Mecklenburgisches Urkundenbuch, hrsg. vom Verein für mecklenburgische Geschichte (1863 – 1936)

Quellen zur Karolingischen Reichsgeschichte, I. Teil, neu bearbeitet von R. Rau, Darmstadt 1977 (2. Aufl.)

Quellen zur Karolingischen Reichsgeschichte, II. Teil, neu bearbeitet von R. Rau, Darmstadt 1972 (3. Aufl.)

Quellen zur Karolingischen Reichsgeschichte, III. Teil, neu bearbeitet von R. Rau, Darmstadt 1975 (3. Aufl.)

Quellen zur Geschichte des deutschen Bauernstandes im Mittelalter, gesammelt und herausgegeben von G. Franz, Darmstadt 1974 (2. Aufl.)

Schleswig-Holstein-Lauenburgische Regesten und Urkunden, 1 – 3, hrsg. von P. Hasse (1886 – 1896), 4 – 5 als Schleswig-Holsteinische Regesten und Urkunden, hrsg. von V. Pauls (1924 – 1932), 6 von W. Carstens (1962 ff.)

Sudendorf, H., Urkunden zur Geschichte der Herzöge von Braunschweig und Lüneburg und ihrer Lande, Hannover 1859 – 1880; Göttingen 1883

Des Teutschen Reiches Archivs Spicilegium ecclesiasticum 2, hrsg. von J. Chr. Lünig, Leipzig 1717

Die Urkunden Heinrichs des Löwen, Herzogs von Sachsen und Bayern, bearbeitet von K. Jordan, Weimar 1949

Urkunden und erzählende Quellen zur deutschen Ostsiedlung im Mittelalter, I. Teil: Mittel- und Norddeutschland, Ostseeküste, Darmstadt 1975

Urkundenbuch des Bisthums Lübeck, hrsg. von W. Leverkus, 1, Oldenburg i. O. 1856

Urkundenbuch der Stadt Lübeck, hrsg. von dem Vereine für Lübeckische Geschichte und Altertumskunde, Lübeck 1843 – 1932

Urkundenbuch der Gesellschaft für Schleswig-Holstein-Lauenburgische Geschichte 4: Registrum König Christian des Ersten, hrsg. von G. Hille (1875)

Verzeichnis der Kartenwerke und kartographische Quellen

Degn, Chr. / Muuß, U., Luftbildatlas Schleswig-Holstein 1, Neumünster 1965

Degn, Chr. / Muuß, U., Luftbildatlas Schleswig-Holstein 2, Neumünster 1968

Deutscher Planungsatlas Schleswig-Holstein, hrsg. von der Akademie für Raumforschung und Landesplanung, Hannover

Deutscher Wetterdienst, Klimaatlas von Schleswig-Holstein, Hamburg und Bremen, Offenbach 1967

Die Binnengewässer in Schleswig-Holstein – Gestaltung und Pflege – Generalplan 1978, hrsg. von dem Minister für Ernährung, Landwirtschaft und Forsten des Landes Schleswig-Holstein

Die schleswig-holsteinischen Kreise und Verzeichnis der Gemeinden nach der Gebietsreform vom 26.4.1970, hrsg. vom Statistischen Landesamt Schleswig-Holstein, Kiel 1970

Hagemann, E. / Voigts, H., Bioklimatischer Atlas für Schleswig-Holstein, Lübeck 1948

Habisch, J., Stadtkernatlas Schleswig-Holstein, Neumünster 1976

Klose, O. / Martius, L., Ortsansichten und Stadtpläne der Herzogtümer Schleswig, Holstein und Lauenburg, Neumünster 1962

Muuß, U. / Petersen, M. / König, D., Die Binnengewässer Schleswig-Holsteins, Neumünster 1973

Topographischer Atlas Schleswig-Holstein, hrsg. vom Landesvermessungsamt Schleswig-Holstein, Neumünster 1979 (4. Aufl.)

historische Karten:

Homann, Johann Baptist, Ducatus Lauenburgensis – eine Karte des Herzogtums Lauenburg von 1729, Kreismuseum Ratzeburg

Kurhannoversche Landesaufnahme des 18. Jahrhunderts durch Offiziere des hannoverschen Offizierskorps, 1 : 21133 1/3, Staatsarchiv Hannover, Blätter 56 – 65 (Reproduktion: Hans Eggen, Hannover, 1 : 25000, Vertrieb: Nieders. Landesverwaltungsamt – Landesvermessung – Hannover)

Major von Varendorf, Topographisch-militärische Charte des Herzogthums Holstein nebst dem Hochstifte Lübeck, dem Gebiete der Reichsstädte Hamburg und einem Theil des Herzogthums Lauenburg, 1789 — 1797, Geodaetisk Institut, Kopenhagen

Von einer Auflistung der insgesamt eingesehenen historischen Flurkarten, die im Landesarchiv Schleswig-Holstein in Schleswig, im Kreisarchiv Ratzeburg und im Bernstorffschen Archiv in Wotersen aufbewahrt sind, wird wegen ihrer großen Anzahl abgesehen. Im Einzelfall sind die jeweiligen Quellenkarten in den Anmerkungen aufgeführt.

Übersichten über die vorhandenen Karten bieten die im Literaturverzeichnis angeführten Titel von W. Prange (1960, S. 368 — 372), H.-J. Kahlfuß (1969), H. Zimmermann (LH, N.F. 78, 1973, S. 82 — 123) und H. Weimann (1980).

Literaturverzeichnis

ABEL, W. [1935]: Agrarkrisen und Agrarkonjunktur in Mitteleuropa vom 13. bis 19. Jahrhundert, Berlin 1935

ABEL, W. [1962]: Geschichte der deutschen Landwirtschaft vom frühen Mittelalter bis zum 19. Jahrhundert, Deutsche Agrargeschichte, Bd. II, Stuttgart 1962

ABEL, W. [1971]: Landwirtschaft 900 – 1350. In: Handbuch der Deutschen Wirtschafts- und Sozialgeschichte, Bd. 1, S. 202 – 225, Stuttgart 1971

ANDERSEN, H. H. [1978]: Das Ur-Alt Lübeck. In: Die Heimat 85, 1978, S. 338 ff.

ANDERSEN, H. H. [1980]: Neue Grabungsergebnisse 1977 zur Besiedlung und Bebauung im Innern des slawischen Burgwalls Alt Lübeck. In: LSAK Bd. 3, 1980, S. 39 – 55

ASMUS, W. D. [1936]: Die rechtselbische Ausdehnung der Langobarden in den ersten zwei Jahrhunderten nach der Zeitenwende. In: Die Kunde 1936, S. 50 f., Tafel 10, Hildesheim 1936

ASSMANN, E. [1953]: Salvo Saxoniae limite. Ein Beitrag zum Problem des Limes Saxoniae. In: ZSHG 77, 1953, S. 195 – 203

AUBIN, H. und W. ZORN (Hrsg.) [1971]: Handbuch der Deutschen Wirtschafts- und Sozialgeschichte, Bd. 1: Von der Frühzeit bis zum Ende des 18. Jahrhunderts, Stuttgart 1971

AVERDIEK, F. R. [1958]: Pollenanalytische Untersuchungen zur Vegetationsgeschichte im Osten Hamburgs. In: Mitt. d. Geogr. Ges. in Hamburg, Bd. 53, 1958, S. 161 – 176

AVERY, E. T. [1962]: Interpretations of Aerial Photographs, Minneapolis 1962

BAARE-SCHMIDT, H. G. [1978]: Das Groß-Hamburg-Gesetz und seine Folgen für Schleswig-Holstein und Hamburg. In: LH, N.F. 91, 1978, S. 52 – 56

BACH, A. [1953]: Deutsche Namenkunde II, 1 und 2, Die deutschen Ortsnamen, Heidelberg 1953

BACHMANN, H. [1960]: Zur Methodik der Auswertung der Siedlungs- und Flurkarte für die siedlungsgeographische Forschung. In: Zschr. f. Agrargesch. u. Agrarsoziologie, Jg. 8, 1960, S. 1 – 13

BACKMUND, N. [1978]: Sankt Evermod. In: LH, N.F., 1978, S. 1 – 9

BANGERT, Fr. [1904]: Die Spuren der Franken am nordalbingischen Limes Saxoniae. In: Zschr. d. hist. Vereins für Niedersachsen, Hannover 1904, S. 1 – 63

BARSCHEL, U. [1977]: Die Rechtslage nach dem Austausch von lauenburgischen Grenzgebieten gegen mecklenburgische durch die Besatzungsmächte im November 1945. In: LH, N.F. 88, 1977, S. 38 – 43

BEHRENDS, K. [1969]: Aus der Siedlungsgeschichte der Gemarkung Segrahn, ihrer Dörfer und Rittersitze. In: LH, N.F. 65, 1969, S. 1 – 38

BENTHIEN, B. [1960]: Die historischen Flurformen des südwestlichen Mecklenburg (Veröffentlichungen des Mecklenburgischen Landesarchivs in Verbindung mit der staatlichen Archivverwaltung, Bd. I), Schwerin 1960

BENTHIEN, B. und R. OGRISSEK [1962]: Karte "Historische Dorfformen". In: Meyers Neues Lexikon, Leipzig 1962, Bd. 3

BERTHEAU, Fr. [1911]: Der Lauenburger Uradel und die Entwicklung seiner ständischen Rechte im 13. Jahrhundert. In: VAL 13, 1., 1911, S. 1 – 54

BERTHEAU, Fr. [1912]: Wanderung und Kolonisation des Lüneburger Uradels im Elbegebiet. In: Zschr. des hist. Vereins für Niedersachsen 77, 1912, S. 349 – 392

BERTHEAU, Fr. [1914]: Die geschichtliche Entwicklung der ländlichen Verhältnisse im Fürstenthum Ratzeburg. In: MJbb. 79, 1914, S. 71 – 170

BEUMANN, H. (Hrsg.) [1963]: Heidenmission und Kreuzzugsgedanke des Mittelalters (Wege der Forschung Bd. VII), Darmstadt 1963

BIELFELDT, H. H. [1964]: Die slawischen eigentlichen Reliktwörter in den deutschen Mundarten. In: Wiss. Zt. d. Humboldt-Univ. z. Berlin 13, 1964, H. 2/3, S. 391

BIEREYE, W. [1933]: Über die Personen im Ratzeburger Zehntlehnregister von 1230. In: Mecklenburg-Strelitzer Geschichtsblätter, 9. Jg., 1933, S. 1 – 60

BLASCHKE, K. [1960]: Die Entwicklung des sorbischen Siedlungsgebietes in der Oberlausitz. In: Siedlung und Verfassung der Slawen zwischen Elbe, Saale und Oder, hrsg. v. H. Ludat, Gießen 1960

BÖHME, H. [1978]: Slawische Götter Ostholsteins im Spiegel frühneuzeitlicher Chroniken. In: Die Heimat 85, 1978, S. 151 – 154

BOKELMANN, Kl. [1974]: Archäologische Ausgrabungen in Schleswig-Holstein 1974. In: Die Heimat 82, 1975, S. 138

BOKELMANN, Kl. [1975]: Die Steinzeit in Schleswig-Holstein, III. Teil — eine Übersicht. In: Die Heimat 82, 1975, S. 85 ff.

BONSEN, U. [1966]: Die Entwicklung des Siedlungsbildes und der Agrarstruktur der Landschaft Schwansen vom Mittelalter bis zur Gegenwart (Schr. d. Geogr. Inst. d. Univ. Kiel, Bd. 22, H. 3), Kiel 1966

BORN, M. [1960]: Frühgeschichtliche und mittelalterliche Siedlungsrelikte im Luftbild. In: Landeskundliche Luftbildauswertung im mitteleuropäischen Raum, H. 3, S. 9 — 16, Bad Godesberg 1960

BORN, M. [1970 a]: Die Erforschung der ländlichen Siedlungen. In: GR 22, 1970, S. 369 — 374

BORN, M. [1970 b]: Arbeitsmethoden der deutschen Flurforschung (Wirtschafts- und Sozialgeographie, hrsg. v. D. Bartels, Neue Wissenschaftliche Bibliothek, S. 245 — 261), Köln - Berlin 1970

BORN, M. [1970 c]: Die ländlichen Siedlungsformen in Mitteleuropa: Forschungsstand und Aufgaben. In: Ber. z. dt. Landeskunde 44, 1970, S. 143 — 254

BORN, M. [1972]: Wüstungsschema und Wüstungsquotient. In: Erdkunde 26, 1972, S. 208 — 218

BORN, M. [1974]: Die Entwicklung der deutschen Agrarlandschaft, Darmstadt 1974

BORN, M. [1977]: Geographie der ländlichen Siedlungen, Stuttgart 1977

BORN, M. [1979]: Zur funktionalen Typisierung ländlicher Siedlungen in der genetischen Siedlungsforschung. In: Siedlungsgeographische Studien, Berlin 1979, S. 29 — 47

BRAND, H. [1933]: Die Übertragung altdeutscher Siedlungsformen in das ostholsteinische Kolonisationsgebiet. In: Schr. d. Geogr. Inst. d. Univ. Kiel I, H. 4, Kiel 1933

BRAUNE, W. und E. A. EBBINGHAUS [1962]: Althochdeutsches Lesebuch, Tübingen 1962 (14. Aufl.)

BRAUNE, W. und W. MITZKA [1963]: Althochdeutsche Grammatik, Tübingen 1963 (11. Aufl.)

BRINKMANN, Th. [1950]: Das Fruchtfolgebild des Ackerbaus, Bonn 1950

BRONGER, A. und E. BUCHHOFER [1970]: Lauenburg und das östliche Ostholstein. In: Ein geographisch-landeskundlicher Exkursionsführer, hrsg. von Schlenger, H. / Paffen, KH. / Stewig, R., Kiel 1970 (2. Aufl.), S. 91 – 109

BRÜNGER, W. [1961]: Einführung in die Siedlungsgeographie, Heidelberg 1961

BRÜSKE, W. [1955]: Untersuchungen zur Geschichte des Lutizenbundes. In: Mitteldt. Forsch. 3, Münster - Köln 1955

BÜDEL, J. [1960]: Die Gliederung der Würm-Kaltzeit. In: Würzburger Geogr. Arbeiten, Mitt. d. Geogr. Ges. Würzburg, H. 8, S. 1 – 105, Würzburg 1960

BUDESHEIM, W. [1979]: Überlegungen zum Limes Saxoniae im Gebiet des Kreises Herzogtum Lauenburg nach der Quelle Adams von Bremen. In: LH, N.F., 1979, S. 1 – 13

BURMESTER, J. F. [1882]: Beiträge zur Kirchengeschichte des Herzogtums Lauenburg. Berichtigt und ergänzt von Amann, Ratzeburg 1882

CARSTENSEN, M. [1980]: Flurnamenforschung in Schleswig-Holstein. In: ZSHG 105, 1980, S. 323 – 331

CHILDE, V. G. [1941/1952]: Stufen der Kultur, Stuttgart 1952 (ins Deutsche übertragene Ausgabe der englischen Fassung von 1941)

CHILDE, V. G. [1951/1975]: Soziale Evolution, London 1951 (engl. Ausgabe), Frankfurt 1975 (deutsche Ausgabe)

CHILDE, V. G. [1952]: Man makes himself, New York 1952 (Neuaufl.)

CHILDE, V. G. [1960]: Vorgeschichte der europäischen Kultur, Reinbek 1960

CHRISTIANSEN, H. [1966]: Unberührte Natur, Naturkundlich bemerkenswerte Gebiete Schleswig-Holsteins, Neumünster 1966

CHRISTIANSEN, W. [1938]: Der "Atlantische Klimakeil" in Schleswig-Holstein und seine Bedeutung. In: Die Heimat 48, 1938, S. 302 – 309

CLASEN, M. [1952]: Zwischen Lübeck und Limes. In: Nordstormarnisches Heimatbuch 1952, S. 5 – 27

CLASEN, M. [1962]: Zwillingsdörfer im ostholsteinischen Raum. Ein Beitrag zur Geschichte unseres Heimatlandes. In: HJb. S. 8, 1962, S. 19 – 26

CLAUSEN, O. [1952 a]: Flurnamen Schleswig-Holsteins, Rendsburg 1952

CLAUSEN, O. [1952 b]: Vom Wesen der Orts- und Flurnamen. In: Heimatkunde 1952, S. 71 – 74

DEECKE, E. [1857]: Marienwold. Historische Abhandlung. In: VAL 1, 1857, S. 341 – 398

DEGN, Chr. [1970]: Landesgeschichtlicher Überblick. In: Schleswig-Holstein. Ein geographisch-landeskundlicher Exkursionsführer, hrsg. von Schlenger, H. / Paffen, KH. / Stewig, R., Kiel 1970 (2. Aufl.), S. 30 – 38

DETTMER, E. [1958]: Chronik des Dorfes Ziethen, Ziethen 1958

DIELS, P. [1963]: Die slawischen Völker. In: Veröff. d. Osteuropa-Inst. München, Bd. XI, Wiesbaden 1963, S. 26 ff.: Elb- und Ostseeslawen

DONAT, P. [1970]: Zur Nordausbreitung der slawischen Grubenhäuser. In: Zschr. f. Archäologie 4, 1970, S. 250 ff.

DÜKER, A. [1932]: Lübecks Territorialpolitik im Mittelalter, Diss. Hamburg 1932

DÜKER, A. [1933/1934]: Lübeck und Hamburg im 14. Jahrhundert. Ein Kapitel aus der städtischen Territorialpolitik im Mittelalter. In: LH 9, 1933, S. 25 – 31; S. 64 – 71; LH 10, 1934, S. 16 – 19

DÜKER, A. [1967]: Die interstadiale Bodenbildung als stratgraphische Zeitmarken im Ablauf der Weichselkaltzeit in Schleswig-Holstein. In: Fundamenta II, S. 80 – 100, Köln - Graz 1967

DUVE, A. E. E. L. von [1857]: Mitteilungen zur näheren Kunde des Wichtigsten der Staatsgeschichte und Zustände der Bewohner des Herzogthums Lauenburg von der Vorzeit bis zum Ende des Jahres 1851, Ratzeburg 1857

EBERT, W. [1937]: Ländliche Siedlungsformen im deutschen Osten, Berlin 1937

EGGERS, H. J. [1959]: Einführung in die Vorgeschichte, München 1959

EHRICH, R. und H.-O. WULF [1976]: Der Austausch von lauenburgischen Grenzgebieten gegen mecklenburgische durch die Besatzungsmächte im November 1945. In: LH, N.F. 87, 1976, S. 13 – 52

EICHLER, E. [1967]: Zur Ortsnamensforschung in der Niederlausitz. In: Niederlausitzer Studien 1967, S. 57 – 62

EISNER, J. [1955]: Slawische Ethnogenesis. In: Paleologia (Osaka), IV, Nr. 3/4, S. 260 – 263, 1955

ENDLER, C. A. [1954]: Aus der Geschichte des Domhofs. In: Der Dom zu Ratzeburg. Acht Jahrhunderte, hrsg. von H. H. Schreiber, Ratzeburg 1954, S. 26 – 30

ENGEL, F. [1934]: Deutsche und slawische Einflüsse in der Dobbertiner Kulturlandschaft (Schr. d. Geogr. Inst. d. Univ. Kiel, Bd. II, H. 3), Kiel 1934

ENGEL, F. [1938]: Karten "Dorfformen" (I. II). In: Mecklenburg, Werden und Sein eines Gaues, hrsg. von R. Crull, Bielefeld und Leipzig 1938

ENGEL, F. [1949]: Rodungsrecht der Hagensiedlung, Hildesheim 1949

ENGEL, F. [1951 a]: Rodungskolonisation und Vorform der Waldhufen im 12. Jahrhundert. In: Die Schaumburg-Lippische Heimat, 1951, S. 1 – 22

ENGEL, F. [1951 b]: Die mittelalterlichen Mannhagen und das Problem des Limes Saxoniae. In: Blätter für deutsche Landesgeschichte 88, 1951, S. 73 – 109

ENGEL, F. [1953]: Erläuterung zur historischen Siedlungsformenkarte Mecklenburgs. In: Zschr. f. Ostforschung 2, 1953, S. 208 – 230

ENGEL, F. [1970]: Beiträge zur Siedlungsgeschichte und historischen Landeskunde, Mecklenburg – Pommern – Niedersachsen, hrsg. von Roderich Schmidt, Wien 1970

ERICSSON, I. [1982]: Kontinuität und Diskontinuität im slawisch-deutschen Siedlungsraum (Bericht über die Ausgrabungen in Bosau und Futterkamp). In: LH, N.F. 103, 1982, S. 1 – 20

FEHLING, E. F. [1904 – 1905]: Lübeckische Stadtgüter, 2 Bände, Lübeck 1904 – 1905

FEHRING, G. P. [1976]: Alt-Lübeck und Lübeck in der Kontaktzone zwischen Skandinaviern, Slawen und Deutschen. Fragestellungen und erste Ergebnisse eines Forschungs-Teilprojekts. In: Die Heimat 83, 1976, S. 148 ff.

FEHRING, G. P. [1978 a]: Neue archäologische Ergebnisse und Zielsetzungen zur frühen Geschichte der Hansestadt Lübeck. In: Der Wagen, ein lübeckisches Jahrbuch, 1978, S. 165 ff.

FEHRING, G. P. [1978 b]: Alt-Lübeck und Lübeck; ein Forschungsprojekt des Amtes für Vor- und Frühgeschichte der Hansestadt und des Sonderforschungsbereichs 17 der Universität Kiel. In: Lübecker Schriften zur Archäologie und Kulturgeschichte 1, 1978, S. 29 ff.

FEHRING, G. P. [1982]: Alt-Lübeck und Lübeck; zur Topographie und Besiedlung zweier Seehandelszentren im Wandel vom 12. bis 13. Jahrhundert. In: LH, N.F. 103, 1982, S. 21 — 22

FIEGE, H. [1979]: Wie Ostholstein und Lauenburg deutsch wurden, Hamburg 1979

FOCK, A. [1952]: Kann der Ortsname Sasel slawisch sein? — In: Jahrbuch des Alstervereins 31, 1952, S. 56 ff.

FOLKERS, U. [1928]: Das Bauerndorf im Kreis Herzogtum Lauenburg, Ratzeburg 1928

FOLKERS, U. [1929]: Zur Frage nach Ausdehnung und Verbleib der slawischen Bevölkerung von Holstein und Lauenburg. In: ZSHG 58, 1929, S. 339 — 448

FOLKERS, U. [1930/31]: Deutschrechtliche Siedlungsformen auf ehemals slawischem Boden in Holstein und Lauenburg. In: Nordelbingen 8, 1930/31, S. 104 — 133

FOLKERS, U. [1931]: Zur Karte der Siedlungsformen im Kreise Herzogtum Lauenburg. In: LH 7, 1931, S. 41 — 65

FIRBAS, F. [1949]: Spät- und nacheiszeitliche Waldgeschichte Mitteleuropas nördlich der Alpen, Bd. 1, Jena 1949

FISCHER-HÜBNER, M. [1953]: Bauern in Salem (1200 — 1532). In: Lauenburgischer Familienkalender 4, 1953, S. 46 ff.

FRANZ, G. (Hrsg.) [1962 — 1970]: Deutsche Agrargeschichte, 5 Bände, Stuttgart 1962 bis 1970

FREYTAG, H. J. [1951]: Die Herrschaft der Billunger in Sachsen (Studien u. Vorarb. z. Hist. Atlas Nds., H. 20), Göttingen 1951

FREYTAG, H. J. [1954]: Die Bischöfe von Ratzeburg als Landesherrn im Mittelalter. In: Der Dom zu Ratzeburg, Acht Jahrhunderte, 1954, S. 18 — 25

FRITZE, W. [1952]: Die Datierung des Geographus Bavarus und die Stammesverfassung der Abotriten. In: Zschr. f. Slav. Philologie 21, 1952, S. 326 ff.

FRITZE, W. [1960]: Probleme der abodritischen Stammes- und Reichsverfassung und ihrer Entwicklung vom Stammesstaat zum Herrschaftsstaat. In: Siedlung und Verfassung der Slawen zwischen Elbe, Saale und Oder, hrsg. von H. Ludat, Gießen 1960, S. 141 – 219

FRITZE, W. und Kl. ZERNACK (Hrsg.) [1976]: Grundfragen der geschichtlichen Beziehungen zwischen Deutschen, Polaben und Polen (mit Beiträgen von W. Filipowiak, W. Fritze, W. Hensel, L. Leciejewicz, A. von Müller, Kl. Zernack, B. Zientara), Berlin 1976

FUNCK, H. [1953]: Wispircon und Liudwinestein, Beitrag zur Limesforschung. In: Die Heimat 60, 1953, S. 206 – 210

FUNCK, H. [1954]: Lovenze. In: Die Heimat 61, 1954, S. 232 – 235

FUNCK, H. [1955]: Helle, ein untergegangenes Dorf? – In: Die Heimat 62, 1955, S. 140 – 143

FUNCK, H. [1956]: Slavicalis Clyngrode. In: LH, N.F. 11, 1956, S. 64 – 68

FUNCK, H. [1963]: Die Entwässerung des Duvensees (Schriftenreihe des Heimatbund und Geschichtsvereins Krs. Hzgt. Lbg., Bd. 10), Ratzeburg 1963

GEBÜHR, M. [1976]: Das Gräberfeld Hamfelde, Kreis Herzogtum Lauenburg – Größe und Aufbau der bestatteten Bevölkerung. In: Die Heimat 83, 1976, S. 296 ff.

GEERZ, F. [1859]: Geschichte der geographischen Vermessungen und der Landkarten Nordalbingiens vom Ende des 15. Jahrhunderts bis zum Jahr 1859, Berlin 1859

GERBERS, W. [1974]: Ausgrabungen in der Siedlungskammer Bosau. – Die frühslawische Burg auf dem Bischofswarder. In: Archäologisches Korrespondenzblatt 4, 1974, S. 379 ff.

GERBERS, W. [1975]: Die slawische Burg und Siedlung auf dem Bosauer Bischofswarder. In: Jahrbuch für Heimatkunde, Eutin 1975, S. 12 ff.

GERBERS, W. [1975/1977]: Die Grabung auf dem Bischofswarder in Bosau. In: Offa 32, 1975 (1977), S. 11 ff.

GERBERS, W.; H. HINZ; F. KONERDING; G. LÖFFLER [1977]: Bosau II. – Untersuchung einer Siedlungskammer in Ostholstein, Neumünster 1977 (Offa-Bücher Bd. 37)

GERHARDT, D. [1955]: Zur Polabenfrage. In: Lüneburger Landeszeitung 4 u. 5 I, 1955

GIERLOFF-EMDEN, H. G. und H. SCHRÖDER-LENZ [1964]: Luftbildauswertung Teil I, Bibliographisches Institut 358/358 a, Frankfurt 1964

GIESEBRECHT, L. [1883]: Wendische Geschichten aus den Jahren 780 – 1182, Berlin 1883

GRADMANN, R. [1948]: Altbesiedeltes und jungbesiedeltes Land. In: Studium Generale 1, 1948, S. 163 – 177

GRAHMANN, R. [1952 a]: Das Eiszeitalter und der Übergang zur Gegenwart, Remagen 1952

GRAHMANN, R. [1952 b]: Urgeschichte der Menschheit, Stuttgart 1952

GRENZ, R. [1961]: Die slawischen Funde aus dem hannoverschen Wendland, Neumünster 1961

GRIMM, J. und W. GRIMM [1905]: Deutsches Wörterbuch, Leipzig 1905

GRIPP, K. [1924]: Über die äußerste Grenze der letzten Vereisung in Nordwest-Deutschland. In: Mitt. d. Geogr. Ges. Hamburg, Bd. 36, S. 159 – 245, Hamburg 1924

GRIPP, K. [1933]: Geologie von Hamburg und seiner weiteren Umgebung, Hamburg 1933

GRIPP, K. [1934]: Diluvialgeologische Untersuchungen in Südost-Holstein. In: Zschr. d. dt. Geol. Ges. 86, 1934, S. 73 – 82

GRIPP, K. [1949]: Glazialmorphologie und geologische Kartierung, zugleich eine Deutung der Oberflächenformen Ostholsteins. In: Zschr. d. dt. Geol. Ges. 99, 1949

GRIPP, K. [1950]: Die Entwässerung der inneren Eisrandlagen in Nordwest-Deutschland. In: Schr. Naturw. Ver. Schleswig-Holstein 24, 1950, S. 87 – 91

GRIPP, K. [1951]: Über den morphologischen Nachweis großer Schwankungen des Eisrandes. In: Eiszeitalter u. Gegenwart 1, 1951, S. 65 – 96

GRIPP, K. [1953]: Die Entstehung des Travetals. In: Altonaische Zeitschrift 4, Altona 1953

GRIPP, K. [1964 a]: Neues über die Oberflächenformen und den Ablauf der letzten Vereisung im Kreis Herzogtum Lauenburg. In: LH, N.F. 45, 1964, S. 1 – 6

GRIPP, K. [1964 b]: Erdgeschichte von Schleswig-Holstein, Neumünster 1964

GROSS, H.-D. [1978]: Evermod und die Anfänge des Bistums Ratzeburg. In: LH, N.F. 91, 1978, S. 10 – 28

HACHMANN, R. [1979]: Die Germanen, München 1979 (2. Aufl.)

HALSKE, H. [1924]: Verlauf der Endmoränen auf dem Meßtischblatt Trittau, Diss. Hamburg 1924 (43 S.)

HAMANN, M. [1969]: Mecklenburgische Geschichte. Von den Anfängen bis zur Landständischen Union von 1523, Köln - Graz 1968

HANDELMANN, H. [1889]: Der limes Saxoniae in den Kreisen Stormarn und Herzogthum Lauenburg. In: VAl 2, 3, S. 100 – 109, Mölln 1889

HARDEN, K. [1932]: Der Möllner und der Beelitzer Sander, Diss. Hamburg 1932

HARMS, H. [1968]: Die "Alte Salzstraße" – Legende und Wirklichkeit. In: LH, N.F. 61, 1968, S. 1 – 25

HARTEN, H. [1956]: Lelecowe - Franzhagen. In: LH, N.F. 14, 1956, S. 117 – 123

HARTEN, H. [1967]: Ansverus † 1066 (Sonderdruck aus: LH, N.F. 52, 53, 54, 55), Lauenburg 1967

HEIMATBUCH Wentorf [1967], hrsg. von der Gemeinde Wentorf bei Hamburg, Lauenburg 1967

HEIN, L. [1977]: Anfänge und Festigung der Slawenmission. In: Schleswig-Holsteinische Kirchengeschichte 1, hrsg. vom Verein f. Schles.-Holst. Kirchengesch., 1977, S. 110 ff.

HEINSENIUS, E. [1952]: Ohlendorp bei Mölln. In: Die Heimat 59, 1952, S. 176 – 179

HELLWIG, L. [1888]: Alt- und Neu-Ratzeburg. In: VAL 2. 2, 1888, S. 139 ff.

HELLWIG, L. [1891]: Auf den Spuren des alten Sachsenwalles. In: Die Heimat 1, 1891, S. 181 ff.

HELLWIG, L. [1892]: Die deutschen Ortsnamen von Lauenburg. In: VAL 3, 3, 1892, S. 1 – 64

HELLWIG, L. [1903]: Aus der ältesten Geschichte der Dörfer Pogeez und Disnack. In: VAL 7, 2, 1903, S. 34 – 42

HELLWIG, L. [1904]: Das Zehntenregister des Bistums Ratzeburg. In: MJbb. 69, 1904, S. 291 – 350

HELLWIG, L. [1909]: Neue Forschungen zum Zehntenregister des Bistums Ratzeburg. In: VAL 9, 2, 1909, S. 1 – 69

HELLWIG, L. [1888]: Alt- und Neu-Ratzeburg. In: VAL 2, 2, 1888, S. 139 ff.

HENSEL, W. [1954]: Pochodzenie Slowian (Ursprung der Slawen). In: Wiadomisci Archeologiczne 20, 1954, S. 211 – 220

HENSEL, W. [1965]: Die Slawen im frühen Mittelalter. Ihre materielle Kultur (Deutsche Ausgabe besorgt von S. Epperlein), Berlin 1965

HENSEL, W. [1967]: Anfänge der Städte bei den Ost- und Westslawen (deutsche Ausgabe besorgt von P. Nowotny), Bautzen 1967

HERRMANN, J. [1960]: Die vor- und frühgeschichtlichen Burgwälle Groß-Berlins und des Bezirks Potsdam (Deutsche Akad. d. Wiss. zu Berlin, Schr. d. Sektion f. Vor- u. Frühgeschichte, Bd. 9), Berlin 1960

HERRMANN, J. [1966]: Tornow und Vorberg. Ein Beitrag zur Geschichte der Lausitz, Berlin 1966

HERRMANN, J. [1968]: Siedlung, Wirtschaft und gesellschaftliche Verhältnisse der slawischen Stämme zwischen Oder, Neiße und Elbe. Studien auf der Grundlage archäologischen Materials (Deutsche Akad. d. Wiss. zu Berlin, Schr. d. Sektion f. Vor- u. Frühgeschichte, Bd. 23), Berlin 1968

HERRMANN, J. (Hrsg.) [1970]: Die Slawen in Deutschland, Geschichte und Kultur der slawischen Stämme westlich von Oder und Neiße vom 6. bis 12. Jahrhundert, Berlin 1970

HERRMANN, J. [1972]: Die Nordwestslawen und ihr Anteil an der Geschichte des deutschen Volkes (Sitzungsberichte des Plenums und der Klassen der Akademie der Wiss. der DDR 5), Berlin 1972

HERRMANN, J. (Hrsg.) [1973]: Die germanischen und slawischen Siedlungen und das mittelalterliche Dorf von Tornow, Kreis Calau, Berlin 1973

HERRMANN, J. [1980]: Die nördlichen Slawen. In: Kulturen im Norden, hrsg. von M. Wilson, München 1980, S. 183 – 205

HERRMANN, J. [1981]: Frühe Kulturen der Westslawen. Zwischen Hradschin und Vineta, Leipzig - Jena - Berlin 1981 (3. Aufl.)

HEUER, H. [1938]: Aus der Geschichte des Amtes Reinbek, vornehmlich in älterer Zeit. In: Festschrift zur 700-Jahrfeier der Gemeinde Reinbek 1938, S. 117 – 141

HEY, G. [1888]: Die slawischen Ortsnamen von Lauenburg. In: VAL 2, 2, 1888, S. 1 – 36

HINGST, H. [1976]: Vor- und frühgeschichtliche Eisenverhüttung in Schleswig-Holstein. In: Die Heimat 83, 1976, S. 117 ff.

HINGST, H. [1977]: Vorgeschichtliche Denkmäler und Funde in Schleswig-Holstein, Neumünster 1977

HINGST, Kl. [1964]: Die Entwicklung der Schleswig-Holsteinischen Agrarlandschaft. In: GR 16, H. 5, 1964, S. 177 – 186

HINGST, Kl. [1970]: Die Agrarstruktur. In: Schleswig-Holstein. Ein geographisch-landeskundlicher Exkursionsführer, hrsg. von H. Schlenger, KH. Paffen, R. Stewig, Kiel 1970 (2. Aufl.)

HINGST, Kl. [1975]: Kochen und Backen in vorgeschichtlichen Siedlungen. In: Die Heimat 82, 1975, S. 107 ff.

HINZ, H.; H.-E. NELLISSEN; H. HELMUTH; W. PRANGE; F.-R. AVERDIECK [1974]: Bosau I – Untersuchung einer Siedlungskammer in Ostholstein (Offa-Bücher Bd. 31), Neumünster 1974

HOFF, E. H. [1935]: Das Schwentinefeld und der Limes Saxoniae. In: ZSHG 63, 1935, S. 357 – 368

HOFFMANN, E. [1982]: Die Seehandelszentren Lübeck und Schleswig von der Mitte des 12. bis zur Mitte des 13. Jahrhunderts. In: LH, N.F. 103, 1982, S. 22 – 31

HOFMEISTER, H. [1914 a]: Die Slawensiedlung auf dem Schanzenberge am Ratzeburger See. In: Prähist. Zschr. 6, S. 197 (Abb. 1), Leipzig 1914

HOFMEISTER, H. [1914 b]: Eine slavische Siedlung auf dem Schanzenberg am Ratzeburger See. In: Zschr. d. Ver. f. Lübeckische Gesch. u. Altertumskunde 16, S. 165 – 194, Lübeck 1914

HOFMEISTER, H. [1926]: Limes Saxoniae. In: ZSHG 56, 1926, S. 67 – 169

HOFMEISTER, H. [1917/1927]: Die Wehranlagen Nordalbingiens. Zusammenstellung und Untersuchung der urgeschichtlichen und geschichtlichen Burgen und Befestigungen. 1. Gebiet der Freien und Hansestadt Lübeck. Fürstentum Lübeck, Lübeck 1917; 2. Amt Fürstentum Ratzeburg. Kreis Herzogtum Lauenburg, Lübeck 1927

HÖLTING, B. [1958]: Die Entwässerung der würmzeitlichen Eisrandlagen in Mittelholstein. In: Meyniana 7, 1958, S. 61 – 98

HOLTZMANN, R. [1941]: Geschichte der Sächsischen Kaiserzeit, München 1941

HORMANN, K. [1969]: Gibt es Tunneltäler in Schleswig-Holstein? – In: Schr. d. Naturwiss. Ver. f. Schl.-Holst., Bd. 39, 1969, S. 5 – 11

HÖPFNER, H. [1978]: Der Ratzeburger See I. In: LH, N.F. 91, 1978, S. 57 – 104

HÖPFNER, H. [1979]: Der Ratzeburger See II. In: LH, N.F. 95, 1979, S. 48 – 99

HÜBBE, D. H. W. C. [1902]: Artlenburg, die Sachsengrenze des Kaisers Karl der Große und das Land Sadelbande im späteren Herzogthume Lauenburg. In: VAL 10, 1, 1902, S. 52 – 76

HÜBENER, W. [1952 a]: Die Ertheneburg bei Lauenburg – eine Wehranlage des 11. und 12. Jahrhunderts? – In: Die Heimat 59, 1952, S. 182 – 184

HÜBENER, W. [1952 b]: Ein Wallschnitt auf der Ertheneburg. In: Offa 11, 1952, S. 112

HÜBENER, W. [1953]: Die stratigraphischen Grundlagen der Keramik von Alt-Lübeck auf Grund der Ausgrabungen 1949. In: Offa 12, 1953, S. 87 ff.

HÜBENER, W. [1956]: Zum Kamm von Farchau. In: LH, N.F. 11, 1956, S. 1 ff.

HÜBENER, W. [1980]: Die Ausgrabungen im slawischen Burgwall Alt Lübeck 1949. In: Lübecker Schriften zur Archäologie und Kulturgeschichte, Bd. 3, 1980, S. 13 – 38

HUCKE, K. [1938]: Tonware und Siedlung der Slawen in Wagrien, Neumünster 1938

HUCKE, K. [1949]: Die Bedeutung der wendischen Ortsnamen für die Siedlungsgeschichte Wagriens. In: Ostholsteinischer Heimatkalender 1949, S. 34

HUCKER, B. U. [1981]: Der Glüsinger Jahrmarkt – Eine untergegangene Messe im Elbegebiet? – In: LH, N.F. 101, 1981, S. 31 – 39

ILLIES, H. [1955]: Die Vereisungsgrenzen in der weiteren Umgebung Hamburgs, ihre Kartierung und stratigraphische Bewertung. In: Mitt. d. Geogr. Ges. Hamburg 52, 1955, S. 7 – 54

JÄGER, H. [1963]: Zur Geschichte der deutschen Kulturlandschaft. In: Geogr. Zschr. 51, 1963, S. 16 – 43

JANKUHN, H. [1950]: Burgen am Limes Saxoniae. In: Die Heimat 57, 1950, S. 135 ff.

JANKUHN, H. [1952 – 55]: Methoden und Probleme siedlungsarchäologischer Forschung. In: Archaeologia Geografica, Bd. 2, 1952 – 55, S. 73 – 84

JANKUHN, H. [1955]: Die Nütschauer Schanze. In: ZSHG 79, 1955, S. 257 ff.

JANKUHN, H. [1957]: Geschichte Schleswig-Holsteins, 3 Bände, Die Frühgeschichte. Vom Ausgang der Völkerwanderungszeit bis zum Ende der Wikingerzeit, hrsg. von O. Klose, Neumünster 1957

JANKUHN, H. [1965]: Die slawische Westgrenze in Norddeutschland im frühen Mittelalter. In: Acta Archaeologica Acad. Hungaricae 17, S. 49 – 53, Budapest 1965

JANKUHN, H. [1975]: Rodung und Wüstung in vor- und frühgeschichtlicher Zeit. In: Die deutsche Ostsiedlung des Mittelalters als Problem der europäischen Geschichte, hrsg. von W. Schlesinger, Sigmaringen 1975

JANKUHN, H. und R. SCHÜTRUMPF [1952]: Siedlungsgeschichte und Pollenanalyse in Angeln. In: Ber. u. Mitt. d. schlesw.-holst. Mus. 10, Kiel 1952

JANSSEN, W. [1968]: Methodische Probleme archäologischer Wüstungsforschung. In: Nachr. d. Akad. d. Wiss. Göttingen, I, Phil.-Hist.-Kl. Nr. 2, S. 29 – 56, 1968

JAZDZEWSKI, K. [1959]: Das gegenseitige Verhältnis slawischer und germanischer Elemente in Mitteleuropa seit dem Hunneneinfall bis zur awarischen Landnahme an der mittleren Donau. In: Archaeologia Polonis 2, 1959, S. 51 – 70

JEGOROV, D. N. [1930]: Die Kolonisation Mecklenburgs im 13. Jahrhundert. 1. Material und Methode. 2. Der Prozeß der Kolonisation. Breslau 1930

JELLINGHAUS, H. [1899]: Holsteinische Ortsnamen. In: ZSHG 29, 1899, S. 205 – 327

JENKIS, A. [1955]: Die Eingliederung "Nordalbingiens" in das Frankenreich. In: ZSHG 79, 1955, S. 81 – 104

JÖNS, J. [1906]: Aus der Geschichte des Kirchspiels Lassahn. In: VAL 8, 2, 1906, S. 65 – 78

JORDAN, K. [1939/1962]: Die Bistumsgründungen Heinrichs des Löwen (Schriften des Reichsinstituts für ältere deutsche Geschichtskunde 3), Stuttgart 1939, Neudruck 1962

JORDAN, K. [1954]: Die Anfänge des Bistums Ratzeburg. In: Der Dom zu Ratzeburg, Acht Jahrhunderte, hrsg. von H. H. Schreiber, 1954, S. 12 ff.

JORDAN, K. [1959]: Nordelbien und Lübeck in der Politik Heinrichs des Löwen. In: Zschr. d. Ver. f. Lübeckische Gesch. u. Altertumskunde 39, 1959

JORDAN, K. [1962 a]: Ratzeburg im politischen Kräftespiel in Nordalbingien. Ratzeburg – 900 Jahre, 1962, S. 23 ff.

JORDAN, K. [1962 b]: Ratzeburg im Mittelalter. In: LH, N.F. 39, 1962, S. 3 – 8

JORDAN, K. [1963/64]: Die Urkunde Heinrichs IV. für Herzog Ordulf von Sachsen vom Jahre 1062. In: Arch. f. Diplomatik 9/10, 1963/64, S. 53 ff.

KAACK, H.-G. [1980]: Von der slawischen Landnahme bis zur deutschen Besiedlung. In: LH, N.F. 99, 1980, S. 1 – 48

KAESTNER, W. [1976]: Weitere sprachliche Anmerkungen zu den slawischen Ortsnamen im Kreis Herzogtum Lauenburg. In: LH, N.F. 86, 1976, S. 50 – 60

KAHL, H. D. [1953]: Zum Geist der deutschen Slawenmission des Mittelalters. In: Zschr. f. Ostforschung 2, 1953, S. 1 – 14

KAHLFUSS, H.-J. [1969]: Landesaufnahme und Flurvermessung in den Herzogtümern Schleswig, Holstein und Lauenburg vor 1864 (Beiträge zur Geschichte der Kartographie Nordalbingiens), Neumünster 1969

KAMPHAUSEN, A. [1968]: Schleswig-Holstein – Land der Küste, Nürnberg 1968

KÄNEL, A. von und G. ALBRECHT [1968]: Probleme der Siedlungsentwicklung im Bezirk Neubrandenburg. In: Wiss. Zschr. d. Ernst Moritz-Arndt-Univ. Greifswald, Jg. XVII, naturw.-math. Reihe 1/2, 1968

KANNENBERG, E. G. [1957]: Die morphologische Entwicklung der Jungglaziallandschaft im Kreise Herzogtum Lauenburg. In: LH, N.F. 15, 1957, S. 1 – 13

KASCH, A. [1938]: Das Kloster Reinbek. Versuch einer Chronik. In: Festschrift zur 700-Jahrfeier der Gemeinde Reinbek (1938), S. 23 – 115

KATTEIN, R. [1978]: Briefantwort an den Verf. über den Begriff "Mescenreiza" im Limes-Bericht Adams von Bremen (21.8.1978)

KELLINGHUSEN, H. [1908]: Das Amt Bergedorf. Geschichte seiner Verfassung und Verwaltung bis 1620. In: ZSHG 13, 1908, S. 181 – 373

KELLINGHUSEN, H. [1967]: Wentorf im Kirchspiel Bergedorf. In: Heimatbuch Wentorf, S. 61 – 70, Lauenburg 1967

KEMPKE, T. [1978]: Die slawische Burg Pöppendorf, Hansestadt Lübeck. In: Lübecker Schriften zur Archäologie und Kulturgeschichte 1, 1978, S. 19 ff.

KEMPKE, T. [1980 a]: Burgwall, Siedlung und Hügelgräber bei Pöppendorf, Hansestadt Lübeck (Archäologie in Lübeck), Lübeck 1980

KEMPKE, T. [1980 b]: Frühslawische Keramik aus Alt Lübeck. In: Lübecker Schriften zur Archäologie und Kulturgeschichte 3, 1980, S. 7 – 12

KERSTEN, K. [1936]: Das Totenhaus von Grünhof-Tesperhude, Kreis Herzogtum Lauenburg. In: Offa 1, S. 56 – 87, 1936

KERSTEN, K. [1951]: Vorgeschichte des Kreises Herzogtum Lauenburg, Neumünster 1951

KERSTING, W. [1955]: Der Verlauf des südlichen Limestraktes nach einem neuen Übersetzungsvorschlag für das Wort "sursum". In: ZSHG 79, 1955, S. 76 ff.

KERSTING, W. [1956]: Zum südlichen Verlauf des Limes Saxoniae. In: LH, N.F. 11, 1956, S. 49 – 53

KERSTING, W. [1957]: Der Limes Saxoniae und das Castellum Delbende. In: LH, N.F. 16, 1957, S. 1 – 11

KIEFMANN, H. M. [1973]: Geographische und archäologische Untersuchungen zur älteren Entwicklung der Kulturlandschaft in der Gemarkung Bosau, Kreis Ostholstein. In: Arch. Korrespondenzblatt 3, 1973, S. 469 ff.

KIEFMANN, H. M. [1978]: Bosau III – Untersuchung einer Siedlungskammer in Ostholstein, Neumünster 1978 (Offa-Bücher 38)

KLOSE, O. (Hrsg.): Geschichte Schleswig-Holsteins; Bd. 1: Schwantes, G., Die Urgeschichte (1958); Bd. 2, 3. Lfg.: Hingst, H., Die vorrömische Eisenzeit (1964); Bd. 2, 4. u. 5. Lfg.: Jankuhn, H., Die römische Kaiserzeit und die Völkerwanderungszeit (1964, 1966); Bd. 3: Jankuhn, H., Die Frühgeschichte (1957); Bd. 4, 1. u. 2. Lfg.: Lammers, W., Das Hochmittelalter bis zur Schlacht von Bornhöved (1961, 1964), Neumünster

KLOSE, O. und L. MARTIUS [1962/63]: Ortsansichten und Stadtpläne der Herzogtümer Schleswig, Holstein und Lauenburg, Neumünster 1962/63

KNORR, H. A. [1937]: Die slawische Keramik zwischen Elbe und Oder. In: Mannus-Bücherei 58, Leipzig 1937

KNORR, H. A. [1970]: Westslawische Gürtelhaken und Kettenschließgarnituren. Ein Beitrag zur Deutung Alt-Lübecker Funde. In: Offa 27, 1970

KOETSCHKE, R. [1953]: Ländliche Siedlungen und Agrarwesen in Sachsen. In: Forsch. z. dt. Landeskunde 77, Remagen 1953

KOSTRZEWSKI, J. [1939]: Über die Beziehungen zwischen der Przeworsk-Kultur der späten Kaiserzeit und der altpolnischen Kultur der frühgeschichtlichen Zeit. In: Bulletin de l'Academie Polonaise des sciences, 1939, S. 21 – 26

KOSTRZEWSKI, J. [1947]: Słowanie i Germanie na ziemiach na wschód od Łaby od 6 do 8 w po Chr. (Slawen und Germanen in den Ländern östlich der Elbe vom 6. – 8. Jahrh. n. Chr.). In: Przeglad Archeologiczny 7, 1947, S. 1 – 29

KOSTRZEWSKI, J. [1962]: Kultura Prapolska (Die urpolnische Kultur), Warschau 1962 (3. Aufl.)

KOSTRZEWSKI, J. [1965]: Zur Frage der Siedlungsstetigkeit in der Urgeschichte Polens, Breslau - Warschau - Krakau 1965

KÖTZSCHKE, R. und E. EBERT [1937]: Geschichte der ostdeutschen Kolonisation, Leipzig 1937

KRAATZ, H. [1975]: Die Generallandvermessung des Landes Braunschweig von 1746 – 1784 (Schr. d. Wirtschaftswiss. Ges. z. Stud. Niedersachsens, N.F. 104), Göttingen 1975

KREIS Herzogtum Lauenburg [1978], Materialien zum 100jährigen Bestehen des Kreises Herzogtum Lauenburg 1876 – 1976, Hrsg.: Der Kreisausschuß, Ratzeburg 1978

KREISEL, W.; W. D. SIEK; J. STADELBAUER (Hrsg.) [1979]: Siedlungsgeographische Studien (Festschrift für Gabriele Schwarz), Berlin 1979; darin: M. Born, Zur funktionalen Typisierung ländlicher Siedlungen in der genetischen Siedlungsforschung, S. 29 – 47

KRENZLIN, A. [1931/1969]: Die Kulturlandschaft des hannoverschen Wendlands (Forsch. z. dt. Landeskunde 28), Stuttgart 1931; 2. unveränderte Aufl., Bad Godesberg 1969

KRENZLIN, A. [1943]: Die Kartierung von Siedlungsformen im deutschen Volksgebiet. In: Ber. z. dt. Landeskunde 3, 1943

KRENZLIN, A. [1949]: Zur Erforschung der Beziehungen zwischen der spätslawischen und frühdeutschen Besiedlung in Nordostdeutschland. In: Ber. z. dt. Landeskunde 6, 1949

KRENZLIN, A. [1952]: Dorf, Feld und Wirtschaft im Gebiet der großen Täler und Platten östlich der Elbe (Forsch. z. dt. Landeskunde 70), Bad Godesberg 1952

KRENZLIN, A. [1955]: Historische und wirtschaftliche Züge im Siedlungsformenbild des westlichen Ostdeutschland. In: Frankfurter Geogr. Hefte 31, 1955

KRENZLIN, A. [1958]: Blockflur, Langstreifenflur und Gewannflur als Funktion agrarischer Nutzungssysteme in Deutschland. In: Ber. z. dt. Landeskunde 20, 1958, S. 250 – 266

KRENZLIN, A. [1968/69]: Das Hannoversche Wendland als Zentrum der Rundlinge. In: Lüneburger Blätter 19/20, 1968/69, S. 87 – 93

KRENZLIN, A. [1969]: Die mittelalterlich-frühneuzeitlichen Siedlungsformen im Raume von Groß-Berlin. In: Die Erde, 1969

KROLL, K. [1953]: Soveneken. Kirche und Kirchspiel. Siebeneichen im Wandel der Zeiten, Ratzeburg 1953

KROLL, K. [1961]: Siebeneichen als Thingstätte. In: LH, N.F. 34, 1961, S. 49

KROLL, K. [1968]: Rittersitz und Bauernhöfe. Eine Chronik. Müssen – wie es war und wuchs, Ratzeburg 1968

KRÜGER, F. [1925]: Grabungen auf der Ertheneburg. In: Lüneburger Museumsblätter 11, 1925, S. 246 f.

KRÜGER, F. [1926]: Die Ertheneburg. In: LH 2, 1926, S. 30 – 32

KRÜGER, F. [1936]: Der Bardengau und die Slawen. In: Die Kunde, Hildesheim 1936, S. 42 – 49

KUCHARENKO, J. V. [1960]: K voprusu o proischoz – deniji zarubineckoj kultury (Zur Frage der Entstehung der Zarubincy-Kultur). In: Sovetskaja archeologija 1, 1960, S. 289 – 300

KÜHL, J. [1976]: Bericht über die Untersuchung eines Grabhügels der älteren Bronzezeit bei Gülzow, Kreis Herzogtum Lauenburg. In: Die Heimat 83, 1976, S. 113 – 116

KÜHL, J. [1977]: Eine frühgeschichtliche Siedlung im sächsisch-slawischen Grenzgebiet bei Kükels, Kreis Segeberg. In: Die Heimat 84, 1977, S. 135 – 140

KÜHL, J. [1979 a]: Vor- und frühgeschichtliche Funde aus dem Kreis Herzogtum Lauenburg 1976 – 1978. In: LH, N.F. 94, 1979, S. 1 – 21

KÜHL, J. [1979 b]: Ertheneburg – Grabungsergebnisse von 1979, Landesamt für Vor- und Frühgeschichte von Schleswig-Holstein (LVF 110 b – Ertheneburg, Bad Segeberg 20.7.79)

KUHN, W. [1956]: Planung in der deutschen Ostsiedlung. In: Hist. Raumforschung I, Forsch. u. Sitzungsber. d. Akad. f. Raumforsch. u. Landesplanung, Bd. VI, 1956, S. 77 – 95

KULKE, E. (Hrsg.) [1976]: Die Rundlingsdörfer des Hannoverschen Wendlandes – eine denkmalswürdige Siedlungsform. In: Niedersächsische Baupflege, TU Braunschweig, H. 5, 1976

KUSS, Pastor zu Kellinghusen [1922]: Kleine Beiträge zur Kunde der Schleswig-Holsteinischen Vorzeit, besonders in Hinsicht des Handels, der Gewerbe und der physischen Beschaffenheit des Landes. In: Schleswig-Holstein-Lauenburgische Provinzialberichte, 11. Jg., H. 3, Lübeck 1922

LAMMERS, W. [1955]: Germanen und Slawen in Nordalbingien. In: ZSHG 79, 1955, S. 17 ff.

LAMMERS, W. (Hrsg.) [1967]: Entstehung und Verfassung des Sachsenstammes (Wege der Forschung, Bd. 50), Darmstadt 1967

LAMMERS, W. (Hrsg.) [1970]: Die Eingliederung der Sachsen in das Frankenreich (Wege der Forschung, Bd. 185), Darmstadt 1970

LAMMERT, Fr. [1933]: Die älteste Geschichte des Landes Lauenburg. Von den Anfängen bis zum Siege bei Bornhöved, Ratzeburg 1933

LANGE, U. [1954]: Die Burgen der Bischöfe von Ratzeburg. In: Der Dom zu Ratzeburg, Acht Jahrhunderte, hrsg. von H. H. Schreiber, 1954, S. 31 ff.

LANGE, U. [1975]: Ertheneburg im 11. und 12. Jahrhundert. In: Offa 32, 1975, S. 42 – 47

LANGENHEIM, K. [1955]: Zur Datierung einer Gruppe frühslawischer Keramik aus Burgwällen im Kreis Herzogtum Lauenburg. In: Bericht über die Tagung für Frühgeschichte, Lübeck 18./19. Januar 1955, hrsg. von W. Neugebauer, 1955, S. 23 ff.

LANGENHEIM, K. [1962]: Vor- und Frühgeschichtliche Funde aus der Stadtinsel Ratzeburg. Ratzeburg – 900 Jahre, 1062 – 1962, S. 17 ff.

LANGENHEIM, K. [1967]: Aus der Ur- und Frühgeschichte Wentorfs. In: Heimatbuch Wentorf, S. 13 –24, Lauenburg 1967

LAPPENBERG, J. M. [1834]: Zur Geschichte der Bischöfe und des Stifts von Lübeck. In: Arch. f. Staats- und Kirchengesch. d. Herzogtümer Schleswig, Holstein und Lauenburg 2, 1834, S. 253 – 293

LAUENBURG an der Elbe [1963], Landschaft, Geschichte, Kunst- und Bauwerke, hrsg. von der Stadt Lauenburg/Elbe, Lauenburg 1963

LAUR, W. [1960]: Die Ortsnamen in Schleswig-Holstein mit Einschluß der nordelbischen Teile von Groß-Hamburg und der Vierlande. (Gottorfer Schriften zur Landeskunde VI), Schleswig 1960

LAUR, W. [1961]: Die Ortsnamen im südlichen Lauenburg. In: LH, N.F. 34, 1961, S. 40 – 45

LAUR, W. [1967]: Historisches Ortsnamenlexikon von Schleswig-Holstein (Gottorfer Schriften VIII), Neumünster - Schleswig 1967

LAUR, W. [1969]: Die Übernahme niederdeutscher Ortsnamen ins Neuhochdeutsche. In: Beitr. z. Namensforschung, N.F. 4, 1969, S. 321 – 355

LAUR, W. [1972]: Siebeneichen – ein alter Gerichtsort? – In: LH, N.F. 75, 1972, S. 1 – 9

LAUR, W. [1974]: Ursprüngliche slawische Ortsnamen in Angeln und Schwansen. In: Die Heimat 81, 1974, S. 289 – 292

LAUR, W. [1977]: Slawen und Wenden – eine wortgeschichtliche Studie (Teil I), in: Die Heimat 84, 1977, S. 35 – 45; (Teil II), in: Die Heimat 84, 1977, S. 195 – 200

LECIEJEWICZ, L. [1969]: Zur Entwicklung von Frühstädten an der südlichen Ostseeküste. In: Zschr. f. Archäologie 3, 1969, S. 182 ff.

LEHMANN, R. [1956]: Siedlungsgeschichtliche Aufgaben und Probleme in der Niederlausitz. In: Ber. z. dt. Landeskunde, Bd. 17, 1956, S. 60 – 89

LEHR-SPLAWINSKI, T. [1962]: Archeologia a zagadnienia etnogenezy Slowian (Archäologie und die Frage der slawischen Ethnogenese). In: Munera archeologica J. Kostrzewski, S. 21 – 26, Posen 1962

LENZ, K. [1954/55]: Die historischen Siedlungsformen der Insel Rügen. In: Wiss. Zschr. der Ernst Moritz-Arndt-Univ. Greifswald, Jg. IV, 1954/55, Math.-nat. R., Nr. 6/7

LEXER, M. [1878]: Mittelhochdeutsches Handwörterbuch, Leipzig 1878

LORCH, W. [1938]: Die Mikroschürfung, eine neue Methode der Wüstungsforschung. In: Zschr. f. Erdkunde 6, 1938, S. 177 – 184

LORCH, W. [1940]: Die Siedlungsgeographische Phosphatmethode. In: Die Naturwissenschaft 40/41, 1940, S. 633 − 640

LOTTER, Fr. : Bemerkungen zur Christianisierung der Abodriten. In: Mitteldeutsche Forschungen 74/II, S. 195 ff.

LUDAT, H. [1936]: Legenden um Jaxa von Köpenick. Deutsche und slawische Fürsten im Kampf um Brandenburg in der Mitte des 12. Jahrhunderts, Leipzig 1936

LUDAT, H. [1969]: Deutsch-slawische Frühzeit und modernes polnisches Geschichtsbewußtsein. Ausgewählte Aufsätze von H. Ludat, Köln - Wien 1969

LUDAT, H. [1971]: An Elbe und Oder um das Jahr 1000. Skizzen zur Politik des Ottonenreichs und der slavischen Mächte in Mitteleuropa, Köln - Wien 1971

LÜHRS, W. [1939 a]: Geesthacht und seine Namen. In: Das Land an der Elbe 12, 1939, S. 13

LÜHRS, W. [1939 b]: Slawische Orts- und Flurnamen in dem Lauenburgischen Winkel zwischen Elbe und Bille. In: Die Heimat 49, 1939, S. 18 − 20

LÜHRS, W. [1939 c]: Unverständlich gewordene, aber doch noch deutbare Orts- und Flurnamen im südwestlichen Lauenburg. In: LH 15, 1939, S. 46 − 51; LH 16, 1939, S. 23 − 33

LÜHRS, W. [1943 a]: Flurnamen und andere Bezeichnungen der Örtlichkeit im südwestlichen Lauenburg, einschließlich Bergedorfs. Eine Orts- und Namenkundliche Untersuchung, Manuskript von 1943 in der Landesbibliothek Kiel

LÜHRS, W. [1943 b]: Die Naturgegebenheiten des Winkels zwischen Elbe und Bille im Spiegel seiner Flurnamen und anderer Bezeichnung der Örtlichkeit, Diss. Hamburg 1943

LÜHRS, W. [1953]: Tesperhude, einstmals Hasenthal? In: Das Land an der Elbe. Niedersächsische Mitt. der Allgemeinen Lauenburgischen Landeszeitung 8 nr. 12, Dez. 1953, S. 45 f.

LÜTGE, F. [1963]: Geschichte der deutschen Agrarverfassung vom frühen Mittelalter bis zum 19. Jahrhundert (Deutsche Agrargeschichte, Bd. III), Stuttgart 1963

MAGER, Fr. [1955]: Geschichte des Bauerntums und der Bodenkultur im Lande Mecklenburg, Berlin 1955

MASCH, G. M. C. [1835]: Geschichte des Bistums Ratzeburg, Lübeck 1835

MATTHIESEN, C. [1940]: Der Limes Saxoniae. In: ZSHG 68, 1940, S. 1 – 77

MEIBEYER, W. [1964]: Die Rundlingsdörfer im östlichen Niedersachsen (Braunschweiger Geogr. Studien, H. 1), Braunschweig 1964

MEIBEYER, W. [1967]: "Zieleitz"-Siedlungen? – In: Zschr. f. Ostforsch. 16, 1967, S. 17 – 25

MEIBEYER, W. [1972]: Der Rundling – eine koloniale Siedlungsform des hohen Mittelalters. In: Slawen und Deutsche, Nds. Jb. f. Landesgesch. 44, S. 27 – 49, Hildesheim 1972

MEITZEN, A. [1895]: Siedlungen und Agrarwesen der Westgermanen und Ostgermanen, der Kelten, Römer, Finnen und Slawen, 3 Bände und Atlas-Band, Berlin 1895

MEYER, K.-D. [1965]: Das Quartärprofil am Steilufer der Elbe bei Lauenburg. In: Eiszeitalter u. Gegenwart 16, 1965, S. 47 – 60

MORTENSEN, H. [1948]: Beiträge der Ostforschung zur nordwestlichen Siedlungs- und Flurforschung. In: Nachrichten von der Akad. d. Wiss. in Göttingen aus den Jahren 1945/1948, S. 12 – 14, Göttingen 1948

MORTENSEN, H. [1962]: Die Arbeitsmethoden der deutschen Flurforschung und ihre Beweiskraft. In: Ber. z. dt. Landeskunde 29, 1962, S. 205 – 219

MÜLLER, A. von [1962]: Völkerwanderungszeitliche Körpergräber und spätgermanische Siedlungsräume in der Mark Brandenburg. In: Berliner Jahrbuch für Vor- und Frühgeschichte 2, 1962, S. 105 – 189

MÜLLER, A. von [1963]: Frühslawische Funde aus dem Berliner Raum. In: Berliner Jahrbuch f. Vor- und Frühgesch. 3, 1963, S. 169 – 202

MÜLLER, L. [1955]: Siedlungsgeschichtliche Auswertung der slawischen Ortsnamen in Holstein. In: Bericht über die Tagung für Frühgeschichte in Lübeck 18./19. Jan. 1955, hrsg. von W. Neugebauer, S. 9 – 11

MÜLLER, L. [1957]: Die slawischen Ortsnamen in Holstein. In: H. Jankuhn, Die Frühgeschichte – Geschichte Schleswig-Holstein 3, hrsg. von O. Klose, 1957, S. 100 – 106

NEUGEBAUER, W. und D. MELMS-LIEPEN [1973]: Naturpark Lauenburgische Seen, Lübeck 1973 (3. Aufl.)

NEUGEBAUER, W. [1974]: Der Stand der Erforschung Alt-Lübecks. In: Vor- und Frühformen der europäischen Stadt im Mittelalter, Teil II, 1974, S. 231 ff.

NIEDERLE, L. [1927]: Slovanske starzitnost (Die slawischen Altertümer) III, Prag 1927

NIEBUHR, A. [1954]: Chronik der Stadt Schwarzenbek am Sachsenwald, Hamburg 1954

NIEMEIER, G. [1977]: Siedlungsgeographie, Braunschweig 1977 (4. verb. Aufl.)

NISSEN, N. R. [1952]: Die lauenburgischen Städte Ratzeburg, Mölln und Lauenburg. – Entstehung, Siedlung, wirtschaftlicher und sozialer Aufbau, Diss. Hamburg 1952 (MS)

NISSEN, N. R. [1961]: Mölln, Festung an der Salzstraße (LH 1961, Sonderheft)

NISSEN, N. R. [1962]: Von der slawischen Burg zur barocken Festung. Ratzeburg – 900 Jahre, 1962, S. 54 ff.

NISSEN, Th. [1956]: Das Kirchspiel Hachede. In: LH, N.F. 10, 1956, S. 16 – 24

NISSEN, Th. [1961]: Alt-Hachede. In: LH, N.F. 33, 1961, S. 20 – 31

NITZ, H.-J. (Hrsg.) [1974]: Historisch-genetische Siedlungsforschung (Wege der Forschung, Bd. 300), Darmstadt 1974 (Abschn. III: Die Rundlingsfrage – Auszüge aus Arbeiten von V. Jacobi, H. Wilhelmy, A. Krenzlin, F. Engel, W. Schulz, W. Meibeyer)

OBERBECK, G. [1957 a]: Die mittelalterliche Kulturlandschaft des Gebietes um Gifhorn (Schr. d. Wirtschaftswiss. Ges. z. Stud. Niedersachsens, N.F. Reihe A, I, Bd. 66), Bremen - Horn 1957

OBERBECK, G. [1957 b]: Zur Rekonstruktion der mittelalterlichen Kulturlandschaft zwischen Harz und Lüneburger Heide, Wiesbaden 1957

OBERBECK, G. [1958]: Neue Ergebnisse der Flurnamenforschung in Niedersachsen. In: Ber. z. dt. Landeskunde 20, 1958, S. 125 – 145

OBERBECK, G. [1959]: Die Kulturlandschaft des Gifhorner Raumes. Exkursionsführer. Exkursion anläßlich d. 32. Dt. Geographentages in Berlin 1959

OBERBECK, G. [1961]: Das Problem der spätmittelalterlichen Kulturlandschaft — erläutert an Beispielen aus Niedersachsen. In: Geografiska Annaler Vol. 43, 1961, S. 236 — 242

OBERBECK, G. [1965]: Siedlungsgeographie (ländliche Siedlungen). In: Method. Handbuch für Heimatforschung in Niedersachsen, Hildesheim 1965, S. 427 — 445

OBERBECK, G. [1971]: Die historisch-geographische Entwicklung der ländlichen Siedlungen. In: Der Landkreis Gifhorn 26, 1971, S. 157 — 172

OBERBECK-JACOBS, U. [1957]: Die Entwicklung der Kulturlandschaft nördlich und südlich der Lößgrenze im Raum um Braunschweig (Sonderdruck aus dem Jb. d. Geogr. Ges. zu Hannover f. die Jahre 1956 und 1957), Hannover 1957

OEST, K. [1970]: Schleswig-Holsteins Hamburger Umland. In: Schleswig-Holstein. Ein geographisch-landeskundlicher Exkursionsführer, hrsg. von H. Schlenger, KH. Paffen, R. Stewig, Kiel 1970 (2. Aufl.)

OHNESORGE, W. [1910/11]: Ausbreitung und Ende der Slawen zwischen Niederelbe und Oder. In: Zschr. d. Ver. f. Lübeckische Gesch. u. Altertumskunde 12, 1910, S. 113 ff.; 13, 1911, S. 1 ff.

OLBRÜCK, G. [1967]: Untersuchungen der Schauertätigkeit im Raume Schleswig-Holstein in Abhängigkeit von der Orographie mit Hilfe des Radargeräts (Schr. d. Geogr. Inst. d. Univ. Kiel 26/3), Kiel 1967

OLDEKOP, H. [1908]: Topographie des Herzogtums Holstein einschließlich Kreis Herzogtum Lauenburg, Fürstentum Lübeck, Enklaven (8) der Freien und Hansestadt Lübeck, Enklaven (4) der Freien und Hansestadt Hamburg, Bd. 1, Teil IV, Kreis Herzogtum Lauenburg, S. 1 — 136, Bd. 2, Teil XVII, Enklaven der Freien und Hansestadt Lübeck, S. 1 — 18, Kiel 1908

OSTEN, G. [1966]: Der Bardengau in Karolingischer Zeit. In: Uelzener Beiträge 1966, S. 25 — 47

OSTEN, G. [1969/70]: Siedlungsbild und mittelalterliche Agrarverfassung im nordöstlichen Niedersachsen. In: Nieders. Jb. f. Landesgesch., Bd. 41/42, 1969/70

OSTERTUN, H. [1967]: Der Limes Saxoniae zwischen Trave und Schwentine. In: ZSHG 92, 1967, S. 9 — 37

OTREMBA, E. [1960]: Allgemeine Agrar- und Industriegeographie, Bd. 3, Stuttgart 1960 (2. Aufl.)

OTREMBA, E. [1961]: Die deutsche Agrarlandschaft, Wiesbaden 1961

OVERBECK, H. [1957]: Die deutschen Ortsnamen und Mundarten in kulturgeographischer und kulturlandschaftsgeschichtlicher Beleuchtung. Zu zwei Werken von A. Bach. In: Erdkunde 2, 1957, S. 135 – 145

PAFFEN, KH. [1970]: Boden und Vegetation. In: Schleswig-Holstein. Ein geographisch-landeskundlicher Exkursionsführer, hrsg. von H. Schlenger, KH. Paffen, R. Stewig, Kiel 1970 (2. Aufl.)

PALM, Th. [1937]: Wendische Kultstätten, Lund 1937 (Diss.)

PELLENS, J. [1950]: Die Slawenpolitik der Billunger im 10. und 11. Jahrhundert, Diss. Kiel 1950 (MS)

PIELES, N. [1958]: Diluvialgeologische Untersuchungen im Gebiet des Möllner Sanders. In: Meyniana 6, 1958, S. 85 – 106

PLEINEROVA, I. [1965]: Germanische und slawische Komponenten in der altslawischen Siedlung Brezno bei Lonny. In: Germania 43, 1965, S. 121 – 138

PLEZIA, M. [1952]: Greckie i lacinskie źródła do najstarszych dziejów Słowian I (do VIII wieku); (Die griechischen und die lateinischen Quellen zur ältesten Geschichte der Slawen I, bis zum 8. Jh.), Posen - Krakau 1952

PRANGE, W. [1960 a]: Siedlungsgeschichte des Landes Lauenburg im Mittelalter (Quellen und Forschungen zur Geschichte Schleswig-Holsteins, Bd. 41), Neumünster 1960

PRANGE, W. [1960 b]: Die slawische Siedlung im Kreis Herzogtum Lauenburg. In: Siedlung und Verfassung der Slawen zwischen Elbe, Saale und Oder, hrsg. von H. Ludat, Gießen 1960

PRANGE, W. [1963 a]: Lauenburgische Prozeßakten des 16. und 17. Jahrhunderts. In: LH, N.F. 43, 1963, S. 15 ff.

PRANGE, W. [1963 b]: Holsteinische Flurkartenstudien. Dörfer und Wüstungen um Reinbek (Gottorfer Schriften VII), Neumünster - Schleswig 1963

PRANGE, W. [1967]: Das Bauerndorf Wentorf von seiner Entstehung bis um 1800. In: Heimatbuch Wentorf, S. 25 – 60, Lauenburg 1967

PRANGE, W. [1972 a]: Das Lübecker Zehntregister, Neumünster 1972

PRANGE, W. [1972 b]: Die 300 Hufen des Bischofs von Lübeck. Beobachtungen über die Kolonisation Ostholsteins. Aus Reichsgeschichte und Nordischer Geschichte. In: Kieler Historische Studien (Jordan-Festschrift) 1972, S. 244 ff.

PRANGE, W. [1976]: Flur und Hufe in Holstein am Rande des Altsiedellandes. In: ZSHG 101, 1976, S. 9 – 72

PREHN, W. [1958]: Gesellschaft, Wirtschaft und Verfassung in Altholstein. Neue siedlungs- und agrarhistorische Beiträge zur sächsischen Sozialstruktur nach Quellen aus dem sächsisch-slawischen Grenzgebiet vom frühen bis zum hohen Mittelalter, Diss. Hamburg 1958 (MS)

PRÜGEL, H. [1953]: Die Niederschläge Schleswig-Holsteins. In: Beiträge zur Landeskunde Schleswig-Holsteins, Schr. d. Geogr. Inst. d. Univ. Kiel, S. 54 – 64, Sonderband, 1953 (hrsg. von C. Schott)

PRÜHS, E. G. (Hrsg.) [1972]: Das Ostholstein-Buch. Eine Landeskunde in Text und Bild (mit einem Beitrag von H. Vitt), Neumünster 1972

PRÜSS, M. (Hrsg.) [1929]: Geesthachter Heimatbuch, Geesthacht - Hamburg 1929

QUELLEN zur Geschichte Schleswig-Holsteins, Teil I. [1980]: IPTS – Beiträge für Unterricht und Lehrerbildung 2, Kiel o. J. (1980)

QUIS, A. [1973]: Die Rundlinge des Hannoverschen Wendlandes. In: Der Landkreis 43, 1973, S. 415

RAABE, E. [1964]: Die Heidetypen Schleswig-Holsteins. In: Die Heimat 71, 1964, S. 169 – 175

RAABE, E. [1978]: Die Geschichte der Heiden. In: Beiträge zum Landschaftswandel in Schleswig-Holstein II, 85. Jg., 1978, S. 266 – 272

RAMM, H. [1952 – 55]: Zur älteren Besiedlungsgeschichte Holsteins. In: Archäologia Geographica 2, Jg. 3 – 4, 1952 – 55, S. 67 – 72

REHDER, P. [1899]: Der Elbe-Trave-Kanal. In: VAL 6, 1, 1899, S. 1 – 39

REINCKE, H. [1938]: Frühgeschichte des Gaues Stormarn. In: Stormarn, der Lebensraum zwischen Hamburg und Lübeck, hrsg. von C. Bock v. Wülfingen und W. Frahm, S. 145 – 170, Hamburg 1938

REMPEL, H. [1959]: Die sorbische Keramik in Thüringen. In: Prähist. Zschr. 37, 1959, S. 175

RICHERT, H. [1957]: Oldenburg — ein verschwundenes Dorf. In: Lauenburgischer Familienkalender 1957, S. 69 ff.

RICHTER, W. [1980]: Der Limes Saxoniae am östlichen Elbufer. In: ZSHG 105, 1980, S. 9 — 26

RIEDIGER, H. und B. KÖHLER [1968]: Feldsteinkirchen, Burgen und Herrensitze im Gebiet des Limes Saxoniae, Hamburg 1968

RITZDORF, H. [1978]: Havekost. 700 Jahre Bauerndorf am Sachsenwald (Schriftenreihe des Heimatbund und Geschichtsvereins Krs. Hzgt. Lbg., Bd. 19), Büchen 1978

RÜBEL, K. [1904]: Die Franken, ihr Eroberungs- und Siedlungssystem im deutschen Volksland, Bielefeld 1904

RUST, A. [1937]: Altsteinzeitliches Rentierlager Meiendorf, Neumünster 1937

RUST, A. [1943]: Die Alt- und mittelsteinzeitlichen Funde von Stellmoor, Neumünster 1943

RUST, A. [1978]: Vor 20000 Jahren. Rentierjäger der Eiszeit, Neumünster 1978 (4. Aufl.)

SEELER, S. [1969]: Lütau. Ein Kirchspiel in der Sadelbande (Schriftenreihe des Heimatbund und Geschichtsvereins Krs. Hzgt. Lbg., Bd. 14), Ratzeburg 1969

SIMON, W. [1937]: Geschiebezählungen und Eisrandlagen in Südost-Holstein. In: Mitt. d. Geogr. Ges. Naturhist. Mus. Lübeck, H. 39, Schönberg (Mecklenburg) 1937

SMOLLA, G. [1960]: Neolithische Kulturerscheinungen, Bonn 1960

SMOLLA, G. [1967]: Epochen der Menschheit, Freiburg — München 1967

SPERBER, A. [1981]: Land hinterm Deich. Vier- und Marschlande, Hamburg 1981

SPORRONG, U. [1975]: Gemarkungsanalyse in Wangelau, Kreis Herzogtum Lauenburg. In: Offa 32, 1975, S. 57 — 79

SPROCKHOFF, E. (Hrsg.) [1938]: Handbuch der Urgeschichte Deutschlands. Die nordische Megalithkultur, Berlin - Jena 1938

SUCK, J. [1915]: Auf den Spuren des Limes Saxoniae im Kreise Herzogtum Lauenburg. In: Hamburger Nachr. vom 8.8.1915

SCHACH-DÖRGES, H. [1971]: Die Bodenfunde des 3. bis 6. Jahrhunderts nach Chr. zwischen Elbe und Oder, Neumünster 1971

SCHARNWEBER, O. [1954]: Die älteren Flurnamen der Feldmark Schwarzenbek, Kreis Herzogtum Lauenburg. In: LH, N.F. 4, 1954, S. 16 – 36

SCHARNWEBER, O. [1956]: Die Aufhebung des Dorfes Börse bei Gülzow. In: LH, N.F. 13, 1956, S. 91 ff.

SCHEELE, H. [1937]: Zur Deutung des Namens Lauenburg. In: LH 13, 1937, S. 34 – 40 und S. 76 – 79

SCHEELE, H. [1938/1939]: Der Maigräfentag in Glüsing. In: LH 14, 1938, S. 78 – 88; 15, 1939, S. 3 – 17

SCHLENGER, H.; KH. PAFFEN; R. STEWIG (Hrsg.) [1970]: Schleswig-Holstein. Ein geographisch-landeskundlicher Exkursionsführer, Kiel 1970 (2. Aufl.)

SCHLENGER, H. [1970]: Die ländlichen Siedlungen. In: Schleswig-Holstein. Ein geographisch-landeskundlicher Exkursionsführer, hrsg. von H. Schlenger, KH. Paffen, R. Stewig, Kiel 1970 (2. Aufl.), S. 39 – 48

SCHINDLER, R. [1951]: Die Ausgrabungen auf dem Gelände des ehemaligen Hamburger Domes und beim Neubau der Fischmarktapotheke 1949/51. In: Hammaburg 2, 1951, S. 77 ff.

SCHINDLER, R. [1952]: Die Hamburgische Keramik des 8. – 12. Jahrhunderts als Geschichtsquelle. In: Hammaburg 3, 1952, S. 115 – 131

SCHINDLER, R. [1957]: Ausgrabungen in Alt-Hamburg, Hamburg 1957

SCHINDLER, R. [1959]: Die Datierungsgrundlagen der slawischen Keramik in Hamburg. In: Prähist. Zschr. 37, 1959, S. 187 ff.

SCHLESINGER, W. [1971]: Die mittelalterliche Ostsiedlung im Herrschaftsraum der Wettiner und Askanier. In: Deutsche Ostsiedlung in Mittelalter und Neuzeit, S. 44 – 64, Köln - Wien 1971

SCHLETTE, Fr. [1980]: Germanen. Zwischen Thorsberg und Ravenna, Leipzig - Jena - Berlin 1980 (4. Aufl.)

SCHLIMPERT, G. [1964]: Slawische Personennamen in mittelalterlichen Quellen Deutschlands, Berlin 1964

SCHLÜTER, O. [1903]: Die Siedlungen im nordöstlichen Thüringen. Ein Beispiel für die Behandlung siedlungsgeographischer Fragen, Berlin 1903

SCHMALZ, K. [1907 – 1908]: Die Begründung und Entwicklung der kirchlichen Organisation Mecklenburgs im Mittelalter. In: MJbb. 72, 1907, S. 85 – 270; 73, 1908, S. 31 – 176

SCHMIDT, B. [1954]: Die späte Völkerwanderungszeit in Ostthüringen und das Einzugsgebiet der Slawen in Mitteldeutschland. In: Wiss. Zschr. d. Martin-Luther-Univ. Halle-Wittenberg 4, 4, 1954, S. 787 – 810

SCHMIDT, G. P. [1823]: Über die östliche Grenze Nordalbingiens vor und nach der Eroberung desselben durch Carl den Großen. In: Falck's Staatbürgerliches Magazin 2, Schleswig 1823, S. 142 – 145

SCHMIDT, M. [1898]: Kuddewörde. In: VAL 5, 3, 1898, S. 1 – 11

SCHMITZ, H. [1952 – 55]: Klima, Vegetation und Besiedlung. In: Archaeologia Geographica 2, Jg. 3 – 4, 1952 – 55, S. 15 –22

SCHMITZ, H. [1962]: Zur Geschichte der Waldhochmoore Südost-Holsteins. In: Festschrift Fr. Firbas, Bern 1962, S. 207 – 222

SCHMITZ, H. [1971]: Die Zeitstellung der Buchenausbreitung in Schleswig-Holstein. In: Forstwiss. Cbl. 70, 1971, S. 193 – 203

SCHOTT, C. [1952]: Das Heideproblem in Schleswig-Holstein. In: Tag.-Ber. u. wiss. Abh. d. Dt. Geographentages Frankf. 1951, Remagen 1952, S. 259 – 268

SCHOTT, C. [1953]: Orts- und Flurformen Schleswig-Holsteins. In: Beiträge zur Landeskunde von Schleswig-Holstein, hrsg. von C. Schott (Schriften d. geogr. Inst. d. Univ. Kiel, Sonderband, O. Schmiedler zum 60. Geburtstag), 1953, S. 105 – 133

SCHOTT, C. [1954]: Die Bedeutung der Kirche und ihrer Institutionen, insbesondere der Klöster für die Besiedlungsgeschichte Schleswig-Holsteins. In: Ergebnisse und Probleme moderner geographischer Forschung, Veröff. d. Akad. f. Raumforschung und Landesplanung 28, S. 165 – 178, Bremen 1954

SCHOTT, C. [1956]: Die Naturlandschaften in Schleswig-Holstein, Neumünster 1956

SCHRÖDER, E. [1923]: Angleichung deutscher Ortsnamen an Namen aus der Umgebung. In: Namen och Bygd, 11. Jg., 1923, S. 41 – 53

SCHRÖDER, E. [1927]: Die deutschen Burgennamen. In: Göttinger Beiträge zur deutschen Kulturgeschichte, Göttingen 1927, S. 5 – 14

SCHRÖDER-LEMBKE, G. [1954]: Entstehung und Verbreitung der Mehrfelderwirtschaft in Nordostdeutschland. In: ZAA 2, 1954, S. 123 – 133

SCHRÖDER, J. von und H. BIERNATZKI [1855/56]: Topographie der Herzogthümer Holstein und Lauenburg, des Fürstenthums Lübeck und des Gebiets der freien und Hanse-Städte Hamburg und Lübeck 1 – 2, 1855/56 (2. Aufl.)

SCHRÖDER, K. H. und G. SCHWARZ [1978]: Die ländlichen Siedlungsformen in Mitteleuropa, Trier 1978 (2. ergänzte Aufl.)

SCHUCHARDT, C. [1913]: Ausgrabungen am Limes Saxoniae. In: Zschr. d. Ver. f. Lübeckische Gesch. und Altertumskunde 15, 1913, S. 1 ff.

SCHUCHARDT, C. [1936]: Deutsche Vor- und Frühgeschichte in Bildern, München - Berlin 1936

SCHULDT, E. [1956]: Die slawische Keramik in Mecklenburg, Berlin 1956

SCHULDT, E. [1962]: Slawische Burgen in Mecklenburg, Schwerin 1962

SCHULDT, E. [1963]: Die slawische Keramik von Sukow und das Problem der Feldberger Gruppe. In: Jb. f. Bodendenkmalpflege in Mecklenburg, 1963, S. 239 – 262

SCHULDT, E. [1965]: Behren-Lübchin. Eine spätslawische Burganlage in Mecklenburg, Berlin 1965

SCHULDT, E. [1976]: Der altslawische Tempel von Groß Raden, Schwerin 1976

SCHULZ, W. [1951]: Untersuchungen an einigen wendländischen Rundlingen. In: GR 3, 1951, S. 251 – 259

SCHULZ, W. [1963]: Primäre und sekundäre Rundlingsformen in der Niederen Geest des Hannoverschen Wendlandes (Forsch. z. dt. Landeskunde 142), Bad Godesberg 1963

SCHULZ, W. [1970 a]: Das hannoversche Wendland als Häufungsgebiet westdeutscher Rundlingssiedlungen. In: Mitt. Dt. Heimatbund, Sonderheft Rundlinge, 1970, S. 17 – 30

SCHULZ, W. [1970 b]: Deutungsversuche von Sinn und Zweck der Rundlinge. In: Hann. Wendland 2, 1970, S. 41 – 54 = Jahrb. d. heimatkundl. Arbeitskreises, Lüchow-Dannenberg

SCHULZ, W. [1971]: J. P. Schultzes Sammlung polabischer Flurnamen aus Süthen im hannoverschen Wendland. In: Beiträge zur Namenforschung 6, 1971, H. 1, S. 45 – 68

SCHULZ, W. [1973]: Simander im Lemgow als Rundling und als Straßendorf. In: Hann. Wendland 4, 1973, S. 101 – 120

SCHULZ, W. [1974/75]: Das Runddorf Lübeln vom 14. Jahrhundert bis zur Gegenwart. In: Hann. Wendland 5, 1974/75

SCHULZ, W. [1977 a]: Wenden und Wendländer. In: Das Hann. Wendland. Beiträge zur Beschreibung des Landkreises Lüchow-Dannenberg, Lüchow 1977 (2. ergänzte Aufl.), S. 143 – 154

SCHULZ, W. [1977 b]: Die Rundlingsdörfer des Wendlandes und die übrigen ländlichen Siedlungsformen. In: Das Hann. Wendland. Beiträge zur Beschreibung des Landkreises Lüchow-Dannenberg, Lüchow 1977 (2. ergänzte Aufl.), S. 77 – 90

SCHULZE, E. [1957]: Das Herzogtum Sachsen-Lauenburg und die lübsche Territorialpolitik, Neumünster 1957

SCHULZE, H. K. [1972]: Das Wendland im frühen und hohen Mittelalter. In: Slawen und Deutsche im Wendland, Nds. Jb. f. Landesgesch. 44, Hildesheim 1972

SCHWABEDISSEN, H. [1937]: Die Hamburger Stufe im nordwestlichen Deutschland. In: Offa 2, S. 1 – 30, Neumünster 1937

SCHWABEDISSEN, H. [1976]: Vom Jäger zum Bauern der Steinzeit in Schleswig-Holstein, Neumünster 1976

SCHWANTES, G. [1939]: Die Vorgeschichte Schleswig-Holsteins (Geschichte Schleswig-Holsteins Bd. I), Neumünster 1939

SCHWARZ, E. [1950]: Deutsche Namenforschung 2, Orts- und Flurnamen, Göttingen 1950

SCHWARZ, E. [1943 – 1952]: Ortsnamenforschung und Sachsenfrage. In: Westfälische Forschungen Bd. 6, 1943 – 1952, S. 222 – 230

SCHWARZ, E. [1952]: Orts- und Personennamen. In: W. Stammler, Dt. Philologie im Aufriß I, Berlin 1952, S. 581 – 620

SCHWARZ, G. [1966]: Allgemeine Siedlungsgeographie. Lehrbuch der Allgemeinen Geographie, hrsg. von E. Obst, Bd. 6, Berlin 1966 (3. Aufl.)

STEFFEN, U. [1980]: Heinrich der Löwe und Ratzeburg. In: LH, N.F. 97, 1980, S. 1 – 35

STEWIG, R. [1978]: Landeskunde von Schleswig-Holstein, Kiel 1978

STOLDT, P. H. [1966]: Bauer und Herzog. Die Amtsbauern des Herzogtums Sachsen-Lauenburgs bis 1689. Ein Beitrag zur Rechts- und Sozialgeschichte, Ratzeburg 1966

STOLL, H. [1942]: Bevölkerungszahlen aus frühgeschichtlicher Zeit. – Welt der Geschichte, 1942

STOPPEL, J. [1927]: Die Entwicklung der Landesherrlichkeit der Bischöfe von Ratzeburg bis zum Ausgang des 14. Jahrhunderts. In: Meckl. - Strel. Geschichtsbl. 3, 1927, S. 109 – 175

STRUVE, K. W. [1953]: Kugelamphoren aus Holstein. In: Offa 12, 1953

STRUVE, K. W. [1958]: Eine Steinstatuette aus Ratzeburg als Beitrag zur slawischen Religionsgeschichte. In: LH, N.F. 21, 1958, S. 2 ff.

STRUVE, K. W. [1961]: Die slawischen Burgen in Wagrien. In: Offa 17/18, 1961, S. 57 ff.

STRUVE, K. W. [1968 a]: Frühe slawische Burgwallkeramik aus Ostholstein. In: Zschr. f. Archäologie 2, 1968, S. 57 ff.

STRUVE, K. W. [1968 b]: Die Kultur der Bronzezeit in Schleswig-Holstein, Neumünster 1968 (3. Aufl.)

STRUVE, K. W. [1968 c]: Sächsische und slawische Burgwälle in Holstein. In: Führer zu vor- und frühgeschichtlichen Denkmälern 10, Mainz 1968, S. 43 ff.

STRUVE, K. W. [1968 d]: Der slawische Burgwall von Oldenburg in Holstein. In: Führer zu vor- und frühgeschichtlichen Denkmälern 10, Mainz 1968, S. 166 ff.

STRUVE, K. W. [1970]: Archäologische Ergebnisse zur Frage der Burgenorganisation bei Sachsen und Slawen in Holstein. In: Blätter für deutsche Landesgeschichte 106, 1970, S. 47 ff.

STRUVE, K. W. [1971/73]: Slawische Funde westlich des Limes Saxoniae. In: Offa 28, 1971 (1973), S. 161 ff.

STRUVE, K. W. [1972]: Ausgrabungen auf den slawischen Burgen von Warder, Kreis Segeberg und Scharstorf, Kreis Plön. In: Arch. Korrespondenzblatt 2, 1972, S. 61 – 67

STRUVE, K. W. [1973]: Grundzüge der schleswig-holsteinischen Burgenentwicklung. In: Die Heimat 80, 1973, S. 98 – 106

STRUVE, K. W. [1974]: Zu den Ausgrabungen auf dem slawischen Burgwall von Oldenburg in Holstein. In: Die Heimat 81, 1974, S. 119 f.

STRUVE, K. W. [1975]: Die Berechnung der Benutzungsdauer einer slawischen Burg mit Hilfe der dendrochronologischen Methode. In: Die Heimat 82, 1975, S. 128 ff.

STRUVE, K. W. [1975/77]: Zum Stand der Ausgrabungen auf dem slawischen Burgwall von Oldenburg in Holstein 1973/1975. In: Offa 32, 1975 (1977), S. 7 f.

STRUVE, K. W. [1979 a]: Die Burgen der Slawen in ihrem nordwestlichen Siedlungsraum. In: Burgen aus Holz und Stein, Basel 1979, S. 121 ff.

STRUVE, K. W. [1979 b]: Die jüngere Bronzezeit, Neumünster 1979

STRUVE, K. W. [1981]: Die Burgen in Schleswig-Holstein, Bd. 1: Die slawischen Burgen (mit besonderer Kartenmappe), Neumünster 1981

TODTMANN, E. [1954]: Die würmeiszeitlichen Eisrandschwankungen im Bereich der Hahnheide bei Trittau östlich Hamburg. In: Mitt. Geol. Staatsinst. Hamburg, 1954, S. 142 – 149

TRAUTMANN, R. [1939/1950]: Die wendischen Ortsnamen Ostholsteins, Lübecks, Lauenburgs und Mecklenburgs, Neumünster 1939 (1950)

TRAUTMANN, R. [1947 a]: Das ostseeslawische Sprachgebiet und seine Ortsnamen. In: Zschr. f. Slaw. Phil. XIX, 1947, S. 265

TRAUTMANN, R. [1947 b]: Die slavischen Völker und Sprachen, Göttingen 1947

TRAUTMANN, R. [1948/1949/1956]: Die elb- und ostseeslawischen Ortsnamen, Teil I: 1948; Teil II: 1949; Teil III: 1956, Berlin (Abh. d. Dt. Akad. d. Wiss., Phil.-Hist. Kl.)

TRAUTMANN, R. [1950]: Die slawischen Ortsnamen Mecklenburgs und Holsteins, Berlin 1950 (2. verb. Aufl.), (Abh. der Sächs. Akad. d. Wiss. zu Leipzig, Phil.-Hist. Kl., Bd. 45, H. 3)

TREIMER, K. [1954]: Ethnogenese der Slawen, Wien 1954

TRET'JAKOV, P. N. [1952]: O proischoždenic slavjan (Über den Ursprung der Slawen). In: Slavjane 7, 1952, S. 26 – 32

TRÖLSCH, O. [1965]: Burg und Dorf Steinburg. In: LH, N.F. 51, 1965, S. 9 ff.

TRÖLSCH, O. [1971]: Die Schaalseekultur. In: LH, N.F. 71, 1971, S. 58 – 66

TRÖLSCH, O. [1974]: Burg und Dorf Pezeke. In: LH, N.F. 81, 1974, S. 33 – 42

TROMNAU, G. [1975]: Stand der Erforschung der Hamburger Kultur im nordwesteuropäischen Flachland. In: Die Heimat 82, 1975, S. 263 – 269

UHLIG, H. (Hrsg.) [1967/1972]: Materialien zur Terminologie der Agrarlandschaft, Vol. 1: Lienau, C.: Flur und Flurformen, Gießen 1967; Vol. 2: Lienau, C.: Die Siedlungen des ländlichen Raumes, Gießen 1972

URBAN, W. [1968]: Jungbronzezeitliche Gräber und andere vorgeschichtliche Funde in den Lichthöfen der Realschule Schwarzenbek. In: LH, N.F. 62/63, 1968, S. 21 – 24

URBAN, W. [1970]: Glockenbecherfunde aus Grove. In: LH, N.F. 69, 1970, S. 1 – 3

UNVERZAGT, W. und E. SCHULDT [1963]: Teterow. Ein slawischer Burgwall in Mecklenburg (Dt. Akad. d. Wiss. Berlin, Schr. d. Sektion f. Vor- und Frühgesch. 13), Berlin 1963

VÁŇA, Z. [1970]: Einführung in die Frühgeschichte der Slawen, Neumünster 1970

VITT, H. [1972]: Frühgeschichte – Die Slawenzeit. In: Das Ostholstein-Buch. Eine Landeskunde in Text und Bild, hrsg. von E. G. Prühs, Neumünster 1972, S. 22 – 28

VOGEL, V. [1972]: Slawische Funde in Wagrien (Offa-Bücher, Bd. 29), Neumünster 1972

VOGEL, W. [1960]: Der Verbleib der wendischen Bevölkerung in der Mark Brandenburg, Berlin 1960

WACHTER, B. [1977]: Vom Mittelalter zur Neuzeit. In: Das Hann. Wendland. Beiträge zur Beschreibung des Landkreises Lüchow-Dannenberg, Lüchow 1977 (2. ergänzte Aufl.), S. 57 – 76

WEGEMANN, G. [1931]: Die Orts- und Flurnamen des Herzogtums Lauenburg. In: LH 7, 1931, S. 82 – 88 und S. 105 – 122

WEIMANN, H. [1980]: Das Bernstorffsche Archiv in Wotersen – 1980. In: LH, N.F. 99, 1980, S. 109 – 111

WIENECKE, E. [1940]: Untersuchungen zur Religion der Westslawen, Leipzig 1940

WILHELM, F. [1970 a]: Die Landformen. In: Schleswig-Holstein. Ein geographisch-landeskundlicher Exkursionsführer, hrsg. von H. Schlenger, KH. Paffen, R. Stewig, Kiel 1970 (2. Aufl.), S. 9 – 13

WILHELM, F. [1970 b]: Klima und Gewässer. In: Schleswig-Holstein. Ein geographisch-landeskundlicher Exkursionsführer, hrsg. von H. Schlenger, KH. Paffen, R. Stewig, Kiel 1970 (2. Aufl.), S. 14 – 17

WILSON, D. M. (Hrsg.) [1980]: Kulturen im Norden. Die Welt der Germanen, Kelten und Slawen 400 – 1100 n. Chr., München 1980

WITT, W. [1959 – 62]: Die naturräumliche Gliederung Schleswig-Holsteins. In: Handb. der naturräumlichen Gliederung Deutschlands, Bd. II, Bad Godesberg 1959 – 62, S. 977 – 1037

WITTE, H. [1905]: Wendische Bevölkerungsreste in Mecklenburg (Forsch. zur dt. Landes- und Volkskunde 16, 1), Stuttgart 1905

WITTE, H. [1932]: Jegorovs Kolonisation Mecklenburgs im 13. Jahrhundert. Ein kritisches Nachwort, Breslau 1932

WOLDSTEDT, P. und Kl. DUPHORN [1974]: Norddeutschland und angrenzende Gebiete im Eiszeitalter, Stuttgart 1974

WOLF, S. A. [1952]: Die slawische Westgrenze in Nord- und Mitteldeutschland im Jahre 805. In: Die Welt der Slaven 2, 1952, S. 30 – 42

WRIEDT, Kl. [1977]: Kirche und Missionierung in der mittelalterlichen Ostkolonisation. Das Bistum Ratzeburg. In: LH, N.F. 90, 1977, S. 1 – 11

WULF, H.-O. [1980]: Der Schaalsee und seine Anlieger. In: LH, N.F. 98, 1980, S. 1 – 36

WURMS, H. [1975]: Sprachliche Anmerkungen zu den slavischen Ortsnamen des Kreises Herzogtum Lauenburg. In: LH, N.F. 84, 1975, S. 1 − 72

ZAJCHOWSKA, St. [1950/51]: Das Angerdorf, der Typ des alten Dorfs zwischen der Elbe und der Ostgrenze Ostpreußens. (Dt. Übers. d. J. G. Herder-Inst., Übers. Nr. 5, aus "Przeglad Zachodni", 5. Jg. 1950), Marburg 1951

ZIMMERMANN, H. [1973 a]: Kontinuität und Tradition. Die Bedeutung der drei slawischen Dörfer in der Dotationsurkunde für das Bistum Ratzeburg. In: LH, N.F. 78, 1973, S. 1 − 22

ZIMMERMANN, H. [1973 b]: Aus dem Kreisarchiv a) Gutsarchiv Alt-Horst, b) Kartenverzeichnis. In: LH, N.F. 78, 1973, S. 82 − 123

ZÖLITZ, R. [1980]: Bodenphosphat als Siedlungsindikator. Möglichkeiten und Grenzen der siedlungsgeographischen und archäologischen Phosphatmethode (Offa-Ergänzungsreihe 5), Neumünster 1980

Inhaltsverzeichnis zu Karte I

Die Frühslawischen Ringwälle (vor 800 gegründet)	– Liste 1
Siedlungen mit slaw. ON der älteren Schicht	– Liste 2
Der Limes Saxoniae	
Frühkolonisatorische sächsische und bardische Siedlungen des 9. Jh. (Sadelbande)	– Liste 3
Die mittelslawischen Ringwälle	– Liste 4
Siedlungen mit slaw. ON der jüngeren Schicht	– Liste 5
Ratzeburg als spätslawischer Ringwall	– Liste 6
Siedlungsstellen mit slaw. Keramik der älteren Gruppe	– Liste 7
Siedlungsstellen mit slaw. Keramik der jüngeren Gruppe	– Liste 8
Siedlungen mit zeitlich nicht differenzierten slaw. ON	– Liste 9
Siedlungsstellen mit undatierter slaw. Keramik	– Liste 10
Siedlungen mit kolonisationszeitlichen deutschen ON bis 1230 (im ZR verzeichnet)	– Liste 11
Siedlungen mit deutschen ON nach 1230	– Liste 12
Siedlungen mit slawisch-deutschen Kontaktnamen (bis 1230)	– Liste 13
Siedlungen mit slawisch-deutschen Kontaktnamen (nach 1230)	– Liste 14
Siedlungen mit slawischen ON nach 1230	– Liste 15
Die beiden Wentorf	– Liste 16
"Slavicum"-Dörfer (sog. Doppeldörfer) vor 1230	– Liste 17
"Slavicum"-Dörfer (sog. Doppeldörfer) nach 1230	– Liste 18

(Ein Kreuz hinter dem Siedlungsnamen auf den Listen bzw. ein senkrechter Strich über einer Siedlungssignatur auf der Karte bedeutet, daß die Siedlung wüst ist.)

Liste 1: Die frühslawischen Ringwälle
(vor 800 gegründet)

1. Der Oldenburger Wall
2. Der Farchauer Wall
3. Die Steinburg bei Hammer
4. Der Klempauer Wall
5. Der Sirksfelder Wall
6. Der Runwall bei Kasseburg

Liste 2: Siedlungen mit slaw. ON der älteren Schicht
(nach W. Kaestner, LH, N.F. 86, 1976)

1. Anker
2. Bresahn
3. Göldenitz
4. Grambek
5. Güster
6. Kittlitz
7. Kogel
8. Mazleviz+
9. Panten
10. Römnitz
11. Salem
12. Sandesneben
13. Segrahn
14. Tangmer+
15. Walksfelde (1158, UHL S. 61, Fälsch. 13. Jh.: Walegotsa)
16. Zecher

Der Limes Saxoniae
(nach W. Budesheim, LH, N.F. 96, 1979)

Liste 3: Frühkolonisatorische sächsische und bardische Siedlungen des 9. Jahrhunderts (Sadelbande)

I Kuddewörde
II (W ⟶ E)
   Börnsen
   Hohenhorn
   Geesthacht
   Worth
   Hamwarde
   Wiershop
   Albrechtshope+

Liste 4: Die mittelslawischen Ringwälle

1. Der Oldenburger Wall (in Fortsetzung)
2. Der Farchauer Wall (in Fortsetzung)
3. Die Steinburg bei Hammer (in Fortsetzung)
4. Der Klempauer Wall (in Fortsetzung)
5. Der Duvenseer Wall (Neuanlage)
6. Die Ratzeburg (Neuanlage)

Liste 5: Siedlungen mit slaw. ON der jüngeren Schicht (bis 1230)
(nach W. Kaestner, LH, N.F. 86, 1976)

1. Bannau+
2. Basedow
3. Bälau
4. Berkenthin, Gr.
5. Dargenow+
6. Dargow
7. Dermin+
8. Disnack, Gr.
9. Farchau+
10. Fitzen
11. Göttin
12. Grabau
13. Gudow
14. Gülze+
15. Gülzow
16. Kankelau
17. Klempau
18. Krukow
19. Kollow
20. Kulpin
21. Lalkau
    (heute: Franzhagen)
22. Lankau
23. Linau
24. Lüchow
25. Lütau
26. Lütau+
27. Manau+
28. Mechow
29. Nüssau
30. Pampau, Kl.
31. Pinnau+
32. Pötrau
33. Sahms
34. Sarau, Gr.
35. Sarnekow
36. Schmilau
37. Talkau
38. Wangelau

(Kulpin+ bei Mustin wurde zusätzlich in die Karte aufgenommen, obwohl es keine urkundliche Erwähnung mehr fand. Seine Existenz und Lage ließ sich jedoch indirekt über einen Seenamen — Culpiner See — bzw. über Flurnamen erschließen, vgl. S. 187 f.)

Liste 6: Ratzeburg als spätslawischer Ringwall
(in Fortsetzung)

Liste 7: Siedlungsstellen mit slaw. Keramik der älteren Gruppe
(nach K. Kersten, 1951)

– in Seeuferlage

1. Duvensee, S 6
2. Ratzeburg-Dermin
3. Mölln, S 28
4. Salem, S 43
5. Dargow, S 6
6. Alt Horst, S 14
7. Mustin, S 5

– in Fluß-/Bachuferlage

1. Niendorf bei Berkenthin, S 6
2. Güster
3. Göttin, S 2
4. Müssen, S 3
5. Hammer

– in Moorlage

1. Klempau, S 24

– in "trockener" Lage

1. Schulendorf, S 4
= 14

Liste 8: Siedlungsstellen mit slaw. Keramik der jüngeren Gruppe (nach K. Kersten, 1951)

— in Seeuferlage
1. Gr. Sarau, S 12
2. Duvensee, S 6
3. Nusse
4. Ratzeburg-Dermin
5. Salem, S 43
6. Dargow, S 6
7. Seedorf
8. Bresahn = Dargow, F 20 u. 21
9. Gr. Zecher, S 5
10. Giesensdorf, F 2
11. Ritzerau, F 104
12. Schmilau, S 7 u. 8

— in Fluß-/Bachuferlage
1. Göttin, S 1
2. Bröthen, S 27
3. Kl. Pampau, S 2
4. Witzeeze, S 3
5. Lanze
6. Müssen, S 3
7. Hammer

— in Moorlage
1. Kehrsen, S 4
2. Langenlehsten, S 3
3. Basedow, F 1
= 22

Liste 9: Siedlungen mit zeitlich nicht differenzierten slaw. ON (bis 1230)

1. Börse+
2. Bröthen
3. Drüsen+
4. Grinau
5. Grönau
6. Grove
7. Kehrsen
8. Klotesfelde+ (1158, UHL S. 60, Fälsch. 13. Jh.: Kolatza)
9. Köthel
10. Krummesse
11. Krüzen
12. Kühsen
13. Lanze
14. (Langen-)Lehsten
15. Logen+
16. Möhnsen
17. Mölln (Alt-)
18. Mustin
19. Nusse
20. Pezeke (heute: Marienwohlde)
21. Pogeez
22. Sterley
23. Thömen (Nordostteil von Krukow)
24. Tramm
25. Witzeeze
26. Wizok+
27. Wotersen
28. Ziethen

Zusätzlich wurden noch in die Karte die beiden deutschnamigen Siedlungen Schiphorst und Elmenhorst aufgenommen. Schiphorst trägt im ZR das Attribut "slavi sunt" und Elmenhorst ist ein "slavica villa" der Sadelbande.

Liste 10: Siedlungsstellen mit undatierter slaw. Keramik
(nach K. Kersten, 1951)

— in Seeuferlage
1. Gr. Sarau, F 13
2. Gr. Zecher, F 7
3. Lehmrade, S 6
4. Gudow, S 47
5. Gudow, F 52

— in Fluß-/Bachuferlage
1. Rothenhausen, F 8
2. Hammer
3. Güster, S 2
4. Roseburg, F 24 u. 25

— in Moorlage
1. Sterley, S 3 u. 10
2. Gudow, F 48

— in einem Quellgebiet
1. Dargow, F 8
= 12

Liste 11: Siedlungen mit kolonisationszeitlichen deutschen ON bis 1230 (im ZR verzeichnet)

1. Abenthorp
   (seit 1678 Juliusburg)
2. Albsfelde
3. Bartelsdorf
4. Bergrade
5. Besenhorst+
6. Besenthal
7. Breitenfelde
8. Büchen
9. Buchhorst
10. Dalldorf
11. Duvensee
    (slaw. Vorläufer)
12. Einhaus
13. Ekhorst+
14. Fahrendorf+
15. Giesensdorf
    (slaw. Vorläufer)
16. Goldensee
17. Gottschalksdorf+
18. Hakenbek+
19. Hamfelde
20. Harmsdorf
21. Hasenthal+
22. Helle+
23. Hollenbek bei Seedorf
24. Hollenbek bei Berkenthin
25. Hornbek
26. Kasseburg (?)
27. Klinkrade
28. Koberg
29. Mannhagen
30. Müssen
31. Niendorf Amt Anker
32. Niendorf/Schaalsee
33. Niendorf/Stecknitz
34. Ödendorf+
35. Poggensee
36. Roseburg (?)
37. Rothenbek
38. Schnakenbek
39. Schulendorf
40. Schwarzensee/Oldenburg+
    (slaw. Vorläufer)
41. Seedorf
    (slaw. Vorläufer)
42. Siebeneichen
43. Sirksfelde
44. Steinburg+
45. Tüschenbek
46. Volkmarsfelde+
47. Woltersdorf

Liste 12: Siedlungen mit deutschen ON nach 1230

1. Barkstruck+	1558	(bereits wüst)	
2. Basthorst	1278		
3. Bergholz+	1407	(bereits wüst)	
4. Borstorf	1291		
5. Brunsmark	1335		
6. Brunstorf	1299		
7. Buchholz	1277		
8. Dassendorf	1334		
9. Escheburg	1319		
10. Falkenhagen+	1406	(bereits wüst)	
11. Fuhlenhagen	1261	(Herbechhagen)	
12. Havekost	1278		
13. Horst	1358		
14. Kastorf	1286		
15. Kröppelshagen	1334		
16. Kuhle+	1441		
17. Lehmrade	1450		
18. Mühlenrade	1238		
19. Nannendorf+	1291		
20. Neuvorwerk+	1272		
21. Riekenhagen+	1310		
22. Rodersdorf+	1456		
23. Rondeshagen	1394		
24. Schönberg	1389		
25. Schönborn+	1296		
26. Schretstaken	1407		
27. Siltendorf+	1465		
28. Siebenbäumen	1296		
29. Steinhorst	1315		
30. Stubben	1402		
31. Twenhusen+	1335		
32. Wohltorf	1308		

Liste 13: Siedlungen mit slawisch-deutschen Kontaktnamen
(bis 1230)

1. Behlendorf
2. Cemersdorf+
3. Lauenburg
4. Pukendorf (heute: Gr. Schenkenberg)
5. Ratzeburg
6. Ritzerau
7. Sierksrade
8. Toradesdorf (= Hornstorf ?)

Liste 14: Siedlungen mit slawisch-deutschen Kontaktnamen
(nach 1230)

1. Brodesende+   1335
2. Bliestorf   1380
3. Düchelsdorf   1373
4. Kählstorf   1321

Liste 15: Siedlungen mit slawischen ON nach 1230

1. Bölkau+   (Vorläufer von Schwarzenbek ?)   1744
2. Dahmker   1782
3. Labenz   1390
4. Lanken   1278
5. Rülau+   1415 (bereits wüst)

Liste 16: Die beiden Wentorf

1. Wentorf Amt Sandesneben
2. Wentorf bei Hamburg

Liste 17: "Slavicum"-Dörfer (sog. Doppeldörfer) vor 1230

1. Wendisch Berkenthin
2. (Groß) Pampau
3. Wendisch Pogeez (später Holstendorf)
4. Wendisch Sarau
5. Wendisch Seedorf+
6. Wendisch Segrahn+
7. Wendisch Sirksfelde+
8. Wendisch Zecher
9. Wendisch Ziethen+
10. Klein Anker+
11. Klein Behlendorf+
12. Klein Salem+

Liste 18: "Slavicum"-Dörfer (sog. Doppeldörfer) nach 1230

1. Wendisch Disnack	vor 1252	
2. Wendisch Hollenbek+	1425	(bereits wüst)
3. Wendisch Klinkrade+	1337	

GEOGRAPHISCHE GESELLSCHAFT IN HAMBURG

VORSTAND

Herr Professor Dr. Günther Jantzen (1. Vorsitzender)
Herr Professor Dr. Gerhard Oberbeck (2. Vorsitzender)
Herr Dr. Christian Brinckmann (Schatzmeister)
Herr Professor Dr. Dieter Jaschke (Geschäftsführung)
Herr Oberstudienrat Dr. Erwin Eggert
Herr Professor Dr. Albert Kolb
Frau Oberkustodin Dr. Ilse Möller
Herr Professor Dr. Frank Norbert Nagel
Herr Professor Dr. Franz Nusser
Herr Oberstudiendirektor Dr. Fritz Reßke
Herr Professor Dr. Gerhard Sandner
Herr Kurt Hartwig Siemers

TÄTIGKEITSBERICHT

Veranstaltungen der Geographischen Gesellschaft in Hamburg

1. Vorträge

Prof. Dr. K. Lenz (Berlin): „Das regionale Problem Kanadas – staatliche Einheit oder Auflösung".
6. Januar 1983

Prof. Dr. F. N. Nagel (Hamburg): „Die Magdalenen-Inseln (Iles-de la-Madelaine/Québec). Struktur und Entwicklungsperspektiven eines kanadischen Peripherraumes".
20. Januar 1983

Prof. Dr. D. Kelletat (Essen): „Naturparke im Westen der USA".
3. Februar 1983

Prof. Dr. Fr. K. Holtmeier (Münster): „Mensch und Umwelt im Hochgebirge".
3. November 1983

Prof. Dr. J. Hövermann (Göttingen): „Landschaften in Nordosttibet – Forschungsergebnisse der Tibet Expedition 1981".
17. November 1983

Prof. Dr. H. Heuberger (Salzburg): „Neue Untersuchungen über Bergstürze in den Alpen und im Himalaya".
1. Dezember 1983

Prof. Dr. Ch. Hannss (Tübingen): „Die französischen Alpen – Wandlungen der Natur- und Kulturlandschaft".
15. Dezember 1983

Prof. Dr. H. Wilhelmy (Tübingen): „Welt und Umwelt der Maya".
5. Januar 1984

Prof. Dr. H. Nuhn (Hamburg): „Zentralamerika – Kleinstaaten im Kräftefeld von Tradition und Fortschritt".
19. Januar 1984

Prof. Dr. G. Sandner (Hamburg): „Der Karibische Raum".
2. Februar 1984

2. Exkursionen

Dr. F. Resske/Prof. Dr. K. E. Loose: „Führung durch das Hamburgische Staatsarchiv".
22. April 1983

Dr. R. Martens: „Teutoburger Wald. Naturpotential und Nutzung im Wandel der Zeit".
8. Mai 1983

J. Ossenbrügge: „Das Alte Land. Probleme des Obstanbaus an der Unterelbe".
5. Juni 1983

Dr. U. Wolfram-Seifert: „Kiel. Siedlungs- und Wirtschaftsentwicklung an der Kieler Förde".
19. Juni 1983

Prof. Dr. D. Thannheiser: „Der Jadebusen und sein Umland".
20. April 1984

Dr. U. Wolfram-Seifert: „Lüneburg und Bardowieck. Siedlungs- und wirtschaftsgeographische Entwicklungen am Nordrand der Lüneburger Heide".
20. Mai 1984

Dr. I. Möller: „Hamburg. Stadtbildanalyse als Instrument der Stadtentwicklungsforschung".
3. Juni 1984

Dr. E. Eggert: „Französische Atlantikküste".
5.–19. September 1984

Veranstaltungen des Landesvereins Hamburg der Deutschen Gesellschaft für Kartographie

Prof. Dr. H. U. Roll (Hamburg): ,,Die Auswirkungen des neuen Seerechts auf die Meeresforschung".
   17. Februar 1983

K. Puk: ,,Einführung in die Bearbeitung thematischer Karten mit Hilfe der EDV".
   17. März 1983

Besichtigung der Firma Hell GmbH Kiel
   14. Oktober 1983

Dipl.-Ing. J. Sehlz: ,,Nationalparks im Süd-Westen der USA".
   10. November 1983

M. Auth/M. Ott/C. Schmidtke: ,,Alte Karten und Atlanten im Besitz der Bibliothek des Deutschen Hydrographischen Instituts".
   8. Dezember 1983

Prof. Dr. F. Voss (Berlin): ,,Praxisbezogene Beispiele der Fernerkundung".
   16. Februar 1984

Prof. Dr.-Ing. K.-W. Schrick (Hamburg): ,,Künstliche Erdsatelliten in Ortsbestimmung und Kartographie".
   8. März 1984

Dipl.-Ing. H. Schmidt (Hamburg): ,,Repro- und Drucktechnik, methodisch-technischer Ansatz, heutiger Stand".
   12. April 1984

Dipl.-Ing. H. Klüger (Hamburg): ,,Rundreise durch China".
   10. Mai 1984

Dr. F. Resske (Hamburg): ,,Bericht über die Fachvorträge des Kartographentages in Fellbach – Technik in der Kartographie".
   21. Juni 1984

Mitteilungen der Geographischen Gesellschaft in Hamburg

Bd. 49 (1950)
- Lehmann, E.: Japanische Siedlung und Wirtschaft Südamerika
- Termer, F.: Der Bericht des Pedro Alvarez de Miranda über die Lacandonen-Expedition nach Ostchiapas im Jahre 1695
- Model, F.: Gegenwärtige Küstenhebung im Ostseeraum
- Schumacher, A.: Zur kartographischen Darstellung der Oberflächenströmungen des Meeres
- Stocks, Th.: Tiefenkarte des Hawaii-Sockels
- Pratje, O.: Geologische und morphologische Beobachtungen an den Sankt Pauls-Felsen im Atlantischen Ozean
- Wohlenberg, E.: Entstehung und Untergang der Insel Trischen
- Todtmann, E. M.: Über das Moränenamphitheater des Gardasees in Oberitalien
- Nusser, F.: Der Ausbruch der Hekla auf Island im Jahre 1947
- Mecking, L.: Bruno Schulz †
- Nusser, F.: Erich von Drygalski †
- Krause, A.: Prof. Dr. Schlee † **DM 12,60**

Bd. 50 (1952)
- Termer, F.: Der Paricutin-Vulkan in Michoacan, Mexico
- Nusser, F.: Ein Beitrag zur Stadtgeographie von Thorshavn, der Hauptstadt der Färöer
- Rawitscher, F.: Beiträge zur Frage der natürlichen Verbreitung tropischer Savannen
- Tüxen, R.: Hecken und Gebüsche
- Pratje, O.: Die Erfahrungen bei der Gewinnung von rezenten, marinen Sedimenten in den letzten 25 Jahren
- Marienfeld, Fr.-W.: Morphologie der Neufundland-Bänke **DM 10,50**

Bd. 51 (1955)
- Illies, H.: Die Vereisungsgrenzen in der weiteren Umgebung Hamburgs, ihre Kartierung und stratigraphische Bewertung
- Abel, H.: Beiträge zur Landeskunde des Rehobother Westens (Südwestafrika)
- Helbig, K.: In den Salinen von Cuyutlán/Mexiko **DM 7,–**

Bd. 52 (1955)
- Wirth, E.: Landschaft und Mensch im Binnendelta des unteren Tigris
- Lauer, W.: Der San Vincente – Geographische Skizze eines mittelamerikanischen Vulkans
- Helbig, K.: Die Insel Borneo in Forschung und Schrifttum **DM 20,75**

Bd. 53 (1958)
- Gierloff-Emden, H. G.: Erhebungen und Beiträge zu den physikalisch-geographischen Grundlagen von El Salvador
- Borchert, G.: Klima-Oasen in den Fjorden Westnorwegens
- Averdieck, F. R.: Pollenanalytische Untersuchungen zur Vegetationsgeschichte im Osten Hamburgs **DM 13,50**

Bd. 54 (1961)	Helbig, K.:	Das Stromgebiet des oberen Grijalva; eine Landschaftsstudie aus Chiapas, Süd-Mexiko	
	Lankenau, E.:	Die Andengrenze von Altchile	DM 28,—
Bd. 55 (1964)	Gierloff-Emden, H. G.:	Die Halbinsel Baja California	DM 30,—
Bd. 56 (1965):	Borchert, G.:	Beiträge von Hamburger Geographen zur Afrikaforschung	
	Jantzen, G.:	Zu Hamburgs West- und Ost-Afrika-Beziehungen. Wechselwirkungen von Afrika-Wirtschaft und -Wissenschaft	
	Weber, H.:	Hamburgs Anteil an der geologischen Erforschung Afrikas	
	Höller, E.:	Hamburgs Beitrag zur Erforschung der klimatischen Verhältnisse in Afrika	
	Kubiena, W. L.:	Hamburgs Beitrag zur bodenkundlichen Forschung in Afrika	
	Maydell, H. J. von:	Hamburger forst- und holzwirtschaftliche Forschungen in Afrika	
	Walther, K.:	Afrikanische Pflanzen in Hamburg, Hamburger Botaniker in Afrika	
	Oboussier, H.:	Der Anteil Hamburgs an der zoologischen Erforschung Afrikas von 1865–1965	
	Asshauer, E.:	Die Beziehungen der Hamburger Tropenmedizin zu Afrika	
	Dittmer, K.:	Hamburger Völkerkundliche Forschungen in Afrika	
	Lukas, J. u. a.:	Afrikanische Sprachen und Kulturen – der Hamburger Beitrag zu ihrer Erforschung	
	Dammann, E.:	Hamburger Missionswissenschaft	
	Schröder, D.:	Hamburger Beiträge zur Erforschung der Afrikanischen Rechtsordnung	DM 19,60
Bd. 57 (1968)	Hofmann, J.:	Der Fischereihafen Hamburg aus geographischer Sicht	
	Voss, F.:	Junge Erdkrustenbewegungen im Raume der Eckernförder Bucht (vergriffen)	DM 14,—
Bd. 58 (1971)	Wojtkowiak, G.:	Die Zitruskulturen in der küstennahen Agrarlandschaft der Türkei	DM 18,—
Bd. 59 (1972)	Braun, A.:	Hamburg-Uhlenhorst. Entwicklung und Sozialstruktur eines citynahen Wohnquartiers	DM 14,—
Bd. 60 (1972)	Breitengroß, J. P.:	Saisonales Fließverhalten in großflächigen Flußsystemen. Methoden zur Erfassung und Darstellung am Beispiel des Kongo (Zaire)	DM 12,—
Bd. 61 (1973)	Deisting, E.:	Historisch-geographische Wandlungen des ländlichen Siedlungsgefüges im Gebiet um Verden (Aller) unter besonderer Berücksichtigung der Wüstungen (vergriffen)	DM 16,—

Bd. 62 (1973)	Riedel, W.:	Bodengeographie des kastilischen und portugiesischen Hauptscheidegebirges DM 16,—
Bd. 63 (1975)	Kolb, A.:	Das Überschwemmungsproblem in Greater Manila
	Jaschke, D.:	Darwin und seine Region – Naturraum, Wirtschaft und städtische Aufgabenstellung im tropischen Australien
	Nagel, F. N.:	Eckel. Die Entwicklung des Flur- und Ortsbildes einer Gemeinde im Hamburger Umland. Ein Beitrag zur Methodik der Untersuchung ländlicher Siedlungen
	Martens, R.:	Erosionspotential, hydraulischer Radius und Querströmung des fließenden Wassers als Faktoren der Flußlaufbildung
	Grimmel, E.:	Der Sprakensehler Sander: Ein klassischer „Sander" der Lüneburger Heide?
	Schipull, K.:	Beobachtungen über Schalenverwitterung in Südnorwegen
	Riedel, W.:	Bodentypologischer Formenwandel im Landesteil Schleswig und Möglichkeiten seiner Darstellung
	Grimmel, E.:	Zum Thema „Eiszeit" im Erdkundeunterricht
	Braun, A.:	Staudammprojekt am Euphrat. Begründung und Erprobung einer Unterrichtseinheit für die Sekundarstufe II (vergriffen) DM 16,—
Bd. 64 (1976)	Lafrenz, J., I. Möller:	Gruppenspezifische Aktivitäten als Reaktion auf die Attraktivität einer Fremdenverkehrsgemeinde. Pilot-study am Beispiel der Bädergemeinde Haffkrug-Scharbeutz
	Breitengroß, J. P.:	Tarifstruktur und Transportkosten in Zaire. Ein Beitrag zur räumlichen Wirkung von Tarifsystemen
	Schliephake, K.:	Verkehr als regionales System. Begriffliche Einordnung und Beispiele aus dem mittleren Hessen (vergriffen) DM 14,—
Bd. 65 (1976)	Nagel, F. N.:	Burgund (Bourgogne). Struktur und Interdependenzen einer französischen Wirtschaftsregion (Région de Programme) DM 25,—
Bd. 66 (1976)	Wolfram, U.:	Räumlich-strukturelle Analyse des Mietpreisgefüges in Hamburg als quantitativer Indikator für den Wohnlagewert DM 28,—
Bd. 67 (1977)	Söker, E.:	Das Regionalisierungskonzept. Instrumente und Verfahren der Regionalisierung. Methodisch-systematische Überlegungen zu Analysetechniken in der Geographie DM 12,—
Bd. 68 (1978)	Ehlers, J.:	Die quartäre Morphogenese der Harburger Berge und ihrer Umgebung DM 24,—
Bd. 69 (1979)	Tönnies, G.:	Die Entwicklung von Bevölkerung und Wirtschaft in den nordwestdeutschen Stadtregionen DM 18,—
Bd. 70 (1979)	Jaschke, D.:	Das australische Nordterritorium. Potential, Nutzung und Inwertsetzbarkeit seiner natürlichen Ressourcen DM 32,—
Bd. 71 (1981)	Nagel, F. N.:	Die Entwicklung des Eisenbahnnetzes in Schleswig-Holstein und Hamburg. Unter besonderer Berücksichtigung der stillgelegten Strecken DM 48,—

Bd. 72 (1982)		Beiträge zur Stadtgeographie I. Städte in Übersee	
	Hofmeister, B.:	Die Stadt in Australien und USA – Ein Vergleich ihrer Strukturen	
	Nagel, F. N. und Oberbeck, G.:	Neue Formen städtischer Entwicklung im Südwesten der USA – Sonnenstädte der zweiten Generation	
	Jaschke, D.:	Entwicklung der Gestalt kolonialzeitlicher Städte in Südostasien – Das Beispiel George Town auf Penang	
	Wolfram-Seifert, U.:	Die Agglomeration Medan – Entwicklung, Struktur und Funktion des dominierenden Oberzentrums auf Sumatra (Indonesien)	**DM 55,–**
Bd. 73 (1983)	Schnurr, H.-E.:	Das Wanderungsgeschehen in der Agglomeration Bremen von 1970 bis 1980	**DM 40,–**
Bd. 74 (1984)	Budesheim, W.:	Die Entwicklung der mittelalterlichen Kulturlandschaft des heutigen Kreises Herzogtum Lauenburg. Unter besonderer Berücksichtigung der slawischen Besiedlung.	**DM 45,–**